智慧教育背景下
外语教学研究与实践

宁见红　谢世坚　主　编
吴银芳　董思思　副主编

黑龙江大学出版社
HEILONGJIANG UNIVERSITY PRESS
哈尔滨

图书在版编目（CIP）数据

智慧教育背景下外语教学研究与实践 / 宁见红，谢世坚主编 . -- 哈尔滨：黑龙江大学出版社，2024. 7.

ISBN 978-7-5686-1234-0

Ⅰ . H09

中国国家版本馆 CIP 数据核字第 2024XX5765 号

智慧教育背景下外语教学研究与实践
ZHIHUI JIAOYU BEIJING XIA WAIYU JIAOXUE YANJIU YU SHIJIAN

主　编　宁见红　谢世坚
副主编　吴银芳　董思思

责任编辑　陈连生　张琳琳
出版发行　黑龙江大学出版社
地　　址　哈尔滨市南岗区学府三道街 36 号
印　　刷　亿联印刷（天津）有限公司
开　　本　720 毫米 ×1000 毫米　1/16
印　　张　29.25
字　　数　449 千
版　　次　2024 年 7 月第 1 版
印　　次　2024 年 7 月第 1 次印刷
书　　号　ISBN 978-7-5686-1234-0
定　　价　139.00 元

本书如有印装错误请与本社联系更换，联系电话：0451-86608666。

前　言

信息技术的飞速发展,改变了人们获取和处理信息的方式,使得教育的目标和方法也产生了一定的变化。特别是在外语教学领域,智慧教育的兴起为语言学习提供了全新的工具和视角,在教学内容的丰富和个性化、教学方法的创新与优化、教学评估与反馈的精准化、教师角色的转变与挑战等诸多方面产生了重大影响。

智慧教育背景下,广西师范大学外国语学院砥砺前行,成绩斐然。《智慧教育背景下外语教学研究与实践》是广西师范大学外国语学院大学外语课程实施混合式智慧教学模式以来出版的第四部论文集。本论文集以"智慧教育"为主题,主要收录了学院教师关于课程思政、思政教学案例、教学模式、教学方法、教师与学生发展等方面的研究成果。

早在 2015 年秋季学期,广西师范大学大学外语教学团队便开始探索翻转课堂教学模式。在多年锤炼和打磨的探索历程中,广西师范大学大学外语教师团队构建了基于校本的"五维一体"混合式智慧教育体系:"五维"指基于教材的系列微课资源、地域特色的自主学习资源、多样化的线上学习路径、立体化的课程评估体系以及校本特色的翻转课堂模式,"一体"即满足全校大学外语师生教与学的大学外语智慧教学云平台。广西师范大学"五维一体"的混合式智慧教育体系密切结合学校的实际情况,并在多年来的教学实践中成效显著,印证了自身的有效性。

广西师范大学大学外语智慧教育的特色之一是课程思政建设。2020 年广西师范大学大学外语教学团队同外语教学与研究出版社合作出版数字电子教材《新视野大学英语(第三版)读写思政数字课程 2》。该数字课程已在

U 校园智慧教学云平台上线,供全国大学生选用学习,辐射范围大。2020—2022 年,广西师范大学大学外语教学团队成员共获得校级及区级课程思政建设项目近 20 项,这些项目覆盖了大学英语读写、大学英语听说、英美文化基础、大学学术英语、音乐英语、体育英语读写等课程。

广西师范大学大学外语智慧教育的特色之二是广西师范大学大学外语智慧教学云平台。这是具有鲜明校本特色的教学平台,它能够满足学校师生教、学、评、测、管的多元需求,是广西师范大学大学外语课程实施混合式教学的载体。其中的学习资源丰富,主要包含在线课程资源库、U 校园资源、FIF 口语训练系统、第二课堂、"批改网"写作系统、学习园地、测试系统等。

广西师范大学大学外语智慧教育的特色之三是丰富的课程体系。学校倡导以学生为中心的教学理念,采用分级教学,为不同级别的学生开发建设丰富的课程,除通用英语课程外,还开设专业英语课程,如中西文化对比,跨文化课程(如跨文化交际、东南亚国家文化概况),创新创业课程(如理解当代中国、产品英语创新设计、大学生创新创业英语),等等。这些课程在广西师范大学学校平台、智慧树平台等网络平台上线,起到了很好的辐射作用。

本论文集的作者主要来自广西师范大学外国语学院的一线教师。他们在对外语教学不断探索、不断总结经验的过程中,积极参加各类学术会议,参与专题研讨,最终汇编成本论文集。本论文集将为大学外语教学的改进提供参考,但难免存在不足之处,我们诚邀学界的同人、专家不吝赐教。

广西师范大学　宁见红　谢世坚　等

2024 年 3 月 20 日

目　　录

第一篇　课程思政相关研究及教学案例研究

第二篇　教学模式与教学方法研究

第三篇　教师及学生发展研究

第四篇 文献综述

第一篇
课程思政相关研究及教学案例研究

基于思维可视化工具的大学英语
课程思政建设实证研究

马玲芳

前言

2020年印发的《高等学校课程思政建设指导纲要》,强调"课程思政"是每个教师必须承担的责任。大学英语教育是高等教育中必不可少的一部分,能够增长大学生的知识,提升大学生的综合能力,是教师进行课程思政建设的重要载体。大学英语兼具工具性和人文性,其人文性体现在两个方面:一是对学生进行跨文化教育,二是培养学生对中国文化的理解,传播中国文化。而在大学英语课堂上对学生进行思政教育正是发挥大学英语人文性的作用。

一、概念

(一)课程思政的内涵

2016年习近平总书记在全国高校思想政治工作会议上强调:"各门课都要守好一段渠、种好责任田,使各类课程与思想政治理论课同向同行,形成协同效应。"①遵照会议精神,教育部出台了关于"课程思政"的相关文件,

---

① 习近平:《把思想政治工作贯穿教育教学全过程 开创我国高等教育事业发展新局面》,http://www.moe.gov.cn/jyb_xwfb/s6052/moe_838/201612/t20161208_291306.html.

2020年印发的《高等学校课程思政建设指导纲要》指出：全面推进课程思政建设是落实立德树人根本任务的战略举措。课程思政已经上升为国家在教育领域的一项重要战略举措。

课程思政提倡的"立德树人"突显了教师在教学中"教书育人"的作用。综合学术界对"课程思政"理念的研究，可以得出结论：课程思政既是一种教育理念，又是一种教学方法。

（二）产出导向理论

产出导向法（production-oriented approach，POA）由文秋芳提出，这一理论体系包含了三个部分：教学理念、教学假设以及教学流程。其中，教学理念为其他两部分提供了指导思想，教学假设是教学流程的理论支撑，而教学流程是教学理念和教学假设的实现方式。

1. 教学理念

产出导向法的教学理念包含了三种学说："学习中心说""学用一体说""全人教育说"。"学习中心说"强调课堂教学要服务于有效的学习。"学用一体说"提倡学以致用，融会贯通。"全人教育说"提出教育要服务于人的全面发展，巧妙设计教学组织形式，实现教育的人文性目标。

2. 教学假设

教学假设包含了"输出驱动假设""输入促成假设""选择性学习假设""以评促学"这四个概念，强调"输出—输入—输出"的教学顺序。教师在教学过程中要引导学习者有选择地学习，从而促进有效学习的发生。

3. 教学流程

产出导向法的教学流程包括三个阶段，即驱动、促成和评价。教师在教学中作为中介而存在，对学生的学习起着引领、设计和支架等作用。教师首先要确定恰当的产出目标，然后设计与之相匹配的产出任务。

（三）思维可视化

思维可视化是指通过运用具体图像、饼状图、柱状图、脑图等图示工具将看不见的思维形式和内容展示出来。思维可视化能促使学生更加形象地理解和记忆知识点,有助于提高学习效率,激发学生的学习兴趣。思维可视化改变了以教师为中心的传统教学模式,能够促进学生高效学习。

二、思维可视化工具——标尺流水

思维可视化借用图表等各种具体的图像呈现抽象的思维过程,标尺流水是一种新型的思维可视化工具。标尺流水的主要组成要素包括主题、标题、流水、单列总结、一句话总结和九行金句。标尺流水的横列用来确定主题,竖列用来书写主题下面的内容。每一列的最后一行用作单列总结,下面还有对全表的一句话总结,以及在单列总结基础上的九行金句。

（一）标尺流水在课堂的运用

根据文秋芳提出的产出导向法,课堂组织形式和活动必须服务于有效的学习,并促进有效学习的发生。教师在教学中首先要确定产出目标,然后再设计与之相匹配的产出任务,并组织相应的课堂形式,促进学生的产出。在课堂中,运用标尺流水将课堂内容的要点和难点凝练在一张表格中,目标明确,条理清晰,层次分明,引导学生由浅入深地学习,有助于学生进行独立而深入的思考,从而促进学生有效地输出和表达。标尺流水不仅可以呈现知识,培养学生的归纳总结能力,还可以促进学生进行深入思考,是教师对学生进行道德教育和品质养成的重要辅助工具。

（二）大学英语课程思政实例

以《新目标大学英语系列教材(第二版)综合教程 1》的 Unit 1 Text A

Life at Harvard University 为例,这个单元的主题是关于大学生活的讨论,符合大一新生的身份,容易引起学生共鸣。在备课中,教师在产出导向理论指导下,以服务于有效学习为目的,对学习材料进行筛选,选择高效的课堂组织形式进行教学。具体教学步骤归纳如下。

1. 导入主题

本单元的主题是关于大学生活,所以在开头的时候可以通过向学生提出以下几个问题开启本单元的学习,如(1)"Do you like your college life? Why or why not?",(2)"What can you do in college to make it colorful and fruitful? Please make a list of what you can do in college."。教师给学生 5 分钟左右的时间进行自由讨论,然后让学生代表发言展示小组讨论的成果,教师倾听并做记录,在最后一个环节做适当的点评,再引入课文正题。

2. 课文串讲和概述

学生在上课前已经打印好教师提前发给他们的流水表格,并在预习课文的过程中填写完了流水内容,对课文的内容和思想有了一定的理解,所以在课堂上,教师只须串讲一下课文内容,解析难点和重点,并且帮助学生提炼课文内容的主线即可。

3. 引导学生思考

标尺流水的设计体现了一个循序渐进、层层深入的学习过程,前面的学习主题主要针对课文内容,学生可以通过阅读课文进行归纳和总结。后面几个问题是由课文引申出来的、自由开放式的问题,比如问题 6"What is your dream university?",问题 7"What is your feeling for our university?",问题 8 "What should you do to make your college life meaningful?",以及问题 9"What would you like to do for our country after graduation?"。从课文学习引申到学生对自己未来的憧憬,再到对所在大学的感情表达,在此过程中,学生可以将课文所学的词句运用到表达中。接着问学生怎么做才能使自己的大学生活过得有意义,教师在此过程中可以对学生加以正面引导,帮助学生形成正确的人生观和价值观。最后一个问题升华了本文的主题。这几个问题层层深入,促使学生不断深入思考未来的学习、生活和工作,在教师积极正面的引导下,学生们会对人生有更合理的规划,并对自己的大学、祖国产生更热烈的情感。

4.学生上台展示

产出导向理论的一个重要环节就是产出,学生在课前写好了流水内容,在课堂上再进行口头输出,每个学生限时 5 分钟完成。这一过程强化了学生对知识的理解和消化,同时也提高了学生的口语表达能力,学生完成这一步,是有效学习和输出的重要环节。

5.教师评价

因为课堂教学时间宝贵,所以教师不适宜在课堂上检查所有学生的学习成果,因此可使用课内评价和课外评价相结合的办法对学生的学习成果进行评价。在课内评价这一环节,教师每次课只让每个学习小组派一个代表上来展示,然后对学生的学习产出做出及时的评价。

通过课内评价和课外评价,教师可以了解学生对课文内容和中心思想的掌握程度,有利于教师在课堂上对学生进行正确的人生观、世界观和价值观的引导,从而实现课程思政育人的目标。

三、研究设计及过程

(一)实验设计

为了检测思维工具在大学英语课程思政建设中的效用,笔者于 2021—2022 年秋季学期进行了实证研究。该研究在笔者所教的 6 个班级进行,这 6 个班级使用同一套教材,所有的班级都在课堂上使用思维可视化工具——

标尺流水进行学习。本次实验采用问卷和访谈的形式,共发放了 260 份调查问卷,收回有效问卷 226 份。

(二)研究对象

本次实证研究的对象是广西师范大学 2021 级大学英语课程 6 个 A 班的大一学生,共计 260 名学生。6 个班的学生分别来自经济管理学院、文学院、数学与统计学院和教育学部,研究的科目是大学英语。

(三)研究方法

本次实证研究采用定性研究和定量研究两种研究方法,采用问卷调查进行数据收集和分析。调查问卷使用利克特量表,依据学习内容、效度、动机、效果等维度设置题目,以期全面了解和调查思维可视化工具在大学英语课程思政建设中的作用。回收问卷之后,使用社会科学统计软件包(statistical package for the social sciences, SPSS)分析相关的数据。

四、结果分析

(一)有效性分析

本次调查问卷的信度 α 系数是 0.983,说明该问卷的信度较高。

(二)调查结果分析

本次研究发放问卷 260 份,回收有效问卷 226 份,问卷覆盖了 6 个班级,4 个学院。本次研究设置的问卷使用利克特量表,答案从最低分 1 分到最高分 5 分进行排序,使用 SPSS 计算每道客观题的平均值。该问卷的维度涵盖了学习内容、效度、动机、效果等,每道客观题得出的均值如下表所示。

表1　学生对标尺流水的使用评价

主题	均值
1. 有助于词汇和内容理解	4.13
2. 强化知识点理解和记忆	4.10
3. 提升归纳总结能力	4.13
4. 强化写作能力	3.93
5. 提高阅读速度和效率	3.89
6. 提升组织和表达能力	3.99
7. 促进思维清晰、表达连贯	3.96
8. 提高课堂效率	4.08
9. 增强学习趣味性	3.83
10. 激发学习积极性	3.78
11. 提升自主学习能力	3.93
12. 满足思想情感的表达需求	3.88
13. 拓展思想维度和宽度	3.96
14. 促进学用结合	4.01
15. 起到思想教育的作用	3.95
16. 增强参与感和成就感	4.00
17. 使用简便，易操作	4.00
18. 整体评价较高	3.95
19. 愿意继续使用	3.93

从表1可以看出，参与调查的226名学生对19个项目的评价均值都超过了3，说明学生对标尺流水在大学英语课堂的使用情况保持正向的评价。从学习效度来看，第1项有助于词汇和内容理解的评价均值是4.13，第2项强化知识点理解和记忆的评价均值是4.10，这说明在课堂使用标尺流水有助于学生理解和记忆知识点。第3项提升归纳总结能力和第6项提升组织和表达能力的评价均值分别为4.13和3.99，说明标尺流水可以有效提高学生的归纳总结能力和表达能力。第4项强化写作能力、第5项提高阅读速度和效率的评价均值分别是3.93和3.89，说明学生通过使用标尺流水可以强化写作能力，提高阅读效率。此外，标尺流水的使用可以提高课堂效率，这

一项均值达到了 4.08。

在学习动机方面,思维可视化工具的运用增强了课堂的趣味性,使上课形式更加新颖,使课堂更有吸引力,从而激发了学生的学习积极性,提升了自主学习能力,与此相关的 3 项评价均值分别是 3.83、3.78 和 3.93。

在思想和情感表达方面,标尺流水有助于学生更有效地进行思想情感的表达和输出,与此相关的一项的评价均值达到了 3.88。通过使用标尺流水,教师可以在课堂上对学生进行正面和积极的思想引领,弘扬社会主义核心价值观和中华优秀传统道德观,从而实现教书育人的目标。标尺流水可以起到思想教育的作用,与此相关的一项的评价均值达到了 3.95。此外,标尺流水的使用有助于大学生拓宽思想的维度和宽度,帮助他们将理论与实践相结合,学以致用,与此相关的 2 项的评价均值分别是 3.96 和 4.01。

在使用评价方面,标尺流水可以增强他们的课堂参与感和成就感,与此相关的一项的评价均值是 4.00。学生对标尺流水这一思维工具的整体评价较高,认为其简易好操作,并且愿意在未来的英语学习中继续使用标尺流水,与此相关的 3 项的评价均值分别是 3.95、4.00 和 3.93。

以上问卷调查结果显示,标尺流水不仅有助于学生对课程内容的学习和理解,还可以提升学生的归纳总结能力和表达能力。在情感表达和课程思政方面,标尺流水的运用能够满足学生表达内心情感和思想的需求,对学生的思想教育起到了积极正面的引导作用。

五、总结

在多元化的时代背景下,教师的作用已经不再局限于教授知识和技能,还要引导学生塑造正确的人生观、价值观和世界观。大学教育的方式也应该多元化、立体化,不断适应互联网时代学生发展和社会进步的需求。思维可视化工具运用到课堂,对提高教学效率、增强课堂互动性和趣味性起到了积极的作用。此外,结合当下课程思政的趋势,思维可视化工具能够有效促进大学英语课程思政的建设和实施,真正实现立德树人的教学目标。

参考文献

[1]教育部高等学校大学外语教学指导委员会.大学英语教学指南：2020 版[M].北京：高等教育出版社，2020.

[2]习近平.把思想政治工作贯穿教育教学全过程 开创我国高等教育事业发展新局面[EB/OL].http：//www.moe.gov.cn/jyb_xwfb/s6052/moe_838/201612/t20161208_291306.html.

[3]教育部.高等学校课程思政建设指导纲要[EB/OL].https：//www.gov.cn/zhengce/zhengceku/2020-06/06/content_5517606.htm.

[4]胡杰辉.外语课程思政视角下的教学设计研究[J].中国外语，2021（2）：53-59.

[5]文秋芳.构建"产出导向法"理论体系[J].外语教学与研究，2015（4）：547-558，640.

[6]云海潮.互联网时代创新宝典：有效解决问题的 1000 个方法[M].北京：新华出版社，2020.

课程思政在大学英语
教学过程中的融合与实践①

彭劲松　莫婵娟

一、引言

　　大学英语作为高校中一门重要的通识课,与思想政治教育结合的必要性是不言而喻的。在此,有必要在阐明大学英语课程思政的重要意义的基础上,详细分析大学英语课程思政的教学设计。

二、大学英语课程思政的内涵

　　关于课程思政的内涵,不同学者有不同的定义。有的学者将课程思政定义为一种理念,肖琼、黄国文指出:课程思政是一种教育教学理念,是指将"德育"这条主线贯穿于(非思政类)专业(英语、英语视听说、英语文学概论)中,以"德育为本"为主要内容,充分发挥各学科的"育人"作用。课程思政的本质是一种新的课程观念,它不是增加一门课程,也不是增加一种活动,它是把大学的思政教育渗透到课程教学与改革的各个环节和各个方面,真正做到"润物细无声"。还有学者不仅将课程思政归为教育理念,还认为这是一种教育方法。何玉海认为课程思政通过整个课程的运行,在所有人的参与下,对学生进行全方位、全过程的思想政治教育。它既是一种教育理

————————————
　　①　本文系 2020 年广西研究生教育创新计划项目"壮族文献典籍英译在'思政'道路上的探索与实践"(项目编号:XJGY2020013)的阶段性成果。

念,又是一种教育方法。

由此可见,学界对课程思政的定义不尽相同,但不难发现这些定义还是存在共性的。大学英语是一门通识课程,大部分高校都会开设,并且几乎覆盖所有非英语专业的大一、大二的学生。《大学英语教学指南(2020版)》指出,大学英语课程"兼有工具性和人文性……人文性的核心是以人为本,弘扬人的价值,注重人的综合素质培养和全面发展。社会主义核心价值观应有机融入大学英语教学内容"。大学英语课程的工具性是人文性的基础和载体,人文性是工具性的升华。

根据学者对外语课程思政的定义,可以明确大学英语课程思政的定义。文秋芳基于课堂教学视角,对外语课程思政进行了界定,即外语教师作为外语教学的主导,把立德树人的理念贯穿到外语教学的每一个阶段,如外语教学内容、课堂管理、评价体系、教师言行等,培养学生正确的世界观、人生观和价值观。

三、大学英语课程思政的教学设计与实施

《大学外语课程思政教学指南》提出:大学英语课程思政教学设计是联结大学英语课程、教材和教学实践的关键环节,是实现大学英语教学过程最优化的重要手段。大学英语课程思政教学设计的目的是提高课堂育人质量,使学生在单位时间内既能学到更多的语言知识,更快提升语言技能,又能大幅地提高各方面综合素养,从而获得良好的发展。因此,对大学英语课程思政进行得当的教学设计是有必要且意义重大的。根据英语教学特点,本文将从教学目标、教学内容、教学策略和教学评价四个方面,探讨在各个环节中如何设计才能达到课程思政最优化。

(一)教学目标设计

《大学英语教学指南(2020版)》指出:大学英语的教学目标是培养学生的英语应用能力,增强跨文化交际意识和交际能力,同时发展自主学习能

力,提高综合文化素养,使他们在学习、生活、社会交往和未来工作中能够有效地使用英语,满足国家、社会、学校和个人发展的需要。《大学外语课程思政教学指南》则要求大学英语要落实立德树人的根本任务,发挥大学外语课程的优势和特点,着力挖掘大学外语教学材料中的思政元素,将其有机融入教学活动,以润物细无声的方式渗透全过程,并有效促成学生社会主义核心价值观内化,实现正确价值塑造、人文知识传授和语言交际能力培养三者的统一,将形塑学生正确价值观的隐性思政目标与拓展学生知识面、提升学生外语交际能力的显性任务目标有机融合,实现显性外语学习和隐性思政教育的统一,为学生的健康人格发展和正向价值养成提供独特体验,促进学生全面发展。

综合上述两项要求,可以从以下五点对大学英语的教学目标展开设计:一是语言技能的提升。教学目标应包括提高学生的英语听、说、读、写能力,确保他们能够有效地使用英语进行沟通和学术探究。二是思政教育的融合。将思政教育内容融入英语课程,通过阅读材料、讨论话题等方式,引导学生思考和理解国家的基本政策、社会主义核心价值观等。三是文化意识和国际视野的培养。培养学生对中华文化的自豪感,同时拓宽他们的国际视野,使其理解并尊重世界多元文化,增强他们的跨文化交流能力。四是批判性思维和创新能力的发展。鼓励学生发展批判性思维,使其学会从多角度分析问题,培养学生解决问题和创新的能力。五是职业素养和社会责任感的培养。通过教学活动,加强学生的职业道德教育和社会责任感,为他们将来的职业生涯和社会生活打下坚实基础。

这些教学目标不仅要提升学生的英语能力,还要强化其思政素养、文化认同和社会责任感,进而培养出更全面、更有竞争力的人才。

(二)教学内容设计

大学英语的教学内容以教材为主,因此教材中的思政元素是大学英语教师应该努力挖掘并教授的。一方面是教材中的显性思政元素,主要是指教材中直接涉及中国特色社会主义核心价值观的内容。另一方面是教材中的隐性思政元素,如语音、语法、词汇等语言知识。成矫林认为,语音训练可以培养学生的坚毅自信,语法讲授可以拓展学生的思维方式,词汇教学可以促进学生的跨文化认知,而学习修辞,则有助于帮助学生掌握国际话语之道。周秀敏认为,在英语教学过程中,教师可以引导学生批判地识别词汇、语法等语言知识中所蕴含的思想观念,引导学生利用热点新闻事件,强化政治信仰与传统革命精神。大学英语的教学内容设计需要精心策划,可综合教材中的显性思政元素和隐性思政元素,以确保既提升学生的英语能力,又有效传达思政教育的核心要素。

依据教学目标,教学内容设计可从以下四个方面进行:一是核心语言技能的培养。在听力和口语内容方面,当遇到涉及中国文化、历史及现代社会发展的英语听力材料时,教师可以鼓励学生用英语讨论这些话题,以提高学生的口语表达能力。在阅读和写作方面,教师可以精选一些英文阅读材料,如中国的经典文学作品的英译本,以及关于中国社会与政治发展的英文文章,提高学生的阅读理解和写作能力。二是思政教育的融合。教师可以设计与社会主义核心价值观相关的教学活动,如讨论班、演讲比赛等,以英语为媒介,让学生深入理解并表达对这些价值观的认识,同时引入关于中国式现代化进程、环保、科技发展等话题的英语材料,促进学生对国家发展战略的理解。三是文化交流与国际视野培养,引导学生参与比较中外文化差异的活动,如文化节、英语角等,让学生在学习英语的同时,增进对不同文化的了解和尊重。另外,还可以利用国际新闻、电影、文学等资源,拓宽学生的国际视野,培养学生跨文化交际的能力。四是批判性思维与实践能力的培养。教师可通过开展案例分析、辩论会等形式的课堂活动,鼓励学生批判性地分析社会现象,提升解决问题的能力。设计项目性学习任务,如小组研究报告、社会实践活动等,促使学生将理论知识应用于实践。

好的教学内容设计,不但能够有效提升学生的英语技能,而且能深化他们对中国及世界的认识,进而培育出具有国际视野、批判性思维和社会责任感的人才。上述教学内容的设计旨在实现语言教学与思政教育的有机结合,形成寓教于乐、知行合一的教育模式。

（三）教学策略设计

在课程思政的要求下,设计大学英语的教学策略需要充分融合语言教学与思政教育,同时注重学生的主动参与和实际应用能力的培养。

首先,教师可以设置情景教学,促进互动学习。教师可以利用情景模拟、角色扮演等方法,将思政内容融入英语对话和情景中,以增强学生的学习兴趣和实际应用能力。此外,教师还可以采用小组讨论、研讨会等形式,鼓励学生就相关政治、文化话题进行深入交流,促进其批判性思维的发展。

其次,教师可以通过案例分析,增强学生实际应用能力。展示具体案例,如中国的成功故事、重大事件等,让学生用英语探讨和分析,增强其对社会现象的理解。此外,设计以实际应用为导向的任务,如模拟国际会议、撰写英语报告等,提高学生的实际操作能力和语言运用能力。

最后,教师应充分利用技术与媒体,并将其融入教育教学当中。教师可以利用多媒体教学资源,如视频、音频、网络课程等,增加教学的趣味性和互动性。同时,鼓励学生使用英语信息技术,进行信息的收集、分享和讨论,拓展学生的学习渠道。

通过这些教学策略,大学英语课程不仅能有效提升学生的英语水平,还能深化学生对中国文化的理解,培养学生的国际视野,加强学生的思政素养。这样的教学策略设计致力于实现知识传授和价值观培养的双重目标,为学生的全面发展奠定坚实基础。

（四）教学评价设计

大学英语课程思政的教学评价设计需要综合考虑学生的语言能力、对思政的理解能力、文化认知和批判性思维能力等。

首先,对于学生语言技能的评价应覆盖至听、说、读、写各个方面,尤其不能忽视学生对语言的实际运用能力。一方面,教师可以通过听力测试、口语表达、阅读理解和写作能力的考核,全面评估学生的英语语言技能;另一方面,教师可以通过模拟情景演练、项目报告等方式,评估学生将语言知识运用于实际情境的能力。

其次,对于学生思政素养的评价也可以通过两方面进行:第一是通过测试、论文等形式,评估学生对思政理论的理解和掌握程度;第二是通过学生对时事热点、社会问题的分析和讨论,评估其价值观念和社会责任感。

最后,教师对学生的文化理解能力和批判性思维进行评价。教师可以通过让学生分析不同文化背景下的材料、参与国际视野拓展活动等方式,评价学生的跨文化理解能力和适应能力。教师还可以通过案例分析、辩论、批判性写作等方式,评价学生的批判性思维和问题解决能力。

值得注意的是,评价体系应该多元化。教师应该将形成性评价和过程性评价相结合。教师可以通过课堂参与、小组讨论、口头报告等方式对学生的日常表现进行评估,以激发学生的学习积极性,提高学生的参与度。同时,教师可以通过学生的学习日志、反思报告等内容,评价学生的学习过程和思想进步情况,重视学生的个人成长和自我认知。恰当的教学评价设计,不仅能够全面、客观地评价学生在大学英语学习中的成就,还能够促进他们在思政、文化认知和批判性思维等方面的全面发展,有效实现课程思政的教学目标。

四、结语

本文主要从教学目标设计、教学内容设计、教学策略设计和教学评价设计等方面,对大学英语课程思政进行了具体的分析、总结,旨在展示如何在英语教学中有效融入思政元素,以及这一融合对学生全面发展的积极影响,进而推动大学英语课程更好地服务于学生的全面发展和社会的长远需求。

参考文献

[1]成矫林.以深度教学促进外语课程思政[J].中国外语,2020(5):30-36.

[2]高德毅,宗爱东.课程思政:有效发挥课堂育人主渠道作用的必然选择[J].思想理论教育导刊,2017(1):31-34.

[3]何玉海.关于"课程思政"的本质内涵与实现路径的探索[J].思想理论教育导刊,2019(10):130-134.

[4]教育部高等学校大学外语教学指导委员会.大学英语教学指南:2020版[M].北京:高等教育出版社,2020.

[5]沈轶.课程思政融入高校《大学英语》课程有效途径探究[J].文化创新比较研究,2019(4):121-122.

[6]文秋芳.大学外语课程思政的内涵和实施框架[J].中国外语,2021(2):47-52.

[7]习近平.把思想政治工作贯穿教育教学全过程 开创我国高等教育事业发展新局面[EB/OL].http://www.moe.gov.cn/jyb_xwfb/s6052/moe_838/201612/t20161208_291306.html.

[8]肖琼,黄国文.关于外语课程思政建设的思考[J].中国外语,2020(5):1,10-14.

[9]周秀敏.新媒体背景下高校外语专业课程思政建设探究[J].学校党建与思想教育,2020(20):47-49.

课程思政背景下大学英语
视听说课程实践路径探析

——以第十三届"外教社杯"
全国高校外语教学大赛视听说组参赛作品为例①

陈 冰

一、引言

　　课程思政建设是我国高校践行立德树人根本任务的战略措施。大学英语课程因受众广、课时多、教学主题丰富等特点,具有融合课程思政的必要性与优势。2020 年发布的《大学英语教学指南(2020 版)》(以下简称《指南》)指出,大学英语兼有工具性和人文性的双重性质。大学英语的工具性体现在其培养目标中,即提升学生听、说、读、写、译的能力。大学英语的人文性决定了跨文化教育为大学英语课程的重要任务。因此,大学英语教师作为立德树人的主体,应充分理解并挖掘大学英语课程的人文内涵,以实现大学英语的工具性和人文性的有机统一。目前,大学英语课程思政的研究多聚焦于读写课程,而关于视听说课程思政的研究成果偏少。此外,大学英语课程思政建设尚存在一些亟待解决的问题,如部分大学英语教师对课程思政认知不足,混淆"思政课程"和"课程思政",对思政内容挖掘不够深入等。因此,本研究以第十三届"外教社杯"全国高校外语教学大赛视听说组

　　① 本文系 2022 年度广西师范大学第五批课程思政示范课程建设项目"大学英语 III"(项目编号:2022kcsz50)的成果。

参赛作品为例,探讨如何通过深度挖掘视听说课程思政元素,促成思政元素和视听说课程的有机融合,最终实现"盐溶于水"的思政教学目标。本文为提高大学英语教师课程思政教学能力,推进大学英语视听说课程思政建设提供了可行性路径。

二、大学英语课程思政建设现状分析

课程思政建设是落实立德树人根本任务的必经之路,可划分为初步探索阶段、拓展深化阶段、形成发展阶段。经历多年的探索与实践,大学英语课程思政建设取得了显著成效,与其相关的研究成果十分丰富。

(一)大学英语课程思政研究成果数量分析

在中国知网上以"课程思政+大学英语"为主题词进行精确搜索,可检索到期刊论文 3087 篇(截至 2023 年末),其中,发表于 CSSCI 期刊的论文有105 篇。论文发表时间的分布情况及各年发表成果数量参阅图 1。

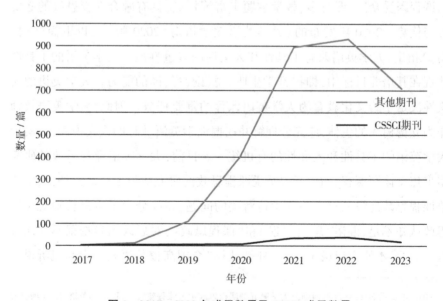

图 1　2017—2023 年成果数量及 CSSCI 成果数量

在中国知网上输入"大学英语读写课程思政"主题词,可检索到期刊论文 59 篇,输入"大学英语视听说课程思政"主题词,可检索到期刊论文 33 篇。值得注意的是,关于大学英语读写课程思政和大学英语视听说课程思政的实证研究皆始于 2020 年,论文发表时间的分布情况及各年发表成果数量参阅图 2。

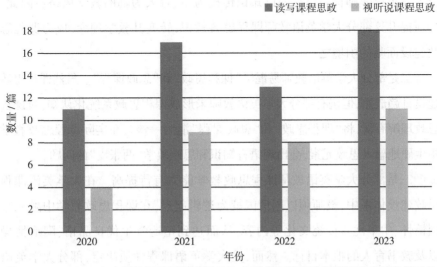

图 2　2020—2023 年大学英语读写课程思政和大学英语视听说课程思政成果数量对比

由图 1 可看出,在 2020—2023 年期间,发文量快速增长,由此可见,近年来学术界对大学英语课程思政建设给予密切关注。但是,在 CSSCI 期刊上的发文量仍然较低,说明近年来大学英语课程思政虽已成为研究热点,但该领域高质量的研究成果较少,研究成果质量依然有提升空间。由图 2 可看出,2020 年以来,有关大学英语读写课程思政和大学英语视听说课程思政的实证研究开始呈上升趋势,但通过对比可见,大学英语视听说课程思政研究成果少于大学英语读写课程思政,因此,大学英语视听说课程思政建设路径依然需要深度探索和实践。

(二)当前大学英语课程思政的主要问题

虽然大学英语课程思政建设已取得显著成效,但在教学实践中教师依

然面临困境与挑战,主要表现为以下三方面:

一是大学英语教师课程思政意识有待加强。随着课程思政建设不断发展,广大大学英语教师已经意识到课程思政建设的必要性,并在实际教学中切身实践课程思政教学,积极探索大学英语课程思政的建设路径。但已有研究表明,目前部分大学英语教师课程思政意识有待加强,在教学实践中部分大学英语教师仍是以往的以知识传授为主、育人为辅的教学风格。因此,如何提升这部分大学英语教师课程思政意识,转变其教学理念,成为课程思政建设面临的困境之一。

二是部分大学英语教师易混淆"课程思政"和"思政课程"。虽然课程思政建设日趋成熟,但仍有部分大学英语教师未形成课程思政系统化认知,对课程思政理解有误,将"课程思政"和"思政课程"混为一谈。在实际课程思政教学中生硬地融入思政元素,会出现语言知识和思政教学"两张皮"的问题。

三是部分大学英语教师课程思政教学能力有待提高。在大学英语课程思政建设体系中,教师须以国情国策为逻辑起点,在课程思政教学中融入家国情怀、中华优秀传统文化等内容,从而达到塑造学生优良品格、陶冶情操以及教书育人的根本目标。然而,受大学英语课程性质决定,部分大学英语教师的思政教学能力不足,这体现为大学英语教师对国家政策方针、历史知识、文化背景等方面的认知欠缺,在课程思政教学实践中出现了"表面化"的问题。因此,提高大学英语教师课程思政素养,是亟待解决的问题。

三、课程思政融入大学英语视听说课程路径

《指南》指出大学英语教育的目的是培养学生听、说、读、写、译的语言技能,部分大学英语教师将课程思政融入读写课程,却忽视了将课程思政融入视听说教学。

基于以上大学英语课程思政教学存在的困境与挑战,本研究尝试以第十三届"外教社杯"全国高校外语教学大赛视听说组参赛作品为例,探讨课程思政融入大学英语视听说课程的有效路径,以期为课程思政教学提供一些参考。

（一）思政元素的挖掘

视听说课程思政目标设定应该立足听力文本，高于听力文本。教师须深度挖掘大学英语视听说课程包含的丰富思政元素，有意识引导学生树立正确的人生观、价值观，进而提升学生的文化自信，培养学生的家国情怀。

1. 立足听力文本，挖掘思政元素

思政元素的挖掘是有效进行课程思政教学的前提与基础。大学英语视听说教程资源丰富。为实现有效的课程思政教学，教师须对听力素材进行分析、整合、筛选，对大单元主题进行把握，立足听力文本，挖掘潜在课程思政元素。

参赛作品单元主题为"Traditional and modern medicine"，通过对大单元听力素材的分析可见，第一部分听力材料聚焦中国传统医药，第二部分听力材料讲述西方医学与现代医学，第三部分听力材料主要内容为中西方医学的结合，参赛作品教学片段选取的是华人科学家解锁中药抗癌潜能的听力材料。材料讲述的是耶鲁大学医学院药理学教授 Yung-Chi Cheng 发现中药"黄芩汤"的配方有治疗癌症的强大潜力，随之中西方医学结合的"WE"医学兴起。因此，在讲授这一听力材料时，就要突显单元思政主题，即传承与创新。

2. 结合时政热点，升华思政主题

"人类命运共同体，顾名思义，就是每个民族、每个国家的前途命运都紧紧联系在一起，应该风雨同舟，荣辱与共。"[①]人类命运共同体视域下的外语教学目标为提升学生人文素养，培养学生家国情怀，加强学生文化意识。在确定单元思政目标后，教师应结合时事热点，从人类命运共同体的视角对思政主题进行升华。

---

① 《十七、推动构建人类命运共同体——关于新时代中国特色大国外交》，《人民日报》2019 年 8 月 14 日。

在此次参赛作品里,在教学过程中,教师引导学生思考如何将中西医的优点最大化,没有侧重中医或西医,而是强调了中西医的结合,引导学生全面、批判地看待问题。教师由中西方医学的结合拓展到中西方其他领域的结合,弘扬全人类共同价值,培养学生人类命运共同体意识。

(二)思政元素的融入

目前,大批学者立足宏观教学体系,就大学英语课程思政教学的路径进行探究,研究成果丰硕。而在具体的思政教学中,依然存在硬融入思政元素的现象,致使课程思政变成了思政元素的生硬叠加。思政元素的融入方式决定课程思政最终的教学效果,教师须将思政元素有机融入课程教学,以达到教书育人的目标。

1. 多维融合,贯彻始终

大学英语课程学时有限,课程思政的相关拓展内容无法在课堂中顺畅展开,课程思政目标也难以完全实现。为此,一方面,教师须转变教学理念,认识到思政教学不是教学过程中的独立环节,不能将思政教学与知识技能的传授割裂开来。另一方面,教师应优化课程设计策略,充分发挥混合式教学模式的优势,从线上课的任务布置,到线下课的语言知识讲授,再到专业技能的训练,每一步都融入课程思政元素,做到环环相扣,实现知识、技能、思政三位一体。

此参赛作品单元主题为传统和现代医学,鉴于学生相关文化背景知识欠缺,教师在线上课时引导学生对中国传统医学和西方现代医学的优势进行讨论,此任务能激发学生自主学习相关思政背景知识,了解中西方各自的医学优势,隐性地融入了中西结合的思政元素。在面授课语言知识讲授时,教师选取了能体现中西结合的词汇进行讲解。由于学生的医学专业知识有限,医学专业词汇不多,教师在进行听力前带领学生学习听力材料中的医学专业词汇,如 botanical drug(植物性药物),chemotherapy(化疗),immunotherapy(免疫治疗),其中植物性药物属于中医治疗手段,而化疗和免疫治疗属于西医治疗手段,体现了中西医的结合。听力材料提及"WE"医学兴起,为帮助学生理解"WE"医学的内涵,教师在进行听力训练时,将melding(结合)这一点题词汇设置为听力填空题,学生基于对听力材料的理解猜测词义,再次体现中西医结合理念。在技能训练环节,学生通过角色扮演,探讨如何使用中西医结合的方式解决当前人类面临的亚健康问题。课后作业为模拟联合国世界卫生组织,针对模拟国家公共卫生问题,试提出解决策略。教师通过多维融合,将思政教学贯彻整个教学始终。

2. 盐溶于水,环环相扣

思政元素的融入要遵循盐溶于水的原则,才能达到润物细无声的效果,不可生搬硬套,强行升华思政主题。

教师通过层层递进、环环相扣的方法,对"WE"的内涵进行深度解读(见图3),将中西方医学结合升华到人类命运共同体的思政目标。首先,带领学生理解听力材料中"WE"medicine 的含义,即用于对抗癌症的中西医融合药物。其次,在口语产出活动时,"WE"上升为解决其他健康问题的中西结合手段,即"WE"approach。最后,教师指出中西结合的理念不仅可以解决人类健康问题,也能用于处理其他全球性经济、环境、气候等问题,从而将"WE"升华为"WE"philosophy。此外,"WE"的含义由"中西方结合"最终升华为"我们",即全人类,至此达成培养学生人类命运共同体意识的思政目标。

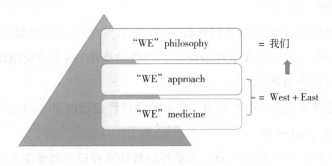

图3 "WE"的思政内涵

四、结语

当前,大学英语视听说课程思政建设依然面临挑战,即部分教师混淆"课程思政"和"思政课程",课程思政意识和思政教学能力有待提升。本研究以第十三届"外教社杯"全国高校外语教学大赛视听说组参赛作品为例,指出挖掘视听说课程思政元素要基于听力文本,高于文本,将社会主义核心价值观内涵有机融入教学。在具体教学过程中,教师须将思政元素和教学目标进行多维融合,通过环环相扣的方式升华思政主题,达到思政教学进头脑的教学效果。

参考文献

[1]韩佶颖,黄书晗,薛琳.大学英语教师课程思政建设的矛盾分析与化解策略——基于活动理论的质性研究[J].外语界,2023(5):81-88.

[2]刘建达.课程思政背景下的大学外语课程改革[J].外语电化教学,2020(6):38-42.

[3]谭玉梅."学术英语视听说"课程思政实施框架构建[J].重庆电子工程职业学院学报,2023(12):86-92.

[4]王盼盼.大学英语课程思政:困境与优化路径[J].黑河学院学报,2024(1):107-110,180.

[5]习近平.习近平谈治国理政 第三卷[M].北京:外文出版社,2020.

[6]向明友.基于《大学外语课程思政教学指南》的大学英语课程思政教学设计[J].外语界,2022(3):20-27.

[7]谢世坚,蒙岚.高校外语课程思政系统性建设的思考[J].社会科学家,2023(12):141-146.

[8]张文霞,赵华敏,胡杰辉.大学外语教师课程思政教学能力现状及发展需求研究[J].外语界,2022(3):28-36.

基于大学英语智慧教学云平台的体育英语读写课程思政教学实践研究

潘赛仙

一、教学实践研究背景

2020 年 1—6 月,广西师范大学外国语学院的骨干教师编写与录制了《新视野大学英语》第二册的课程思政数字课程,该数字课程于同年 7 月份在 U 校园智慧教学云平台同步上线,供全国大学生学习使用。但此数字课程的主要受益人为非艺术、非体育类的大学英语本科生。体育类、艺术类本科生只能用到这些数字课程中的一小部分,大部分数字课程内容对于体育生、艺术生而言难度过大。但这部分学生所学专业与我国的传统文化紧密相关,从对外交流或传播、弘扬民族文化角度看,这些学生学好英语是非常必要的。

体育类专业学生英语平均成绩较其他专业学生英语平均成绩低。体育类专业学生高考时文化课成绩要求与其他学生不同,考试时通常是先考专业课,专业课考试通过后文化课达到一定分值便被录取,所以学生的大部分时间会用来学专业课,用在文化课上的时间相对较少,英语成绩也相对不高。

虽然,大学英语教学改革无论在理论上,还是实践中,都取得了丰硕的成果,但为了让英语基础薄弱的学生能够掌握基础知识,有的教师依旧采用传统的教学模式,课堂上以教师为中心,这种教学模式可能会影响学生的主动性和创造性,导致学生的听力、口语等英语实践运用能力提高不大。因此,这类学生的大学英语课程教学效果不理想,利用教学资源进行思政教育更是难上加难。

二、教学实践模式

本教学实践研究结合体育生、艺术生的专业特点和认知学习规律,采用线上线下混合式教学模式,利用教师们搭建的学习云平台和教师们的教学经验,为这部分学生设计符合他们身心发展、结合他们的专业特点、适应时代发展需求的大学英语课程,从而提高他们的学习兴趣。

在混合式教学模式背景下开展大学英语课程思政教学,教师应该合理进行教学设计,通过课前导入、课堂学习以及课后反思等环节增强教学设计的科学性与合理性,落实课程思政教学。首先,课前导入是英语教学的关键环节,影响着英语教学的质量,所以在混合式教学背景下,教师可以将课前导入分为线上导入和线下导入两个环节。在线上导入过程中,教师通过本校的大学英语智慧教学云平台,上传一些短小精悍的教学视频,让学生进行自主学习。其次,课堂教学是混合式教学模式的重点,教师应该科学把控课堂教学的时间,深入挖掘英语教材中的课程思政元素,并将其有效融入情境教学中,在丰富学生英语知识的过程中提升学生的道德修养。此外,课后反思可以帮助学生巩固所学知识,了解学生的学习效果,也可以启发学生,让学生发现一些新的知识,帮助学生树立自信。

三、教学实践示例

首先,课前导入环节。课前导入是教学的前提与基础,影响着教学质量,因此大学英语教师应该提高对课前导入环节的重视程度,利用混合式教学模式开展课前导入。例如,在讲解" The Right Thing to Do"这一篇课文之前,教师利用混合式教学模式开展课前导入,先在大学英语智慧教学云平台上上传一个与本单元教学内容有关的视频——《体育精神》,引导学生进行课前自主学习,同时增进学生对本节课的认识并培养学生的体育精神意识,同时布置学生进行课文语言知识的预习。

其次,课堂教学环节。课堂教学是混合式教学模式的关键,也是教学的中心环节,有利于学生面对面学习知识,教师在课中开展英语课程思政教学,帮助学生养成正确的价值观。第一,通过课前的线上学习,学生已经大致了解本节课的内容了,所以教师不需要过度讲解基础性知识,只需要总结学生的各种问题,帮助学生答疑解惑,满足学生的学习需求。第二,教师可以通过讲故事的方式融入思政教育。当然也可以在词汇语言的教学当中融入思政教育。文章当中的一些单词及其应用蕴含思政元素,教师在讲解词汇的过程中可以巧妙地融入思政教育。

最后,课后反思环节。课后反思也至关重要,既可以让教师更好地了解学生的知识掌握情况,也可以反馈具体的教学问题。因此,教师需要积极开展课后反思,在云平台"课程交流"板块当中进行师生以及生生沟通。

在另外一个单元 Race for Love 的教学实践中,设定的思政目标为:学生通过了解一个学习成绩和运动天赋不佳的学生,在父母的鼓励和支持下,通过自己的努力,参加全国的越野资格赛,并取得好成绩的故事,学习他坚持不懈、不畏困难的精神,理解父母的良苦用心,感恩父母;教师通过补充给学生讲述哈尔滨师范大学学生刘羲檬获得全国孝老爱亲模范的故事,引导学生进一步学习社会主义核心价值观。设定的语言知识目标为:理解和正确运用重点词汇、动名词和句型(定语从句、表语从句);理解英语中的主谓一致;理解课文大意,能够写启事。设定的技能目标为:介绍自己的体育训练故事,能够用英语写出父母的爱。线上教学任务为:教师布置学生阅读课文,解决课后的理解题;学生小组合作完成关于课文大意的思维导图;教师针对课文学习遇到的关于课文理解、长难句、修辞等方面的问题进行提问;教师通过大学英语智慧教学云平台的任务完成情况,在平台回帖:"Write a short narrative story, telling us what difficulties you have met and how your parents helped you to overcome them. "。线下课教学任务为:教师展示学生优秀的思维导图作业;教师检查复述情况;学生进行课文大意理解,找出课文中关于困难的词以及成功的词;教师进行平台回帖讲评,总结本次课的主要内容。通过线上线下混合式教学模式,学生有语言输入与产出,产生有效学习。学生既学习了语言,理解了课文,也习得了课文背后的故事与情感。

四、教学实践研究特点

本教学实践在教授学生语言,融入课程思政的同时,注重学生的人格培养,将思政元素与课程内容相结合,根据体育类大学生的专业特色,有机融入社会主义核心价值观、中国优秀传统体育教育,结合"四个自信",尤其是理论自信和文化自信,在教学过程中融入与专业相关的有影响力的人物、事件等,比如:课文中谈到文化自信时,介绍中国传统体育项目太极、武术等;提到集体主义精神时,讲述中国女排的故事;涉及自强不息时,课文中讲述残疾人跑马拉松的故事;讨论中华体育精神时,师生一起讲中国体育故事。通过了解一系列的体育人的故事,学生的社会责任感、国家使命感、民族自豪感油然而生。

本教学实践主要针对体育类大学生的学习基础与学习兴趣,为他们量身打造了提高英语视听说技能、融入思政元素的大学英语课程。具有以下几个特点。

(一)依托教材,拓展综合教程材料,将专业与英语相结合

有效的语言学习不是让学生去适应教师和教程,而应是教师和教程去适应学生。本教学实践以"分类指导、因材施教"为指导原则,根据学生的学习水平、学习特点和学习兴趣,在教学中利用教材,拓展与主题、学生专业相近的视听材料,引导、帮助学生提高英语听、说水平。

(二)注重人格培养,将思政元素与课程内容相结合

体育类学生思想活跃、思维独特,他们有着丰富的想象力和创造力,但由于专业的特点,在学习中用时不足,对学习的关注度不高,学习的信念感

不强。鉴于此,帮助学生树立正确的人生观、世界观和价值观尤为重要,在课程中,教师要引导学生珍惜自己、保持心理健康、坚定理想、树立目标、忠于信念。英语教学重点则应放在语言能力培养、交际能力、人格素养等方面。通过语言文化的教学,培养学生的文化自信和爱国情怀。将大学英语视听说课堂变成学生既能展现自我专业技能,又能满足语言学习愿望的舞台。在教学内容上,选择或补充我国优秀的传统体育文化以及体育领域内有影响力的体育明星、体育团队、体育专家的典型案例和先进事迹进行思想政治教育,激发学生的爱国之情、报国之志。这样既能锻炼学生的听说能力,又能够帮助学生树立文化自信,增强民族自豪感。

(三)项目式学习,带动语言产出

项目式教学模式下的大学英语教学将语言学习与学生专业、职业需求相结合,能够帮助学生将语言知识转化成语言技能并应用于工作实践,使得大学英语课程成为帮助他们国际化发展的良好助力。项目式教学模式让学生参与查阅和归纳项目主题文献、分析和解决问题并汇报展示,使学生的语言沟通、语言表达、团队合作等各方面能力都得到锻炼。在课内、课外,项目式教学模式都能够加强学生的学习投入,使英语教学与学生的真实需求对接,学生的学习成效得到较大提高。

五、教学实践研究价值

本教学实践从 2020 级体育类、艺术类 A 班学生开始,并在 2021 级和 2022 级同类学生中使用和推广,将来人校的学生也将受益。其价值体现在以下几方面。

(一)体育英语与思政元素相融,实现工具性与人文性的结合

在教学实践中研发语言课程思政模式。一方面,教师从文化、情感维度设定思政教育的目标,通过提炼教材中的文化基因和价值范式,寻找其与社

会主义核心价值观的契合点,然后通过微课输入相关素材,在语言知识的传授、技能的培养过程中融入理想信念的引导,做到"润物细无声"。另一方面,教师将思政教育自然地融入课堂教学中,促进学生人格发展,帮助学生树立正确的价值观。

(二)强调学生学习过程,培养学生自主学习能力

通过此次课程建设,对课程内容及其他教学资源进行更新,并对现在实行的线下教学模式进行线上线下混合式教学模式的尝试,给学生留出自主安排学习的时间,以此培养学生的自主学习能力。结合智慧教学理念,设置学生学习云平台和英语互动系统,建立一个智能、网络和数字化的互动系统,提供开放的学习环境,为师生、生生之间的交流协作提供渠道和平台,激发每一个学生的学习潜能,培养学生的解决问题能力、激发创新能力和创造性思维能力。

六、教学实践研究的问题和改进思路

(一)有待研究的问题

如何科学地提高教师挖掘思政元素的能力,实施以及评估思政教育的能力?如何科学构建艺术类、体育类英语线上线下混合式教学模式?如何在大学英语教学中更多地结合所教学生的专业特点,有效地提高他们英语学习的积极性?

(二)存在的不足

体育专业的学生专业性比较强,学生都很活泼,但英语基础相对较弱,且有的学生的自主学习能力相对较弱,在线上课时无法高效完成任务。对于如何更好地利用各种线上以及线下的资源开拓更行之有效的办法去提高学生的积极性,如何更加巧妙地把思政元素融入课本知识讲解中等问题,部

分教师没有进行更深入的研究。

(三)教学实践研究的改进思路

首先,好教师才能教出好学生。教师应时刻以有理想信念、有道德情操、有扎实知识及有仁爱之心的好老师的"四有"标准去监督自己。特别要注意的是,教师应广泛读书,扩大知识面,形成自己的教学风格,提高自己的个人魅力,从而提高课堂教学的魅力。

其次,完善线上教学资源。现有的线上资源,如关于思政微课资源相对较少,老师们应共同努力对相应的线上学习资源进行更新和补充。

再次,更好地进行线上与线下课的结合,这是要解决的重要问题。教师要鼓励学生在线上课进行主动提问,针对学生的提问进行线下课教学内容的备课。线下课时,教师应鼓励学生大胆开口说英语,积极表达自己的观点。

最后,教师应多关注英语基础相对薄弱的学生,帮助他们增长语言知识的同时,也要关注他们人格的成长。

联络陪同口译课程思政教学探索与实践①

彭国媛

引言

在 2018 年的全国教育大会上,习近平总书记指出:"培养德智体美劳全面发展的社会主义建设者和接班人。"②在党的二十大报告中,习近平总书记又指出:"培养什么人、怎样培养人、为谁培养人是教育的根本问题。育人的根本在于立德。全面贯彻党的教育方针,落实立德树人根本任务,培养德智体美劳全面发展的社会主义建设者和接班人。"③根据习近平总书记讲话的重要精神和教育部印发的《高等学校课程思政建设指导纲要》,所有课程都应该承担好育人责任,守好一段渠、种好责任田,发挥立德树人作用。本文以联络陪同口译课程为例,探讨课程思政教学的设计和实施,并分享具体的教学案例。

① 本文为广西高等教育本科教学改革工程项目"'三进'+'三全育人'理念下的翻译专业人才培养模式研究与实践"(项目编号:2023JGA126)的阶段性成果;广西师范大学第四批课程思政示范课程建设项目结题成果。

② 《培养德智体美劳全面发展的社会主义建设者和接班人——习近平总书记重要讲话引领教育战线新思考新作为》,https://www.gov.cn/xinwen/2018-09/12/content_5321354.htm.

③ 习近平:《高举中国特色社会主义伟大旗帜 为全面建设社会主义现代化国家而团结奋斗——在中国共产党第二十次全国代表大会上的报告》,https://www.gov.cn/xinwen/2022-10/25/content_5721685.htm.

一、课程简介

联络陪同口译是广西师范大学外国语学院翻译专业的核心课程和专业必修课,教学对象是翻译专业二年级本科生,开课时间为第四学期,教学总学时是 34 学时。本课程是以专题情景口译训练为主线,穿插理论知识和口译技巧的讲授,并融入思政教育。情景口译训练的专题包括迎访接待、饮食宴请、旅游导览、文化交流、商务谈判、国际会展等。穿插讲授的理论知识主要包括行业知识、专题知识、口译技巧等。本课程的思政目标是培养学生的爱国情怀,拓宽学生的国际视野,使学生树立正确的职业观和端正的从业态度,掌握译者职业行为规范,保持文化自信,具备跨文化意识和积极对外传播中国文化的使命感。

本课程融入课程思政教学的总体设计思路是以《高等学校课程思政建设指导纲要》为根据,紧扣翻译专业人才培养的目标和要求,满足联络陪同口译工作的需要,以及围绕口译的情景主题挖掘思政元素,采取多种教学方法将思政元素融入课前、课中、课后环节,交织、循环、递进式深化思政育人。

二、课程思政教学方法及手段

联络陪同口译发生在各种不同的情景,比如商务访问、宴请接待、旅游导览、文化交流、商务谈判、国际会展等,译员要根据具体的任务情景、任务要求、服务对象、主题内容等进行充分的译前准备,然后在口译过程中采取适当的口译技巧和应对策略来帮助双方顺利沟通,并在口译后通过及时反思来总结经验。基于联络陪同口译工作的特点和要求,围绕教学目标,本课程的课程思政教学方法主要采取任务教学法、情境教学法、案例教学法和交际教学法,并将讲授法、讨论法、反思法穿插其中。这些教学方法在各个单元和各个教学环节中为具体的教学目标服务。

任务教学法能让学生的关注点不仅放在语言知识和口译技能的运用

上,而是着眼于整个口译任务的过程,包括译前准备、译中应对和译后反思,从而塑造学生正确的职业观,全面地提升学生的口译职业素养,培养学生终身学习的意识。情境教学法让学生根据每一场口译任务的具体情境和服务对象发挥想象,选择适当的口译技巧和策略,也让学生更能代入译员的身份和角色,对职业行为规范有更深刻的认识和体会。案例教学法让学生根据真实的或模拟的口译案例来分析口译中的问题,思考解决办法,培养学生严谨务实的职业态度和思辨能力。交际教学法让学生明确联络陪同口译本身是一种跨文化交际活动,培养学生跨文化交际的意识和能力,以及对外传播中国文化的使命感。讲授法、讨论法和反思法穿插在以上的各种教学法中,与其有机结合,起到传授知识、培养能力和价值引领的作用。

教学手段通过多种形式的课堂活动和课前、课后任务实现,包括线下使用多媒体课件、听录音做听译练习、小组讨论、个人发言、角色扮演模拟口译等,以及线上平台预习和复习、话题讨论、作业提交等。通过课前、课中、课后环节的照应和线下线上的结合,实现课程思政的全过程和全方位实施。

三、课程思政教学实施的具体案例

以第五单元"文化交流"的第5、6学时"中国文化引语口译"为具体教学案例。本次课的思政育人目标是激发学生提升中华文化素养的觉悟,增强学生跨文化意识、文化自信以及对外传播中华文化的使命感。围绕本次课的思政育人目标,下文将从课前准备、课堂教学和课后任务三个环节介绍课程思政教学的设计思路和实施方法。

(一)课前准备

这一环节分为教师准备和学生准备两个方面。

教师准备是先根据课程思政目标有针对性地选择典型的口译案例和练习材料,再根据语料的难度划分梯度来设计具体的教学活动和教学方法。本课在选材的时候专门从《理解当代中国 汉英翻译教程》中选取了习近平总书记讲话中引用的部分成语、谚语、古文及其翻译。除此之外,本课还精选我国领导人在中外记者招待会讲话中引用的成语、谚语、诗句及其现场口译内容,以此为真实语料设计案例教学。引用的这些成语、谚语、诗句都蕴含积极寓意和爱国情怀,体现了中国人民的智慧,是中华文化的精髓,对学生有积极的价值引领作用,比如:习近平总书记引用的"吾心信其可行,则移山填海之难,终有成功之日;吾心信其不可行,则反掌折枝之易,亦无收效之期也"。李强总理说的"我们这一代中国人从小听得最多的故事就是大禹治水、愚公移山、精卫填海、夸父逐日等等"。口译练习材料则选择含有比喻、文化特色和典故的成语、谚语和古诗句,比如:班门弄斧;叶公好龙;八仙过海,各显神通;山重水复疑无路,柳暗花明又一村;等等。这些语料是讲好中国故事和传播中国声音的典型材料,以这些语料为教学案例,既能让学生学习翻译技巧和口译策略,也能落实"三进",还能激发学生提升中华文化素养的觉悟,增强学生文化自信和对外传播中华文化的意识和使命感。

学生准备是课前完成教师布置的预习作业,即课前在网上搜索中国成语、谚语、诗句的英译方法并举例概括,做好课堂上被教师抽查进行口头分享的准备。设计这一课前预习任务的目的是让学生对中国成语、谚语、诗句的英译产生兴趣,进行初步了解,这有利于教师在课堂上更好地引导学生深入理解、思考和掌握知识点,从而提高教学效果。

(二)课堂教学

本课的课堂教学分为导入环节、方法讲授环节、案例分析环节、练习讨论环节4个步骤。教学过程以案例教学法为主,交际教学法为辅,有机结合启发式讲授法、讨论法和反思法。

在导入环节,以前面单元出现的文化引语为例,如"民以食为天""上有天堂,下有苏杭""桂林山水甲天下,阳朔山水甲桂林""江作青罗带,山如碧玉簪"等,让学生意识到,在联络陪同口译中,中方的说话人可能随时根据语境引用中国的成语、谚语、古话、诗句等进行表达,这对译员来说具有一定的挑战性。通过导入,使学生产生学习的热情和动力。

在方法讲授环节,先邀请学生简要分享课前预习的收获,然后通过启发式讲授法举例讲解文化引语口译的一般原则和常用方法,使学生加深对口译方法的理解和认识。通过对比"望子成龙""挂羊头,卖狗肉""冰冻三尺非一日之寒"等成语、谚语的不同译法,启发学生以跨文化意识思辨不同译法的口译效果,鼓励学生在不影响意思传达和交流效果的基础上,灵活采取口译策略,积极传播中国文化。

在案例分析环节,以习近平总书记讲话中引用的成语、谚语、诗句及其翻译为典型案例,采取小组讨论和个人发言的方式,引导学生分析和讨论外交部高级翻译团队的译文,使学生掌握口译知识和技能的同时,深刻领悟讲好中国故事和传播中国声音的重要性,增强学生爱国情怀、文化自信,以及对外传播中国文化的使命感。

在练习讨论环节,让学生以小组成员互译互评的方式,对教师给出的中国成语、谚语进行口译练习和讨论,在此过程中,教师巡堂倾听和了解学生的口译和互评,适当给予点评、鼓励或指正,进一步加强学生对本课知识和方法技能的掌握。

(三)课后任务

为了强化学生对本课知识的掌握,提升学生学习能力,塑造学生价值观,教师可要求学生对课堂练习环节的中国成语、谚语的口译进行反思,学生通过网络搜索和独立思辨,重新整理课上的译文并熟记。对于存在不同译法的情况,教师可要求学生以跨文化意识对比分析不同译法对传播中华文化产生的效果,鼓励学生收集和熟记其他更多的中国成语、谚语、著名古诗句的翻译。

四、课程思政教学反思

(一)教师反思

反思以上的教学案例,教学选材做到了以思政为纲,课堂教学做到了将思政元素自然地融入专业知识和技能的讲授中,教学过程做到了紧凑高效,富有趣味性、启发性、挑战性。通过"查"(学生查阅资料)、"讲"(教师课堂讲授)、"译"(学生做口译)、"论"(案例分析讨论)、"评"(教师点评)、"写"(课后作业)的多元教学,以及案例分析、比较探究、师生讨论等教学策略,每个教学环节都层层深化地达到润物细无声的育人效果。学生较好地掌握了关于中国成语、谚语、诗句等这类特殊表达的口译原则和方法,提升了文化素养,激发了学习兴趣,明白了跨文化意识在口译过程中的重要性,体会到归化和异化两种翻译策略对传播中华文化产生的不同效果以及取舍原则,增强了文化自信。在练习和讨论中,培养了学生的思辨能力,强化了学生脱离源语形式灵活口译的能力。学生获得的成效体现在课前预习的口头分享、课中案例分析的讨论和口译练习、课后反思性和延伸性学习中,既有口头的,也有书面的。教师潜移默化地把思政育人融入对学生的专业知识讲授、技能训练,以及能力培养中。

反思本课程的整体教学。通过课程思政建设,本课程完成了以思政为纲的教学改革和创新,实现了知识传授、能力培养和价值塑造"三位一体"的教学成效,其特色主要体现在以下方面。第一,在教学目标方面,结合翻译专业的育人目标和毕业要求,将译者的职业观、职业素养、职业行为规范、商务礼仪和外事礼仪、爱国情怀、文化自信、跨文化意识、终身学习意识、严谨务实的从业态度和对外传播中国文化的使命感等列入课程思政目标。第二,在教学内容方面,除了从原有材料中挖掘思政元素,还根据思政目标精选对标的语料,如从《理解当代中国 汉英翻译教程》中选择语料,真正落实"三进"。第三,在教学方法方面,采取的任务教学法、情境教学法、案例教学法、交际教学法非常契合本课程的教学目标、教学内容、教学特点和教学要求,使"口译产出"导向和思政育人目标有机结合。第四,在考核评价方面,增加了对学生思政方面的考核评价,评价依据包括课堂上对于思政导向的问题回答、融入思政要素的课后作业,以及课后学生根据课程学习的实际情况撰写的课程学习感悟和反馈。

(二)学生反思

本课程的学生反思是请学生结合本课程的学习回答教师的问题,反馈

本课程学习的收获和感悟,反思的问题如下:

1.从事翻译职业应该树立什么样的职业观?译员的职业观和职业责任感在具体的口译工作中有什么样的体现?

2.联络陪同口译工作需要译员具备哪些职业素养?你认为自己具备了哪些职业素养?还存在什么欠缺和不足?今后如何使自己具备这些职业素养?

3.你是否具备了跨文化意识?请举例谈谈跨文化意识在联络陪同口译工作中的重要性。

4.你是否体会到翻译工作者应该具备对外传播中华文化的意识和责任感?你认为在联络陪同口译中应该如何对外传播中国文化?请举例谈谈。

5.你是否理解终身学习的专业发展意识对译员的重要性?应该如何践行终身学习的专业发展意识?

通过以上反思,学生全面地梳理了自己在本课程学习中的收获,加深了对这些问题的理解和认识,这是育人成效的显化,为课程思政目标的达成提供了具体的评价依据。

结语

高等教育是人才培养的重要途径,是我国实现教育强国的重中之重,而课程思政为高等教育的人才培养解决了"培养什么人、怎样培养人、为谁培养人"的问题。课程思政建设,将立德树人真正落实到课程教学中。翻译人才肩负着讲好中国故事、传播中国声音和助力我国构建国际话语体系的重大责任,因此,更加需要通过课程思政培养他们深厚的爱国情怀、强大的文化自信、良好的职业素养和积极对外传播中华文化的使命感。我们要不断总结课程思政的教学实践探索和研究的经验,完善实施方法,形成有效的课程思政教学模式,为培养德才兼备的人才提供坚实有力的支撑。

参考文献

[1]习近平.把思想政治工作贯穿教育教学全过程 开创我国高等教育事业发展新局面[EB/OL]. http://www. moe. gov. cn/jyb_xwfb/s6052/moe_838/201612/t20161208_291306. html.

[2]习近平.高举中国特色社会主义伟大旗帜 为全面建设社会主义现代化国家而团结奋斗——在中国共产党第二十次全国代表大会上的报告[EB/OL]. https://www. gov. cn/xinwen/2022-10/25/content_5721685. htm.

音乐专业英语课程思政教学研究

刘燕梅

一、音乐专业英语课程思政教学的背景

（一）教育部《高等学校课程思政建设指导纲要》的要求

《高等学校课程思政建设指导纲要》提到全面推进课程思政建设，就是要寓价值观引导于知识传授和能力培养之中，帮助学生塑造正确的世界观、人生观和价值观，让所有高校、所有教师、所有课程都承担好育人责任。因此，高校的课程思政不只是思政课教师的任务，还是每个学科每位教师的职责。

（二）新文科建设的要求

"立德树人"是新文科建设的指导思想。从这个意义上来说，课程思政是新文科建设背景下对高校教师的一项新挑战。而"提高教师的思想政治能力是落实立德树人的关键。参与课程思政相关的课题研究、积极参与有关课程思政的校内外培训、参与课程思政相关英语教学比赛等都是提升教师思想政治能力的有效方法"[①]。

（三）《大学英语教学指南（2020 版）》的要求

《大学英语教学指南（2020 版）》指出"大学英语课程是高等学校人文教

---

① 朱卉、周迪思、王雪燕：《课程思政在"大学艺术英语"教学中的路径探索》，载《教育教学论坛》2022 年第 34 期。

育的一部分,兼有工具性和人文性双重性质"。因此,我们要充分挖掘大学英语课程丰富的人文内涵,实现工具性和人文性的有机统一。大学英语课程属于人文学科,其学科特点就蕴含了大量的思政元素和育人元素。大学英语课程又是学生了解西方文化、进行中西方价值观对比、进行批判性思辨的主渠道。所以,进行课程思政,坚持用社会主义核心价值观引导大学生,让学生树立正确的人生观、世界观和价值观,提高政治觉悟和文化素养,是大学英语课程人文教育的价值体现,也是教师教书育人的根本职责。

(四)广西师范大学大学英语课程改革提供了成熟的智慧教学环境

广西师范大学于 2015 年创建了校本特色的"大学英语课程自主学习管理平台",2016 年继而打造了"大学英语翻转课堂平台",2017 年升级为"广西师范大学大学英语智慧教学云平台"。创建平台、资源库和评价模式,不断实践、反馈、修改和完善,为创建有效的线上线下混合式教学模式提供了良好的条件,广西师范大学构建并实施了"大学英语智慧教育五维一体"的体系:(1)智能化地实现管、教、学、测、评的云平台;(2)关注学生自主学习全过程的校本课程评价模式;(3)基于课本内容的微课资源,为学生英语的输入和输出提供了优质的在线学习资源;(4)满足学生需求的课外自主学习资源,增强了学生学习英语的兴趣;(5)有效的在线学习路径,为学生随时随地学习英语提供了条件;(6)基于校本的翻转课堂教学模式,培养了学生的提问能力、思辨能力与创新能力,同时实现了思政进课堂的全人教育,出现了从被动学习走向主动学习的景象。而以上所取得成绩主要的受益对象为非艺体类的大学英语本科生。大学英语智慧教学云平台上与音乐专业英语相关的内容甚少,音乐专业的学生在上大学英语课程中很难享受到改革的成果。在大学英语上课过程中,音乐专业学生的学习主动性相对不高,学习英语的工具性动机不强,内在动机又没有被有效激发,因此,这类学生的大学英语课程教学效果相对不理想。

基于此,从课程思政的角度开展音乐专业学生的大学英语教学改革非常有必要。大学英语教学改革也急需加入相关的要素,让更多艺术生享受到改革成果。

二、音乐专业英语课程思政建设的思路及过程

(一)总体思路

本研究的总体思路是将英语语言训练与思政教育相融合,体现大学英语工具性和人文性的双重特征,以在线课程和数字思政课程为依托,以学生英语产出为导向,探索线上线下混合的教学模式及相应的评估模式。通过音乐专业学生比较易于接受的教学方法,依托音乐专业相关的话题和语料,学生在学习后能够进行深入思考,并通过小组合作的方式,利用自身专业特长,用英语讲中国音乐故事,传播中国音乐文化。总体思路步骤如下。

1.素材挖掘。深度阅读课程依托的《新起点大学英语综合教程》,挖掘教材中的主要语言知识点、语言技能点和相关的学习策略,对教材内容进行总体把握。

2.思政目标确定。将素材进行分析、概括,结合《高等学校课程思政建设指导纲要》和《大学英语教学指南(2020版)》,确定思政目标。

3.线上学习思政微课及其他形式的资源,开展小组讨论。

4.线下课,进行知识、技能、思政的融合。在输入课程和技能知识过程中,注意突出和融合思政目标,传授课程知识的同时潜移默化地实现思政育人。

5.“专业+语言+思政”的学生作品产出。结合音乐专业学生的背景知识,鼓励他们用英语讲中国音乐故事,传播中国优秀艺术文化。在此过程中带动英语口语输出和写作输出,在学生获得成就感的过程中带动英语语言学习。

6.多维评价。通过自我评价、同伴互评和教师评价,加深学生对自己产出作品的思考及语言结构、词汇的认识和使用。

7.师生反思。学生反思,在获得学习成就感的同时明确自身不足,针对性地提升自己;教师反思,总结之前的成绩和不足,以进行下一步修改和

完善。

(二)建设过程

第一阶段:组建教师团队,开展理论学习。整理、学习教育部关于课程思政的文件,参加课程思政专题培训,学习课程思政建设的理论和他校经验。

第二阶段:为实验班制定基于课程思政微课的混合式教学模式。分析数据,为下一阶段的混合式教学模式研究提出科学的依据。

第三阶段:在实验班采取音乐英语课程隔周上课的混合式教学模式,验证音乐英语课程融入课程思政教学并采取隔周上课的混合式教学模式的教学效果。

第四阶段:汇总学生对前两个阶段教学的建议反馈,确立音乐英语课程的线上线下混合式教学模式,举办沙龙以及其他形式的教学活动研讨会,分享思政教学经验。

第五阶段:收集学生学习反馈及感悟,分析数据,撰写论文以及结题报告。在实践中不断提高认识和完善措施。

三、音乐专业英语课程思政教学的具体案例

Unit 3　The Violin in the Late-afternoon Sun

1. 课程思政目标

了解人们对音乐梦想的追求,坚持追求自己的梦想,并学会感恩。

2. 语言知识目标

(1)理解有用词汇、短语和句型;理解明喻和隐喻的用法。

（2）了解从属分句的类型，合理使用从属连词、关系代词和关系副词。

（3）能够理解课文大意。

3. 技能目标

（1）了解段落主题句的作用，学会写主题句。

（2）掌握记叙文的倒叙的写作方式。

4. 教学过程

线上课：

（1）布置学生阅读课文，解决课后的理解题；

（2）布置学生在云平台分享父爱、母爱的片段；

（3）针对课文学习遇到的关于课文理解、长难句、修辞等方面的问题进行提问；

（4）教师通过平台上的任务完成情况和云平台实时监控到的学生的提问情况，进行实时的反馈。

线下课：

（1）检查复述情况。

（2）解决学生的共性问题。以学生线上学习反馈截图的形式，梳理出学生关于主题的问题，提炼出"Which sentences can we feel the father's love?" "What figure of speech is used in the sentence 'the melody surged and spoke like waterfalls'?"的共性问题并进行解答（生生、师生）。

（3）讲解明喻和隐喻两种比喻手法。通过举例和对比的方式充分讲解两种比喻手法，结合名句让学生进行练习。

（4）探讨倒叙的写作方式。以讲解学生线上任务入手，通过案例分析进行进一步的讲解。

（5）总结本次课的主要内容。

（6）布置课后作业。布置学生完成一篇题为 Paternal / Maternal Love 的作文,要求学生结合自己在实现音乐梦想的道路上父母之爱的体现来写,在文中要用明喻或者隐喻的修辞手法。

四、音乐专业英语课程思政教学的特色与创新之处

(一)特色

1.结合音乐专业的特点,增加了音乐专业学生的参与度。由于融入了专业知识背景元素,学生能够发挥特长,这就使语言学习变成了与专业学习相关、结合学生兴趣的事情。

2.合作学习的形式本身包含思政育人作用。本案例要求学生以小组合作的形式完成。在合作过程中,组员之间、组长与组员之间要沟通合作、互相帮助、取长补短,为学生今后走入社会与人合作做准备。

(二)创新

1.方法创新

该案例采用的产品导向教学方法,是在结合产出导向法、任务教学法、合作学习、项目式学习等方法的基础上创建的一套教学方法。学生在教师指导下,通过小组合作完成一系列学习任务,最终产出一个作品,这可以让学生看到所学成果,感受学习的价值,获得成就感,继而获得继续学习的内生动力。

2.课程思政依托媒介方面的创新

以与音乐相关的故事作为课程思政的形式,潜移默化地实现育人目标。故事是教学过程中学生易于接受的一种形式,让思政导向融入故事中,既可以提供上下文语境,又能启发学生深刻思考。

五、音乐专业英语课程思政教学效果评价及后续改革思路

(一)效果评价

该课程思政教学研究是在多年来大学英语智慧教学的基础上课程建设方面取得的又一进展。以大学英语智慧教学云平台为依托,充分利用人工智能技术与高校一线教学的深度融合,切实有效地加快推动了高校人才培养模式与教学方法改革。

1. 学生重新认识英语学习的形式与意义,学习兴趣有所提升

学生在中学阶段习惯了上课听讲、下课写练习题的模式,这导致部分学生的语言应用能力相对较弱,不会用所学语言解决现实问题。在实施基于学生所学专业的英语课程思政教学后,学生发现英语的学习形式多样,不同水平的学生能根据自身的专业优势和英语水平产出英语作品,使得学生获得了一定的成就感。

2. 学生英语表达能力得到提高

学生在学习思政微课后在云平台产出的内容丰富,语言表达也得到了提高。学生的产出内容一开始是寥寥几行且有不少语言表达错误,但是到后面,在字数、质量上都有很大的提高,教师对他们的肯定也让他们有了很大的成就感,促进了他们接下来的英语学习。

3. 教师教学的获得感得到提升

传统的教学模式下,艺术班的学生对英语提不起兴趣,上课缺少活力,教师也感觉倦怠。但是在实施"英语+专业+思政"的英语教学后,学生在课堂上能积极回应教师,所产出的作品也非常有趣生动,这种进步让人欣喜,给教师带来了很大的获得感。教师的获得感又反过来促使其在教研上更进

一步去挖掘。

(二)后续改革思路

1.建设在线课程

在此次课程思政建设中,云平台的智慧教学起到了很好的助力作用,但是由于经费有限,未能建成在线课程。今后将争取建设音乐专业的英语在线课程,使教学内容更系统化。

2.进一步完善线上线下结合的教学模式

部分学生的在线提问质量不高,降低了批判性思维能力培养的效果。后期需要进一步进行提问能力的培训。部分学生在线上课偷懒,而教师提供个性化辅导时,时间和精力有限,没有及时发现问题。今后拟加强学生小组成员间的监督,聘请高年级学生或研究生做助教,指导线上学习。

3.扩大授课对象范围,使更多的学生享受改革成果

本研究的授课对象是音乐专业的 A 班学生。之后需要考虑的是如何在其他艺术班的学生中采用这种授课模式,让更多的学生享受到教学改革的成果。

参考文献

[1]高等学校课程思政建设指导纲要[EB/OL]. https://www. gov. cn/zhengce/zhengceku/2020-06/06/content_5517606. htm.

[2]教育部高等学校大学外语教学指导委员会. 大学英语教学指南:2020 版[M].北京:高等教育出版社, 2020.

[3]朱卉,周迪思,王雪燕. 课程思政在"大学艺术英语"教学中的路径探索[J].教育教学论坛,2022(34):73-76.

英语专业综合英语课程思政
建设路径与实践

——以广西师范大学为例

冯 波

一、引言

教育部在 2020 年印发的《高等学校课程思政建设指导纲要》中指出，"全面推进课程思政建设是落实立德树人根本任务的战略举措"。作为高等教育的重要组成部分，英语专业课程应当充分发挥其育人作用。综合英语课程是英语专业的核心课程，因此，探索该课程的思政建设路径与课程思政教学实践具有重要的意义。本文以广西师范大学英语专业综合英语课程建设研究与实践为例，探讨英语专业课程思政教学体系的构建。

二、综合英语课程思政建设的必要性和可行性

综合英语的课程特点决定了在该课程中进行课程思政建设的必要性。综合英语是英语专业的核心课程。在所有英语专业课程中，综合英语课程受众学生覆盖面最广，数量最庞大，学时最长，学分最多。作为英语专业培养综合技能的主干课程，综合英语课程能全面提高学生听、说、读、写、译等各方面语言技能，能帮助学生打下扎实的英语语言基础，提高语言的综合应用能力，培养学生的跨文化交际能力和人文素养。它既是一门语言技能课

程,也是一门人文素养教育课程。因此,在综合英语课程中开展课程思政教育,能在最大范围内对学生产生全面、深入的积极影响。

广西师范大学外国语学院英语专业开设的综合英语课程早在 2007 年就获得广西壮族自治区精品课程。综合英语课程教师一直积极探索实践教育教学改革,多人主持或参与过区级及校级教改项目,如广西高等教育本科教学改革工程立项项目"英语专业大学生思辨能力的递进式培养模式研究",校级教改项目"《国标》背景下英语专业综合英语教学与学生思辨能力发展改革研究",等等。2019 年,广西师范大学外国语学院综合英语教研室组织该教研室所有教师及其他教研室部分教师担任综合英语课程教师,在智慧树网络教学平台上建设了综合英语在线课程。这些前期已开展的相关工作都为综合英语课程的课程思政建设奠定了坚实的基础,使其具有极高的可行性。

三、综合英语课程思政建设的总体思路

综合英语课程思政建设的总体思路:以立德树人为目标,秉承语言教学与思政育人相结合的教学理念,将课程思政落实到课程教学大纲编写、教案编写、课件制作、教学实践和教学评价等各个环节。

首先修订综合英语课程的教学大纲,修订内容主要包括课程目标、教学内容和成绩评定三大方面。在新的教学大纲指引下,编写出每个单元的具有思政特点的教案和课件。为了达到"润物细无声"的教学效果,综合英语课程思政建设紧扣各教学单元课文内容,深挖各单元的思政教育元素。以《综合英语Ⅱ(上)》为例,确定各单元的思政主题为:跨文化交际中的民族自信(第一单元),阅读的力量(第二单元),教育的目的及对人生的意义(第三单元),扶贫攻坚与"中国梦"(第四单元),婚育观的变化与人口政策(第五单元),中国传统饮食文化及其哲学思想(第六单元)。

在教学实践中,综合英语课程强调将思政教学融入课前、课中、课后三个阶段,将思政教育根植在学生心中。

综合英语课程思政教学改革的创新点在于:(1)选取中西社会文化鲜活语料,通过中西文化的思想碰撞,培养学生的思辨能力,引导学生树立正确的价值观,实现语言教育工具性与人文性的有机统一。(2)寓思政教育于语言学习中,真正做到思政与语言教学的同向同行和有机融合。

四、综合英语课程思政建设路径

(一)提升课程师资思政育人教学能力

"高校教师承担着梳理和传递思政元素的使命,更需具备挖掘和建设思政内容的意识和素养。"[①]教师通过参加线上或线下的课程思政培训或教研活动、各种教师教学发展专题培训,观摩各类国家级英语教学大赛等,多渠道多形式地学习如何在外语课程的教学设计和教学实践中将语言教学与思政育人有机融合,积极提升综合英语课程师资思政育人教学能力。此外,课程团队积极参与各级课程思政研讨会,不断探索新思路,深化思政教学理念。

(二)修订教学大纲,重塑课程思政教学内容

在综合英语课程建设过程中,课程团队可以修订综合英语课程的教学大纲,完善价值塑造、能力培养、知识传授三位一体的课程目标,增添各教学单元的思想政治教育元素、教育方法和载体途径。

文秋芳(2021)指出:"内容链是外语教师实施课程思政教育的起点,也是课程思政工作的主要抓手。"[②]课程团队的教师在吃透单元主题和单元课文的基础上,广泛收集线上和线下资源,查找相关思政教学素材,编写出每个单元的课程思政教案和课件。在此基础上,再通过与其他教师的研讨交流,取长补短,不断打磨完善教案。课程团队的教师根据修订后的教学大

---

① 徐锦芬:《高校英语课程教学素材的思政内容建设研究》,载《外语界》2021年第2期。
② 文秋芳:《大学外语课程思政的内涵和实施框架》,载《中国外语》2021年第2期。

纲,编制一套涵盖综合英语课程所有教学单元的、能体现课程思政特点的教案,并根据授课教案,编制一套涵盖综合英语课程所有教学单元的课件。此外,根据教学单元的思政元素,课程团队的教师还可以编写课程思政教学典型案例,并制作与单元思政元素紧密相关的微课视频。

根据每个教学单元的主题和所学文章的具体内容,提炼和凸显思政元素。通过对教材的二次开发,学生既大量接触了英语原版素材,广泛了解和深入学习了西方政治、历史、风俗、人文等,又接触到了中国文化内容。在中西方文化的不断碰撞和中西语言与文化的对比中,中国元素得以有机融入。一方面,引导学生理解、尊重和包容不同的文化,使学生的跨文化交际能力得以增强;另一方面,还可以帮助学生搭建好中西文化的桥梁,培养学生用英语讲好中国故事的能力,引导学生去传承弘扬中华优秀传统文化,深入领会社会主义核心价值观,树立正确的文化价值观和文化自信。

综合英语课程开展课程思政教学可以提升学生的听、说、读、写、译等语言技能,增强学生的英语语言应用能力,培养学生的自主学习能力和团队协作能力。与此同时,由于语言是文化的载体,文化可通过语言传播,学生在接触大量语料的同时,人文素养也得以提升。综合英语课程将思政教育贯穿于教学各个环节,以立德树人为根本目标,以"润物细无声"的方式对学生进行自我激励、情感激发、价值引领和精神塑造,助力学生养成积极的生活态度和健全的人格。

(三)不断更新教师教育教学理念

在教学实践环节,教师应积极改变与时代脱节的教育教学观念,在教学实践中将思政教育元素自然地融入各教学环节。通过启发式、讲授法、讨论法、任务式、发现式、探究式等多种教学方法,改变综合英语课程教学方法的单一性,多渠道多模式地利用好各类思政素材。鉴于综合英语课程是一门语言基础技能课的特性,为了提高学生的听、说、读、写等多项语言技能,在教学过程中,应将教师讲授和学生练习有机结合。为了提高教学有效性,将"以教师为中心"的教学理念转变成"以学生为中心",注重师生的互动性,以激发学生的学习兴趣,唤醒学生内心对知识的渴望。同时,让学生在学习中切身体会到人生的真善美,在专业技能提高的同时,人生素养也得以提升。此外,在教学实施过程中,可以采用多样化的教学方法,让教师教得有效,学生学得有效。

(四)积极进行教学反思,完善教学评价标准

在课程思政建设研究与实践中,教师还要根据教学实践和学生的反馈,及时进行教学反思,以根据学生特点和教学效果,不断更新教学内容,改进教学方式方法。教师可以通过问卷调查法、访谈法等多种方法,多渠道多方面了解学生的思想状况和学习情况。在教学评价方面,教师不断探索如何有机结合形成性评价和终结性评价,探索多元评价体系。如在形成性评价方面,增加读书报告、小组报告等形式,多维度考察和评价教学效果。

五、结束语

综合英语是各大高校英语专业的核心课程,在该课程中开展课程思政建设的探索与实践,不仅可以提高该课程的教学质量,促进课程教学研究的进步与发展,还可以更好地达到课程的育人目标,为英语专业课程体系的构建添砖加瓦,以达到立德树人的根本目标。

在课程建设研究与实践中,还存在一些需要进一步改革与研究的问题,具体如下:(1)如何在各教学环节,如在重点词汇的讲解与学习中,搜集到大量的思政教学素材。(2)如何在各教学环节,如在课文内容的讲解环节,深入充分地展开思政教学活动,以克服本课程教学内容较多及课时有限的限制。(3)如何对课程思政的教学效果进行更加多元的、科学的评价。

针对以上问题,在今后的研究与课程教学中,需要集思广益,更多地发挥团队协作的作用,搜集更多的思政教学素材,探讨如何在有限的课时内,最大限度地利用教材和思政素材,将思政教育更高效地融入各教学环节,使课程思政落地生根,并积极探索更多样化的、科学的考核机制。

参考文献

[1]文秋芳.大学外语课程思政的内涵和实施框架[J].中国外语,2021（2）:47-52.

[2]徐锦芬.高校英语课程教学素材的思政内容建设研究[J].外语界,2021（2）:18-24.

中华优秀传统文化融入大学英语课程思政教学的探索与实践

吴银芳

一、研究背景

教育部 2020 年印发的《高等学校课程思政建设指导纲要》提出："课程思政建设是全面提高人才培养质量的重要任务。"[①]其中,加强中华优秀传统文化教育是课程思政建设的一大重点内容。《大学英语教学指南(2020版)》指出大学英语课程应该兼具工具性和人文性。就工具性而言,大学英语课程的主要任务是提高大学生的语言运用能力,是对基础教育的扩展和提升。就人文性而言,语言是文化的载体,了解英语词汇、语法以及表达方式背后的文化内涵,能够帮助学生更好地运用语言进行交际。在全球化的国际背景下,大学英语课程价值体现为既满足了学生掌握英语的实际需要,又培养了学生的人文素养、跨文化交际能力、思辨能力、人文思维,拓宽了学生的国际视野,使学生能够传递语言背后的文化内涵,讲好中国故事,传递中国声音。

二、中华优秀传统文化融入大学英语课程思政的现实意义

中华优秀传统文化是中国人民智慧和独特文化价值观的体现,是中华

---

① 《高等学校课程思政建设指导纲要》,http://www.moe.gov.cn/srcsite/A08/s7056/202006/t20200603_462437.html

民族的一张文化名片,其意义重大,既有历史的传承、文化的自信,也有国际的交流和合作,在整个人类文明进程中具有不可替代的地位。将中华优秀传统文化融入大学英语教学具有重要的现实意义。

(一)拓宽中华优秀传统文化的传播途径

《中共中央关于党的百年奋斗重大成就和历史经验的决议》强调:"中华优秀传统文化是中华民族的突出优势,是我们在世界文化激荡中站稳脚跟的根基,必须结合新的时代条件传承和弘扬好。"①将中华优秀传统文化融入大学英语教学可以帮助大学生提高继承和弘扬中华优秀传统文化的责任感。中华优秀传统文化与大学英语教学的融合使中华优秀传统文化的内涵通过英语被传达出去,实现了向世界讲述中国故事,贡献中国智慧和力量的目标。

(二)丰富大学英语课程的育人功能

结合《高等学校课程思政建设指导纲要》,课程思政要结合专业特点分类推进,外语教学要落实立德树人的根本任务,必须将价值塑造、知识传授和能力培养三者有机融合,培养学生的跨文化交际能力的同时,更要在学生的理想和价值塑造上起到引领作用。立足现实,新时代教育观念要求"育才"和"育人"相结合,而"课程思政"的提出为培养新时代社会主义接班人指明了方向。将中华优秀传统文化与大学英语课程有机融合起来,能够提高学生的文化素养,增强他们的文化信心,并且能够使大学英语课程的育人价值得到充分发挥。

(三)提高学生的跨文化交际能力

在大学英语教学中融入中华优秀传统文化元素,可以使大学生了解中华文化的基础、历史、本质和内涵。在东西方文化交流的过程中,让大学生

① 《中共中央关于党的百年奋斗重大成就和历史经验的决议》,https://www.gov.cn/zhengce/2021-11/16/content_5651269.htm.

体验不同文化的魅力;在文化比较的过程中,提高他们对语言文化中的目的、观点进行实践和评估等的综合能力。传统文化中蕴含着的丰富而深刻的人文精神,可以有效提升学生的综合素质,培养学生的跨文化交际能力和人文情怀,拓宽学生的文化视野,使大学外语教育更具深度和广度。

三、中华优秀传统文化融入大学英语课程思政的现状和对策

(一)丰富教材中的中华优秀传统文化素材

教材是大学英语教学的重要基础,没有教材教学任务就无法完成。我国大学英语教材中很多内容是从英语语料中选取的,即使在教材的课后练习中增加了中华优秀传统文化的汉英翻译练习,但也远远不足以提高大学生的中华文化素养。大学英语课程思政教学,需要教师在全面梳理教材内容的基础上,引入相关的中华优秀传统文化元素,深入挖掘能够充分体现中华优秀传统文化价值的教学内容。

(二)提高教师将传统文化融入大学英语教学的意识

长期以来,传统的大学英语课堂教学更注重培养学生的英语知识和技能,相对忽视了中华优秀传统文化的导入。部分教师本身没有充分认识到将中华优秀传统文化融入英语教学的必要性和重要性,忽视了培养学生用英语传播中华文化的意识和能力,也忽视了将中华优秀传统文化融入课堂。大学英语教师自身应该储备中华传统文化知识,并在教学中根据教学内容灵活地融入中华优秀传统文化的相关元素。

(三)提高学生对中华优秀传统文化的兴趣

部分学生专注于学习英语单词、短语,对听力和其他语言水平关注不足,而且较少注意母语文化目标语言的表达。在学习英语的过程中,他们对学习用英语表达中华传统文化的重视程度不足。在互联网极为发达的今

天,线上英语教育资源十分丰富,教师在教学中可以引入与教材内容相关的高质量教育资源,鼓励学生阅读权威网站发布的与中华优秀传统文化相关的文章,激发学生对弘扬中华优秀传统文化的兴趣。

(四)优化思政教学手段

在大学英语教学中,简单地将思政元素堆叠添加、单向灌输和说教式的课程思政教学方式仍不同程度地存在。在具体的教学中,教师应该恰当地选择教学方法,将教学内容作为根本出发点,恰当地引入与之相对应的中华优秀传统文化,为学生细致地分析中外文化概念的相同与不同之处,同时也可以引入丰富的音视频、图片等教学资源,通过生动、具体、直观的呈现方式,让英语课堂变成有趣的课堂,增强学生对中华传统文化的理解。

基于此现状,本文以《新视野大学英语(第三版)读写教程1》第2单元为例,探索如何将优秀传统文化融入大学英语思政教学。

四、中华优秀传统文化融入大学英语思政教学的实例

(一)教学内容

本教学设计选取《新视野大学英语(第三版)读写教程1》第2单元 Loving parents, loving children(爱父母,爱子女),这个单元从两个角度聚焦父母与孩子的关系,课文A:"A child's clutter awaits an adult's return"(儿时百宝箱,老大归家梦)通过详细描述女儿离开家以后留下的杂乱来刻画妈妈对女儿追求独立的反应。文中的妈妈因为女儿离家追求独立而愤怒、忧伤、沮丧,但出于爱,她也坚信不管现在女儿多么叛逆但最终会归家。课文B:"Time slows down"(那一刻,时光驻足)展现了爸爸和女儿之间深刻的爱。本次教学的重点为第一篇课文,第二篇课文为自学任务。

(二)教学目标

1. 知识目标

学生能够掌握重难点单词、句型、表达技巧、篇章结构、语法点,能够理解课文大意。

2. 技能目标

学生能够运用基本的听、说、读、写、译各方面的技能,如:听取 CGTN "诗歌中的中国"之《游子吟》的短片的音频版,请学生写出空缺内容;就话题"父母如何看待孩子"进行口头讨论和汇报;掌握"意群"式阅读技巧;使用"问题 -处理-评价"模式进行段落写作;完成"中秋节"主题短文的中译英练习。

3. 育人目标

(1)使学生理解父母对子女无私且持久的爱,比较不同文化背景下不同父母对爱的不同诠释。通过阅读、讨论、观看视频等教学方式,让学生深入了解父母之爱的多样性和深刻性。通过交流各自的家庭文化、父母的行为、父母的情感表达和家庭价值观等,引导学生感恩父母,反思自身对父母的行为和态度,以建立更好的亲子关系。

(2)让学生明白家和万事兴,懂得主动与父母有效沟通,营造和谐的家庭氛围。了解亲子关系的复杂性和多维度性,掌握与父母沟通的技巧和方法,懂得如何理解父母,能够与父母进行情感交流以及解决家庭矛盾和冲突。

(3)让学生了解中国传统价值观在人成长过程中的重要性,以及如何将这些价值观在社会生活中践行并传承给下一代,引导学生树立正确的人生观,并为未来的家庭教育做好准备。

(三)教学模式

本单元采用线上、线下相结合的混合式教学组织形式,"线上"使用大学英语智慧教学云平台观看课前微课以及 U 校园智慧教学云平台进行单元白学、布置作业,"线下"主要是现场教学互动、答疑及学情分析等。

(四)教学流程

1.本单元授课的第一周线上课,学生学习任务如下:

(1)登录大学英语智慧教学云平台,学习本单元的 7 个微课(微课涉及本单元的文章分析、单词赏析、写作手法、文化背景等),学习微课的同时可以在大学英语智慧教学云平台的课程交流板块发帖提问和分享。

(2)使用 U 校园智慧教学云平台完成 Reading in detail 这部分的学习,理解课文,学习生词,并完成 Language focus 这部分的练习。

(3)使用 U 校园智慧教学云平台学习 Moral education 这个部分,观看单元思政微课,阅读拓展材料朱自清《背影》双语文本。在大学英语智慧教学云平台上就话题"How is the relationship between you and your parents?"发帖发表观点。

2.本单元授课的第二周线下课,教学步骤如下:

(1)导入部分。学生先听 CGTN 的诗歌里的中国之孟郊《游子吟》的音频版,完成诗歌英文版下划线处空缺单词的填空,教师考查学生对汉字"线""衣""迟迟""心""报"的理解。视频任务完成后请学生讨论并回答以下问题:当你离开家去上大学时,你的父母为你做了什么或对你说了什么? 你认为父母当时的感受如何? 当你离开家去上大学时,你的感受如何?

接着教师提问,如"你对父母的爱是什么样子的?""你和父母的关系如何?"等,鼓励学生自由发言,分享自己的看法和感受。教师用图片或视频升华感恩父母的主题。

(2)课文讲解部分。文章可以分为 3 大部分,第 1 部分是课文概要和"我"的反应;第 2 部分是女儿留下的一片狼藉和"我"的反应;第 3 部分是结尾总结。请学生先阅读第 1 部分,并思考:在母亲看来,女儿为什么要买一辆又大又贵的车? 女儿没有买汽车,而是买了卡车,而且还在看动画片,这位母亲想通过这个事实告诉我们什么? 当女儿离开时,母亲的心情如何? 第 2 部分可以请学生讨论:为什么母亲要详细描述女儿房间里乱七八糟的情况?

母亲决定如何处理女儿的书？第3部分请学生思考:是什么让母亲改变了对女儿的态度？母亲如何扭转自己的态度来处理女儿的衣服和毛绒玩具？为什么母亲坚信女儿有一天会回来？下图为课文讲解部分的结构展示:

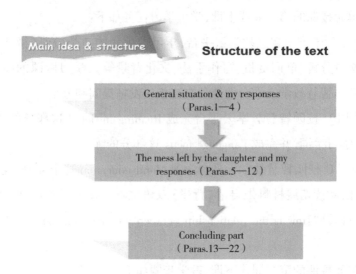

（3）主题升华。在完成课文A的学习后,可以请同学们讨论以下问题:如今,孩子远离家乡学习或工作已经很普遍,那么如何理解"不远行"和"远离家乡学习或工作"这两种选择呢？由此,引出关于中华民族传统美德"孝"的话题,并指出亲子之爱是双向奔赴的,羊有跪乳之恩,鸦有反哺之义,子女年幼时,父母抚育子女长大成人,悉心教其知识,尽力照顾饮食起居,父母年迈时,子女也应该反哺父母,照顾父母,使父母安享晚年。正如汉字"孝"的结构,由"老"（指父母）和"子"（指子女）组成,映照出子女年幼承欢膝下,父母年迈孝子贤孙的天伦之乐。

五、小结

中华优秀传统文化教育应在多渠道展开,大学英语课堂是大学生跨文化意识培养的主要阵地,在大学英语教学过程中有效融入中华优秀传统文化,能够最大程度地发挥中华优秀传统文化的育人价值。《中共中央关于党的百年奋斗重大成就和历史经验的决议》强调:"文化自信是更基础、更广泛、更深厚的自信,是一个国家、一个民族发展中最基本、最深沉、最持久的力量。"①传授给大学生中华优秀传统文化知识是坚定大学生文化自信的必然要求,也是推动中华优秀传统文化创新发展的应有之义。除此之外,传统文化中蕴含着的丰富而深刻的人文精神,可以有效提升学生的语言能力和综合素质,培养学生的跨文化交际能力和人文情怀,拓宽学生的文化知识视野,使大学外语教育更具深度和广度。

参考文献

[1]王守仁.《大学英语教学指南》要点解读[J].外语界,2016(3):2-10.

[2]中共中央宣传部.习近平新时代中国特色社会主义思想学习纲要[M].北京:学习出版社,人民出版社,2019.

[3]教育部高等学校大学外语教学指导委员会.大学英语教学指南2020版[M].北京:高等教育出版社,2020.

[4]王晓宇."课程思政"的价值观教育研究[D].长春:吉林大学,2022.

[5]游珍花,汤梅.培育大学生中华优秀传统文化素养探析[J].湖北经济学院学报(人文社会科学版),2021(7):124-129.

---

① 《中共中央关于党的百年奋斗重大成就和历史经验的决议》,https://www.gov.cn/zhengce/2021-11/16/content_5651269.htm.

"讲好中国故事":新文科视域下英语演讲与辩论课程思政路径探究①

幸小梅

一、导言

习近平总书记在党的二十大报告中提出,要"增强中华文明传播力影响力……讲好中国故事、传播好中国声音"②。新文科建设的时代使命是提升中国的国家形象,而对于外语专业而言,新文科建设则要找准"新定位",积极走"外语+"的跨学科融通之路,突显外语学科中"文"的本质,践行新时代对外语教育提出的"讲好中国故事"新使命。

英语演讲与辩论是英语专业的核心课程。作为一门专业的核心课程,英语演讲与辩论课程是进行文化传播的平台,更是讲好中国故事的重要阵地。因此,新文科视域下英语演讲与辩论课程思政的建设可有效推动"英语+传播力+思政"模式的复合融通,也能够为培养兼具家国情怀、全球视野、创新能力的高素质外语专业人才和复合型外语人才提供可靠参考。鉴于此,本文将以英语演讲与辩论课程为例,在新文科视域下探讨英语专业课程思政路径的建构。

---

① 本文系 2023 年度广西高等教育本科教学改革工程一般项目"'讲好中国故事'——英语演讲与辩论课程思政研究与实践"(项目编号:2023JGB136)和 2022 年度广西高等教育本科教学改革工程重点项目"地方高校外语课程思政系统性建设实践与研究"(项目编号:2022JGZ107)的阶段性研究成果。

② 习近平:《高举中国特色社会主义伟大旗帜 为全面建设社会主义现代化国家而团结奋斗——在中国共产党第二十次全国代表大会上的报告》,https://www.gov.cn/xinwen/2022-10/25/content_5721685.htm。

二、英语演讲与辩论课程思政建设需要摆脱的困境

作为英语专业的核心课程,英语演讲与辩论课着力引导学生进行跨文化思考,提升学生的思辨能力,培养学生运用英语在公开场合进行演讲与辩论的能力。然而,因教学内容、教学模式与评价模式的不足,传统英语演讲与辩论课程常出现中国文化呈现不足的情况。具体而言,当下该课程要实现"英语+传播力+思政"的教学目标,培养"外国语""中国心"的外语人才,响应"讲好中国故事"的时代需求,还须摆脱以下三重困境。

(一)传统英语演讲与辩论教学内容的价值引领不足,导致学生"讲好中国故事"的意识与能力薄弱

传统英语演讲与辩论教材内容涉及大量价值取向多元的国外演讲、辩论素材,缺乏与我国当代国情相适应的恰当的价值引领。若没有教师的仔细甄别与对价值观的正确引导,学生容易迷失自我,被光怪陆离的西方文化与价值观所迷惑。此外,由于传统教材中传统文化输入不足、教师重视不够等原因,在课程教学内容中,鲜少能找到与中国文化相关的元素,因此英语专业学生"讲好中国故事"的意识与能力未达到新时代理解中国、沟通世界的需求,这就可能导致学生的思想受到西方演讲、辩论中的意识形态影响,造成理想信念的滑坡,不利于社会主义核心价值观的树立和培养。学生对西方文化习俗、生活习惯和价值观念的盲目崇拜,也会削弱对母语文化的身份认同,导致学生的讲好中国故事、增强中华文明传播力的意识薄弱。

(二)英语演讲与辩论教学存在教师单向传授,学生实际操练不足,重策略讲授、轻思政育人的痛点,未能有效融入中国故事

有的学校英语演讲与辩论课程仅三十余课时,却囊括英语演讲与辩论的知识传授与实训教学,课时少、内容多,因而该课程教学模式大多以教师传授技能为主,任课教师忙于完成教材既定的教学内容,缺乏对课程进行系

统、深入的思政内容梳理,导致该课程存在教师重策略讲授、轻思政育人,学生实际操练不足的痛点,未能有效促进中国故事的融入,出现课程与思政"两张皮"的情况。课程思政不等于专业课内容的压缩和思政内容的增加,而应该在知识传授和能力培养的过程中有机融入思政教育元素。

(三)目前英语演讲与辩论课程教学缺乏科学的评价反馈机制,无法检测"讲好中国故事"的达成效果

课程评价是课程建设的指挥棒,但传统英语演讲与辩论课程普遍缺乏恰当的评价反馈机制来帮助检测"思政"融入课程的达成效果。虽然课程思政更为注重潜移默化,注重学生精神层面的熏陶和行为习惯等方面的养成,但并不意味着我们不需要对课程思政进行评价。同样,将讲好中国故事确立为课程目标后,学生真的讲好中国故事了吗?还可以如何促进他们讲故事的能力呢?英语演讲与辩论课程目前缺乏系统的评价体系来帮助实现课程思政效果的持续改进,这一现状与《高等学校课程思政建设指导纲要》提出的专业课程思政要"不断提升学生的课程学习体验、学习效果"的要求背道而驰。

三、新文科视域下英语演讲与辩论课程思政建设路径

新文科所倡导的"学生中心、产出导向、持续改进"新理念以产出成果为导向,反向设计一系列促进学生积极学习的教学活动,促使有意义学习的产生。因此,要秉持新文科所倡导的新理念来推动课堂教学模式转型,以着力提升学生"讲好中国故事"的能力。基于课程存在的三重困境,本文将在新文科视域下对英语演讲与辩论课程进行课程思政的设计,具体而言,涉及教学内容、教学模式、评价体系三个方面。

(一)以产出为导向,更新课程教材,选用突显当代中国文化与风采的教材,整合教学内容

在"新文科、大外语"的时代背景下,外语教育肩负"承担文化输出之责"。因此,新文科视域下英语演讲与辩论课程思政建设须确定"英语+传播力+思政"目标,整合课程教学内容,立足中国,突显中国文化,以期提高学生理解中国、沟通世界,"讲好中国故事"的能力。

为此,笔者选用《理解当代中国 英语演讲教程》教材,全面整合课程教学内容,聚焦学生讲好中国故事意识与能力不强的痛点,在课程学习内容选择、案例选取、任务设计上给学生搭建"讲好中国故事"的舞台。教学内容整合如表1所示:

表1　英语演讲与辩论课程内容

	"英语+传播力+思政"教学内容	任务设计
1	Unit 3 Boosting Cultural Confidence	模仿"中国象征"主题演讲
2	Unit 2 Upholding the Core Socialist Values	在理解当代中国论坛上发表主题演讲:社会主义核心价值观之我见
3	Unit 10 One World, One Family	在模拟国际青年领袖对话论坛发表主题演讲:青年人应为构建人类命运共同体做贡献
4	Unit 6 Live Green, Live Better & Unit 7 Promoting High-Quality Development	对以下辩题进行小组辩论:经济发展更重要还是环境保护更重要
5	Unit 8 Advancing Equity and Justice	对以下辩题进行小组辩论:应该/不应该实行教师轮岗制

以《理解当代中国 英语演讲教程》教材为依托,通过"英语+传播力+思政"的课程教学内容的整合与任务设计,本课程为学生搭建"讲好中国故事"

的舞台,统一了显性的教学内容和隐性的课程思政,使课程思政如盐溶于水般、润物细无声地融入英语演讲与辩论课程中,最终达成"价值引领+知识传授+能力培养"的同频共振,消除课程教学中存在的重技能讲授,轻思政育人的弊端。

(二)通过科技赋能构建对分课堂+混合式教学模式,采用沉浸式 VR(虚拟现实)智慧演讲与辩论实训平台,以数字化拓宽课程思政的深度与广度

为响应国家教育数字化战略,新文科建设"必须适应新的教育生态,必须充分利用人工智能技术"①,使知识传递方式由"单向"向"多向互动"转变。互联网、人工智能、虚拟现实等科技发展极大赋能了教学改革,为学生创设个性化学习环境与资源平台。因此,新文科视域下英语演讲与辩论课程将主动迎接科技发展带来的机遇,构建对分课堂+混合式教学模式,同时采用沉浸式 VR 智慧演讲与辩论实训平台,拓宽课程容量,以数字化科技赋能,激活课堂上学生的主观能动性,帮助学生通过个性化学习内化知识。具体而言,对分课堂+混合式教学模式如图 1 所示。

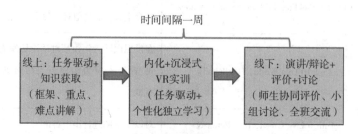

图 1　英语演讲与辩论课堂的对分课堂+混合式教学模式

对分课堂核心理念是"把一半课堂时间分配给教师进行讲授,另一半分配给学生以讨论的形式进行交互式学习"②,而混合式教学则利用智慧树平

---

① 高思超、么加利:《人工智能时代的新文科建设——基于新时代教育评价改革背景分析》,载《重庆大学学报(社会科学版)》2022 年第 5 期。

② 张学新:《对分课堂:大学课堂教学改革的新探索》,载《复旦教育论坛》2014 年第 5 期。

台和沉浸式 VR 智慧演讲与辩论实训平台,融合课堂主讲、现场演讲与小组辩论、网上互动、沉浸式 VR 实训等多种教学方式。对分课堂+混合式教学模式,能有效增加英语演讲与辩论课程容量,为学生创设个性化学习环境。同时,教育数字化平台能有效赋能学生的个性化学习,利用学生的碎片化时间,有利于全过程融入中国故事,拓宽课程思政的深度与广度。

因此,在搭建课程线上学习平台后,笔者根据新教材整合后的课程内容进行系列微课资源设计与制作(如表2)。

表2 线上学习平台微课资源建设

	英语演讲、辩论技巧	讲好中国故事	理解当代中国
1	演讲语音语调、断句与停顿、语言与手势	中华优秀传统文化故事	提升中国文化软实力
2	选题、演讲稿开头结尾技巧、演讲稿组织形式	中国优秀传统价值观(知行合一观;自强不息的奋斗精神;爱国主义精神等)	青年人应该践行社会主义核心价值观
3	证据的使用、图尔敏模型、劝说策略	中国脱贫攻坚战、构建人类命运共同体	满足人民对美好生活的期待
4	辩论基础、辩手职责、价值类辩题辩论技巧	中国传统自然观——天人合一;绿水青山就是金山银山理念	绿色发展模式与绿色生活
5	政策类辩题辩论技巧	中国传统道德观(天下兴亡,匹夫有责;仁爱;奉献等)	促进社会公平与正义

线上学习阶段,教师通过提前发布学习任务清单,进行任务驱动式教学,积极引导学生根据任务清单在线上进行知识获取,并通过智慧树“问答讨论”模块与教师进行以问题为导向的互动交流。接着,学生有一周的时间通过个性化独立学习对知识进行内化,同时利用 AI(人工智

能)演讲实训平台进行模拟演讲/辩论,全方位训练英语演讲/辩论能力。在时隔一周后的线下课堂中,教师可开展案例式、探究式、合作式等多种教学活动,组织引导学生进行讨论、交流,激活学生的学习主动性。此外,学生在线下课堂对现场演讲、小组辩论进行评价,在聆听演讲/辩论、评价过程中再一次提高知识内化的程度,对主题演讲、辩论产生更深入的体悟。

对分课堂与混合式教学恰好优势互补,体现了科技赋能教学改革,教师从过去的知识传授者转变成学习活动设计者和指导者,学生从过去的被动接受者变成了主动探索者、实践者,而由混合式教学平台与沉浸式 VR 智慧演讲与辩论实训平台赋能的学生个性化学习与实际操练活动更有效地促使课程达成"英语+传播力+思政"的目标。在知识讲解、知识内化、沉浸式 VR 实训、线下实训与评价的全过程中融入中国故事元素,切实训练、提升学生对中国故事的传播能力,有效直击课程课时少、内容多、教师单向传授、学生实际操练不足的痛点,切实做到理论与实践并重。

(三)以评促学,优化考核体系,增加评价维度,构建多元评价体系

教学评价是课程建设的指挥棒,科学有效的评价使课程的持续改进成为可能。新时代新文科建设评价呈现"评价目的彰显立德树人、评价主体交互多元、评价标准科学多样、评价方式多维联动、评价结果全息直观和评价支持系统的'智能介入'"[1]六种应然样态。师生合作评价(teacher-student collaborative assessment,TSCA)是文秋芳教授产出导向法所倡导的评价方式,其拥有目标导向、主体多元、过程监控、标准多样等特点,与新文科建设评价的应然样态具有内在统一性。因此,为检测课程的"讲好中国故事"的目标的达成情况以及持续改进课程"英语+传播力+思政"的效果,教师在课堂教学实践过程中,应着力构建师生协同评价、动态多元的评价系统,增加"讲好中国故事"的评价维度。

---

① 高思超、么加利:《人工智能时代的新文科建设——基于新时代教育评价改革背景分析》,载《重庆大学学报(社会科学版)》2022 年第 5 期。

师生合作评价分为"'课前:目标导向、重点突出''课中:问题驱动、支架渐进''课后:过程监控、推优示范'"①三阶段。因此,在教学实践中,教师可遵循"紧抓主线,多元评价,全程参与"三步走策略进行英语演讲与辩论课程评价构建。课前阶段,教师提前设计一个教学中的典型问题作为评价的重点;课中以典型问题为评价主线,引导全体学生通过"发现问题—寻求方案"的路径全过程参与评价,随后教师给予评价并提出明确修改要求;课后学生持续修改,继续进行自评、机评和同伴互评。此外,教育数字化平台赋能动态多元的评价,使课程评价不囿于课堂教学本身,而将评价推及学生课后自主学习、第二课堂表现情况等。混合教学平台和 AI 实训平台帮助教师全方位掌握学生自主学习情况、对全员学生进行学情评价分析,科技赋能的动态多元评价有利于教师迅速调整教学内容与活动设计。

为了实现"讲好中国故事"的目标,教师还可增加"讲好中国故事"的评价维度,通过紧抓主线-多元评价-全程参与三步走策略,既能检测学生在接受评价和参与评价中"讲好中国故事"的能力,又能有效促使该能力持续提升。

四、结语

英语演讲与辩论是讲好中国故事的重要阵地,对该课程进行英语+传播力+思政的改革有利于为英语专业其他课程践行"讲好中国故事"使命提供重要的参考。因此,本文基于新文科视域,着力开展课程思政建设,英语+传播力+思政改革,采取的主要举措有:更新课程内容,选用突显中国文化的《理解当代中国 英语演讲教程》系列教材,整合教学内容;改革教学模式,构建对分课堂+混合式教学模式,采用沉浸式 VR 智慧演讲与辩论实训平台,全过程融入中国故事主题演讲,构建数字化外语教学新形态;优化考核体系,增加评价维度,建立多元评价体系。坚持"产出导向,科技赋能,以评促学"

---

① 孙曙光:《"产出导向法"中师生合作评价原则例析》,载《外语教育研究前沿》2020 年第 2 期。

理念，整体提升学生"讲好中国故事"的意识与能力，使学生成为有中国情怀、有国际视野、有专业本领的高素质外语人才。

参考文献

[1]高思超，么加利.人工智能时代的新文科建设——基于新时代教育评价改革背景分析[J].重庆大学学报(社会科学版),2022(5):115-125.

[2]郭英剑.对"新文科、大外语"时代外语教育几个重大问题的思考[J].中国外语,2020(1):4-12.

[3]何莲珍.从教材入手落实大学外语课程思政[J].外语教育研究前沿,2022(2):18-22,90.

[4]陆道坤.课程思政推行中若干核心问题及解决思路——基于专业课程思政的探讨[J].思想理论教育,2018(3):64-69.

[5]孙曙光."产出导向法"中师生合作评价原则例析[J].外语教育研究前沿,2020(2):20-27,90-91.

[6]王俊菊.新文科建设对外语专业意味着什么？[J].中国外语,2021(1):1,24.

[7]习近平.高举中国特色社会主义伟大旗帜 为全面建设社会主义现代化国家而团结奋斗——在中国共产党第二十次全国代表大会上的报告[EB/OL].https://www.gov.cn/xinwen/2022-10/25/content_5721685.htm.

[8]张学新.对分课堂:大学课堂教学改革的新探索[J].复旦教育论坛,2014(5):5-10.

AI 与大学英语课程思政建设：
机遇、挑战与未来[①]

李　琳

一、引言

在当今信息时代,技术的飞速发展对教育方式提出了新的挑战和机遇。人工智能(artificial intelligence，AI)作为一种强大的自然语言生成工具,为大学英语课程思政建设提供了新的可能性。在 AI 迅猛的发展趋势之下,死记硬背的知识输入与运用在某种程度上给学生带来的劣势逐渐显化,耗时耗力最终所获得的信息在使用软件后只需几秒就能获取,学生获取知识和信息的渠道从单一的书本逐渐向多元化趋势发展。在使用搜索引擎或者对应 APP 让信息随手可得的年代里,高科技给大学英语教学带来了极大的便利,与之相伴的也是对大学英语教学极大的挑战。在这一背景下,将 AI 与大学英语课程思政结合起来,会为大学英语教学开拓一个新的发展趋势。

二、文献综述

(一) 大学英语课程思政建设的现状

大学英语课程的教学改革一直都紧跟时代步伐,在培养学生语言能力

① 本文为广西师范大学 2023 年度教育教学改革项目"ChatGPT 热潮下的大学生英语写作能力的培养研究与实践"(项目编号:2023JGB03)和广西师范大学第三批课程思政示范课程建设项目"新目标大学英语视听说Ⅲ"的阶段性成果之一。

的同时,也积极参与课程思政价值的教学改革。截至 2023 年 2 月 28 日,以"大学英语课程思政"为主题词,可在中国知网检索到的期刊论文有 2678 篇,由检索结果可知,年发文数量从 2017 年的一篇,迅速上升到 2023 年的 623 篇,其中在核心期刊发文数量一共 111 篇。从文献可见,大学英语课程思政的被重视程度,有理论研究也有实践研究。在实践研究中,外语教育研究者分别在听、说、读、写、译的各项技能培养中把思想政治与语言教学内容相结合,既传授了知识,又在这一过程中引领了学生的人生观和价值观教育。然而,研究者大都从教师视角探讨大学英语课程思政教学改革,较少站在学生视角了解、分析他们对思政元素的需求情况。目前的大学英语课程设置仍旧存在一定的局限性,在实际教学过程中,需要加入一些灵活和创新的方法。

(二)AI 与思政教育的关联性

AI 通过模拟对话,在语言教学的同时,可以引导学生思考思政主题,能够更好地融入思政教育的要求。事实上,构建语言技术的工程师和语言教育工作者都没有为这一新生事物的出现及其后果做好准备。当翻转课堂传入中国,外语教学课堂开始实践;在智慧课堂初露锋芒时,外语教学课堂逐步走向有计划性实践改革;当思政教育改革在国内轰轰烈烈开展时,外语课堂也出现了语言文化与思政相结合的案例;在 AI 迅速席卷全球时,外语教学改革同样走在时代的前列。中国的外语教育工作者始终紧跟时代步伐,将传统教学与现代技术相结合,不断摸索出适合中国国情的外语教育教学之路。

三、机遇与挑战:AI 在大学英语课程思政建设中的作用

(一)机遇

AI 为英语学习者带来了个性化学习的机会。不同于传统课堂的老师输

入知识,学生选择性接收,通过与 AI 的对话,学生可以定制适合自己水平和兴趣的学习内容。这种个性化学习有望提高学生的学习动力和效果。当前外语教育中,重语言教学、轻思政教育,强工具性、弱人文性,教书和育人相脱节现象还在一定程度上存在,未能很好形成育人合力,发挥出课程育人的功能。因此,在教师的有意识指导下,将语言教学和工具性这两个课堂的重点放置在 AI 的个性化学习中,学生可以得到及时反馈。而教师在 AI 的辅助下,只需要用英语将思政和育人两项内容相结合,达到课程育人的功能。

提升学生的参与度和互动性。课堂的时间是有限的,教师要完成工作计划,按进度开展教学传授知识,那么就可以使用 AI。在 AI 的加持下,学生自己提出的问题立刻就能得到反馈,瞬间提高了学生的参与感。而且在人机互动的过程中,学生可以深度提问,拓宽了思维的广度,并能就问题的不解之处得到及时反馈,一问一答的过程中提升了互动性。

促进学生的跨文化交流与理解。AI 可以帮助学生进行不同语言的学习,从而提高他们的外语水平。而且 AI 可以回答关于不同文化的问题,帮助学生了解其他文化下的历史、传统、习俗等。通过了解其他文化下的生活、价值观、思维方式等,增进对其他文化的理解与尊重。

(二)挑战

AI 的应用在广受欢迎的同时也面临一些挑战。首先,AI 只关注知识而忽视育人。教育源于生活又服务于生活,知识不是学习的最终目的,知识的学习是为了完善和提升自我,为了成就人,必须把知识转化为人的思维品质和道德修养,使人成为"完整的人",而不是"知识人"。[①] AI 仅仅是一个工具,即便有了类似人类的智能,但最终没有自主意识,不能代替人的思考。因此重视对人的培养,利用工具更好地为人服务才是教育的方向。

其次,依赖用户给定的指令内容致使反馈答案的不准确性。AI 学习的语料库来自互联网,这些互联网上的信息有可能存在错误,致使用户所得到

---

① 参见冯建军:《我们如何看待 ChatGPT 对教育的挑战》,载《中国电化教育》2023 年第 7 期。

的信息不准确,同时还需要警惕,过度依赖技术可能导致学生对语言基础的忽视。

最后,在 AI 引导学生进行思政讨论时,可能会涉及不同的伦理和价值观。比如 AI 所写出的学术作品是否应该获得署名权,如果出现版权问题应该由谁来负责?学生在校期间的论文如果是用 AI 来完成的,是否算学术舞弊?这些都需要谨慎处理,避免对学生产生不良影响。

四、大学英语课程思政建设中的 AI 应用案例研究

(一)AI 在提升学生写作能力中的应用

在写作教学中,教师教授写作知识、写作策略。在对篇章结构及文体特点掌握之后,学生进入到写作实践阶段,运用 AI 可以选择与中国政治、经济、文化等密切相关的话题,生成范文,然后对相关主题的多篇范文进行分析,在分析的基础上进行模仿,促进学生掌握相关写作主题的词汇,提高学生"讲述中国故事"的能力。通过与 AI 的人机互动,学生可以得到实时的写作建议,及时修改语言上的错误,提高写作水平。

(二)AI 在促进口语表达与沟通中的作用

英语口语课程的目标之一是通过课程学习,学生能掌握标准的语音和语调,并能在口语表达中熟练运用英语连读。在英语口语表达中,学生害怕失误或者发音不好,不敢开口说,还有学生在进行口语表达时无话可说,来来回回就是中学学过的几个基本句型。通过与 AI 模拟对话,学生可以不用担心在对话的过程中因口音问题被嘲笑,并且在对话的过程中还可以学习地道的口语表达。在对特定话题展开的学习中,学生可以询问 AI 有哪些内容可以用来对话,语言的表达形式有哪些,在与 AI 对话时可以有选择性地进行交流。教师在设计人机对话内容时,可以融入中国元素,引导学生对类似的中外元素进行对比,发现其中的异同,同时从思想观点、语言态度等方面

进行引导。运用 AI 对学生进行口语表达训练,提高了学生口语表达能力的同时,也培养了学生的英语思维能力。

(三)AI 在文化教学中的应用

文化学习是英语教学中的难点,它不仅对教师的文化知识储备要求高,对学生的背景知识也有一定的要求。在跨文化交际过程中,西方文学,西方文明史,西方国家的政治、经济和宗教等内容,以及中西方文化的碰撞所产生的差异都是学生在用英文阅读时会碰到的阻碍理解的因素。AI 可以模拟不同文化背景的对话,帮助学生更好地理解和尊重多样性。

五、AI 与大学英语课程思政建设的未来展望

未来通过更多先进技术的引入,AI 可能提供更为智能和个性化的教学体验。通过"一对一"的个性化服务,学生随时随地都能享有智能大脑的信息反馈,让学习的体验感更优化。结合 AI 的强大语言生成能力,可以更灵活地开展思政教育,引导学生深入思考社会、伦理等问题。在自主思考的同时,参考人工智能对这些问题的回答,会更有利于学生的批判性思维形成和发展。

基于英语课程思政建设中的 AI 使用情况,建议引导大学生合理利用 AI 进行英语学习。事实上,过度使用和依赖高科技的现象已经成了一个问题,而后果之一就是增加了大学生的认知负荷,影响了大学生对深度学习的兴趣。应平衡网络学习与纸质阅读材料的学习之间的关系,降低大学生对 AI 的过度依赖,通过纸质阅读,锻炼大学生的理性思维能力。

同时,引导大学生形成独立思考的能力。大学生群体是一个无法脱离自媒体环境的群体,缺少独立思考的能力可能会导致他们在面临五花八门的碎片信息时无法做出正确的价值判断和价值选择。帮助大学生构建独立思考的外在环境,如开展英语读书会、分享会、讲座等激发他们的学习兴趣,布置英文论文、小组主题汇报等帮助他们形成独立思考的能力。

六、结论

通过对 AI 带给大学英语课程思政建设的机遇、挑战与未来的综合分析，我们可以看到其在教育领域的发展趋势。在人工智能已经扑面而来的时代，应顺应时代潮流，给大学英语课程思政教学注入新的活力。作为外语教育工作者，我们应该思考如何利用高科技辅助教学，教会学生如何让工具为己所用，如何用科学的思想武装自己，如何用最新的科技让学习变得更轻松和有趣。随着技术的发展，AI 将在大学英语课程思政教学过程中起着越来越重要的作用。

参考文献

[1]崔欣玉.自媒体环境下高校思想政治教育研究[M].上海：上海社会科学院出版社，2022.

[2]冯建军.我们如何看待 ChatGPT 对教育的挑战[J].中国电化教育，2023(7)：1-6,13.

[3]宋红波,陈尧.高校外语课程思政理念与实践研究 [M].武汉：武汉大学出版社，2022.

[4]王淑花,潘爱琳.大学英语课程思政教学实践与反思研究[M].北京：首都经济贸易大学出版社，2022.

[5]夏琪,程妙婷,薛翔钟,等.从国际视野透视如何将 ChatGPT 有效纳入教育——基于对 72 篇文献的系统综述[J].现代教育技术，2023(6)：26-33.

大学英语思政融合教育质量评价模式构建①

谢春辉

一、引言

  大学生在学习英语的同时会接触到不同的思想文化,他们的思想价值观尚未成熟,在面对西方文化时,尚不能准确辨识其中蕴含的精神本质和优劣,这时尤其需要正确的思想引导,确保他们在社会主义核心价值观的引领下学习英语文化,帮助他们提升传承中华优秀传统文化的使命感,坚定文化自信,拒绝不良文化入侵。随着大学英语课程思政教学改革被推广开来,传统的课程设计与教学模式也进行了优化和升级。为了形成闭路回环效应,检验英语人才的培养质量,构建一种融入思政元素的大学英语课程评价模式就成了本轮改革的迫切需要和必要环节。

  传统的大学英语课程评价依托教材,评价对象局限于英语语言的听、说、读、写能力,过于平面化,深层意识的延伸不多。本研究意图突破传统的课程评价模式,结合现实社会生活需要,构建一种新型的大学英语思政融合教育质量评价模式,从认知、情感和行为的角度对学生应用英语、感悟世界、传递民族文化情感的能力进行可持续性的评估。这种新型的评价模式,第一,可以实现思政教学评价的双重目标,既能有效检验大学生的课程学习状态,又能促进大学生个人德育水平的不断提高,第二,为丰富大学英语教学

————————————————
  ① 本文是 2023 年度广西高等教育本科教学改革工程项目"新文科背景下大学英语混合式教学效果评价及提升路径研究"(项目编号:2023JGA136)的阶段性成果。

评价理论,促进人们对于大学英语学习过程的认识和思考提供新的思路,第三,为改进大学生英语学习的质量,以及提高思政教学融合质量提供参考。

二、前期研究

关于教育质量评价的研究一直围绕着理论研究、调查研究和实证研究展开。以黄黎明、胡中锋(2003),杨洁(2004)为代表的一干中国学者将Lazear(1999)提出的多元智能理论融入了语言评估研究中,并且主张多重性评价标准、评价内容和评价方法。王广新、白成杰(2004),常志英、董曦(2006)等学者提倡以多学科为导向,采用基于网络的开放、数字化的评价方法,秉持以人为本的教育理念,促进学生的学习。潘菊素等(2004),王建波(2003)等学者认为语言评估系统的构建,主要围绕着多元评估体系和发展性评估体系展开。2004年开始,形成性评价的概念逐渐得到了我国众多高校的认同。2007年教育部指示,要跟踪教学的全过程,围绕教学目标,采用多种形式和手段开展过程性和发展性的评价,促进学生的全面发展,由此激发了形成性评价模式在全国高校英语教学评价中的广泛应用。关于形成性评价的原则和方法,王洪林(2007),吴秀兰(2008),沈梅英(2010),高艳红、王方艳(2011)等学者做了详细的论述,探讨了形成性评价的概念、主要特点,以及在大学英语教学中运用的必要性、指导原则、实施方法及作用等。不论是从教师角度、教学过程角度,还是从学生学习的角度,当前研究都强调对学生的全人教育,支持采用多标准的模式来展开评估,力求满足学生不同学习背景、学习方式、动机、智力、兴趣的需要,鼓励学生在评价过程中发挥主体作用。

三、构建依据

构建一个具有思政背景的新的评价模式,就要引入"国家认同"这个概念,要理解"国家认同"离不开"文化认同"。一系列关于国家认同和语言研究表明,国家认同感和语言学习的态度有着紧密的联系。具体地说,人们的国家认同感更强时,对外语的学习态度也会更积极。本研究前期曾设计"国家认同感"调查问卷,在广西师范大学非英语专业本科学生中发放,并回收226份有效问卷。通过对问卷的统计分析,探讨国家认同感如何对中国大学生的英语学习过程产生影响,并得出结论,即"英语成绩"的变异有49.3%是由"国家认同感"这个自变量的变化引起的。再具体分析国家认同感的各个维度,得出的数据显示,该自变量的四个维度、大学生对英语学习的态度和英语水平之间存在不同程度的两两相关关系,尤其"对国家遗产的承诺"维度对大学生英语学习的态度和英语水平的影响最大,起到了积极的正向预测作用。这些研究成果和调查问卷为构建一种融入思政元素的大学英语课程评价模式提供了强有力的数据支持和理论支撑。

四、模型的构建

(一)评价标准的构建

评价标准是指从事评估专业实践的人们共同同意的原则,如果这些原则得到满足,将提高评估的质量和公平性。评价标准不仅可以作为评价的参考,也可以作为教学、学习和测试的参考,因此编制评价标准要考虑到受评者和评估者双重的需求。评价标准要与评估的情境相关,能够适应当前思政融合教学的要求,在脱离语境的情况下,它能适应来自不同语境的一般结果。目前,学界已有一些公认的量表,这些公认的量表为评价标准的项目编写和量表绘制提供了现成的范式。

(二)评价内容的构建

本研究意图从认知、情感、行为三个方面构建新的评价模式,期望以一种更加立体化的方式全面考查学生对中外语言文化知识的掌握程度、对中外文化常识的认识程度,以及将理论知识转化为实践技能的水平,进一步评价学生的课程学习表现、个人德育水平和语言应用能力,最终将评价结果作为日后调整教学方向的依据。在认知层面上的评价内容包括人文素养评价、专业素养评价。在情感层面上的评价内容包括倾向性评价。在行为层面上的评价内容包括语用效果评价和自主学习能力评价。

基于上述原理,本研究将以学习强国 APP 为依托,以《中国日报》、新华社、中国国际电视台、中央广播电视总台、《人民日报》上公开发布的英语新闻为原始素材,利用这些素材权威的影响力、本土化的内容风格、宽泛的话题范围以及动态更新的时效特性,构建一个精准化和差异化、综合性和交叉性、主体性和客观性并存的评教结合的系统资源。

(三)评价方法的构建

本研究拟采用形成性评估和开放化学习的方式、游戏闯关等形式、积分排名制度等来检验学生的学习状态和个人德育水平,并设计机器评价、教师评价、学生自评和生生互评等方式。这些评价系统兼顾标准化和多元化、开放性和包容性、知识性和趣味性等特点。在实施积分排名制度过程中,学生可以从客观题和主观题两方面获取积分。

客观题方面采用传统的英语考核题型,如:单选、多选、填空、是非判断、语义匹配、朗读句子模仿、句子翻译、句子转写等,从听、说、读、写四个角度对英语新闻中涉及的知识点进行考核。题目随机出现,连续答对三题,可获得该模块当日的积分。

主观题方面要求看/听新闻,并回应外国网友公开发布的对中国发展的疑问,发帖表达观点达到一定次数,可获得该模块当日的积分。允许学生互相查看观点并点赞,点赞达到一定数量,可获得额外积分。允许教师查看学生观点并点赞,点赞达到一定数量,可获得额外积分。

积分达到一定数量,可依据相应的评价标准给予相应的称号作为鼓励。积分结果可视为跨文化交际能力考核的参考依据,由此,可促使学生坚持学习,自主学习,主动学习,以及不断提升自身的英语语言交际能力。

五、结语

大学英语课程思政教学改革不仅要重视教学过程的优化设计,还要重视评价过程的补充实现。笔者的后续研究将围绕此评价模型的实现、应用和元评价展开,采用定量研究方法收集数据,对评价的效度、信度、有用性、效率等方面进行评价。

参考文献

[1]龙玉红,符冬梅.新时代大学英语课程思政创新人才培养路径探索[J].语言与翻译,2023(1):77-80.

[2]王笃勤.环境适应型评价模型及其在大学英语评价中的应用[D].北京:北京师范大学,2007.

[3]王淑花,潘爱琳.大学英语课程思政教学实践与反思研究[M].北京:首都经济贸易大学出版社,2022.

[4]严文庆.大学英语课程思政教学指南[M].上海:华东师范大学出版社,2021.

[5]谢春辉,罗军,谢春双.国家认同与广西大学生英语学习过程的关系研究[J].教育教学论坛,2020(8):111-114.

[6]谢春辉.国家认同对大学生英语学习态度和英语水平的影响——以广西师范大学为例[J].海外英语,2021(22):157-158,184.

英美文学课程思政的
理论探讨与教学研究

蔡 云

2020 年,教育部发布《高等学校课程思政建设指导纲要》(以下简称"《纲要》"),明确"把思想政治教育贯穿人才培养体系,全面推进高校课程思政建设"①,将课程的德育功能置于与课程的知识传授、能力培养同等重要的地位。自此,如何引导学生进行正确的价值判断,如何塑造学生正确的世界观、人生观和价值观,成为高等学校教学所面临的重要问题。面对新时代外语专业人才培养的新要求,本文以英美文学课程为例,从英美文学课程思政的具体实践出发,探讨高校英语教师如何在英美文学课程中有机融入思政元素,以服务于培养能够传播中国、沟通世界的新型人才。

一、课程思政对于英语专业的指导意义

长期以来,高校外语教师在外语教学过程中兢兢业业,侧重讲授对象国的语言、文化和文学知识,训练学生扎实的语言基本功和讲外国故事的能力,但有时可能会忽略对学生进行意识形态、价值观等方面的引导。倘若我们将好莱坞电影中为迎合经济全球化时代人们的猎奇心理而呈现的内容作剖析,就不难揭示埋藏在好莱坞电影之下的美国个人英雄主义叙事方式和其文化霸权思想。由此可见,在日常的外语教学过程中,将外来文化引入课堂时,外语教师应当注意客观把握其所包含的思想文化价值观,加强外语教

---

① 《高等学校课程思政建设指导纲要》,https://www.gov.cn/zhengce/zhengceku/2020-06/06/content_5517606.htm.

学中主流意识形态价值观的引导，即外语教学课程思政的建设。面对复杂的国际形势，外语教学课程思政建设不仅是对立德树人这一教育根本任务之响应，也是为培养德智体美劳全面发展的新时代社会主义建设者和接班人提供重要保障。

《高等学校课程思政建设指导纲要》指出："培养什么人、怎样培养人、为谁培养人是教育的根本问题，立德树人成效是检验高校一切工作的根本标准。"①自此，思想素质和道德品德教育不再局限于高校政治理论课的教学目标和教学任务，而被推广甚至贯穿于所有课程设置和教学活动开展的始终。与此同时，新文科建设工作会议指出："文科教育是培养自信心、自豪感、自主性，产生影响力、感召力、塑造力，形成国家民族文化自觉的主战场、主阵地、主渠道。"②可见，新文科建设的目标与《高等学校课程思政建设指导纲要》的指导思想同向而行，它们都是以"立德树人"为根本任务，将学生的精神品格和文化自信的培养置于与传授知识、训练技能并重的地位。显而易见，作为中国大学中分布最广、在学人数最多的专业之一，外语专业过去以知识传授为核心的教学模式难以适应社会发展的要求。培养学生讲好中国故事、增强学生传播中华优秀文化的能力成为目前高校外语教育与课程改革所面临的严峻挑战。在此情形下，外语教学毫无悬念地成为新文科建设和课程思政改革的重地。为了紧跟新文科中国化、国际化、融合化和时代性的要求，高等学校外语教育首先要纠正以往外语人才培养过程中关照中华优秀文化不足，忽略跨文化语境下对西方文学文化的价值鉴别，以及弱化学生国际传播能力的培养等问题。我国作为外语教学世界大国，高等外语教育在新文科建设中责任重大。外语学科的重要地位无需赘述，如何将课程思政的指导思想和新文科的建设目标融入外语学科课程建设与教学实践之中，是高等学校外语教育及每一位外语教师所面临的重要机遇和挑战。

---

① 《高等学校课程思政建设指导纲要》，https://www.gov.cn/zhengce/zhengceku/2020-06/06/content_5517606.htm.

② 《新文科建设工作会在山东大学召开》，http://www.moe.gov.cn/jyb_xwfb/gzdt_gzdt/s5987/202011/t20201103_498067.html.

二、英美文学课程思政内涵

无论是《关于外语专业面向 21 世纪本科教育改革的若干意见》,还是《高等学校英语专业英语教学大纲》(2000),都提到了外语专业的外国文学知识教育要求和英美文学的课程设置要求。然而,由于师资力量不足,部分外语教师对文学文化类课程培养目标认识不够深刻等原因,英美文学课在一些高校要么被当作阅读课来教授,即仅仅满足于解读英美文学经典作品、传播外国故事,要么被等同于语言技能课,强调对英美文学作品中句法和词汇的理解与识记,忽视对学生进行文学作品批评鉴赏和文学修养的训练与熏陶。2018 年 1 月,《普通高等学校本科专业类教学质量国家标准》(以下简称"《国标》")颁布。《国标》从培养目标、课程体系和师资队伍等方面为全球化时代高校外语专业人才培养确立了标准,即学生应具备"外语运用能力、文学欣赏能力、跨文化能力、思辨能力,以及一定的研究能力、创新能力、信息技术应用能力、自主学习能力和实践能力"[1]。

由此可见,外国文学知识和文学欣赏能力是外语专业人才培养的核心要素。不仅如此,要完成《国标》对外语专业学生"跨文化交际"和"思辨能力"培养的目标,英美文学课程必须摒弃以往传授外国语言文化知识、训练学生语言技能为主的模式,而将中西文学文化比较、价值鉴别和辩证思维融入英美文学课程的设置与教学过程的每一个环节。换言之,英美文学课程的授课内容不仅应该涵盖语言对象国文学、文学运动流派和观念,还应将古典和当代具有代表性的中国文学和文化元素囊括其中,让学生不仅"能理解外语文学作品的内容和主题思想;能欣赏不同体裁文学作品的特点、风格和语言艺术;能对文学作品进行评论"[2],还能在中西文学对比的语境下提高自己的文学鉴赏水平,能用批评性的视角审视和甄别英美文学作品所传达的

---

[1] 教育部高等学校教学指导委员会编:《普通高等学校本科专业类教学质量国家标准》(全 2 册),高等教育出版社 2018 年版,第 92 页。

[2] 教育部高等学校教学指导委员会编:《普通高等学校本科专业类教学质量国家标准》(全 2 册),高等教育出版社 2018 年版,第 95 页。

意识形态和价值观念,形成国际文学视野。

文学是国家文化的重要组成部分,承载着对象国的风土人情、文化习俗以及对象国人民的思维方式和价值观念。作为外语专业重要核心的英美文学课程,其授课内容中每一篇外国文学作品,不仅以独特的艺术方式呈现特定语境下某一时期特定人民的生活态度、价值观念,还以潜移默化的方式对学生的道德规范和行为准则产生影响。因此,外语教师必须在英美文学课程的授课过程中立足中国文学和文化的优秀传统,帮助学生解读异域文学所包含的文化特质,审视异域文学所传递的伦理价值。只有这样,才能在引导学生解读英美文学作品的过程中,帮助他们在国际视野中更好地理解中国主流价值观的思想内涵,即在甄别外国文学作品所传递的意识形态和价值观的同时,将英美文学课程思政提升到国家意识的理论高度。除了意识形态的甄别和德育功能的把握,英美文学课程思政还应在讲好外国故事的同时,注意传播中国的声音,以达到最终讲好世界故事、展现外语人才国际传播能力的目的。

2021 年 5 月 31 日,习近平总书记在中共中央政治局第三十次集体学习会议上强调,"讲好中国故事,传播好中国声音,展示真实、立体、全面的中国,是加强我国国际传播能力建设的重要任务"①。对于英美文学课程思政目标而言,讲好中国故事,传播好中国声音需要将学生置于中西文学文化对比的语境下去理解英美文学中的名家名作,即立足于中国文学文化的经典思想与精髓去解读外国故事。与此同时,在中外文学文化对比学习的过程中,应秉持坚定的文化自信立场来向世界讲述中国故事,以达到展现我国外语人才世界传播影响力之目的。

三、英美文学课程思政的模式建构——以英国文学为例

在《国标》和《纲要》发布之前,高等学校外国文学课程多采用作家作品

---

① 《习近平主持中共中央政治局第三十次集体学习并讲话》,https://www.gov.cn/xinwen/2021-06/01/content_5614684.htm.

分析与文学史相结合的教学模式,以期能够透过文学作品感知、认识对象国的文化心理、精神内核、民族品格或情感结构等,掌握对象国的知识,但对学生思维方式和价值观念的引领,对学生讲好中国故事和跨文化交际能力的培养重视不足。在课程思政和新文科建设的大背景下,英美文学课程的设置必须将人文素养、知识体系和能力培养相结合,除了英国文学和美国文学,还应该将国别文学和比较文学纳入其中,通过丰富多样的课程内容,在训练学生英语驾驭能力的同时,达到让学生在中西文学对比和鉴别中锻炼思辨能力和国际传播能力的目的。在英美文学课程设置和教学过程中,外语教师必须尝试将思政元素有机融入教学内容当中,通过中西文学文化对比阅读引导学生对文学作品所传递的文化价值和意识形态进行甄别,培养学生批判性思考的能力。不仅如此,在教学设计的过程中,外语教师通过启发、引导和帮助学生用英语对英美文学经典作品与中国经典文学作品进行比较分析,达到让学生在读懂外国故事的同时讲好中国故事,在跨文化交际的过程中发出中国声音,提高学生国际传播能力的目的。

以英国文学课程为例,从中古时期至现当代英国文学,"英式英雄"一直是英国作家试图在其作品中塑造的形象,并且通过这一形象向读者传递英国特定时代的意识形态和价值观。例如,大多数英国文学教材都将古英语创作史诗《贝奥武夫》作为英国文学的开端。这部至今无法确定作者的古老叙事诗描绘了英国史上基特人贝奥武夫为了保护人民和国家安全,带领十几名勇士分三次斩杀巨人格伦德尔、格伦德尔的母亲海怪和刀枪不入的巨龙。又如被誉为代表英国小说开端、由英国现实主义小说鼻祖丹尼尔·笛福所创作的小说《鲁滨孙漂流记》,塑造了遭遇海难、荒岛求生、开垦荒地、驯服野蛮人并最终成功建立自己帝国的英雄形象。在讲授这类涉及突出塑造"英式英雄"的文学作品时,教师要注意引导学生对英式英雄观进行批判性思考,将这些"英式英雄"置于英国特定的历史时期和社会环境中加以考察,让学生认识到对于《鲁滨孙漂流记》而言,尽管笛福的小说是根据赛尔柯克因海上叛变被遗弃荒岛并在岛上生活五年的真实事件改编,但作家对鲁滨孙征服野蛮人、建立帝国的夸大叙事,体现了其对处于上升时期的资产阶级冒险精神的迎合。

　　教师在引导学生理解西方文学作品所传递的情感观和婚恋观时,还可以将涉及爱情观的中国经典作品如《梁祝》《西厢记》《红楼梦》《雷雨》等与英国文学作品进行对比阅读。例如,在讲授莎士比亚的著名悲剧《罗密欧与朱丽叶》时,可以将元代王实甫创作的杂剧《西厢记》与之进行比较阅读。除了为学生分析两部戏剧的创作背景、剧本本身所包含的戏剧冲突和剧作家所取得的文学成就,教师还可以通过两部剧中男女主人公的爱情观和他们追求婚恋自由的不同结局,来对比中西文学作品所传达的不同的爱情观与婚恋观,从而引导学生树立正确的情感观。在莎士比亚的《罗密欧与朱丽叶》中,男女主人公为追求爱情不顾家族的反对与阻挠,最终失去了自己的生命。而王实甫的《西厢记》则书写了书生张生与相国小姐崔莺莺为了追求爱情的自由,最终冲破门第、世俗观念和封建礼教的束缚,克服重重困难终成眷属的故事。这两部戏剧同样是追求爱情与婚恋自由,结局却完全不同,这不仅仅归结于悲剧与喜剧的差异,而且反映了戏剧家反抗封建束缚的程度及其时代局限。在莎士比亚的悲剧《罗密欧与朱丽叶》中,罗密欧与朱丽叶的死亡虽然最终化解了两个家族的世仇,却也揭示出莎士比亚将家族利益置于个人幸福之上的情感观;而《西厢记》中张生通过发愤图强最终与机智的崔莺莺喜结连理的结局,不仅彰显王实甫反抗封建礼教的决心和力度,更突显了作家积极乐观的婚恋观。

四、结语

　　总之,英美文学课程思政可操作空间非常广阔,文学教师可以以《高等学校课程思政建设指导纲要》为指导,结合《高等学校英语专业英语教学大纲》(2000)和《普通高等学校本科专业类教学质量国家标准》(2018),围绕"立德树人",把有关中国文学文化的讲授融入英美文学课程思政的教学内容与课堂设计中,将学生置于中西比较阅读的跨文化视域下,让他们在理解外国故事的同时讲好中国故事,在发出中国声音的过程中达到提高国际传播能力的目的。

参考文献

[1]高等学校课程思政建设指导纲要[EB/OL]. https://www. gov. cn/zhengce/zhengceku/2020-06/06/content_5517606. htm.

[2]教育部高等学校外国语言文学类专业教学指导委员会. 普通高等学校本科外国语言文学类专业教学指南 下[M]. 北京:外语教学与研究出版社, 2020.

[3]何宁,王守仁. 新时代高校外语专业的人才培养[J]. 外语教学理论与实践,2022(3):13-18.

[4]刘爽. 国家意识视域下的外国文学"课程思政"体系初探[J]. 当代外语研究,2021(4):29-34.

[5]杨金才. 外语类专业外国文学知识、文学欣赏能力与课程设置[J]. 外语教学理论与实践,2021(4):1-7.

[6]杨金才. "英国社会与文化"课程思政教学探讨[J]. 中国外语,2022(2):85-88.

[7]王炎. 外国文学是什么?[J]. 外国文学,2015(5):28-37,157.

[8]吴岩. 抓好教学"新基建"培养高质量外语人才[J]. 外语教育研究前沿,2021(2):3-6.

[9]尹晶. 经典阅读与思政教育——英国文学课程思政体系之尝试性建构[J]. 中国外语,2021(2):84-90.

基于产出导向法的大学英语
"课程思政"教学设计研究

罗培宇

一、大学英语"课程思政"现状与产出导向法理论

2020 年,教育部印发的《高等学校课程思政建设指导纲要》明确提出,高校要全面推进课程思政建设,落实立德树人根本任务。当前,由于国家需要和国际形势的巨大变化,国家对高校培养人才提出了更高的要求,培养学生的国际视野成了高校教育的重中之重,教师在这个背景下也肩负着更重要的使命和责任。在大学英语这门课程中融入思政元素能够达到极佳的教学效果。首先,这门课程具有丰富多样的内容,为学生提供了地道的英语阅读材料;其次,大学英语是一门通识课程,选课学生数量大,因此在这门课程中进行思政教育能够引起更广泛的教育影响。大学英语课程集工具性和人文性于一体,在提高学生的综合素质能力、英语语言应用能力方面具有非常重要的作用。思政教育的目的是促进学生形成正确的世界观、人生观、价值观。从这点上看,课程思政理念与大学英语课程在对国家人才的培养上有着共同的目标。因此,在大学英语课程中融入课程思政元素是大有可为的。大学英语的教育不应仅限于传递语言知识和提升语言技能,更重要的是对学生价值观的培养,提升他们的思想道德素质,使之成为合格的社会主义接班人。

大学英语学科经过多年的发展,已经形成了完善的课程体系,培养的人才质量也越来越高,很多学生能够通过大学英语四级、六级考试,也能够用

英语完成一定的文本写作，但是，口语表达还是相对薄弱。除此之外，随着综合实力的提高，我国与世界各国的经济和文化交流越来越多，在借鉴国外先进科学技术和优秀文化的同时，也正向世界展现中华文化、中国形象。然而部分高校学生对本国的优秀传统文化不甚了解，更无法将其传播给外国友人。文秋芳教授于 2015 年提出的产出导向法（production-oriented approach，POA）认为学用是一体的，因此将该理论运用于教学中能够提高中国学生语言输出能力。

产出导向法包括教学理念、教学假设和教学流程共三部分。教学理念涵括学习中心说、学用一体说和全人教育说三个原则；教学假设则包括输出驱动、输入促成、选择性学习和以评促学四个假设；教学流程则包括驱动、促成、评价三个阶段。其中教学理念是其他两部分的指导思想；教学假设是教学流程的理论支撑；教学流程是教学理念和教学假设的实现方式，同时教师的中介作用体现在教学流程的各个环节之中。该理论重视"输出"的作用，不仅将语言"输出"作为教学目标，还将其作为语言学习的驱动力，同时，认为"输入"是促成产出的重要手段。所以，产出导向法是将输入式"学"与产出式"用"相结合，促进真正学习的发生，将学生的语言能力从识记层面提高到实际应用层面。

产出导向法提倡的"全人教育"理念与"课程思政"所提倡的"全员全程全方位育人"理念不谋而合，都是以提高学生综合素质为目标。因此，本文尝试在产出导向法理论的指导下，将课程思政融入大学英语的教学中，以期学生在提高语言掌握程度的同时，形成正确的价值观念，从而成为一名合格的社会主义事业接班人。

二、产出导向法指导下大学英语"课程思政"教学设计

在产出导向法中，以学习者为中心的观点突出了教学的目标是激发有效的学习过程。在此过程中，教师扮演着至关重要的中介角色，他们负责规划课程环节和学习活动，监督和指导学生进行学习，以及帮助学生完成最终

的产出任务。教学设计是课堂教学的预演,直接决定着教学效果的好坏。大学英语"课程思政"教学设计仍然以教材文本为依据,根据单元主题拓展学习材料,将思政元素有机融入各教学环节中,从而达到润物细无声的效果。通过引导学生有选择性地吸收输入材料,学生能够进行高质量的思政输出,从而完成教学目标。本文以《新视野大学英语(第三版)读写教程1》第4单元 Heroes of our time 进行教学设计,从驱动、促成、评价三个环节分别探讨如何将课程思政融入大学英语教学中。

（一）教学内容

文章分别讲述了 Daniel Hernandez、Dory Stoddard、Ryan Russell 等几人的事迹,他们在遇到危险时选择了奋不顾身地去保护别人,甚至为此失去了生命。文章用多个例子说明了英雄存在于老百姓中,存在于常年与危险相伴的应急救援人员中,激励我们在遇到危险时要挺身而出,表明了每个人都能成为英雄。

（二）教学目标

教师在设计教学目标之前,一定要充分熟悉教材,找出授课单元所涉及的主题,找到进行课程思政的切入点,最后再设定教学目标。为了"课程思政"能够取得良好的效果,教师一定要根据主题来充分挖掘教材中与之相匹配的课程思政要素,根据思政主题来确定产出目标,并要求学生以说、写、译的产出形式来展示学习成果。本单元的主题是英雄精神,思政主题可以与助人为乐精神联系起来,帮助同学们了解一些来自中国古代和现代的英雄事迹,增强他们的民族自豪感和对中华优秀传统文化的认同感。本单元设置了三个教学目标:一是课前老师在学习通上布置一个思考题:"What is heroism?"让学生自行思考并在课堂上用英语分享自己的看法。二是学生在学习文本"Heroes among us"后,再学习使用提问-举例-总结的结构来解释一件事物或者概念。学生以"Who is a hero"为题目,使用上述结构来写一篇文章,之后以相邻两个同学为一组来分析对方的结构是否完整,使用的例子是否恰当。三是本单元的总目标:学生在 30 分钟完成一场英语演讲,讨论题目是每个人都能成为英雄吗? (Is anyone can become a hero?)鼓励学生乐于助人。演讲中的举例部分可以引用刚刚学习的英语写作中的观点。

(三)驱动性产出任务

"驱动"环节处于教学过程的开端,在这一环节,教师呈现交际情景,挑战学生的语言产出能力。教师在课前搜索一些近期在国内发生的、宣传度高的见义勇为的事例,以便在课上与同学们分享,提高学生的课堂参与热情。笔者选择了跳桥救人的外卖小哥彭清林的事例。在情景的设置上,笔者要求学生以小组为单位组成一个新闻采访团队,其中一位同学扮演记者的角色向其他同学提出了以下问题:如果你碰到了类似的情况,你会选择冒着生命去救人吗? 在你看来,彭清林是一个英雄吗? 为什么? 一个好的场景能够吸引学生积极参与到课堂中,学生在遇到困难时能积极主动地独立思考或者集体讨论,在这个过程中,学生会发现自己的语言能力无法与自己想表达的内容相匹配,从而认识到自己能力的不足。这时候的学生已经产生了想要表达的欲望,他们会主动地去吸收输入材料,尝试完成产出任务。

(四)促成输出方案

学生在上一个阶段已经被激起了产出的欲望,从而对学习产生了强烈的兴趣,此时学生会积极主动地查找自己需要的表达材料和对应的英文表达。为了在有限的课堂时间里最大程度地促进学生的学习,教师可以在评估学生现有知识水平的基础上,为其提供一些具有针对性的阅读、视听等多模态输入材料让其学习。根据"选择性学习假设",学生会根据语言学习产出任务的要求,在广泛的学习材料中选择有用的部分为己所用,从而提高学习效率。在促成方案中,教师要为学生提供"脚手架"。曹巧珍根据教师为学生提供的"脚手架"的作用的不同将其分成"纵向脚手架"和"横向脚手架",前者指对产出任务分成一个个分任务,学生完成分任务后就能完成最后的产出任务,后者主要是针对每个分任务,教师分别从内容、语言和话语结构三方面给学生提供指导与帮助。

首先,内容方面。教师要激发学生的交际欲望,明确所要表达的信息。第一步首先帮助学生掌握产出任务所需的内容。所有人都可以成为英雄吗?回答这个问题可以从以下方面入手:一是对"英雄"这个词的定义。怎么样才能算是英雄?有人认为英雄指在战场上奋勇杀敌,保家卫国的人;有人认为那些为了保护自己的家人而牺牲自己生命的也是英雄;而文章里的观点是各种困难和悲剧的受害者和幸存者都称为"英雄"。这时,教师可以引导学生形成自己的定义:成为英雄,不需要有超凡的能力,只需要有一颗善良的、乐于助人的心。在我们生活中,很多时候只需要一些小小的举动,就能成为别人心中的英雄。教师通过价值观的引领,达到课程思政的目的。二是既然英雄不一定都需要超凡的本领,那么任何人都能成为英雄这个观点是成立的,学生可以结合几个例子来论证自己的观点。教材中的文本是按照问题-例子-总结的结构来展开的,其主要内容就是例子,因此教师可以为学生提供中国英雄的事迹的例子,同时引导学生发散思维,使用自己熟悉的、切合主题的例子来进行论述。

其次,语言方面。教师在课前可以在互联网上查找英文新闻报道供学生阅读,并将新闻材料中出现的与教材词汇表中意思相近或一样的表达标识出来,方便学生理解新词含义。针对一些基础较弱的学生,教师还可以设计一些具有趣味性的小练习,比如词汇与英文释义连线、看图选词等,此外,为了能够让学生对重点词汇和短语有更深入的理解以及能够学以致用,教师可以设计根据文章大意填空和中英互译等练习。根据教学经验和产出任务的分析,教师可以引导学生重点掌握以下词汇和短语:shield、hail、conflict、fulfill、give one's life、shield sb/sth、form sb/sth、count on、call on。除了上述不考虑语境的练习形式,教师还可以结合语境让学生进行练习。比如,教师给出一幅图,让学生灵活运用前面所学的表达方式来描述图片。这种类型的训练能够锻炼学生的看图理解能力、语言运用能力,并且调动了视觉和大脑等多种器官的思维活动,提高了学生的记忆和知识迁移能力。

最后,结构方面。在"Heroes among us"这篇课文中,作者使用了问题-

例子–总结的结构来论证一个观点。由于该课文的结构十分简单,学生很容易就能模仿,因此,教师可以把时间多放在鼓励学生运用富有个性特征进行自我表达的结构上。当然,即使结构简单,也会有部分学生不能学会使用,教师可以为这些学生提供自己写的样本或者向他们展示之前优秀学生的作品,以此作为他们的输入材料。

（五）评价环节

产出的"评价"可以分为及时和延时两种。及时评价是指教师对学生在选择性学习和产出任务练习后给予的评价。这种评价能够使教师了解学生的实时反馈信息,通过对反馈信息的分析,教师就能发现教学环节中存在的问题,进而加以改正,使得教学过程更加顺畅。延时评价是指学生在教师的要求下完成课外练习,教师对学生的练习成果进行评价。延时评价的产出结果又分为两类:复习性产出和迁移性产出。前者是指学生重复上课时分步完成的产出任务的步骤,然后在下节课展示。后者是针对水平较高的学生来布置的,要求学生用所学的知识来完成具有一定相似性的任务。

在评价环节中,教师首先要制定学习评价标准,而产出导向法强调这个过程的师生参与。在结构方面,学生的演讲是否合理使用了问题–例子–总结的结构;在语言方面,学生是否能够正确地应用所学的语言形式,使用的词汇是否过于单一化;在内容方面,学生选择的例子是否恰当,是否能够反映英雄精神、助人为乐精神的主题;最后是在演讲表现方面,学生的体态、演讲的流畅性、与观众的互动都是评价的重点。教师与学生确定评价内容后,按实现程度赋予1—5的分数。学生可以先对自己的表现进行自评,然后进行同伴之间的互评。对于演讲这种口头产出结果,教师评价具有一定的时效性,为了提高评价的效果和效率,教师要对学生的展示内容有一个预先的了解。

三、结语

综上所述,产出导向法视域下的大学英语课程思政教学应该将课程思政元素有机地融入教学过程的各个环节,最终要使学生的思政水平得到提高,发展学生的综合素质。教师通过深入挖掘单元思政主题,制定最终产出目标,提供交际场景驱动学生主动学习,提供各种输入材料为学生完成产出任务做好准备。学生在选择性学习中将输入转化为输出,提高语言能力,增强综合素质,实现立德树人目标。

参考文献

[1]教育部.高等学校课程思政建设指导纲要[EB/OL]. https://www.gov.cn/zhengce/zhengceku/2020-06/06/content_5517606.htm.

[2]文秋芳.构建"产出导向法"理论体系[J].外语教学与研究,2015(4):547-558,640.

[3]曹巧珍."产出导向法"之教师中介作用探析——以《新一代大学英语》第二册第四单元为例[J].中国外语教育,2017(1):15-22,100.

[4]文秋芳."产出导向法"的中国特色[J].现代外语,2017(3):348-358,438.

混合式教学模式下
大学英语课程思政路径探索[①]

党　凝　宁见红

一、引言

大学英语课程是高校人才培养的重要环节,在新时代"大思政"的育人理念影响之下,推动混合式教学模式下大学英语课程思政的发展,可以有效夯实大学生的理想信念,培养大学生用英语讲好中国故事的能力,让大学生能够在国际社会上发出中国声音,推动中国的现代化发展。

课程思政是高等学校落实立德树人根本任务的战略举措,是高水平人才培养的基础工程。2020年教育部印发《高等学校课程思政建设指导纲要》指出,将思政元素分层融入公共基础课程、专业教育课程、实践类课程中,结合不同课程的特点、思维方式和价值理念,深入挖掘课程思政元素,有机融入课程教学,达到润物细无声的育人效果。大学外语课程是高等学校课程体系的重要组成部分。《大学英语教学指南(2020版)》明确指出,大学英语应在课程建设、教材编写、教学实施等各个环节充分挖掘思想和情感资源,使大学英语教学在高等学校落实立德树人根本任务中发挥重要作用。混合式教学是在反复权衡传统课堂教学和远程教育的优劣基础上,综合不同教

① 本文系2020年广西研究生教育创新计划项目"基于体裁教学模式的研究生学术英语写作课程模式研究与实践"(项目编号:JGY2020033)的阶段性成果;2021年广西高等教育本科教学改革工程项目"'双创教育'背景下大学英语专创整合课程建设研究与实践"(项目编号:2021JGB141)的阶段性成果。

学路径而提出的一种新的人才培养路径,以适应 21 世纪人才能力培养的需要。蒋笃运等认为思政课教学智能化建设不仅是新时代立德树人的必然要求,也是必然选择。魏华分析发现"人工智能应用于思想政治教育已是科学技术和时代发展的必然趋势"①。

因此,本文从混合式教学模式下大学英语课程思政的内涵、研究现状以及实践路径三个方面展开讨论,旨在指明大学英语课程思政混合式教学的困境,以期引起高校英语教师对课程思政的思考,使教师在课堂教学中转变态度和注重价值引领,从而实现课程思政教育与混合式教学模式的"化和为一"。

二、混合式教学模式下大学英语课程思政的内涵

课程思政是新时代高等教育体系内思政课程的创新发展理念,既可以促进大学英语课程与思政课的有机融合,也可以实现立德树人的根本目标,培养大学生的综合素养。大学英语课程具有鲜明的人文性和工具性。就工具性而言,大学生可以通过英语了解国外政治、经济、历史、文化、艺术等各方面的内容,通过对比,深化对我国国情和社会主义制度优越性的认识,从而增强用英语讲好中国故事的责任感。就人文性而言,语言是文化的载体,通过学习英语,不仅可以了解不同国家的文化,进而陶冶情操,还可以提升文化自信,培养爱国主义情怀。混合式教学模式可以充分发挥"线上"教学与"线下"教学的优势,有效利用网络资源,充分挖掘课程中的思政因素,从而提升教学效率。因此,了解混合式教学模式的特点,阐释大学英语课程思政的内涵显得尤为重要。

(一)混合式教学模式的特点

通常说的混合式教学模式包含三种:线上教学和面对面教学混合、教育

---

① 魏华:《人工智能深度融合思想政治教育的实现路径》,载《理论视野》2021 年第 12 期。

技术混合、教学方法混合。传统的教学方式是在教室里师生面对面授课,线上教学则是利用互联网进行教学,所以线上教学和面对面教学混合指的是同时利用社交软件以及公告进行学习指导。教育技术混合指的是在教学过程中采用不同的学习媒介,比如网络平台、APP 等。教学方法的混合指的是采取多种教学理论或者教学方法,比如任务型教学法、产出导向法、交际法、语法翻译法等。

(二)大学英语课程思政的内涵

对于外语课程思政的内涵,学术界众说纷纭。以课堂教学为着眼点,文秋芳认为,外语课程思政是以外语教师为主导,通过外语教学内容、课堂管理、评价制度、教师言语等方面,将立德树人的理念有机融入外语课堂教学各个环节,致力于为塑造学生正确的世界观、人生观、价值观发挥积极作用。以教育政策、课程理论和外语学科特点为着眼点,胡杰辉认为,外语思政课程是从国家宏观教育政策的角度把握方向,从课程论的角度,确立多元课程思政观,有机协调教学设计理念、方法、实践的互动统一,从外语学科的角度,将语言学理论方法用于挖掘思政元素,提升课程思政的学科特色。以外语课程思政的重要性为着眼点,罗良功认为,推动外语课程思政建设,既是对人类教育理念的创新性实践,又是对中国当前建设和发展需要的切实回应。

总之,课程思政的本质是立德树人,理念是协同育人,结构是立体多元,方法是显隐结合,思维是科学创新。新时代课程思政首要特点是寓德于课,主要特点是人文立课,核心特点是价值引领。

(三)开展大学英语课程思政混合式教学模式的意义

大学英语课程是人文教育的重要组成部分,对于推进课程思政的发展具有重要意义。在新时代"大思政"教育背景下,大学英语教学过程中融入思政教育,深挖课程内容的思政元素,既突显了大学英语课程的语言属性,又突显了大学英语课程的社会取向,既向学生传授了语言知识和技能,又可以引领学生的价值观念,既可以推动大学英语课程教学的纵向发展,又可以为我国的社会主义现代化建设和中华民族伟大复兴培养德才兼备的优秀英语人才。

因此,在混合式教学模式的指导下开展大学英语课程思政具有一定的积极意义。一方面,可以充分发挥混合式教学模式和大学英语课程思政的优势,冲破传统教学对授课时间、场所以及信息的限制,利用互联网优势提高教学效率和质量,在传授学生英语知识,教授语言技能的同时进行思政教育,帮助学生树立正确的三观。另一方面,教师的主导地位被削弱,充分发挥了学生的主体作用。学生可以通过搜索资料自学预习,再通过线上线下相结合的方式与老师同学沟通交流,从而提高学习习得感和成就感。

三、大学英语课程思政研究现状

(一)教学内容层面

目前,许多高校的英语课程重视英语应用教学,在提高学生的英语综合能力,以及培养复合型人才方面成效显著。然而,如何把大学英语课程与思政课联系起来,将思政内容通过课堂活动"润物细无声"地传递给学生是教学实践的难题。

在国家大力倡导"课程思政"教育理念的大背景下,一方面高校也试图将课程思政融入大学英语课程之中,以帮助学生树立正确的三观,培养学生的民族自尊心、自豪感。但是在实际教学过程中,课程思政仍然流于表面,如《新编大学英语(第四版)视听说教程 2》第三单元。本单元的第一篇听力是"Suspended coffee",通过介绍"代用咖啡"弘扬人间善意,虽然含有思政元素,但是内容相互割裂,没有形成完整的合力。另一方面,教学内容缺乏特色文化的融入。应该将马克思主义世界观和方法论、社会主义核心价值观、职业伦理、公民道德等思政元素,与中华优秀传统文化相结合,英语专业知识与教育的价值方向应保持高度一致。此外,目前学术界还缺乏对于大学英语课程思政教育的思政意识、理论素养、心理接受和接受程度的实证研究。因此,更需要教师深入挖掘大学英语课程内容中的思政元素,对学生进行正确的价值观引领,培养学生核心素养。

(二)教师个人层面

外语课程思政能否达到预期效果,关键在于外语教师。大学英语课程思政面临的一大困境就是思政教学活动与英语教学相结合的问题。教师作为教学活动的引导者,承担着立德树人的重任。在个人认知方面,个别教师缺乏把握大学英语课程育人功能的能力,没有认识到外语教学对于学生感受文化碰撞以及培养国际化人才的重要作用。在专业知识方面,许多大学教师可以充分了解世界各国的先进文化,但是缺乏鼓励学生在跨文化交际中积极传播中国声音,讲好中国故事的意识。在教学实施方面,部分大学教师更注重教的过程,而不是学生的学习过程,缺乏建立课程思政教学效果评价体系的意识。此外,部分大学教师的教学方式仍然以黑板板书为主,没有充分发挥现代信息技术和数字化平台的作用。

(三)院校管理层面

当前,虽然教育部正大力推行全国性质的虚拟教研室建设,但个别高校没有承担起自己的主体责任,忽视了校本课程思政教学共同体构建。课程思政教学资源建设是构建课程思政教学共同体的关键抓手,英语教师也急需优质的外语课程思政教学资源。因此,院校需要抓好基层组织建设,重视校本教研,制定政策以及平台保障,通过开展各种各样的比赛以及活动促进课程思政教学资源的整合。

(四)教学评价层面

教学评价起到把握教学方向、影响教学改革、提高教学质量的关键作用。有效的测评是有效改善教师的"教"与学生的"学"的重要保障。但是由于高校的课程思政建设牵涉内容广泛且错综复杂,将现有的思政教育理论与 2018 年颁布实施的《中国英语能力等级量表》有机结合,并且充分发挥混合式教学模式下教学评价的最大优势,就成了高校大学英语课程思政体系建设的重要突破点。

四、混合式教学模式下大学英语课程思政实践路径

首先,要想充分发挥混合式教学模式的优势以促进大学英语课程思政的创新发展,就要加强混合式教学理念的创新。教师要充分发挥线上、线下教学的优势,尊重学生的主体地位,为学生开展丰富的课程思政活动,并将思政教育理念融入大学英语课程具体的教育理论和教学内容中去。彭康洲、魏玉兰认为,新时代高校英语教师不仅应具备教育部于 2020 年 4 月颁布实施的《普通高等学校本科外国语言文学类专业教学指南(上)——英语类专业教学指南》所提及的素质,还需要特别加强课程思政教学能力。同时,高校英语教师应注重对学生的思想道德、政治理念、人文素养等综合能力的培养,使语言知识、能力目标、思政目标协调一致、相互贯通,为我国培养出具有家国情怀、国际视野、语言能力的社会主义建设者和接班人。

其次,学校管理需要建立健全混合式教学机制。一方面促进大学英语课程思政混合式教学模式系统性、高效率、科学性的发展,另一方面,帮助教师在教学过程中,将英语专业知识与思政理论知识巧妙结合,为学生的综合知识与能力的提升提供便利条件,进而推动整个大学英语课程思政混合式教学的可持续发展。

再次,教育管理部门以及任课教师应该优化大学英语课程设置体系,调整英语课程思政混合式教学内容。长期以来,大学英语课程内容主要以西方的文学著作、新闻、名人轶事为主,缺少对社会主义核心价值观、爱国主义精神、民族信念、民族自豪感、中华优秀传统文化等内容的融入。这种教材内容上过于追求"原汁原味",大面积采用原版内容,造成了英语与汉语之间的失衡。因此,教育管理部门和教师应该注重深入挖掘教材中的思政因素,构建以"X+思政元素"为主的教学大纲,全面优化教学内容,在思政教育元素

不"喧宾夺主"的情况下,达到"润物细无声"的育人目标。教师要注重讲好中国故事,结合时代特点赋予教学以创新性,让学生感受到传统文化的生命力,进而理解、体验、传承博大精深的中华文化以及区域特色文化。

最后,学校应该加强对大学英语课程思政混合式教学评价体系的创新,建立以总结性评价为主,多种评价方式共同协调的评价体系。评价体系的建立应该注意评价主体的多元化。教师根据《中国英语能力等级量表》《深化新时代教育评价改革总体方案》以及《高等学校课程思政建设指导纲要》,不仅对学生进行课程思政的总结性评价,还要对课程思政整个教学过程进行表现性评价。学生也可以根据自评表对自己的大学英语课程思政的表现进行及时评价。评价不应仅局限于教师对学生的评价以及学生自评,还应关注对教师以及教育主管部门的评价。而对教师的评价应该聚焦于课程思政理论以及实践能力,对教育主管部门的评价应该关注对课程思政教学大纲的落实以及对国家政策的解读。由此可以形成由教育主管部门引领,教师的大学英语课程思政的教学能力,以及学生在混合式教学模式引领下对课程思政知识的接受能力,三维一体的立体评价结构。多样化的评价体系可以帮助教师更好地了解学生的知识水平和品德修养,从而调整课程思政的教学内容和教学进度,以此保证大学英语课程思政教学取得良好的效果。

五、结语

在数字化转型和全面推进社会主义现代化的背景下,大学英语教师应该重视大学英语课程思政教育,创新混合式教学模式,从而推动我国大学英语教学发展,应将社会主义核心价值观以"润物细无声"的方式渗透进教材、教学和学生头脑之中。通过教学理念、教学机制、课程设置体系、教学评价体系的创新,形成教育闭环,践行课程思政的混合式教学模式,落实立德树人的根本任务。新时代,大学英语课程思政应不断创新,满足国家对人才的需求,为中国式现代化建设以及国家安全、社会稳定、乡村振兴等各项事业输送源源不断的人才。

参考文献

[1]教育部.高等学校课程思政建设指导纲要[EB/OL]. https://www.gov.cn/zhengce/zhengceku/2020-06/06/content_5517606.htm.

[2]教育部高等学校大学外语教学指导委员会.大学英语教学指南 2020版[M].北京:高等教育出版社,2020.

[3]岳曼曼,刘正光.混合式教学契合外语课程思政:理念与路径[J].外语教学,2020(6):15-19.

[4]蒋笃运,杜社娟,谢梦菲.思政课教学智能化建设研究[J].中国电化教育,2021(1):128-133.

[5]魏华.人工智能深度融合思想政治教育的实现路径[J].理论视野,2021(12):70-75.

[6]蒙岚.混合式教学模式下大学英语课程思政路径[J].社会科学家,2020(12):136-141.

[7]文秋芳.大学外语课程思政的内涵和实施框架[J].中国外语,2021(2):47-52.

[8]胡杰辉.外语课程思政视角下的教学设计研究[J].中国外语,2021(2):53-59.

[9]罗良功.外语专业课程思政的本、质、量[J].中国外语,2021(2):60-64.

[10]王学俭,石岩.新时代课程思政的内涵、特点、难点及应对策略[J].新疆师范大学学报(哲学社会科学版),2020(2):50-58.

[11]彭康洲,魏玉兰.我国高等学校英语专业思想政治教育的演变逻辑和新路径:基于大纲的审思[J].教育理论与实践,2021(3):54-57.

[12]刘秉栋,冯蕾.英语专业课程思政体系建设:现实困境与突围路径[J].外语电化教学,2022(4):23-28,112.

混合式教学模式下大学英语思政教学实践

——以《新视野大学英语(第三版)视读写教程1》Unit 4为例

吴银芳

一、引言

2020年教育部印发《高等学校课程思政建设指导纲要》,其中指出:"把思想政治教育贯穿人才培养体系,全面推进高校课程思政建设,发挥好每门课程的育人作用。"①课程中的思政建设要以坚定学生的理想信念为重点,以爱党、爱国、爱社会主义、爱集体、爱人民为引线,将政治认同、宪法法治意识、道德修养、家国情怀作为课程思政的供给,系统开展中国特色社会主义和中国梦教育、社会主义基本价值观教育、法治教育、劳动教育和心理健康教育、优秀的中国传统文化教育。《大学英语教学指南(2020版)》中将大学英语课程性质描述为:兼有工具性和人文性双重性质。因此大学英语教学,一方面要培养学生的英语综合应用能力和跨文化交际能力,使他们在今后的学习、工作和社会交往中能用英语有效地进行交际,另一方面要培养学生的家国情怀、正确的价值观、自主学习的能力、思辨能力和创新能力,提高学生的综合文化素养,以适应我国社会发展和国际交流的需要。作为公共必

---

① 《高等学校课程思政建设指导纲要》,https://www.gov.cn/zhengce/zhengceku/2020-06/06/content_5517606.htm.

修课,大学英语课程课时多、周期长、覆盖面广,在大学英语课程中开展持续的隐性思政教育,具有必要性和可操作性。

二、大学英语思政

课程思政"不是课程,是一个理念,其主要功能是育人,是落实立德树人,树立学生正确的世界观、人生观和价值观""不是加法,而是方法。就是说要开展隐性教学而不是显性教学"。① 大学英语课程要培养学生四个自信,引导学生以批判的眼光了解西方文化。大学英语课程思政在培养学生语言能力的同时,要将思想政治教育融入大学英语的教学内容,以隐性的方式融入学生的生活,落实立德树人根本任务。大学英语课程在设计时应尽可能挖掘课程中的思政元素,引领学生树立正确的人生观、价值观和世界观。

三、大学英语混合式教学模式

广西师范大学为全国大学英语教学改革示范点,近十年来一直坚持各种形式的教学改革,尤其是信息技术与教学的深度融合。目前,大学英语已构建"四位一体"的智慧教育体系,以自建的具有本校特色的大学英语智慧教学云平台和外语教学与研究出版社开发的 U 校园智慧教学云平台为依托实施"线上+线下"的混合式教学。线上课时,教师通过导学案,为学生提供学习指导,学生借助 U 校园上的资源对思政微课、课文大意、相关词汇短语和句子进行线上自主学习,同时学生还需要登录学校大学英语智慧教学云平台,学习在线课程板块中的单元微课(包括文化背景知识、语言技能、语言知识等),在学习过程中提出问题,并就单元主题开展在线讨论。线下课时,以学生在线上学习中的问题为导向进行教学设计,集中回答学生在之前学

---

① 蔡基刚:《课程思政与立德树人内涵探索——以大学英语课程为例》,载《外语研究》2021 年第 3 期。

习中提出的共性问题,并加以深化,同时,补充强调一些学生忽略的重难点问题。考虑到学生学习基础的问题,在线下课中,教师主要以提问的方式来带领学生分析、理解长难句,以此实现对思政学习目标的内化和升华。广西师范大学混合式教学以学生为中心,以教师为主导,教师讲授与学生实践相结合。学生线上自主学习的所有情况均计入形成性评价,作为课程评估的35%计入期末总成绩,以此来促进学生自主学习。

四、大学英语思政教学案例

这个部分将以《新视野大学英语(第三版)读写教程 1》Unit4 为例,为混合式教学模式下大学英语思政教学做一个案例展示。

(一)教学内容

本单元的主题为 Heroes of our time,第一篇为议论文,探讨什么样的人可以被称为英雄,强调了英勇不仅出现在特殊人物或特定职业中,还可能出现在普通人中,普通人也能在关键时刻做出英勇的选择。第二篇文章是记叙文,讲述了一位警员勇救被困河中的妇女的故事,强调了勇气和人性的光明面。本次教学的重点为第一篇文章,第二篇文章为自学任务。Text A:"Heroes among us",文章行文架构为问题-例子-结论(question-example-conclusion),文章围绕什么样的人可以被称为英雄的话题展开。文章结构清晰,用词巧妙,对学生的写作能力提升大有裨益。在 Example 部分,作者列举了四位英雄人物以及具体人物事迹,其中包括医护人员和普通群众,用他们的故事告诉读者:在过去只有对社会做出突出贡献,有牺牲壮举的人才能被称为英雄,而在当代社会,任何平凡的人都可以做不平凡的事,都可以成为英雄。通过学习,学生能够运用本单元的新词汇和表达方式,以及 question-example-conclusion 的架构模式来谈论身边的英雄这一话题,学生的英文书面表达、口语和思辨能力得到了提高。此外,学生还能流畅、有条理地表达自己对于英雄的定义和对现实意义的态度和观点。

（二）教学目标

1.知识目标

学生能够基本听懂与英雄相关的音视频材料，明白其大意、要点；能够阅读涉及英雄话题的材料，概括篇章大意，理解篇章的逻辑方式，并能够对篇章的逻辑结构进行分析、判断；能够掌握与英雄人物性格、行为等相关的词语、句子。

2.技能目标

学生能够运用基本的听力技巧，听懂英雄相关的事件要素，记录相关的细节；能够运用基本的演讲技巧，就英雄的行为、人物性格进行简短的口头陈述，阐明主要观点和事实。

3.育人目标

通过深入学习"Heroes among us"描绘的英雄人物，学生感受并深入理解那些为社会正义、公平和勇气做出贡献的英雄。学生明白了无论社会地位如何、身份如何，都能在日常生活中做出对社会有益的贡献，英雄不仅是历史中的伟人，也是那些为了实现中国梦、为了人民的幸福生活而默默付出的普通人。通过学习深化学生对当代社会英雄的认识，助力学生树立坚定的社会主义核心价值观。

（三）教学模式

本单元采用线上、线下相结合的混合式教学组织形式，线上基于大学生英语智慧教学云平台、U校园智慧教学云平台，学生观看课前微课进行单元自学，教师进行作业布置，线下主要进行现场教学互动、答疑及学情分析等。

（四）教学理念

本单元的教学设计以成果导向教育理论为基础，以语言为载体，以学习者为中心，以任务为导向，将多媒体技术与多种教学手段相结合，使教师在课堂教学过程中积极发挥主导作用。在教学中，采用任务型、合作型、项目型、研究型等教学方法，融入以教师为主导、学生为主体的教学理念，使教学活动由"教"变为"学"，将教学过程从"教学目的"转变为"学习需要"，形成教师引导启发、学生积极参与的常态化教学。教师利用网络教学平台，结合课堂教学和现代信息技术，为学生提供自主学习路径和丰富的自主学习资源，促进学生从"被动学习"向"主动学习"转变。本单元的教学设计以我们时代的英雄、不同时代的英雄、不同文化背景下的英雄为思政融入点，引导学生辩证地看待不同时代和不同文化中的英雄人物，让学生了解英雄的事迹，学习英雄的精神，激励学生在未来争做英雄。

（五）教学步骤

1. 本单元授课的第一周线上课，学生学习任务如下：

（1）登录大学英语智慧教学云平台，学习本单元的七个微课（微课涉及本单元的文章分析、单词赏析、写作手法、文化背景等），学生在学习微课的同时，可以在大学英语智慧教学云平台的课程交流板块发帖提问分享。

（2）登录 U 校园智慧教学云平台完成 Reading in detail 这部分的学习，理解课文、学习生词，并完成 Language focus 这部分的练习。

（3）登录 U 校园智慧教学云平台学习 Moral education 部分，观看单元思政微课，思考工作的目的，在 U 校园智慧教学云平台上就话题"Who are the heroes in your mind?""Can you share a story of one hero around you?"发帖发表观点。

2. 本单元授课的第二周线下课，教学步骤如下：

（1）导入部分。教师播放视频"Hero Spirit"，学生观看完视频后，总结出"What people are mentioned as heroes in the video?"，引出课文的第一自然段提出的问题"Who are the heroes among us?"，接着教师分享学生在线上课

完成的云平台回帖,分享学生们对这个话题的理解。部分学生的回帖如下:

熊同学

When it comes to heroes I can't help thinking my hero in my mind. My hero is Huang Wenxiu, who devoted nerself to Nation poverty alleviation efforts. Huang Wenxiu was born in Baise, which is located in the westem part of Guangxi. She graduated form Beijing Normal University, which is a famous university in China. After graduating from Beijing Normal University, she did not choose to work in a First-tier city like other student. Instead, she chose to return to her hometown Baise, and contributed to the cause of poverty allevation in her hometown. She said:"I come from the poor mountainous area of Guangxi, I want to go back to bring hope to more people. Inorder to change the poor ard backward face of my hometown."

In order to understand the situation in her hometown, she visited home one by one. And she always asked experenced people in her hometown for some questions in ordinary times. In adlition, she took the initiative to help the poor families. Therefore, Huang Wenxiu is a person who has the courage to take responsibility and is willing to contribute. From her I learned the spirit of rolling up my sleeves and working hard.

Therefore my hero is Huang Wenxiu.

陈同学

I admire anyone who can be called a hero. As far as I am concerned Zhang Guimei is my hero. Here are my reasons.

Fristly, Zhang Guimei has made a great contribution to the girls in the girls in the poor mountain areas. HuaPing Girls High School, which she founded, provides a platform for grils to get out in the world. Secondly, she did things by herself, and in the face of parents who would not let girls go to school, she visited and persuaded them in person. Last but not least, she had good hopes for the girls at school. Therefore, even with her illness and taking several kinds of medicine, she insisted on going to see how the children were doing and urging them to study. Zhang Guimei treats the children at school as her own children and thinks of them. So I think she is my hero. Meanwhile, the cleaners who get up early every day to clean are also heroes. Just a few days ago, a cold wind suddenly hit, so that the campus road is full of leaves. However, the cleaners are still braving the wind and rain to clean up the road. lt is they who make the campus clean.

习近平总书记强调,"我们要铭记一切为中华民族和中国人民作出贡献的英雄们,崇尚英雄,捍卫英雄,学习英雄,关爱英雄"①。通过观看视频,学生们可以总结出在不同历史时期的诸多英雄人物,如:抗日英雄、劳动英雄、无名英雄、抗震救灾英雄和航天英雄等。通过观看视频,引导学生学习中国的英雄精神。同时,云平台上的回帖任务也可以反映当代大学生对中国英雄人物的了解和认可,为后续的思辨话题——平民英雄做下铺垫,便于教师提前调整教学设计。

(2)文章剖析。在这个环节,教师会带领学生梳理文章,进行重点段落

① 习近平:《习近平在颁发"中国人民抗日战争胜利70周年"纪念章仪式上的讲话》,https://www.gov.cn/xinwen/2015-09/02/content_2924258.htm.

填空,引出文章结构 question-example-conclusion,接着教师引导学生深入分析 Example 部分,分别从"Who are the heroes?""What did they do?""Why are they regarded as heroes?""How did the author recommend on them?"进行解析,这个环节以问题探究为驱动发布课堂任务——填写文中的具体英雄人物以及事迹。在文章三个部分的填空设计中,将 common、extraordinary 等词设为重点,一方面为后期的思辨话题平民英雄的讨论做好铺垫,另外一方面帮助学生体会作者在 Conclusion 部分的主题思想,即平凡人能够做不平凡的事(Ordinary people can do extraordinary things)。Example 部分的表格内容分别以 who、what、why、how 的问题展开,引导学生寻找文章中的四位英雄人物、英雄人物的具体英雄事迹、英雄人物被称作英雄的原因,以及作者对他们的评价。教学过程中师生共同剖析四位英雄人物的信息,促使学生整合知识技能和建构文本意义,最后结合教师点评,提炼英雄品质,即 courageous, heroically, extraordinary。

(3)理解"civilian heroes"。对文章进行剖析后,教师首先要求学生寻找文章第四段中对 civilian heroes 的评价"There are civilian heroes, who acted instinctively with courage and grace when caught up in extraordinary circumstances.",以此为切入点,引出习近平总书记 2019 年 9 月在国家勋章和国家荣誉称号颁授仪式上的讲话:"英雄模范们用行动再次证明,伟大出自平凡,平凡造就伟大。只要有坚定的理想信念、不懈的奋斗精神,脚踏实地把每件平凡的事做好,一切平凡的人都可以获得不平凡的人生,一切平凡的工作都可以创造不平凡的成就。"①让学生对习近平总书记的讲话进行思政翻译训练,使语言和思想深度融合。

(4)主题升华。教师引入一位"外卖小哥"的视频,学生观看外卖小哥的故事之后,回顾文章的 question-example-conclusion 结构,围绕"Is he a hero?""Which aspect of him inspires me most?""What contributions did he made?"等问题进行小组讨论,讨论结束后,小组派一个代表进行汇报分享。最后,教

---

① 《习近平在国家勋章和国家荣誉称号颁授仪式上的讲话》,https://www.gov.cn/xinwen/2019 09/29/content_5434983.htm.

师对主题进行总结,一切平凡的人都可以获得不平凡的人生,一切平凡的工作都可以创造不平凡的成就。伟大出自平凡,平凡造就伟大。

五、结语

大学英语课程,应充分利用与课程主题相关的数字化思政资源,以问题探究为主线组织线下思政教学,形成线上线下混合式、课堂内外浸润式的大学英语课程思政模式,引导学生在课程中进行产出,让学生在学习语言知识中,学会知道,通过比较情感态度、价值观,学会做到,在价值体系内化过程中,学会发展。深化大学英语教学改革、更新传统大学英语教学理念,让学生的学习从语言学习转化为综合素养提升具有重大的意义。

参考文献

[1]教育部. 高等学校课程思政建设指导纲要[EB/OL]. https://www.gov. cn/zhengce/zhengceku/2020-06/06/content_5517606. htm.

[2]教育部高等学校大学外语教学指导委员会. 大学英语教学指南 2020版[M]. 北京:高等教育出版社,2020.

[3]蔡基刚. 课程思政与立德树人内涵探索——以大学英语课程为例[J]. 外语研究,2021(3): 52-57, 112.

教师职业技能训练(二)
中学英语课程思政教学案例[①]

李 貌

一、课程总览

(一)课程名称

教师职业技能训练(二)中学英语。

(二)课程类型

英语(师范类)专业教师教育课程。

(三)课程简述

广西师范大学为师范类本科院校,英语(师范类)专业旨在培养具有优秀的思想道德品质和正确的世界观、人生观、价值观,具有良好的教师素质和人文科学素养,具有扎实的英语语言基本功和较强的跨文化交际能力,能熟练掌握教育教学的基础理论和基本方法,具有一定的英语教研能力的专业的中学英语教师。

本课程为专业必修课,是英语教师职业技能训练系列课程的第二阶段,侧重教学实践能力的培养。学生在学习了教师职业技能训练(一)中学英语

① 本文是广西师范大学第五批课程思政示范课程建设项目"教师职业技能训练(二、英语)"(项目编号:2022kcsz45)的成果。

课程并训练英语教师基本功(如书写、语音、简笔画、教态等)的基础上,在本课程中进一步学习和训练英语教师应具备的各项教学微技能(如教学设计、教学导入、教学呈现、活动组织、提问、反馈、强化总结、作业布置和批改、板书、说课等)。

(四)课程目标

通过本课程的学习,使学生达到以下目标。

1. 课程思政目标

能明确教师职业道德规范的要求,认同中学英语教师工作的专业性,理解教师是学生学习的促进者;能认识到中学英语学科育人的价值,并通过自身教学技能的提升,促进中学英语学科育人;具备沟通能力和团队合作精神,能组织学习共同体,开展小组学习活动。

2. 知识目标

能了解初、高中英语课程标准,掌握备课、导入、呈现演示、活动组织、提问、反馈、强化总结、作业布置和批改、板书、说课等教学技能的原则和方法。

3. 能力目标

能依据中学英语课程标准,结合英语教学理论和中学生的身心特点,进行英语教学设计,运用各项教学技能实施教学,实现英语学科育人,并开展教学评价;具有自我反思意识和能力及一定的创新能力,能运用教学反思的方法和技能分析解决教学问题,提高教学能力。

(五)教学对象

英语(师范类)专业二年级本科生。

(六)学时

线下 34 学时。

（七）教材名称

郑志恋、应建芬主编，华东师范大学出版社出版的《英语课堂教学技能训练》。

二、本案例教学目标

（一）认知类目标

学生能够理解英语课堂教学目标的内涵、内容、设计原则；能够运用ABCD模式撰写逻辑层次分明、内容完整、体现育人价值的中学英语课堂教学目标。

（二）价值类目标

增强中学英语教师教书育人的信念感；理解、落实立德树人根本任务与英语课堂教学目标的关系；明确中学英语课程的育人目标；明确中学英语课程的育人价值，增强育人意识。

（三）方法类目标

能通过文献阅读、小组讨论、绘制思维导图等说明我国教育的根本任务与中学英语课程目标以及英语课堂教学目标的关系；能通过案例分析理解英语课堂教学目标的设计原则和方法。

三、本案例教学内容和重、难点

（一）教学内容

教学内容为教材第二章"课堂教学设计与撰写技能"，旨在介绍课堂教学设计的常见模式、基本构成要素和撰写的原则。本案例为第二节的第三讲——教学目标的设计与撰写。

(1)了解英语课堂教学目标与我国教育的根本任务、义务教育英语课程总目标和学段目标、普通高中英语课程的总目标和具体目标等之间的关系,明确中学英语课程的育人价值。

(2)结合课标提出的英语学科核心素养和英语学习活动观等理念,理解课堂教学目标的内容维度、设计原则、ABCD 撰写模式。

(3)根据教学要求设计和撰写一节英语课的课堂教学目标。

(二)教学重点

(1)理解英语课堂教学目标的设计是实现中学英语课程育人价值的有效途径之一。

(2)理解英语课堂教学目标设计的原则和撰写的模式。

(三)教学难点

结合英语学科核心素养和英语学习活动观,设计内容完整、逻辑清晰、体现育人元素的英语课堂教学目标。

四、本案例教学方法

1. 利用学习通平台,为学生提供丰富学习资源和学习途径,提高学生课前预习、课中讨论、课后反思的效率。

2. 通过自学文献和绘制思维导图,帮助学生厘清英语课堂教学目标与我国教育的根本任务、义务教育英语课程总目标和学段目标、普通高中英语课程的总目标和具体目标等之间的关系。

3. 通过教学案例对比分析,帮助学生理解英语课堂教学目标设计的原则和方法。

4. 通过小组讨论、实践及评价,训练学生进行英语课堂教学目标的设计,提高学生的创新能力、沟通合作能力和反思能力。

五、本案例教学过程

（一）课前

教学环节	教学内容	思政元素	效果评价
（1）文献学习（个人）	学生完成教学平台上的文献阅读任务。（文献清单见下）	• 英语学科育人意识 • 自主学习能力 • 合作沟通能力	学生能够在小组讨论中发表观点。
（2）主题讨论（小组）	基于文献学习,学生在小组中开展主题讨论,并做好记录,以供课堂交流。（主题见下）		小组能整合观点,在课堂活动中展现。

【设计目的】由于所选教材系 2015 年出版,部分内容不能体现新一轮英语课程改革的发展趋势和要求。因此,较新的文献是对教材内容的有效补充和更新,更有利于学生的学习。此外,文献阅读为教学平台上的个人学习活动,学生能根据个人的学习能力和学习方式开展学习,符合个性化学习的要求。同时,小组讨论又为学生提供了合作交流的机会,能加深学生对文献的理解,也为课堂教学做好铺垫。

文献清单
• 习近平:教育是国之大计、党之大计
（http://politics. people. com. cn/n1/2022/0607/c1001-32440601. html）
• 义务教育英语课程的总目标和学段目标[《义务教育英语课程标准（2022 年版）》5—11 页]
• 普通高中英语课程的总目标和具体目标[《普通高中英语课程标准（2017 年版 2020 年修订）》5—6 页]
• 外语课课程育人的特点（教育部《中小学德育工作指南》;《中小学德育工作指南实施手册》,教育科学出版社 2017 年版,47—49 页）
• 英语课程的育人目标[《义务教育课程标准（2022 年版）课例式解读 初中英语》,教育科学出版社 2022 年版,29—30 页]
• Writing goals and objectives
（教师提供网址）
• The ABCD model for writing objectives
（教师提供网址）
•《中学英语课堂教学的目标分析分享与达成 DIY》[《英语学习（教师版）》2017 年第 10 期,23—32 页]

讨论主题:
• What's the relationship between the fundamental task of education of our country, the general aim and the specific goals of English course at different levels, and the learning objectives of each class?
• What objectives of moral education can be achieved through English curriculum?
• How can learning objectives be written with ABCD Model?

（二）课中

教学环节 （时间）	教学内容	思政元素	效果评价
（1）检查预习 （全班） （3分钟）	教师呈现本节课教学内容,通过提问引导学生关注教学内容和教学目标的区别,从而检测学生对教学目标定义的理解。 Today, we are going to talk about: ①Relationship between aim, goal and objective; ②Definition of teaching objectives; ③Content and logic of teaching objectives; ④Principles and models for writing teaching objectives. • Are these learning objectives? Why or why not? • What might be the learning objectives of this lesson?	✓反思能力	学生能回答教师提问,并根据教学目标的定义预测本课教学目标。

【设计目的】对预习情况的检查,既能有效地督促学生增强自主学习的意识和能力,也为本节课的教学做好准备。

教学环节 （时间）	教学内容	思政元素	效果评价
（2）分享学习目标 （全班） （5分钟）	教师分享本节课教学目标,引导学生思考教学目标和学习目标的区别,从而帮助学生理解在授课伊始与学生分享教学目标的意义。 Teaching Objectives ⇌ Learning Objectives By the end of this lesson, students will be able to: ① Explain the relaionship between aim, goal and objectives with a mind-map; ②Define teaching objectives; ③Analyze the objectives with the concepts of Ss' English subject core competencies and Activitybased Approach, and by using ABCD Model; ④Design and write teaching objectives for the lessons. • What is the difference between the expressions of "teaching objectives" and "learning objectives"? • Is it necessary to share learning objectives with Ss at the very beginning of a class? Why or why not?	✓以学生为中心的教学意识 ✓元认知策略的训练	学生能根据教师提问展开讨论,并发表观点。

续表

教学环节 （时间）	教学内容	思政元素	效果评价
【设计目的】通过对英文表述差异的理解，增强学生以学生为中心的意识；此外，也能更好地理解与学生分享教学目标的重要性，即训练和培养学生的元认知策略。			

教学环节 （时间）	教学内容	思政元素	效果评价
(3)理解概念 （全班+小组） （15分钟）	学生小组合作，根据课前讨论简要说明我国教育的根本任务、义务教育英语课程总目标和学段目标、普通高中英语课程的总目标和具体目标，并绘制思维导图，解释这些目标与英语课堂教学目标的关系。 <table><tr><td>英语课程育人目标</td><td>具体要求</td></tr><tr><td>政治思想</td><td>理解并自觉践行社会主义核心价值观，弘扬中华优秀传统文化和社会主义先进文化，具有国家意识、制度自信、文化自信、家国情怀等。</td></tr><tr><td rowspan="2">道德品格</td><td>良好的个人品质：积极健康的情感态度（乐观进取、诚实友善、宽和待人等）。</td></tr><tr><td>良好的公民修养：健康文明的行为和意识（法治意识、环保意识、团队意识、责任担当等）。</td></tr><tr><td>国际理解</td><td>全球意识、国际视野，理解多元文化和多元价值，关注人类尊严，维护国际团结，理解人类命运共同体的内涵与价值等。</td></tr><tr><td>审美情趣</td><td>理解和尊重文化艺术的多样性，鉴赏中外优秀文化，具有审美意识和能力、健康的审美取向、表达和创造美的兴趣等。</td></tr></table> • What are the fundamental task of education of our country, the general aim and the specific goals of English course at different levels? • What's the relationship between these aim or goals and the learning objectives of each English class? • What objectives of moral education can be achieved through English curriculum?	✓英语学科育人意识 ✓合作沟通能力 ✓逻辑思维能力	学生能绘制思维导图，并说明各层次目标之间的关联性。

续表

教学环节 （时间）	教学内容	思政元素	效果评价
【设计目的】教育根本任务的落实和各学段英语课程目标的实现，均须落地到每一节课上。通过理解这些宏观的目标，能帮助学生了解英语课程的育人价值，增强学生对英语课程育人理念的认同，树立育人的教育理念。同时，厘清英语课程育人目标的多元性，能帮助学生依托课程内容，更好、更准确地选择育人目标。			
学生思维导图： Group 4 Aim $\begin{cases} \text{Goal 1} \begin{cases} \text{objective 1} \\ \text{objective 2} \end{cases} \\ \text{Goal 2} \\ \text{Goal 3} \\ \cdots \end{cases}$			
(4)案例分析 （小组+全班） （15分钟）	教师展示案例，学生小组合作分析教学目标设计的内容维度，即教学目标要考虑英语学科核心素养的达成和英语课程内容六要素的整合（此部分为教学重点），以及各内容之间的逻辑顺序，即教学目标要有层次性，要符合学生认知发展的规律（此部分为教学难点）。（案例教学目标部分见下，完整教学案例见补充材料） ● Which case is better concerning the design of learning objectives? Why?	✓ 思辨性思维能力 ✓ 合作沟通能力	学生能够结合预习情况，对比分析案例。
【设计目的】案例的对比分析能更直观地帮助学生理解英语学科核心素养目标是如何落实到一节课的教学目标设计中的，即核心素养四个维度不能割裂地处理，要根据教学内容和学生情况进行有效的整合。此外，结合布卢姆的认知目标分类法和英语学习活动观的理念，帮助学生明确一节课的教学目标的层次性，即多个目标的设计逻辑要符合学生的认知发展、思维发展和情感发展的自然规律。			
案例1：选自某教师，教学内容为外语教学与研究出版社 2019 年版《英语必修 第一册》Unit3 Family Matters（Understanding ideas）*Like father*, *Like son*			
课时目标	语言能力目标： ①通过观看视频初步了解不同国家的家庭生活； ②简单描述自己的家庭生活，引发对家庭生活主题的初步思考； ③读懂剧本，理解文章大意，并根据文章内容准确理解标题含义，为文章选择另一个合适的标题。 思维品质目标： 如何通过视频和图片让学生理解家庭概念及关系，从而引发对家庭相关话题的思考。 文化意识目标： 能够正确看待并妥善解决日常生活中的家庭矛盾，树立正确的家庭观。 学习能力目标： ①能通过语篇学习掌握文体特征、基本要素和常见阅读方法； ②能够通过选择不同学习任务，有感情地朗读课文或通过思考、小组讨论或表演的方式呈现如何解决家庭矛盾。		

续表

教学环节 （时间）	教学内容	思政元素	效果评价

案例2：选自上海教育出版社《普通高中课程标准（2017年版）教师指导 英语》，381—390页（听说课）

Name Stories

基本信息			
授课教师	中国人民大学附属中学翠微学校吴××	指导教师	聂××
主题语境	人与自我——认识自我，丰富自我，完善自我	语篇类型	介绍性文章
授课班级	高二文科实验班	授课时长	一课时（45分钟）

教学目标
在本节课结束时，学生能够：
①运用听前预测、抓关键词、做笔记等听力策略完成听力练习；
②用所学短语讲述自己名字的故事；
③了解与名字相关的中国文化的英文表达。

| （5）梳理模式
（全班+小组）
（15分钟） | ①学生根据预习情况，说明撰写教学目标所用ABCD模式的内涵。
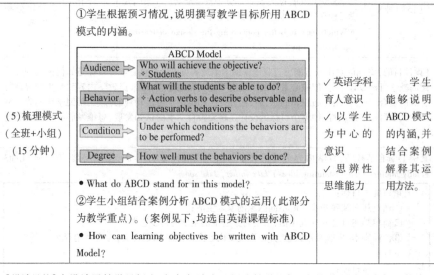
• What do ABCD stand for in this model?
②学生小组结合案例分析ABCD模式的运用（此部分为教学重点）。（案例见下，均选自英语课程标准）
• How can learning objectives be written with ABCD Model? | ✓ 英语学科育人意识
✓ 以学生为中心的意识
✓ 思辨性思维能力 | 学生能够说明ABCD模式的内涵，并结合案例解释其运用方法。 |

【设计目的】在设计了教学目标之后，如何清晰地阐述教学目标，也是学生需要掌握的能力。ABCD模式以学生为目标达成的主体，强调将目标表述为可观察可检测的具体行为，有利于目标在教学过程中的实现。因此，通过案例分析，让学生更好地掌握ABCD模式的使用方式，有利于学生准确地表述教学目标。

案例3：选自《普通高中英语课程标准（2017年版2020年修订）》案例1 阅读语篇教学设计 John Snow Defeats "King Cholera"

续表

教学环节 （时间）	教学内容	思政元素	效果评价
	文本分析： 　本课是一篇介绍科学家的阅读文章。该文 介绍了 医学科学家 John Snow 从发现霍乱成因、提出假设，先择调查方法、收集和分析数据、寻找支持证据，直到最后得出结仑并提出解决方案的整个过程。文章按照 科学研究的步骤 和时间顺序展开。重点词汇 主要涉及疾病、治疗、病因等，如：defeat、physician、expose、cure、suspect、blame，句式主要涉及科学研究步骤和具体方法 等，词汇还涉及一些有关 John Snow 的为人品质的描述。本文的价值取向在于学生通过本文的学习，体会到英国的医学科学家 John Snow 在霍乱防治领域所做出的突出贡献和他作为 杰出科学家正直的人品和科学严谨的 态度。 教学目标： 　在本课学习结束时，学生能够： 　①获取梳理文中有关 John Snow 本人和他调查并阻止霍乱蔓延的事实性信息：学习理解 　②概括、整合、阐释 John Snow 为阻止霍乱蔓延所采取的研究步骤：学习理解 　③推断 John Snow 作为科学家的优秀品质并举例论证：应用实践　育人目标 　④以 John Snow 战胜霍乱的事件和他的优秀品质为依据，举行（模拟）答记者问：迁移创新 育人目标 　⑤总结优秀的科学家的精神，即不仅要有科学的方法，还要有爱心和社会担当。育人目标 Teaching objectives： 　At the end of this lesson, students will be able to： 　① get the factual infomation in the text about John Snow and his investigation and prevention of the spread of cholera； 　② summarize, synthesize, and explain the research steps John Snow took to stop the spread of cholera； 　③ summarize the outstanding character traits of John Snow as a scientist and provide supporting evidence； 　④ conduct a simulated press conference on John Snow's victory over cholera and his excellent quality； 　⑤ summarize the spirit of outstanding scientists：they not only have scientific methods, but also have love and social responsibility.		
(6)实践训练 （小组+全班） （25分钟）	①运用上述原则和模式，小组合作完成教学目标设计和撰写的任务（此部分为教学难点）。 训练素材： ● 外语教育与研究出版社 2013 年版《英语 八年级 下册》，Module 6 Hobbies Unit 2 Hobbies can make you grow as a person. ● 人民教育出版社 2019 年版《英语必修 第一册》U4 Natural Disasters（Reading and Thinking） ● The night the earth didn't sleep ②小组互评和教师点评各组作业。（评价量规见下）	✓英语学科育人意识 ✓英语学科育人能力 ✓合作沟通能力 ✓创新思维能力 ✓评价和反思能力	学生能够根据所学教学内容和学生特点设计并撰写教学目标；能够依据评价量规进行互评。

续表

教学环节 （时间）	教学内容	思政元素	效果评价
【设计目的】在进行充分的理论学习之后，选取真实的教学材料，让学生开展教学设计实践，能有效地检验学生对理论的理解，训练其教学技能，提升其教学能力；同时，在设计和撰写教学目标过程中，加深学生的英语学科育人意识，培养其英语学科育人能力。			

小组互评和教师评价量规：

评价维度	分值
①目标符合英语学科特点和英语课程标准要求，符合教学内容和学生实际，体现发展学生英语学科核心素养的理念。	4
②贯彻学科德育要求，实现英语学科育人目标。	3
③目标描述以学生为主体，能够合理使用体现学生学习结果或者预期行为变化的行为动词。目标描述具体，有针对性，操作性强，可检测。	3

教学环节（时间）	教学内容	思政元素	效果评价
（7）总结和布置作业 （全班） （2分钟）	①学生总结本节课所学内容要点。 ②教师布置作业。 每个小组根据所选教学材料和学生特点设计并撰写教学目标。	✓反思能力 ✓合作沟通能力	学生能够总结本课所学，并完成作业。
【设计目的】总结本课所学帮助学生重新梳理本课教学重点和难点，有利于学生开展随堂反思。作业能够帮助学生巩固本课所学，布置作业能够深化教师对育人目标的理解。			

（三）课后

教学环节	教学内容	思政元素	效果评价
（1）学习自评问卷 （个人）	学生在教学平台上完成学习情况自评问卷。	✓反思能力	学生能够完成问卷，进行反思。
（2）拓展学习 （个人）	学生自学案例。	✓自主学习能力	学生能够开展自主学习。

六、课后反思

根据《国家中长期教育改革和发展规划纲要（2010—2020年）》和《高等

学校课程思政建设指导纲要》要求,教师教育类课程要落实立德树人根本任务,培养师范生过硬的政治素养和深厚的教育情怀。本课的教学设计从"双向"体现课程思政元素。一方面,本课从学习国家教育的根本任务、中学英语课程的总目标和具体目标、英语课的教学目标三者的关系,帮助师范生了解中学英语课程的育人价值,理解中学英语课程实现育人目标的必要性,体会中学英语教师的育人责任,增强英语学科育人意识。另一方面,学生通过案例分析、教学目标设计与撰写、反思互评等任务,明确中学英语课程实现育人目标的可行性,体验中学英语教学与课程思政的融合,提高英语学科育人的能力。

"三进"背景下大学英语视听说(4)课程思政教学经典案例①

陈 成

在深入推动思政理论"三进"(进教材、进课堂、进头脑)的背景下,大学英语课程思政的进一步建设有利于加强对学生的价值引领,促进学生的政治认同、理论认同和情感认同,助力学生形成国家观念,培养学生的爱国主义精神,有利于学生树立强烈的民族自豪感与认同感,建立文化自信,有利于实现大学英语教学育才和育人的有机统一,最终落实立德树人根本任务。

一、课程基本情况

课程名称:大学英语视听说(4)。

课程性质:公共课、必修课。

教学对象:全校非英语专业大学二年级下学期学生。

教学总学时:25学时。

二、学情分析

学生已完全适应混合式教学模式;师生和生生之间都彼此熟悉,具备小

① 本文系广西师范大学2023年教育教学改革工程项目"'三进'背景下大学英语课程思政实践路径研究"(项目编号:2023SZJG03)的阶段性成果;广西师范大学第六批课程思政示范课程建设项目"大学英语视听说(4)"(2023kcsz19)的阶段性成果。

组合作探究能力,能较好地完成教学目标,配合起来很有默契。与前三个学期相比,本学期学生有更好的语言组织能力,且已具有一定的思政知识储备,大部分学生能够自信地表达自己的观点。但同时,学生对社会主义核心价值观、党的初心使命和一些国家政策、战略等只是停留在知道的层面。在进行价值类目标(如社会主义核心价值观、政治认同感、四个自信和中华民族传统美德等)的教学引导时,有一定的困难,须提前布置学生收集和积累与教学内容相关的思政素材,教师在教学活动中进行点拨、引导,激发学生的进一步思考和思政情感共鸣。

三、教学内容

(一)教学目标

1. 课程思政目标

(1)深化学生对幸福的认知,使学生相信帮助他人、造福社会和将小我融入大我是建设美好社会的有效途径,引导学生正确看待金钱与幸福的关系,树立积极的价值观。

(2)鼓励学生在日常生活中积极践行社会主义核心价值观,探究实现自我价值的途径。

(3)弘扬和继承中华民族尊老敬老的传统美德,培养学生的社会责任心和关爱老年人的优秀品质。

(4)培养学生阅读的好习惯,帮助学生了解无论在任何时代,即便是充满科技感的今天,阅读依然是最有效的学习方法之一,爱阅读、会阅读、善阅读,是坚定"四个自信",学习中国特色社会主义文化的重要途径。

(5)提升学生人文素养,引导学生主动关心时事政治,及时了解国家策略和政府制度,提高自身的思政素养和政治认同感。

(6)激发学生勇往直前、不忘初心、牢记使命、敢于尝试、努力奋斗的精神。

2. 知识目标

(1)掌握对比或比较类型的听力材料的思路和内容,能够有逻辑地在小组讨论中组织及讲述关于自身的一段重要经历或故事。

(2)掌握听力理解中记笔记、整理笔记的方法,掌握表达不同年龄群体的相关词汇和内容要素。

(3)掌握借助上下文、信号词和例子来识别生词的听力技巧,习得在采访的语境中运用正确的方式讲述自身的读书经历或对阅读这一重要学习方式的理解及其带来的益处。

(4)掌握社会热点和时事的对话模式,掌握如何在听力理解过程中运用同义替换策略抓取关键信息,掌握如何在日常对话中有力地支持自己的论点。

(5)理解听力中的习语和短语,正确地表达个人的喜好,明白运用个人经历或故事来证明找到生活中的有意义的事情是实现自我价值的有效途径。

3. 能力目标

(1)提升听力理解能力。能听懂有关日常生活、学习、工作、社会等话题的对话、文章,学会如何记笔记,了解如何辨认材料中的论证细节、作者态度等,以及如何理解新词、习语的意思等听力技能。

(2)提升口头表达能力。能将视听多模态信息有效吸收并转化为不同形式的口头输出。正确掌握演讲、访谈环境下的语言表达方式,能就日常生活与他人交流,掌握如何处理交流中的描述流程、进行论证、陈述经历、表达强调等口语技巧。能就一般性话题陈述观点,表达清楚、有层次、有条理。能联系各素材主题、思政主题,进行拓展性思考和口语输出。

(3)掌握有效的学习策略,发展学生自主学习能力、思辨能力和探究能力。

（二）教学总体要求

本课程在《习近平新时代中国特色社会主义思想进课程教材指南》（2021）和《大学英语教学指南（2020版）》的要求和指导下，以提高立德树人成效为宗旨，深入挖掘思政元素，将思政教育"润物细无声"地融入语言学习的过程中，将显性教育和隐性教育相统一，形成协同效应。

本课程思政建设内容以爱党、爱国、爱社会主义、爱人民、爱集体为主线，围绕政治认同、家国情怀、文化素养、奋斗精神、道德修养等内容优化课程思政内容供给，进行中国特色社会主义和社会主义核心价值观教育、心理健康教育、中华优秀传统文化教育。在语言能力提升的同时，提高学生综合素质，达到思政育人的目标。

四、课程思政教学设计思路

每个授课单元的教学执行思路为：（1）思政素材挖掘。结合单元主题、学生学情和需求、时代背景寻找贴切的思政素材。（2）思政目标确定。将素材进行分析、概括，结合国家最新的官方教育文件精神，确定思政目标。（3）线上课。学生在学习平台学习思政微课，教师布置与思政微课内容相关的作业帖，开展思政讨论，学生还须完成与思政相关的词汇和句型练习。（4）线下课。教师对思政内容进行总结升华。（5）课后产出训练。针对线上课和线下课的学习内容，学生自由发布讨论帖、口语练习语音、小组项目展示等各项课后任务，将思政内容进行内化和吸收。（6）师生反思。

五、课程思政教学方法及媒体选择

（一）教学方法

1.线上线下混合式教学模式。学生在线上完成音、视频视听，资料阅读,讨论等任务和课后作业任务,师生在线上云平台交流区互动,教师点评、讨论学生发帖,了解学生知识掌握情况和学习难点,及时反馈学习效果。

2.线下课时,通过基于内容的语言教学,实现语言、能力、价值三位一体的教学目标。

3.采用任务教学法,学生通过完成听力和口语任务提升语言理解能力。

4.重视合作学习,通过同伴分享、小组讨论、对话展示等,创造语言交流的课堂环境。

(二)媒体选择

1.课件(本课程的任课教师自主编写、制作)。

2.思政微课(本课程的任课教师自主编写、制作)。

3.广西师范大学英语智慧教学云平台(在线课程、交流分享、口语训练)。

4.U 校园智慧教学云平台(教材配套学习平台)。

六、课程思政教学实施的具体案例

教学案例的内容选自《新视野大学英语(第三版)视听说教程 4》的第 4 章。该章节的内容主要围绕"幸福的真谛"这一主题展开,讨论了获得和提升幸福感的有效方式,以及衡量幸福标准等问题。听力的习题侧重对同义替换这一听力技巧的训练。口语表达的部分介绍了举例支持、事实说明和名人名言引用这三个语言技巧,它们能够支撑说话者的观点,并使其观点变得清晰且具有说服力。

本课程采用的是线上线下混合式的教学模式,因此在线下课的课程导入环节,教师须点评上一节线上课布置的线上作业,选出共性较强的问题进行总结。上一节的线上课,教师在云平台上发布的作业帖内容为两个与本章节思政主题相关的问题:"What makes you happy?"(什么使你感到幸福?),"What is the happiest thing that has happened to you recently? Why?"(最近发生的让你感到最幸福的事情是什么?为什么?)。教师将学生的线上作业帖答案总结为两点(物质幸福和精神幸福)并将其带入后面的问题:你在作业帖中提到的这种幸福感可以持续多久? 再通过学生对该问题的回答,引出本章节的思政主题:幸福的真谛是什么? 如何获得或提升它? 同时让学生以小组为单位进行自由讨论。学生们认为真正的幸福应该是长久的,是发自内心的温暖,是给别人带去温暖和幸福的同时,自己也能获得幸福和快乐。也就是我们常说的"助人为乐"。这也是社会主义核心价值观的个人层面的价值体现。紧接着,再次举例说明助人为乐是获得和提升快乐、幸福的有效途径,同时,它本身也属于幸福的真谛,在激发学生对社会主义核心价值观的认同感时,也顺利引出与本章节听力练习相关的内容:影响幸福感的因素在于情感体验,而这些与收入往往并不直接相关。

本章节的听力材料的核心内容是关于财富与幸福感。通过阅读课本上的听力背景材料,获取重要信息,并组织学生对该重要信息进行课堂讨论。这一环节不仅激发了学生对思政元素的思考,即物质生活的提高不等于幸福感的增多,也对接下来进行的听力练习做了准备。

在完成了听力技巧同义替换的深度讲解和本章节的听力练习后,教师结合听力材料引导学生探讨与价值观相关的问题:"How should we view the relationship between wealth and happiness?"(应该如何看待金钱与幸福之间的关系?)让学生结合思政元素进行案例分析和小组讨论以下内容:有钱的人不一定幸福,没有钱的人也不一定不幸福。这样不但可以帮助学生正确认识金钱与幸福之间的关系,树立正确的价值观,还能进一步加深其对本章节思政目标的情感认同,为接下来的口语练习做好引入。

在口语练习部分,教师讲解了三个在日常对话中能够有力支持自己观点的口语技巧:举例支持、事实说明、名人名言引用。然后观看思政视频《真正的幸福》,视频以一位和哥哥开理发店的小伙子为例,通过他的真实生活告诉我们,幸福不仅仅是因为金钱上的富足,也是因为可以帮助那些想学理发的年轻人,利用自己的专业知识和技能服务他人乃至社会,从而实现自我价值。观看视频后,教师安排学生小组进行讨论"如何获得真正的幸福? 金钱是衡量幸福的唯一标准吗?",讨论环节可以使学生深刻体会和认同社会主义核心价值观的重要意义。讨论结束后,教师要求学生以两人为一组的形式,运用本单元学习的口语技巧进行情景对话展示,以便及时检查学生是否掌握了本单元的口语技巧及掌握的熟练程度。

最后,布置课后作业:(1)在云平台撰写心得体会。(2)在 U 校园智慧教学云平台完成 Further practice in listening 练习。课后作业意在巩固本节课听力技巧和口语技能的学习内容,保证语言知识的学习效果。课后进一步夯实思政育人的教学成效,培养学生课后学习和主动拓展与本单元思政主题相关的内容,让学生在无形中积累更多的思政知识,达到隐性教育的效果。

七、教学评价

课程将知识传授、能力培养、价值塑造三者有机结合,使学生在掌握语言知识、提升能力的同时,塑造世界观、人生观、价值观,习得优秀的品质,使教学达到"溶盐于水"的效果。学生对大学英语混合式教学模式满意度高,普遍认为将思政教育融入线上、线下教学较为自然,受益颇深。

八、课程特色与创新

(一)课程思政元素的多渠道融合

大学英语视听说(4)课程的教材主题多样,注重思想性和趣味性的结合,培养学生以多元视角看待个人、社会和世界。教材丰富的主题及鲜活的文本十分有利于教师挖掘素材,将思政教育巧妙地、有机地融入大学英语教学。与教材配套的 U 校园智慧教学云平台为单元教学提供了丰富的思政素材。多角度、多层次的课程思政元素为教师备课及开展课程思政提供了有力的保障。

（二）"三进"背景下的课程思政教学模式

在"三进"背景下，首先，教师树立了课程思政建设理念，在讲授语言知识的同时，阐述知识背后的精神与价值，以"润物细无声"的形式将正确的价值追求和理想信念有效传达给学生。其次，教师优化了课程思政教学内容，通过整合教学资源和挖掘思政元素，对大学英语课程进行系统化设计，将思政教育巧妙地、有机地融入大学英语线上和线下教学中，使教学活动与教书育人同向同行。

（三）"语言+专业+文化+思政"的多面结合

大学英语课程兼具工具性和人文性。大学英语教学将语言学习与学生所学专业及中国文化相结合，在知识传授和技能提高的过程中，有机地融入思政教育，既提高了学生英语学习的积极性，发挥了学生的专业特长，又培养了学生的家国情怀、文化自信、优良品质，使学生树立了正确的价值观，使新时代的思政理论真正地进教材、进课堂、进头脑。

九、课程教学反思与小结

本课程把立德树人贯穿于整个教学过程，坚持情感激发—思政引入—思政情感的认同—外化于行的思政育人主线。本课程符合教学规律和学生的认知过程，提高了学生的英语思政学习兴趣，尤其在思政育人的部分，不但在课堂上将思政元素自然地融入了语言学习的过程，而且在课堂口语任务和课后作业中也加入了隐性的思政教育，深化了学生对本节课的思政主题认识，实现了英语课堂与思政同向同行的闭环。但需要教师们在课后进一步思考的是，除了学生的习作产出，还有什么方法和指标能更立体、全方位地评价学生在语言能力以及思想道德修养上的成长。

"课程思政"融入英语视听课程教学实践探究

——以英语视听II为例①

蔡昭平

一、引言

2020 年,教育部出台了《高等学校课程思政建设指导纲要》,强调课程思政要融入课堂教学建设,在教学设计中贯彻立德树人理念,帮助学生树立正确的世界观、人生观和价值观,实现课程教学的育人作用。无独有偶,《普通高等学校本科外国语言文学类专业教学指南(上)——英语类专业教学指南》(2020)(下文简称《指南》)也在培养规格的"素质要求"中明确提出:英语类专业学生应具有正确的世界观、人生观、价值观,良好的道德品质,中国情怀与国际视野,社会责任感,人文与科学素养,合作精神,创新精神,以及学科基本素养。从育人本质来看,该《指南》实质上是把立德树人作为英语教育改革发展的根本。

不同于其他专业课程,受到教学材料、师资背景、教学内容、教学方法等方面的影响,英语专业课程教学过程中自然会涉及西方社会文化、历史知识、价值观念、意识形态等相关内容,因而,如何在英语专业课程教学中有效融入课程思政元素,传承和创新中华优秀传统文化,增强学生家国情怀和文

① 本文为广西师范大学第五批课程思政示范课程建设项目"英语视听II(上)"(项目编号:2022kcsz51)的研究成果。

化自信,具有迫切性和挑战性。综合研究成果来看,当前英语专业课程思政研究主要围绕融合课程思政的必要性、课程思政概念内涵、融合课程思政的困境、融入课程思政的方式(比如教材内容融入、教学设计实践融入、教学生态构建融入等)和实施课程思政的路径(比如宏观层面的顶层设计与政策支持、具体课程教学建设等)进行多维度和多主题的研究。推进英语视听课程思政教学的学术价值和现实意义毋庸置疑,但目前学术界对这一具体课程领域的研究仍很薄弱。

二、英语视听 II 课程思政设计的整体思路

英语视听课程是英语专业的核心课程,主要分为英语视听 I 和英语视听 II,授课时长包括大学一年级和二年级共四个学期,使用的教材主要是《大学思辨英语教程视听说》系列,一共四册。该系列教材内容知识具有多元化、国际性、社会性等特征,且应用性强。以英语视听 II 上篇为例,课程主题是"观察社会",包括关注家庭、婚姻、性别、危机管理、环境保护、网络生活等主题,启迪学生从跨文化和批判的视角审视社会生活和社会问题,通过学生的回答审核其对社会的理解。同时,引导学生比较中外文化异同,提高学生跨文化理解和反思的能力,培养学生阐释、分析、推理、评价和自我调节等高层次的思维能力,使学生学会思辨技能、养成思辨习惯等。通过听力输入,学生了解社会生活和社会问题,教师引导学生从不同视角看待世界的多元文化,关注人类共同议题,培养学生积极端正的情感态度和强烈的社会责任心,培养学生的全球视野,增强学生的文化自信和家国情怀,提高学生的人文素养,塑造学生正确的价值观。

为此,教师围绕"列举单元学习目标-导入练习-听力技能与策略练习-思辨听力-课后作业"的整体思路展开课程教学,并把课程思政元素融入各个环节中。整体课程思政设计思路包括让学生接触社会生活多主题视听材料,观察社会,聚焦社会问题研究领域,深化学生对社会的理解,培养学生社会责任感和对全球议题的关切能力,激发学生为人类社会做出积极贡献的

动机。基于每个单元主题,让学生挖掘或补充关于中国的相同或相似主题的音视频材料、阅读材料,培养学生的跨文化对比能力和中国情怀。

三、英语视听Ⅱ课程思政具体案例设计

(一)课程教学内容基本情况

英语视听Ⅱ分为上下两个阶段学习,共包含二十个单元,本课程案例内容选自《大学思辨英语教程视听说 3》Unit 1"Environmental Issues"。其主题是环境污染与环境治理,学生通过相关音视频了解空气、水和土壤等三种环境污染和治理知识。本次课是该单元的 Session One,Part Two Pollution Treatment,主要聚焦水污染的治理。选取关于中国治理水污染的措施、成效和规划目标的音频,以及关于中国的治水新模式——河湖长制的视频。

本次课授课对象为英语专业大学二年级学生,经过大学一年级的系统学习,学生已具备一定的听力理解能力和基于主题讨论的口头表达能力,对社会生活和社会问题也有一定的认知和思考能力。本次课的学习,一方面使学生学会使用语篇线索推断词汇或句子的意思,识别音视频材料中的中心主题及关键信息,归纳听力材料的中心思想,激活背景知识帮助理解听力材料的主要内容,另一方面让学生更好地了解环境治理的相关知识,通过合作学习和自主探究方式,总结中国政府治理水污染的措施和成效,培养学生思辨能力,增强学生社会责任感,提升学生家国情怀、文化认同和文化自信,使学生真正理解绿水青山就是金山银山理念的意义和价值。

(二)课程教学过程设计

1. 课前准备

课前一周,任课教师通过班级 QQ 群或学习通平台下达预习清单,布置学习任务,告知单元学习目标。一是预习下次课程内容,鼓励学生提前了

解、预习听力资料,积累与水污染、水治理相关的高频词汇与表达方式。学生在了解、熟悉相关知识后,对水污染和水治理有一个宏观的认知。二是学习小组合作收集和整理中国水污染治理的典型案例,或小组同学的家乡,或桂林本地的水污染及水污染治理的相关音视频、文字材料,共享至群文件,并进行小组讨论或个人自主学习。在整个课前准备过程中,任课教师积极参与学生活动,以引导者的角色,在学习通平台提前发布"水污染的危害、水污染治理方式、水污染治理成效"等思考题,邀请和鼓励小组团队参与讨论,提出见解,帮助学生提升收集资料、分析资料、归纳总结和英语表达的能力。

2. 课中执行

在复习环境污染种类、来源和危害单元内容后,任课教师引导学生思考和学习环境治理主题内容。首先,学习小组简要汇报和分享收集的关于水污染和水污染治理成效的相关内容。任课教师在讲解水污染治理的核心词汇和句式过程中,从国家治理和社会治理层面引导学生思考我国政府和相关环保组织机构在水污染治理中的角色与作用,鼓励学生提出建议。比如学生有提到 controlling the discharge、law enforcement 等措施。

其次,播放课本上一般关于中国政府治理水污染行动的总体规划音频,引导学生听录音后抓住该行动计划的目标和制定者的初衷。具体答案为(1)"With the aim of improving the water quality around the country by 2030."(2)"The State Council issued the action plan."。以此方式,让学生注意到中国政府非常注重水污染治理并制定了长远计划与实施步骤。同时,任课教师引导学生激活背景知识,通过语篇线索推断或预测空格处词语意思。比如,预测"By the middle of the 21st century, realize the _____ circle of ecosystem."这个填空内容时,引导学生积极联想我国或自己家乡治理水污染的种种措施和努力,询问学生到 21 世纪中期将达到一个 good circle 还是一个 bad circle? 学生在讨论、分享和思考过程中,基本预测为 good circle,也就是 virtuous circle(良性循环)。在预测"The quality of over 70 percent of the water in seven key river basins will reach _____ or above. "和"The amount of foul water in urban built-up areas will not exceed _____. "这两个填空内容时,引导学生注意作为体现成效的 indicators,通常是数据的形式才最有说服力,故学生需留心数字信息。完成了这段音频的相关填空练习后,学生能抓住如"controlling the discharge of pollutants""stricter law enforcement"等关键词以及数字等关键信息,能了解中国治理水污染的十大措施,也求证了听前预测的合理性。听第三遍音频后,任课老师邀请学生总结归纳音频内容的中心思想,并引导学生思考,该行动计划体现了什么? 学生均回答体现了中国治理水污染的坚定决心和中国的社会责任感。

第二段课外自选视频则与我国地方政府推行的河湖长制治水新模式相关,旨在使学生认识到全国治理水污染的统一性。学生观看视频第一部分,了解什么是"河湖长制",任课教师引导学生注意河湖长制的重大职责,即"Under the system of river administration, the river governors at all levels patrol, manage and regulate the river and respond to any existing problems and take action in an orderly manner. "。学生观看视频第二部分,完成填空练习,抓住细节信息,思考实施河湖长制后,湖南长沙、浙江绍兴、福建莆田的水资源都发生了哪些变化,任课教师引导学生抓住如 regulation、beautiful mountains、crystal rivers、natural ecology 等关键信息。视频第三部分是从地理和文化层面讲解山河概念,任课教师引导学生思考在处理经济发展和环境保护的关系时,中国的理念是什么? 强化学生的山河意识和家国情怀,使学生认识到山河是我们生存的依托,连接着我们的文化血脉,是前人留给后人的珍贵财富。因此,在环境保护和经济发展相互矛盾时,我们不能以牺牲环境为代价,这正是"绿水青山就是金山银山"的价值所在。

课堂最后,学习小组代表用 PPT,围绕提出问题-解决问题-主要成效的思路,结合调研数据和具体案例,展示近年来桂林水污染情况及其治理举措与成效,分享小组同学为保护环境而身体力行的事迹。此项活动,培养了学生的合作意识和探究意识,提高了学生的英语综合表达能力、分析问题能力和解决问题能力,唤起了学生保护水资源、建设美丽桂林乃至美丽中国的意识和责任。

3.课后拓展

课后实践作业是学生对课堂所学内容的内化与拓展,我们称之为"跨文化反思"。该部分的设计仍然立足于单元主题,但难度一般会贴合或略高于学生现有的知识水平。比如,教师让学生团队课后收集日本核污水排海的相关音视频和文字资料,并展开小组研讨,对比日本和中国政府在处理水污染问题的态度、举措差异,并形成小组报告。这项活动旨在引导学生基于本单元主题进行跨文化对比、评价与反思,培养学生团队合作能力、思辨能力和自主学习能力。

(三)课程教学实践总结

本次课程坚持实施合作式学习、探究性学习、实践中学习的教学理念,以学生为中心,以产出为导向,实现了听、说、读、写等多维度的输入和产出训练。课堂授课材料选取及相应活动设计都以提出问题-解决问题为主线,秉承课程思政国家-本土-本人-国际的关联理念,从宏观到微观,从国内到国际,系统引导学生通过英语视听新闻素材学习中国水污染治理的宏观政策,以及地方开展河湖长制治理水污染的成功经验,这对学生家国情怀和国际视野的培养,对学生的语言综合运用、团队合作、批判性思维和研究创新等能力的提升,都具有积极的意义。

四、结语

课程思政是新时代背景下高校思想政治教学改革的必然趋势,是落实英语专业教育立德树人根本任务的重要载体。在英语视听课程中,如何有机融入课程思政元素,是一个需要反复探索、实践和反思的过程。教师作为"教育教学核心中的核心,是充分发挥各门课程思想政治教育功能的实践者和推动者"①。首先,任课教师须自觉提升自身的思想觉悟和政治素养,努力认真钻研教材,整合拓展内容,深入挖掘视听材料中的思政元素,以图片、音视频和文字等多形式输入,培养学生语言技能和思维品质,达到"润物细无声"的育人目标。其次,任课教师要充分利用现代化教学手段,结合线上、线下教学资源,把课程思政元素融入教学课程的各个环节,包括课前、课中、课后的线上、线下各环节,培养学生自主学习、团队合作、自我探究的能力,实现社会责任、家国情怀、山河文化、国际视野、文化自信等育人目标。

参考文献

[1]教育部. 高等学校课程思政建设指导纲要[EB/OL]. https://www. gov. cn/zhengce/zhengceku/2020-06/06/content_5517606. htm.

[2]教育部高等学校外国语言文学类专业教学指导委员会. 普通高等学校本科外国语言文学类专业教学指南 下[M]. 北京:外语教学与研究出版社, 2020.

[3]王光彦. 充分发挥高校各门课程思想政治教育功能[J]. 中国大学教学,2017(10):4-7.

[4]陈春华,李志雪. 大学思辨英语教程视听说3 观察社会[M]. 北京:外语教学与研究出版社,2018.

[5]文旭. 新时代外语教育课程思政案例教程[M]. 北京:中国人民大学出版社, 2022.

---

① 王光彦:《充分发挥高校各门课程思想政治教育功能》,载《中国大学教学》2017 年第 10 期。

混合式教学模式下大学英语视听说课程思政教学设计样例[①]

周美华

一、课程总览

（一）课程名称

大学英语视听说

（二）课程类型

公共基础课

（三）课程目标

本课程运用线上、线下相结合的混合式教学模式，以产出导向为理念，根据《大学英语教学指南（2020 版）》《高等学校课程思政建设指导纲要》，设计一系列融合语言、文化、思维、思政的英语视听说学习活动，从而达到以下目标。

1. 知识与技能

结合各单元内容，使用不同的形式丰富的多模态对话、新闻、短文等视

---

① 本文系广西师范大学第五批课程思政示范课程建设项目"大学英语视听说Ⅱ"（项目编号：2022kcsz49）的阶段性成果。

听材料,引导学生灵活运用预测、找标志性词语、推理、关键词复现等听力策略,鼓励学生运用会话技巧在不同语境下就一般性话题清楚地陈述观点。

2. 能力与素养

实施线上、线下混合式教学,引导学生有效吸收视听说多模态信息,并将其转化为不同形式的口头输出,培养学生跨文化意识与能力,提高学生自主学习能力、表达能力和思辨能力。

3. 价值观

课程以各单元视听说语料中的思政元素为基础,融入社会主义核心价值观,培养学生的国际视野和家国情怀,坚定"四个自信",帮助学生树立正确的世界观、人生观和价值观。

(四)授课对象

非英语专业大一学生

(五)学情分析

本课程的授课对象为非英语专业大一第二学期的学生。经过一个学期的学习,学生已经适应了大学的学习生活,积累了一定的学习经验和学习方法,因此对本单元主题有话可说。部分同学在学习过程中遇到了一些困难,本单元的主题讨论,可以帮助他们明确学习目标,促使他们进行学业规划,培养他们的社会责任感。

(六)学时

本课程计划教学 13 周,每周 2 学时,共 26 学时。

（七）教材

本课程使用的教材为郑树棠主编,外语教学与研究出版社 2021 年版的《新视野大学英语(第三版)视听说教程 2(思政智慧版)》。

二、本案例(单元)教学目标、教学内容、教学方法和思政资源挖掘

（一）教学目标

1. 认知与技能类目标

学习和掌握有关学习经历和方法的英语表达形式,掌握与大学教育相关的英语单词和短语,掌握相关的视听说技能,可以进行以教育学习为主题的口头交际的语言输出。

2. 方法类目标

通过辨识和运用信号词理解听力原文中的逻辑意思;学会如何运用列表信号词在罗列类型的听力材料中获得相关信息;使用查阅资料、视听说练习、对话、小组讨论等方法,将语言、文化、思辨与价值观融为一体,做好学业规划;能够运用批判性思维思考教育的意义,在学习中培养思辨的能力。

3. 情感价值类目标

引导学生理解校本课程和文化,理解广西师范大学校训内涵,了解本校校园文化;培养学生爱校、爱学习的品质;通过分享交流,学生克服学习中的畏难心理,养成自主学习和终身学习的理念;培养学生用专业知识服务国家社会的责任感和使命。

（二）教学内容

1. Read the following quotes about learning. Do you agree with them? Why or why not?

2. Listening to the world (Sharing): What is the speaker learning at the moment? What are they learning at the moment? What's the most difficult thing they've ever learned?

3. Listen for signal words for listing.

4. Speaking for communication: give and respond to advice, talk about learning experiences and methods.

5. More practice in listening.

（三）教学方法

1. 采用混合式教学法

依据线上课学生学习情况，线下课着重处理学生关心的问题，实现知识的内化。采用混合式翻转课堂教学模式，教师围绕单元教学目标与思政元素选取与学生实际相符的教学补充材料，要求学生自主学习与单元主题相关的英语视听和文本材料。学生在学习了这些语料的基础上，思考教师布置的问题，然后带着自己的收获和观点来到互动课堂，进行有效的语言输出。

2. 讲授法

教师简要讲授与单元主题相关的词汇和语法，以及与单元听力内容相关的听力技巧。

3. 任务教学法

在整个课程中，给学生布置不同的任务，如个人任务、小组任务，将课程内容分为多个重点任务,使学生在一一完成任务的过程中始终具有参与感,从而顺利完成学习。

4.交际教学法

注重提高学生的表达能力,培养学生的口语交际能力。在课堂的各个环节安排师生互动、生生互动,通过交流和讨论,不仅能提高学生的学习兴趣,还能培养学生合作、交流的能力。

(四)思政资源挖掘

1.播放广西师范大学宣传片英文版视频,加深学生对学校内涵建设的理解,提升学生对本校校训的认知,使学生能够在学习实践的过程中践行校训精神,引领学生做学问,培养学生的责任意识和担当精神。

2.在 Sharing 部分,通过视频观看取得成功的人在业余时间的学习内容和学习方法,了解他们的学习经验和方法,从而培养学生的终身学习理念,使学生掌握时间管理方法,克服学习中的畏难情绪。

三、本案例(单元)教学过程设计

(一)课前自主学习

步骤1.观看视频。学生在线上观看学校的英文介绍和教材第一单元的 Video Podcast,让学生结合亲身经历谈论学习经验,并对自己未来的学业进行规划。

步骤2.学生自主查阅一些知名院校的校训,了解自己所在学校的校训,理解校训的内涵,思考如何才能更好地实践校训。

(二)课堂导入

使用小组分组讨论和成果展示的教学方式。

步骤 1. 教师带领学生朗读课本第 1 页 3 个与学习相关的名人名言,让学生在 3 个名人名言中选择一个自己感兴趣的,结合自身学习经历阐述对该名言的理解。

思政元素的挖掘和拓展。3 个名人名言的主旨为:学习的方法不是单一的,寻找到好的学习方法可以使我们的学习变得事半功倍。通过结合个人经历分享自己对这些名言的理解,学生对采用好的学习方法可以有效提高学习效率这个道理将有更深刻的体会。此外,让学生在 3 个名言中选择自己感兴趣的一个进行分享,也是个性化学习的体现。

步骤 2. 讨论我国几大名校校训的中英文表达及其内涵,重点谈论本校的校训及其内涵,让学生理解和分享本校校园文化,培养学生爱校、爱学习,努力探究治学真谛的精神。

思政元素的挖掘和拓展:通过寻找国内各大名校校训的共同点,学生发现校训都出自我国古代优秀文化传统,都将德行放在前面,注重自强和勤学,都表明了教育目标和宗旨。广西师范大学的校训是"尊师重道,敬业乐群",其主要内涵是尊重教师、尊重知识、尊重人才、追求真谛、团结合作,无论是学习还是工作,都要兢兢业业。

Look for both the Chinese and English versions of mottos.

Reference

- Tsinghua University: Self-Discipline and Social commitment
  清华大学（创建于1911年）：自强不息　厚德载物
- Nanjing University: Sincerity with Aspiration, Perseverance with Integrity
  南京大学（创建于1902年）：诚朴雄伟　励学敦行
- Fudan University: Rich in knowledge and tenacious of purpose,
  inquiring with earnestness and reflecting with self-practice
  复旦大学（创建于1905年）：博学而笃志　切问而近思
- Nankai University: Dedication to public interests, acquisition of all-round capability, aspiration for progress with each passing day
  南开大学（创建于1919年）：允公允能　日新月异
- Xiamen University: Pursue Excellence; Strive for Perfection
  厦门大学（创建于1921年）：自强不息　止于至善

Find out the meaning of our shcool motto.

Reference

> The school motto of Guangxi Normal University "尊师重道，敬业乐群"
> "Respecting teachers" means respecting education, teachers, knowledge and talents. It requires us to cultivate a culture of respecting knowledge and talents, and cultivate the character of respecting teachers.
> The concept of "valuing the Tao" means pursuing truth, advocating science, upholding justice, and establishing good moral character. It requires us to establish a scientific spirit, treat education and learning with a pragmatic attitude, constantly innovate, and pursue truth, goodness, and beauty.
> "Dedicated to work" means loving our profession, striving for excellence, diligent innovation, and dedicating ourselves to our cause. It requires us to be dedicated to our studies, to our duties, and to have a value pursuit and diligent work style that contribute to social development.
> "Lequn" means harmonious coexistence, integrity and tolerance, teamwork, and benefiting the people. It requires us to be good at cooperation, work together in times of adversity, and work together to build a harmonious campus.

（三）新课讲授

步骤 1. 倾听世界的声音。（分享）

观看短视频，该视频内容主要是不同年龄段的人谈论目前正在学习什么、学习什么事情是最困难的以及在学习中碰到的最大困难。

思政元素的挖掘和拓展。视频展示了不同年龄阶段的人都积极地学习不同新事物，进而获得终身学习理念——活到老，学到老。视频向学生传递了一种积极向上的精神，即在学习过程中可能会碰到各种困难，但还是要积极地坚持学习、挑战自我。这很值得学生学习。

分组讨论或者以采访的形式讨论以下问题：

（1）What are you learning at the moment? Do you enjoy learning it? Why?

（2）What's the most difficult thing you're ever learned? Why?

（3）What do you enjoy learning most? Why?

思政元素的挖掘和拓展。学生分享学习新事物的体验和感受，对前面的学习进行反馈。通过展示、分享，学生学会倾听和分享学习方法。

步骤 2. 简述理解语篇模式在听力练习中的重要性。

讲解听力技巧"Listening for signal words for listing. "。借助 PPT 向学生

举例说明用于 the beginning of listing、the following listed items、the end of the listing 的相关信号词,再进行听力练习使学生掌握这个听力技巧,并应用到语言听说实践中。

步骤 3. 以听促说。

经过前面两个步骤,学生听了一些征询和提供建议的语句,这时,教师要求学生总结这些句子并模仿。学生学习关于建议和回应建议的经典句型,教师设置情境让学生做角色扮演。

Expressions for giving advice:

You'd better spend more time on English.

Have you thought about seeing a movie instead?

Have you tried matching it with a black dress?

Expressions for responding to advice:

In my opinion, this is really a good idea.

I think this is great advice.

It depends.

Extactly. / Absolutely.

步骤 4:小组讨论。

通过步骤 3 的学习及问题"Which method is the best? And why?"引出口语练习主题 the best learning/teaching method。

思政元素的挖掘和拓展。学生小组对阅读练习中提供的 3 种不同的学习/教学方法进行讨论、分析,找出每种学习方法的优缺点,教师引导学生进一步思考:什么才是最适合自己的学习方法。

(四)作业布置

以课文第 14 页第二题的表格为框架,结合阅读练习中学到的词汇、句式和信息来选择和设计自己认可的学习计划(learning plan),并按照课本第 14 页第四题 Checklist 的要求准备个人表述。

四、课程教学效果

本课程充分考虑时代发展和新一代大学生的特点,实行线上线下相结合的混合式教学模式。

线上课,学生登录 U 校园智慧教学云平台观看、学习丰富的视频和经典原声素材,增强文化感知力和理解力,同时,学习听力技巧微课,自主完成教师布置的听力和口语练习,在这一过程中产生的疑问可到云平台交流分享区发帖提出,教师在线解答。线上课的自主学习,满足了不同水平的学生的需求,使学生能够进行个性化的学习。U 校园智慧教学云平台实时记录学生的学习数据,便于教师跟踪掌握学生的学习情况。

线下课,教师根据学生的练习情况和提问内容等共性问题进行解答,深入讲解和拓展听力技巧,并对学生进行相应的听力训练。学生展示口语作业,师生共同参与评价。这样线下课做到有的放矢,提升了课堂效率。

综上所述,大学英语视听说课程混合式教学模式在保证口语教学的互动性和交际性的基础上,满足了学生的个性化学习需求,提升了学生的自主学习能力。同时,本节视听说课的教学不仅重视语言知识的传授和语言技能的训练,还深入挖掘思政元素,并积极探索如何将其有机地融入课程教学,改革教学方法、教学手段、考核方式、评价方式,使学生在学习英语的同时,得到高尚品格精神的熏陶,从而助力大学英语课程实现全人教育的目标。

五、课程教学反思

本案例选取的教学遵循基于教材–跳出教材–回到教材的思路。单元以"学习"为主题,贴近学生的学习生活,容易引起学生共鸣,有助于学生掌握所学词语、句式等语言资源,掌握听说技巧。课程中教师带领学生一起对主题进行延伸拓展,如探讨学习目标与学业规划,引导学生做好自己的学业规划,使学生形成爱学习、善于学习、终身学习的理念。因此,本次教学较好地完成了预定的教学目标。

课程思政要做到对学生友好,思政元素要结合实际,要本土化,要落到实处、细节,思政教育要润物细无声,更要注重显性和隐性教育的统一。

现代教学技术的发展为教学提供了很大的便利,如何将其最优地运用到课程思政教学中还需要进行深度的研究和探索。

大学英语视听说(3)
课程思政教学典型案例[①]

董思思

一、基本信息

课程名称	大学英语视听说(3)
课程类别	大学英语通用英语课程
教学对象	非英语专业本科大学二年级学生(大学英语分级 B 班)
教学时长	4 课时(2 课时在线课+2 课时面授课)
教材名称	《新视野大学英语(第三版)视听说教程3》 Unit 1　Access to success

二、单元思政教学设计方案

(一)课程描述

1. 院校特色

广西师范大学为省部共建师范院校,学生群体的就业方向以教师为主。学校坚持弘文励教的办学传统,以培育英才、传承文明为使命,追求卓越,厚

---

① 本文是广西师范大学第四批课程思政示范课程建设项目"大学英语视听说(3)"的成果。

生益众,推动社会进步。广西师范大学创建了校本大学英语智慧教学云平台,开发了基于教材的课程思政微课资源,积极推进语言知识技能传授与思政教育的有机融合。

2. 教学对象

本课程教学对象为广西师范大学大学英语 B 班学生。此班学生具备一定的英语基础,但在词汇、语法和语言交际方面存在较大提升空间。到了大学二年级阶段,学生已适应混合式教学模式。为落实立德树人根本任务,课程将在混合式教学模式下,将思政元素融入语言知识、听说技能的教学中。

(二)单元教学内容及思政育人目标

1. 单元教学内容

本单元的标题为 Access to success。通往成功之路不会一帆风顺,面对困难和挑战如何应对是本单元讨论的主题,学生须掌握该主题相关的词汇和表达。此外,在课程中,部分学生在即兴口语表达时表现得特别焦虑、信心不足,部分学生在构思阶段仅着眼细节,忽视整体,语言表达条理不够清晰。基于此,本单元的听力技巧 Note-taking:using a keyword outline 也将作为口语技巧,学生围绕该技巧学习听和说两方面的知识。

2. 思政育人目标

学生应坚韧不拔,勇敢面对人生的各项挑战。

(三)单元思政教学设计

在线课	自主学习	1.学生在 U 校园智慧教学云平台自主学习听力技巧微课 Note-taking:using a keyword outline。 2.学生在 U 校园智慧教学云平台自主完成课文第 7 页的听力技巧配套练习。
	互动交流	学生:将学习中产生的疑问在云平台发帖提出;解答其他同学的疑问。 教师:在线答疑;整理共性问题,准备在面授课集中解答。

续表

	导入	教师通过提问"在学习和生活中哪些情景需要用到提纲模式的笔记?"引导学生意识到掌握良好的信息记录模式在英语听力中的重要性。
面授课	听力训练	1. 教师结合学生在线提问深入讲解听力技巧——Note-taking：using a keyword outline。 (1)在没有信号词提示的情况下,如何捕捉说话人的主要观点? (2)如何确定哪些词是关键词? (3)如何提高记录的速度? 2. 精练精讲第13页听力练习 An Achievement。 (1)教师引导学生预测听力材料的主要内容并勾画出关键词提纲的框架; (2)学生听录音,运用所学的听力技巧捕捉相应关键词,将提纲补充完整。 下表 (设计意图:通过听力练习指导学生捕捉相应信息的关键词。学生在练习过程中加深对该技巧的理解。该环节不仅仅是听力训练,也是口语作业的输入(材料中该女士对自己学习水肺潜水经历的讲述,为学生课后作业 An impressive challenge/achievement 提供了词汇、句式、思路) 3. 观看思政微课 The Way to Success。在观看过程中,重点把握微课中每个案例所取得的成就、遇到的挑战,以及如何战胜困难的相关信息,并捕捉对应的关键词,列出关键词提纲。 (设计意图。该思政微课由广西师范大学英语视听说3课程思政项目团队制作。微课包含两个案例:克服艰苦条件与世俗偏见、逐梦芭蕾的尼日利亚男孩 Anthony Mmesoma Madu;虽双耳失聪,但靠着读唇语一路求学,考上重点大学,在无声世界里绽放的江梦南。微课借用这两个案例鼓励学生勇敢面对挑战。该环节将思政元素的输入与听力技巧的训练相结合。)

An achievement	
What was her achievement?	scuba dive
How did she feel about the experience?	exciting, good
What did she find easy?	the classroom training
What challenges did she encounter?	practical stuff: nervous, freezing, frustrated, cried, ears got blocked up
How did she overcome the challenges?	eventually she managed it …; she managed to pass…

续表

面授课	口语训练	1. 根据列出的关键词提纲,选择思政微课 The Way to Success 中的一个案例进行复述。 2. 参照评价表引导进行口语展示的同学做自评,并请其他同学点评,最后教师点评。

General aspect	Description	Mark (1 to 5)
Content	The content is relevant and sufficient.	
Organization	The content is presented logically and clearly.	
Pronunciation	It is easy to hear what the student is saying.	
Fluency	The student speaks without undue hesitation and the need to reformulate.	
Range of language	The student uses a range of vocabulary and grammatical structures.	
Accuracy of language	The student makes very few lexical or grammatical errors.	

(设计意图:复述练习旨在训练学生根据关键词提纲进行个人陈述,使其意识到该提纲可以帮助他们概括材料中的主要思想和重要信息,从而做出清晰、有条理的陈述。在将思政元素的输入与口语技巧的训练结合的同时,教学也由听过渡到说。此外,让学生在思政微课的两个案例中选择自己感兴趣的一个进行复述,也是个性化学习的体现。)

主题拓展

1. 教师分享个人获得国家二级运动员称号的经历。

An achievement I am proud of	
Achievement	National Football Player (Level 2)
Time	junior middle school, senior middle school and college
Challenges	(1) hard training (2) balance between training and study (3) suntan
Access to success	(1) perseverance (2) self-discipline (3) support from parents
Reflection	trying but rewarding: health, confidence, friends

(设计意图:教师在讲述时展示相关内容的关键词提纲。在以个人经历鼓励学生的同时,也为口语作业做出示范。)

续表

面授课	主题拓展	2. 师生分享关于坚韧不拔、自强不息的名言。 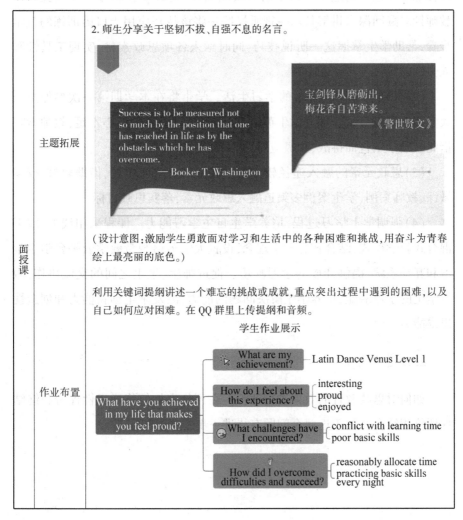 (设计意图:激励学生勇敢面对学习和生活中的各种困难和挑战,用奋斗为青春绘上最亮丽的底色。)
	作业布置	利用关键词提纲讲述一个难忘的挑战或成就,重点突出过程中遇到的困难,以及自己如何应对困难。在 QQ 群里上传提纲和音频。

三、教学设计反思

1.创新点

(1)将语言知识、听说技能和价值塑造三者融合,突显大学英语视听说课程思政特色。通过学生自学语言技能微课,完成配套练习→在线交流→教师针对疑问深入讲解技巧→视听操练→将该技巧应用于口语训练的教学步骤,帮助学生掌握这一听说技巧,同时融入各项思政素材,实现工具性和人文性的统一。

(2)思政目标贴合学生的学习生活。学生将在本学期第一次参加全国大学英语四级考试。部分学生英语基础较弱,对于考试信心不足,教师希望借此鼓励学生直面挑战,积极应对,全力以赴。

(3)思政元素的融入途径较丰富。教师结合单元主题、借助教材、校本微课、教师案例、学生案例多渠道融入思政元素,落实思政目标。

(4)强调学生学习过程,培养学生自主学习能力。课程采用线上、线下混合式教学模式,结合智慧教学理念,设置大学英语智慧教学云平台学生学习和互动系统,提供开放的学习环境。促进师生、生生之间的交流协作,激发学生的学习潜能,培养学生解决问题的能力,激发学生创新能力和创造性思维能力。

2. 改进方向

如何对思政教育的效果进行评价？在评价中如何将形成性评价和终结性评价相结合？关于这两个问题有待进一步的探索和完善。

英语阅读课程思政教学设计

——以《英语泛读教程》B3U13 为例①

黄 珊

英语阅读课是英语专业本科生语言基础知识和价值观输入的主要来源，课程中的大量文本，强调了文化铸魂育人的作用。英语阅读课侧重英语语言基础知识的学习积累，目标是使学生掌握并熟练运用英语阅读策略，并能够根据阅读目的和阅读材料自觉调整阅读速度和阅读技巧，使学生具备快速、准确、有效地通过阅读获取信息的能力，使学生具备一定的阅读理解能力，并能够在理解的基础上构建对文本和观点的思辨能力。学生通过阅读大量的经典著作及时文，挖掘阅读材料中所蕴含的思想政治教育元素，从而树立正确的世界观、人生观和价值观。

一、课程目标

通过课程的学习，学生应达到以下的课程思政目标、知识目标、能力目标。

课程思政目标：使学生具有正确的世界观、人生观和价值观，具备积极的情感、端正的态度和健全的人格，具备一定的批判性思维能力，具有国际视野和家国情怀。学生应践行爱国、敬业的公民价值准则，尊重和热爱本专业，认同本专业的专业性和独特性，能自觉提高自身的科学与人文素养，具有责任感和敬业精神，能够将个人成长和社会责任相结合。

---

① 本文为广西师范大学第四批课程思政示范课程建设项目"英语阅读Ⅱ（上、下）"的研究成果。

知识目标:系统掌握英语语言基础知识,掌握英语阅读基本技巧和策略,对英语文体和常见篇章结构类型有基本的了解,扩充英语阅读词汇量,准确理解英语长难句的结构和意义。通过英语阅读,学生吸收语言和文化背景知识,对国内外文化进行基本的了解,熟悉英语文学中重要的作家和作品,了解中西语言文化主要差异,形成跨学科知识结构,养成跨文化交流的意识和能力。

能力目标:提升英语阅读理解和综合应用能力。掌握并熟练运用英语阅读策略,能把握阅读材料的主旨和结构,能够理解事实和细节,并进行合理的推断。能够根据阅读目的和阅读材料自觉调整阅读速度和阅读技巧,能对所读材料进行赏析和评价。提升反思与合作能力。学会分析阅读和主题阅读。能够保持良好的阅读习惯,养成终身学习的专业发展意识。通过课内外的学习活动,增强沟通交流与合作,形成团队协作精神。能够掌握观察、谈话、倾听、分析等方法,能主动承担职责,积极协调和沟通。

二、课程设计整体思路

英语阅读Ⅱ课程授课对象是英语专业本科二年级学生。本课程基于产出导向法、任务型教学、混合式教学,指导和组织学生完成课前、课中和课后的学习任务。课前,教师在线上发布预习和自主学习任务,学生独立完成或小组合作完成教师布置的任务。课中,教师进行讲授并结合互动,指导学生完成阅读任务,通过讨论和小组展示的方式,学生展示自己的学习成果。课后,学生整理笔记,完成积累,并进行主题阅读,创新创造性应用已学知识。

英语阅读Ⅱ课程分为上、下两个阶段的学习,对应的主要教材为《英语泛读教程》(第三版)第三册和第四册。教师从教材中选用合适的文本,将单元的主题与具体的思政目标相结合,将社会主义核心价值观和中华优秀传统文化等贯穿于课程教学之中。通过课内分析阅读,讨论反思,主题展示,课外主题拓展阅读,小组讨论并在线提交阅读报告等方式,深化思政主题内容学习,检测学生学习成果。

　　课程选用的阅读材料题材广泛,文体多样,难度合理。课程侧重提升学生的英语语言基础知识和能力。学生通过对文本篇章结构、思想内容的分析,增强了阅读理解的能力,提高了独立思考的能力,养成了批判性思维。课程强调学生个人文化素养和科学精神,同时鼓励学生与同学合作进行主题阅读,提升跨文化交流的意识和能力。

三、教学设计案例

　　本次教学设计以《英语泛读教程 3》(第三版)第 13 单元课文为例。课文题为"Morals, Apes and Us",文章有 2296 个词,课后习题含理解题有 9 题,词汇题有 10 题。课文是一篇关于人类道德起源的文章,文章主要探究 5 个人类道德要素,分别用 6 个实验进行佐证。课文结构清晰,观点明确,但句子相对复杂,抽象概念及专业术语需要标注和查证。

　　学生此时已经进行了一年的以记叙文和说明文为主的阅读课程学习,以及一个学期的以议论文为主的学习,能读懂英语新闻报道和英语文学原著,阅读速度达到每分钟 120 词,已经掌握了基本的阅读策略。学生已经在阅读中养成把握主旨和结构,区分观点和事实,重视逻辑关系等阅读习惯。

　　本单元主要教学目标为:1. 学生了解实验报告的基本结构和特征,读懂实验目的、过程和结论;2. 学生理解合作、分享、惩戒、同理心、利他行为等道德要素。

　　教学方法融合了多媒体、案例分析、课堂讨论、小组合作学习和课堂汇报等多种方式。

　　学生完成阅读和习题需要 1 个课时,梳理结构和理解长难句再加课堂讨论需要 2 个课时,学生通过课后合作学习加深理解,并进行小组报告需要 1 个课时。本单元阅读技巧为英语学术写作,学习英语学术写作技巧以及快速阅读训练需要 1 个课时。总计用时 5 个课时。

　　本次课设计为第 2—3 课时,内容主要集中在课文结构、主要概念、长难句和实验报告的理解上,在授课过程中,教师会融入对道德要素的解读和探讨,从而实现思政目标。

以下为具体实施步骤。

(一)课前准备

学生课前要完成课文阅读和相应的课后练习。小组须协作完成背景资料的收集和整理工作,包括课文作者的学术背景,Binti 事件的具体情况和后续影响,以 apes 为研究对象的实验报告等。资料汇总后提交群文件共享。学生还须借助工具书和网络资源,了解课文中的主要概念,如 cooperation、empathy、altruism 等,同时,须完成对课文主体框架的基本梳理。此设计主要为了锻炼学生的自主学习能力、搜索和整理资料的能力、合作能力等。

(二)课内实施

课程开始,学生先就文章主体框架进行梳理。根据 exposition 的写作结构,结合本文科普性文章的特点,在课文开头找到主题句"Can other creatures share, cooperate, punish cheaters, show empathy, and act altruistically?",并结合文章最后的结论,理解本文的主旨。

接着要求学生指出文章的论证特点。课文中作者通过不同的实验,对主题句中的道德要素进行一一验证。因此,读懂实验报告,是本文阅读中能力要求的重点。课文是从一则黑猩猩救助昏迷男童事件的新闻报道开始,在此事件中,男童不慎翻越栏杆跌落猩猩园而致昏迷不醒,黑猩猩 Binti Jua 不仅没有伤害男童,还将他抱至饲养员通道门口,在等待救援的过程中,Binti Jua 对其他意图靠近的黑猩猩吼叫威吓。此事引发公众广泛关注,科学家进而探讨此行为是否基于利他主义,是否能够证明人类生而具有道德。此时,可以要求学生分享课前查阅的背景来对此案例进行补充介绍,并结合文章提到的人类道德要素 empathy 和 altruism 对课文进行分析,从而理解此课文中研究的整体逻辑。

根据主题句中各关键词的顺序,学生能很容易理解文章的论证顺序。先从实验报告一和实验报告二开始,实验目的是求证 apes 之中是否存在分享与合作,对应主题句中的关键词"share"和"cooperation"。实验证明,很多动物中存在这两种道德要素,其中灵长类动物尤为明显。因此,科学家根据进化论推断,人类道德中的分享与合作是与生俱来的。此时学生产生疑问:在现实中,我们常常感受到竞争激烈,也认为竞争促进社会进步,那么竞争与合作哪一个更能促进社会进步呢? 这时可以组织学生进行辩论,目的是厘清竞争与合作各自的优点。在此基础上继续讨论:竞争与合作如何共存?学生可结合自身实际提出看法,例如阅读课学习共同体的分工与合作。本环节设计目的是引导学生在重视提升个人竞争力的同时,重视团队合作,培养和谐友善的合作精神。

下一步解读实验报告三和实验报告四,理解实验目的、步骤和结论。这两个实验对应关键词"punishment"。通过分析案例,学生理解在 community 中有约定俗成的规则,违反规则者会遭到惩罚,但不在 community 中的违反者则不在此列。学生结合以前学习过的对于 accoutability 的理解,说说对社会契约和相对自由的理解。

最后两个要素"empathy"和"altruism"是课文重点,作者强调"Unless we can establish that animals understand the thoughts and feelings of others, we cannot assume that their behavior is moral as humans understand the word."可见 empathy 的重要性。学生观看视频,区分 empathy 和 sympathy,明白前者强调 understanding。学生结合现实中的例子进行讨论,各抒己见,加深对同理心的理解。

接着对课文最后两个实验报告进行梳理。第五个实验设计两组猿猴,其中一组名为 receivers,在听到一声巨响后会遭到电击,另一组名为 actors,具有操控杠杆终止点击的能力,但无法听到声音。第一组猿猴听到声音后显示出恐惧的神情,此时第二组能根据对方面部表情判断并拉动杠杆。实验证明猿猴可以根据同伴面部表情理解对方的恐惧,似乎证明了猿猴具有同理心。但作者指出了实验的漏洞,并提出改进。因为此实验过程描述较为复杂,鼓励学生通过 role play 演绎实验过程,从而理解实验结论是如何得出的,为何作者认为还需要改进,以及如何改进。在第六个改进版的实验中,作者认为还存在什么问题。此环节的设计旨在锻炼学生的逻辑思维能力,让他们理解科学实验的目的、设计逻辑和结论推导,体会科学家在研究中严谨求实的态度和精神。

最后学生对课文结尾句"If all men were just, there would be no need of valor."进行分析,探讨道德要素对于完善人格与社会发展的意义。

(三)课后拓展

课后让学生完成单元内其他内容的学习,以加深他们对单元主题的理解,锻炼他们的阅读理解能力和主题阅读能力。同时,让学生阅读许倬云《历史大脉络》第 63 章节选。学生可以结合课文主题以及对同理心的理解,从推己及人到推己及物,由民胞物与到恫瘝在抱,探讨与人为善,"仁"者爱人的思想。

(四)教学成效与反思

本教学设计成效主要体现在以下方面:第一,本次课复习了说明文常见结构——总分总,学生从结构类型出发,利于把握文章主旨,理解文章要点;第二,通过对长难句的重点分析,强化了学生的语言能力;第三,课文中对道德起源的探讨,涉及分享、合作、惩戒、同理心以及利他行为等要素,能够启发学生对完善公民人格和道德的思考;第四,课文中实验求证、不断探索的精神对学生很有启发意义;第五,学会阅读学术写作和实验报告的方法。

在实际操作中发现,学生课前预习比较充分,对课文主要概念有一定的了解,对课文主题和框架的把握比较到位,体现了较高的学习热忱和较好的自主学习能力。课文的难点集中在对同理心的论证,对最后两个实验,学生理解起来有一定难度,难点是学生的背景知识不足和逻辑思维能力欠缺,前者应通过调整前期的预习任务来改进,后者可以通过思维导图等方式来解决。逻辑思维能力的欠缺还要通过适当补充其他的阅读材料,加强锻炼来弥补。此外,还应鼓励学生结合实际,对道德要素、公民人格等进行持续关注和思考,同时,可以引导学生进一步关注心理学研究领域,为下学期阅读心理学方面的选文做铺垫。

总之,英语阅读课程在教学整体设计上具有阅读文本量大的特点,强调分析阅读和主题阅读。通过课内教材选读和课外主题阅读,挖掘阅读材料中所蕴含的思政元素,让思政元素自然地体现在课程教学中,引导学生关注中外优秀文化,培养学生乐观自信的积极的人生态度,鼓励学生积极沟通和协作,教会学生构建和谐的人际关系。

参考文献

[1]刘乃银.英语泛读教程3　学生用书[M].3版.北京:高等教育出版社,2011.

[2]文旭.新时代外语教育课程思政案例教程[M].北京:中国人民大学出版社,2022.

[3]教育部.高等学校课程思政建设指导纲要[EB/OL].https://www.gov.cn/zhengce/zhengceku/2020-06-06/content_5517606.htm.

MTI 研究生外语翻译课程思政教学设计

——以产业用语翻译(英、汉、韩对照)课程为例①

蒋灵卉

2020 年教育部发布的《关于加快和扩大新时代教育对外开放的意见》表明须加强国际教育交流与合作,提升中国教育的全球影响力,推动中国教育与世界接轨,为培养具有国际视野和全球竞争力的人才提供政策支持。这一文件对于提升跨文化沟通能力和国际化人才培养具有重要指导意义。国家教育政策强调教育要"立德树人",并全面推进课程思政建设,以培养具有全球视野、专业素养和社会责任感的高素质人才。产业用语翻译(英、汉、韩对照)课程紧扣这一要求,致力于培养学生的家国情怀、跨文化沟通能力、产业领域的专业素养和国际视野。课程将通过理论与实践相结合,强化学生的译者素养和职业道德,确保学生在掌握翻译技能的同时,能够深入理解产业发展趋势和国际动态,从而更好地服务国家发展战略。

一、课程介绍及教学现状

产业用语翻译(英、汉、韩对照)是朝鲜语笔译专业的专业基础课,36 学时,2 学分。该课程旨在培养学生在英、汉、韩三种语言环境下精准、高效地进行产业相关用语翻译的能力。随着全球化的深入发展和中外经贸关系的

---

① 本文系广西师范大学 2024 年研究生课程思政示范课程建设项目"产业用语翻译(英、汉、韩对照)"的阶段性成果。

日益密切,产业用语翻译成为跨文化交流和国际贸易中的关键环节。本课程通过系统性地讲解产业用语的特点、翻译技巧以及常见问题,帮助学生掌握不同产业领域的专业术语,提升他们在实际翻译工作中的应变能力和专业素养。

课程内容涵盖了多种产业领域,包括但不限于制造业、科技行业等,通过丰富的案例分析和实践练习,学生有机会将所学理论应用于实际翻译任务,进一步提高语言转换的精准度和文化适应性。此外,本课程特别强调翻译中的文化差异和跨文化理解,旨在培养学生在全球化背景下的跨文化交流能力和翻译职业素养。

目前,课程的教学模式逐渐从传统的课堂讲授向案例教学与实践相结合的模式转变,学生的参与度和学习效果显著提升。课程在融入思政元素的同时,贯彻翻译须上升到文化维度的理念,通过引导学生在翻译实践中树立正确的价值观、增强文化自信,使其在未来的翻译职业生涯中能够更好地应对跨文化交流的挑战。

二、课程思政总体设计

产业用语翻译(英、汉、韩对照)课程紧密契合当前高校的办学定位与专业特色,旨在培养德才兼备、具备国际化视野和产业领域专业素养的高层次人才。李莉(2022)提到应注重中华文化的传播和价值观的传递,强调了文化自信在跨文化翻译中的重要性。同时,关熔珍(2023)强调家国情怀、社会责任感和使命感的培养更是课程思政的终极目标之一。鉴于此,课程思政总体设计主要聚焦突出文化自信和家国情怀,具体内容有以下几个方面:

第一,课程思政建设的根本目标在于培养学生的国际视野、跨文化沟通能力以及产业领域的专业素养。这一目标将通过系统化的教学内容和实践活动加以实现。

第二,课程强调内容与实际应用场景的紧密结合,力求使学生不仅掌握扎实的翻译技能,还能深入理解产业发展趋势和国际动态,以适应全球化背景下的专业需求。

第三,课程还注重思政元素的深度融入,通过案例分析与专题研讨等形式,引导学生思考翻译在产业发展中的重要作用与价值,从而增强家国情怀、社会责任感与职业道德意识。

第四,未来的教学实践中,课程须不断优化与完善,确保教学内容与时俱进,并紧密围绕国家发展战略与行业需求,为培养能够服务国家发展、推动产业进步的优秀人才奠定基础。

第五,师资队伍建设也将得到进一步加强,通过遴选政治素质高、业务能力强且具有国际化视野的优秀教师担任课程主讲,为课程思政建设提供坚实的师资保障。

第六,课程将加强与产业界的合作,引入最新行业发展成果,丰富教学内容,提高课程的实用性和针对性。

总而言之,课程思政建设是一项系统工程,需要以高度的政治责任感和使命感,全面推进这一工作,致力于培养具有全球视野、专业素养和社会责任感的优秀人才。

三、课程思政目标

在产业用语翻译(英、汉、韩对照)课程中,课程思政建设扮演着至关重要的角色。为了实现培养具有全球视野、专业素养和社会责任感的高层次翻译人才的目标,本课程将课程思政与专业教育有机融合,注重思想引领与价值塑造。通过系统化的课程设计与丰富的教学实践,引导学生在专业学习中树立正确的价值观和世界观,并在未来的职业生涯中发挥积极的社会作用。以下是本课程的具体思政目标:

第一,为了拓宽学生的国际视野并加深其对国家的情感认同,课程将研究中国、韩国、英美等国家的代表性产业现状,并通过对比分析,帮助学生深刻理解中外企业文化的差异。这不仅有助于学生坚定文化自信,还将增强其对中国特色社会主义道路、理论、制度和文化的认同。

第二,在汉英、汉韩语言对比与跨文化能力的基础上,课程引导学生深入理解中外产业的特点和差异,结合新时代建设文化强国的需求,增强对中国特色社会主义的认同,坚定学生的道路自信、理论自信、制度自信和文化自信。

第三,课程着重培养学生的译者素养与职业道德,鼓励学生树立博爱、法治和正义的思想品质,并通过教育引导,帮助学生形成正确的世界观、人生观与价值观,践行社会主义核心价值观。

第四,通过翻译理论阅读、产业发展资料检索、翻译实践汇报、翻译难点讨论与翻译实践报告写作等学术与实践训练,培养学生遵守学术规范、遵循学术研究规律,形成严谨求实、开拓创新的学风。

四、教学设计展示

【学习目标】

1. 认知类目标

(1)深入了解中国、韩国和英美的代表性企业及其文化内涵。

(2)掌握各企业商标、名称的翻译原则及其在国际市场中的重要性,理解这些翻译对企业形象塑造和国际竞争力提升的意义。

2. 价值类目标

(1)通过探讨中外企业文化和企业特性的异同,增强学生的爱国意识和文化自信,坚定对中国特色社会主义制度和文化的信心。

(2)提升学生的国际视野和跨文化意识,培养他们在全球化背景下的家国情怀和社会责任感。

3. 方法类目标

(1)学习并对比分析英、汉、韩三种语言的企业介绍文本,掌握各语言的特点和差异。

(2)通过对照翻译练习,培养学生在翻译实践中运用词汇对比、句型对比和句法对比等方法,提高翻译效率和准确度,同时增强对文化差异的敏感性和适应能力。

【课程内容】

1.企业商标的对照翻译

学习英、汉、韩三种语言中的企业商标翻译方法,理解商标背后的文化内涵和品牌价值。

2.企业名称的对照翻译

掌握企业名称在不同文化背景下的翻译技巧,分析不同翻译方法对企业形象的影响。

3.企业总体情况的对照翻译

分析企业背景、历史和发展战略的翻译,探讨如何在译文中传达企业的核心竞争力和文化特色。

4.企业介绍对照翻译练习

通过实际案例进行英、汉、韩三种语言的企业介绍对照翻译,培养学生的翻译实践能力。

【学时】

本课程内容理论讲授为 2 学时,实训为 1 学时。

【重点、难点】

1.深入理解中国、韩国和英美企业的文化特色和市场定位。

2.掌握企业商标和名称的常用翻译方法,如直译法、音译法、创意译法、谐音取义法、半音半意译法、结合文化译法等,并能在实际操作中灵活运用。

3.理解企业介绍的翻译原则,确保语句简洁明了、词汇专业准确、突出企业特性,并能在翻译中体现出对目标文化的尊重和适应。

【教学方法】

1.多媒体课件和案例展示

通过丰富的多媒体资源和实际案例,帮助学生全面理解中、韩、英三国企业文化的特点和企业文化在各国的不同认知。

2.理论与实践相结合

系统介绍常用的翻译技巧和方法,并通过翻译练习巩固学生的理解和应用能力。结合跨文化意识讨论,鼓励学生在翻译实践中进行创造性表达,确保译文的文化适应性和可接受性。

【复习思考】

1.整理并比较中国、韩国和英美企业的文化特征,分析语言在企业文化传播中的作用,反思跨文化能力在翻译实践中的重要性。

2.思考如何在翻译中有效体现跨文化意识,确保译文能够被目标文化读者广泛接受并准确理解。探索在不同文化背景下如何进行译文的调整与优化。

3.完成英、汉、韩三种语言的企业介绍对照翻译作业,并在下一次课程中进行个人汇报与分析。通过汇报,进一步巩固所学知识,提升翻译能力和跨文化沟通技巧。

五、预计课程思政成效

通过以上课程思政内容的实施,预计学生可取得以下针对性的教学成效。

(一)国际视野的拓宽

学生将能够全面了解中国、韩国、英美等国家的代表性产业现状,并对比分析中外企业文化的差异,从而形成国际化的视野和跨文化交流的能力。

(二)文化自信的增强

通过深入研究中外产业特点和差异,学生将更深刻地理解中国特色社会主义理论体系,增强对国家的情感认同,并坚定文化自信。

(三)思想品质的提升

在培养学生的家国情怀,译者素养,职业道德,博爱、法治和正义等思想品质的过程中,学生将树立正确的世界观、人生观和价值观,并自觉践行社会主义核心价值观,形成良好的思想品质。

(四)学术与实践能力的提升

通过一系列学术和实践训练,学生的学术规范意识得到提升,严谨求实的学风得以养成,解决实际问题的能力得以增强。

(五)职业精神的树立

学生深刻理解并自觉践行尊师重教的职业精神,并将树立学为人师、行为世范的职业理想,养成良好的职业规范,增强职业责任感,养成爱岗敬业的职业道德。

综上所述,通过本课的教学活动,学生将全面提升国际视野、文化自信、思想品质、学术与实践能力,养成良好的职业精神,为成为新时代具有全球竞争力的高素质人才打下坚实的基础。

六、结论

通过产业用语翻译(英、汉、韩对照)课程的系统学习,学生将在国际视野、文化自信、思想品质、学术与实践能力以及职业精神等方面取得显著提升。本课程不仅为学生提供了扎实的翻译技能,还通过课程思政的深度融入,培养了学生的社会责任感和职业道德意识。通过持续的努力和优化,课程思政不断与时俱进,为培养新时代具有全球竞争力的高素质人才做出积极贡献。

参考文献

[1]关熔珍.外语类课程思政入径探究——以"少数民族文化与翻译"课程为例[J].文化与传播,2023(6):118-122.

[2]教育部等八部门印发意见 加快和扩大新时代教育对外开放[EB/

OL]. http://www. moe. gov. cn/jyb_xwfb/s5147/202006/t20200623_467784. html.

[3]勒菲弗尔.翻译、历史与文化论集[M].上海:上海外语教育出版社,2004.

[4]李莉.外语教育中的中国文化自信培育研究[M].北京:群言出版社,2022.

综合英语课程思政教学设计

——以《综合英语 2》Unit 8 阅读教学为例

周　婕

一、引言

2017 年中共中央办公厅和国务院办公厅印发《关于深化教育体制机制改革的意见》，强调要"健全全员育人、全过程育人、全方位育人的体制机制，充分发掘各门课程中的德育内涵，加强德育课程、思政课程"①。2020 年教育部印发了《高等学校课程思政建设指导纲要》，明确提出要全面推进"课程思政"的建设，要寓价值观引导于知识传授和能力培养之中。高校英语课堂作为高等教育的重要组成部分，应当把立德树人作为根本任务，通过课堂思政的实施，帮助学生树立正确的世界观、人生观和价值观，为他们的全面发展和成长成才奠定坚实的思想基础。

二、综合英语课程思政设计的整体思路

(一)综合英语课程的教学目标

综合英语课程为英语类专业基础课程、核心课程，旨在在英语语言知识学习和英语语言技能训练中，培养学生语言运用能力和交际能力，同时强调

---

① 《中共中央办公厅　国务院办公厅印发〈关于深化教育体制机制改革的意见〉》，https://www.gov.cn/zhengce/2017-09/24/content_5227267.htm.

价值引领,即将社会主义核心价值观融入课程教学的全过程,从而使学生能够正确评价中西文化及价值观差异,增强学生的文化自信。通过本课程的学习,学生应达到以下的课程思政、知识和能力目标。

1. 课程思政目标

立德树人,践行社会主义核心价值观,坚定社会主义道路自信。学生具有积极的情感、端正的态度、正确的价值观和教育观。学生具有爱国情怀与国际视野,树立全球意识,具有开放心态,增强制度自信。学生遵守中学教师职业道德规范,有较强的英语教师职业认同感。初步培养学生辩证地看待政治、社会、文化、教育热点问题的批判性思维能力。

2. 知识和能力目标

学生能够掌握较为扎实的英语学科基础知识(语音、词汇、语法、语篇),建立合理的知识结构;能较熟练地掌握综合语言技能(听、说、读、写、译),提升语言理解和语言表达、运用能力;逐步增强人文素养;初步具备设计教学活动的能力,初步了解开展教学研究的教育研究方法。

(二)综合英语课程的教学理念

1. 以学生为中心

课程以学生的发展为中心,积极营造交际氛围,给予学生更多思考、发言和体验的空间。一方面重视学生英语听、说、读、写、译基本技能和交际能力训练,并通过文本的分析性和批判性阅读,提高学生对文本的分析和鉴赏能力,训练学生分析、综合和思辨能力;另一方面,注重通过文本与活动设计的有效结合,挖掘思政元素,培养学生正确的价值观念和人文情怀。

2. 产出导向

产出导向教学理论以"输出驱动""输入促成"和"选择性学习"教学假

设为理论支撑,实现以教师为中介的"驱动""促成""评价"的教学流程。本课程教学设计依据这一理念,通过导入、细读、任务拓展等流程,提高英语学生的口头交际能力、合作能力和综合语言运用能力。

(三)综合英语课程思政教学模式

本课程采用 2T 教学推进模式,即"文本精读教学(intensive reading teaching)"和"拓展教学(extended teaching)"由浅入深,从输入到输出,渐进式地推动学生的专业学习。其中"文本精读教学"以本单元教材一篇文本为主要教学材料,帮助学生从文本结构、文本理解、语言特征、文体特征等方面提高对文本的分析和鉴赏能力,准确把握作品中作者的观点、态度。"拓展教学"将整合课内外相关文本或教学资源,引导学生开展自主学习或拓展性实践活动,将课堂所学加以应用,帮助学生树立正确的人生观和价值观。

三、综合英语课程思政具体案例设计

本课程案例内容选自程晓堂主编的新世纪师范英语系列教材《综合教程 2》Unit 8 Going Green。本案例是该单元的 Session Two, Reading: "Most eco-friendly holidays"。阅读教学材料是一篇关于生态旅游问题及解决办法的说明文。文本一开头,作者开门见山提出生态旅游所面临的问题"the lack of regulations and a standard industry definition",并引出这个问题所带来的后果"the proliferation of fake ecotours",接着作者提出了解决办法"a shake-up and a standardised approach",并分享了各种整顿和标准化措施。在文章结尾,作者鼓励大家要看到希望"things are changing for the better",并坚信 ecotourism 会成为一个值得骄傲和信赖的标志。文本语言准确简洁,结构清晰,语言难度中等。

本次课授课对象为英语专业大学二年级学生,经过大学一年级的系统学习,学生已具备一定的听力理解能力和基于主题讨论的口头表达能力,对社会生活和社会问题也有一定的认知和思考。然而,学生对生态旅游内涵和重要性的认识不到位,需要进一步引导。此外,学生对提高生态道德素质,树立社会主义生态文明观的理解不够,需教师进行指导,这将是本单元教学的难点。

(一)本案例教学目标

1. 知识能力目标

综合训练学生听、说、读等技能,理解并掌握语篇中生态旅游存在的问题以及解决办法;通过文本的批判性阅读和讨论,训练学生分析性和批判性阅读技能,发展学生的思辨能力;了解各国生态旅游现状以及采取的举措,拓宽学生的国际视野和提升学生的跨文化交际能力。

2. 情感态度和价值目标

深入了解生态旅游的内涵,提高学生生态道德素质,树立社会主义生态文明观,明确"绿水青山就是金山银山"理念,为促进人与自然的和谐发展、为保护生态环境做出努力。

(二)教学重点和教学难点

1. 教学重点

理解并掌握语篇中生态旅游的重要性,以及存在的问题和解决办法;通过文本的批判性阅读和讨论,训练学生分析性和批判性阅读技能,发展学生的思辨能力。

2. 教学难点

深入了解生态旅游的内涵,提高学生生态道德素质,树立社会主义生态文明观,明确"绿水青山就是金山银山"理念。

（三）教学方法

基于讨论讲授的教学方法。讨论和讲授内容：生态旅游的重要性；生态旅游存在的问题和解决办法；中国政府在保护环境，推动生态旅游发展中采取的举措。

基于自主探究的教学方法。探究内容：各国生态旅游现状以及采取的举措。

（四）教学过程

1. 导入

（1）教师提供一些旅游的图片，组织学生讨论旅游的意义以及旅游对环境产生的影响，引导学生思考"What can people do to keep the balance between enjoying travelling and being friendly to the environment?"。

然后，学生观看视频，了解什么是生态旅游以及生态旅游的重要性。

接着，教师提供两个案例，组织学生讨论"What are the important elements of ecotourism?"。

设计意图：通过集声音、图像、文字、动画于一体的多模态导入方式，充分调动学生多种感官，激发学生学习兴趣，帮助学生初步了解生态旅游的相关背景知识。

（2）教师引导学生围绕三个关键词 what、why、how 对课文题目进行预测。

Prediction based on the title

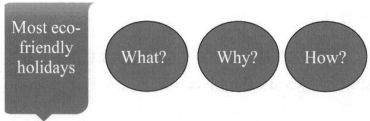

设计意图:通过题目预测文本内容,帮助学生更好地了解文本的主题。

2. 文本精读教学

(1)Global Reading

学生略读文本,根据文章主体框架查找主题句,概括文本主旨,厘清文本结构。

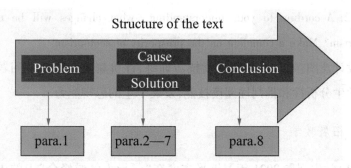

设计意图:训练阅读策略。通过略读等阅读技巧的训练,帮助学生厘清文本结构。

(2)Detailed Reading

细读第 1 段,回答问题:"Why does the author say that the ecotourism has been hijacked, diluted and misused?"。

细读第 2 段,回答问题:"Why has the ecotourism market become so overcrowded? What leads to the increase of fake ecotourism?"。

细读第 3—7 段,完成下列表格。

Solution	What are the purposes?	What do they do?
TES		
Tribes		
Green Globe 21		

细读第 8 段,回答问题:"What attitude does the author hold towards the future of ecotourism?"。

设计意图:通过细读文本,梳理文本中有关 ecotourism 规范化的细节,帮助学生理解文中的重要细节。

(3)批判性思考和讨论

学生评论文中有关解决 ecotourism 的办法,并理性地评价 ecotourism。

Q1: Do you think the solution would be friendly to the ecological circle? Which solution do you think will be the most effective one? Why?

Q2: According to your understanding, what changes will be caused by ecotourism? Make a comment on the prosperity of ecotourism.

设计意图:通过批判性阅读技巧训练,评价解决生态旅游问题的办法,训练学生分析性和批判性阅读技能,发展学生的思辨能力。

3. 拓展教学

(1)学生观看 2021 年习近平主席在"领导人气候峰会"上的讲话视频,了解构建人与自然生命共同体的重要性,明确"绿水青山就是金山银山"理念,促进人与自然的和谐发展。

(2)学生观看中国生态旅游宣传片视频,了解和讨论中国政府在保护环境,推动生态旅游发展中采取的举措。

(3)角色扮演。Work in the group of 4 and make a role-play: Ecotourism Company Establishment Conference.

Situation: A conference will be held, where various stakeholders, including the Director of the Local Tourism Bureau, the citizen, the leader and manager of the ecotourism company, and the expert, discuss the establishment of an ecotourism company in your city.

Tasks for Director of the Local Tourism Bureau: Facilitate the discussion and ensure all viewpoints are heard; present the vision and goals of promoting sustainable tourism in the city; highlight potential benefits and challenges of the Ecotourism company's establishment.

Tasks for Manager of the Ecotourism Company: Present the company's mission, vision, and plans for sustainable tourism practices; address concerns raised by citizens and the tourism bureau, providing solutions or reassurances where possible.

Tasks for the citizen: Ask questions and raise potential issues such as environmental impact, job opportunities, and community involvement.

Tasks for the expert: Provide technical and professional insights into sustainable tourism practices, environmental impact assessments, and community engagement strategies; offer recommendations and advice to the Ecotourism company and the tourism bureau based on their expertise.

设计意图：通过拓展性教学，如视频观看、话题讨论和角色扮演，帮助学生了解生态旅游的内涵，树立社会主义生态文明观，唤起他们保护环境、文明旅游，建设美丽中国的意识和责任，实现课程思政的目标。

4. 课后项目式探究活动

课后学生学习小组收集各国生态旅游的相关音视频和文字资料，对比各国生态旅游所采取的不同举措，开展研讨工作，并形成小组报告。这项活动旨在引导学生就本单元主题进行跨文化对比、开展批判性思维和评价活动，促进学生团队提升合作能力和批判性思维能力。

(五)课程教学实践总结

本次课教学以学生为中心，以产出为导向，采用 2T 教学推进模式，即"文本精读教学"和"拓展教学"由浅入深，从输入到输出，渐进式地推动学生的专业学习，在语言知识传授和技能训练的过程中融入思政元素，实现语言教学与课程思政同向同行，形成协同效应，帮助学生理解生态旅游的内涵，树立社会主义生态文明观，唤起他们保护环境、文明旅游，建设美丽中国的意识和责任感。此外，课后项目式探究活动帮助学生拓宽视野和提升跨文化交际能力，也加强了他们的民族自豪感和文化自信。这种综合性的育人功能对于培养具有全球视野和中国特色的高素质外语人才具有重要意义。

四、结语

高校英语课堂中进行课堂思政的重要性不言而喻。它不仅是落实立德树人根本任务的重要举措,也是促进学生全面发展、提升教学质量和构建全员、全程、全方位育人大格局的关键环节。在综合英语课程教学中,"教师是教学活动的策划者、组织者、协调者、定调者,在教学中处于主导地位"①。如何挖掘、梳理课程中的思政元素,将显性的语言教学与隐性的道德教育有机融合,并贯穿于课程教学中,是每一位综合英语教师面临的挑战。为了更好地推进英语课程思政建设,教师们需要不断提升自己的思政意识和能力水平,积极创新教学内容和方式,并努力提高学生的接受度和参与度。

参考文献

[1]高等学校课程思政建设指导纲要[EB/OL]. https://www.gov.cn/zhengce/zhengceku/2020-06/06/content_5517606.htm.

[2]教育部高等学校外国语言文学类专业教学指导委员会.普通高等学校本科外国语言文学类专业教学指南 下[M].北京:外语教学与研究出版社,2020.

[3]刘桂玲.思辨能力视域下综合英语课程思政建设研究[J].外语学刊,2021(6):83-88.

[4]刘建军.深度教学理念下的外语课程思政教学探索[J].教育学术月刊,2022(11):99-105.

[5]莫俊华,毕鹏.英语专业课程思政的 TLR 教学模式探究——以《综合英语》课程为例[J].外语研究,2023(2):62-66.

[6]中共中央办公厅、国务院办公厅.关于深化教育体制机制改革的意见[EB/OL]. https://www.gov.cn/zhengce/2017-09/24/content_5227267.htm.

---

① 刘桂玲:《思辨能力视域下综合英语课程思政建设研究》,载《外语学刊》2021 年第 6 期。

课程思政理念下大学英语
阅读教学策略研究

蒋业梅　刘秀芳

一、引言

在全国高校思想政治工作会议上习近平总书记强调:"要坚持把立德树人作为中心环节,把思想政治工作贯穿教育教学全过程""要用好课堂教学这个主渠道""使各类课程与思想政治理论课同向同行,形成协同效应"。[①]大学英语课堂是学习、传播优秀文化的阵地,同时也是培养学生良好道德品质的阵地。大学一年级的学生刚刚步入大学生活,应该塑造他们正确的世界观、人生观、价值观,使学生爱党爱国,弘扬中华优秀文化。因此,将思政教育融入大学英语教学是非常必要的,有利于构建全方位育人格局,充分发挥大学英语课堂的育人作用。

二、大学英语阅读思政教学的重要性

立德树人是教育的根本任务,在大学英语阅读教学中融入课程思政有助于实现立德树人的教育目标,实现育人价值。《大学英语教学指南(2020)》明确指出:大学英语教学应融入学校课程思政教学体系,使之在高等学校落实立德树人根本任务中发挥重要作用。外语类课程作为培养学生

---

① 《把思想政治工作贯穿教育教学全过程 开创我国高等教育事业发展新局面》,http://www.moe. gov. cn/jyb_xwfb/s6052/moe_838/201612/t20161208_291306. html.

跨文化交际能力的桥梁,课程思政融入课程教学的重要性不言而喻。大学英语阅读思政教学对于提高学生素质、培养新一代合格的社会主义接班人有着重要的意义。英语课堂中融入课程思政,可以推进全员育人、全程育人、全方位育人的"三全育人"理念落实,使英语学科与道德教育产生协同育人的效果。

在大学英语阅读教学中融入课程思政,促进学生的思想品德教育,培养学生的良好素养和品质。大学一年级的学生,缺乏人生阅历和社会经历,身边不再有父母、老师的时时陪伴,而他们正处于世界观、人生观、价值观形成的阶段,学校教育对学生的品德培养发挥着至关重要的作用。英语课程中不乏与道德相关的元素,在教材内容的基础上,教师在课堂中融入思政元素,弘扬社会主义核心价值观,促进学生的德育发展,把学生培养成爱党爱国、德才兼备、身心健康、全面发展的人。

在大学英语阅读教学中融入课程思政,有利于提升学生的文化自信,讲好中国故事。在大学英语阅读教学中有许多渗透着中西方文化的内容,这就需要教师在潜移默化中融入课程思政的内容,拓宽学生的知识面,促进学生的跨文化交际能力,加深学生对中华优秀传统文化的吸收和理解,避免受到西方负面文化的影响,提升学生的文化自信,增强学生用英语讲中国故事的能力,让中国优秀文化走向世界舞台。

三、现阶段大学英语阅读思政教学的现状分析

(一)缺乏对课程思政的深入认知

在 2016 年全国高校思想政治工作会议上明确了高校每门课程都应具备育人功能、承担育人职责。虽然此后的教育政策文件也多次涉及课程思政理念,课程思政得到了推进和完善发展,但是仍有部分大学英语教师对课程思政没有深入的认识,使得课程思政元素融入英语教学不足的情况出现。有的老师只了解课程思政的浅层概念,在教学中缺乏将课程思政融入英语

课堂中的意识;有的老师对课程思政理念有所了解,但是对如何实施课程思政没有头绪,对开展课程思政的目标不明确;有的老师只是将课程思政当作任务,在实施过程中没有充分挖掘、拓展思政内容,或是生硬地将思政内容放在课堂中,这都影响着课程思政的效果,不能够充分发挥其育人价值。

(二)课程思政的教学模式和方法陈旧单一

在实施课程思政的过程中,有的老师所用的教学模式较为单一,主要是以讲授为主,在阅读教学中更多地采用 PWP(pre-reading, while-reading, post-reading)教学模式,有时课堂的互动性不高,难以判断学生是否真正吸收理解,难以判断思政内容是否真正滋养了学生的价值观、道德之心。在教学方法上,许多老师倾向于采用以传授学科知识为目的的教学法,如语法翻译法等,这些方法使基础较弱的学生仅仅能学会课堂上的知识,即使教师将课程思政内容融入其中,学生的吸收理解效果也不如人意,不利于学生的综合素养的提升。

(三)局限于教材表层,没有深度发掘、拓展课程思政教育资源

《前景实用英语综合教程1》共有八个单元,每个单元有两篇阅读材料,涉及思政元素的课文也有许多,但是受教师水平等因素影响,课程思政内容并没有与英语课堂深入融合。一方面,教师在教学时,有时只顾着讲解单词及知识点,实现语言教学知识目标,但忽略了文章蕴含的育人价值,或是讲育人价值时不够升华。另一方面,受知识与能力等因素的影响,教师没有深度挖掘出课本中的思政元素,没有拓展相关思政元素,导致课程思政内容在课堂上没有较好地呈现,教师的课程资源开发能力有待提高。

(四)英语课堂中课程思政的评价体系不完善

随着课程思政在英语课堂中的实施,如何评价课程思政也尤为重要。目前,英语课堂中的课程思政评价方式多以成绩为导向,有时虽然结合过程性评价、终结性评价,但仍有许多不足。评价标准重视客观性和准确性,忽

视了对学生创新性思维、价值观等方面的培养。目前,大多数的评价都是由教师主导和执行,学生参与度不足。教师在评价课程思政效果时,受到主观因素影响会导致评价的不公正性,影响评价结果的真实性。因此,课程思政的评价体系在评价方式、评价标准、评价主体等方面仍需要完善。

四、课程思政理念下大学英语阅读教学策略

(一)借助阅读文本融合课程思政

在英语教材《前景实用英语综合教程1》中,有许多文章包含思政元素,教师在教学时,应该借助书中的阅读文本,与同学们讨论交流其中涉及的思政元素,帮助学生树立正确的世界观、人生观、价值观。为了培养德、智、体、美、劳全面发展的新一代社会主义建设者和接班人,在课堂中要利用好教材文章中的思政元素,渗透德育教育。教师不应按部就班地根据教材列出的顺序来授课,而应该根据实际教学的需要去运用教材,积极挖掘教材中的思政元素。在实际教学时,教师可以适当增加或删减内容,调整教学内容的比重,增添相关任务,升华文章主题,让学生能够自觉融入理想信念。同时,阅读文本也应不局限于教材,在课后,教师可以提供相关的英语文本供学生阅读,借助多种资源实现课程思政与英语阅读教学的融合。例如,在"Unit 1 College"这一单元中,两篇文章都讲了大学生活与高中生活,提到了大一新生的生存之道,教师可以借助书中的内容,与学生一起探讨应该如何做才能使大学生活有所收获、度过有意义的大学时光,毕业后想要成为什么样的人、能为社会做哪些贡献等,课后可以布置作业,让学生用英语写下目标。这样学生不仅可以吸收、理解书中的内容,还能够结合自身专业和实际情况,将所学内容内化于心、外显于行,有助于实现利用思政元素潜移默化地培养学生正确三观的目标。

(二)充分挖掘教材中的思政元素

大学英语课程思政是高校实现立德树人根本任务新的着力点,教材是

大学生英语学习重要的信息来源,教材文本的主题、内容、情感偏向使其表现出来的思维模式、价值观念、生活习俗等都会对大学生的价值观有潜移默化的影响。在英语课堂中,实施课程思政理念的第一手资料是教材内容。在教学内容的选择上,教师需要挖掘其中与思政有关的元素,提取人物、事件等不同案例,突出其中的育人价值。《前景实用英语综合教程1》的阅读文本中包含许多思政元素,其中一些是隐性的,若不仔细深入挖掘,难以觉察出来。因此,在英语阅读课堂中融入思政理念,教师有责任充分挖掘思政元素,在潜移默化中实现课程思政,从而实现立德树人、协同育人,提升学生道德素质,培养学生文化自信的目标。

　　《前景实用英语综合教程1》有八个单元,每个单元主题鲜明,贴近大学生生活,富含思政元素。第一单元关于大一新生的生活之道,教师在教学时可以引入跟学生专业相关的榜样人物,在恰当的时机结合感动中国人物,引导学生树立正确的三观和目标;第二单元关于大学食堂和健康饮食,教师可以拓展中国的传统食物和地方美食,学习中国的饮食文化,课后布置作业时,可以让学生用英语介绍中国菜,讲中国源远流长、特色各异的饮食文化故事;第三单元与学习风格和学习方法有关,教师可以结合科学家们的学习、钻研的精神,升华主题,培养学生良好的学习习惯和学习态度,在学习的道路上迎难而上、攻坚克难、永不放弃;第四单元与运动有关,教师可以借助阅读文本,拓展中国的运动文化,向学生介绍中国的武术,让学生意识到体育不仅仅可以强身健体,更能够传承中国的运动文化,也可以向学生拓展介绍中国的运动精神,以及中国运动健儿的精神风貌;第五单元与利用数字技术学习有关,教师要引导学生正确运用电子产品等数字技术,合理运用线上资源进行学习,不能沉迷于网络;第六单元与环境、建设绿色校园有关,教师可以将教学内容升华到保护环境、保护地球,让学生意识到节约资源、保护环境的重要性,培养学生爱护家园、爱护环境的道德品质,牢记"绿水青山就是金山银山";第七单元关于时尚与美丽,教师要教导学生外在美固然重要,但更要注重内在美、涵养内在美,培养并践行社会主义核心价值观,以此融入德育教育,培养学生的品德,实现课程思政;最后,第八单元关于职业选择,在此单元融入思政教育和道德教育可以从多个方面着手,例如,教育学生应该合理规划大学生活,树立清晰的目标,学习榜样人物事迹,结合自身专业为社会做贡献,做一个有社会责任感的人。总的来说,在剖析课本内容的同时,除了分析语言知识,教师更应该升华主题,利用文本蕴含的思想实现课程思政,培养高素质的、有高尚道德的社会主义接班人。

(三)采用恰当的英语教学方法和实施合理的教学活动

教师充分挖掘思政元素之后,在教学时采用恰当的教学方法和实施合理的教学活动,学生才能更好地理解并行动起来。英语教学方法有很多种,如语法翻译法、直接法、听说法、情景交际法、任务型教学法、全身反应法、角色扮演法等,在课程思政理念下,教师要思考用什么样的教学方法、如何设计教学活动,才能让学生在学习过程中提升思想认知、获得启发。例如,在讲 Unit 7 Fashion and Beauty 时,教师可以利用情景交际法,引入对话,让学生对整形等过于注重外在美的行为进行讨论,鼓励学生大胆地说出自己的看法;教师也可以开展一次辩论赛,以"人们应该注重外在美还是内在美"为题展开辩论,激活学生的思想道德认知,传递中华优秀传统美德和社会主义核心价值观。教师需要观察、了解学生的思想发展动态,及时做出正向的评价与引导,达到课程思政的教育目标。

(四)运用合作学习渗透课程思政内容

为了培养学生的团体意识和集体主义观念,关于英语课堂,教师可以运用小组合作学习的方式设计教学,融入思政元素。例如可以让学生以小组为单位,用英语介绍中国传统饮食、中国传统体育等中华优秀文化。在小组成员共同完成英语任务的时候,同学们通过相互讨论、协作,集合所有组员的智慧,这样既培养了学生的集体意识,也增进了组员之间的凝聚力,加强了班集体的凝聚力,使学生践行了集体主义观念,彰显良好品德,同时也实现了课程思政的育人功能。

（五）将评价作为改进教学的重要依据

课程思政评价设计面临着独特的挑战。在英语课程中融入课程思政之后，正确恰当的教学评价才能够客观反映出课程思政的成果和需要改进之处。教师应该构建完善的评价体系，用以真实反映课程思政实施的效果。首先，教师可以采用多种评价方式，如过程性评价与终结性评价相结合，通过评价活动的开展，了解学生的思想发展动向。其次，增加评价主体的多样性，不仅由教师来评价，还可以进行生生互评以及学生自评，从多个角度收集评价结果，不仅关注学生在英语课堂上的成长发展，还关注学生在校日常行为表现情况。最后，教师要细化评价标准，明确评价要求，从知识技能、价值观念等方面入手，开展真实客观的评价，构建全面的评价体系。教师只有得到最真实的评价结果，才能从中分析出在英语课堂中课程思政理念落实的情况，才能思考应该从哪些方面着手改进，更好地实施课程思政，培养学生的道德品质和正确的三观，提升学生的文化意识与文化自信。

五、结语

教育的根本任务是立德树人，课程思政实现了思想政治教育与各学科教学相结合。大学英语作为一门不可或缺的课程，对培养学生的综合素养、道德品质有重要影响。在大学英语阅读教学中，教师通过文本阅读，深挖思政元素，多种教学方法和教学活动，学生合作学习等方法，潜移默化地落实课程思政理念，提升学生的道德修养，帮助学生树立正确的世界观、人生观和价值观，培养有理想、有本领、有担当的新一代青年。

参考文献

[1]习近平.把思想政治工作贯穿教育教学全过程 开创我国高等教育事业发展新局面[EB/OL].http://www.moe.gov.cn/jyb_xwfb/s6052/moe_838/

201612/t20161208_291306. html.

[2]教育部高等学校大学外语教学指导委员会.大学英语教学指南 2020 版[M].北京:高等教育出版社, 2020.

[3]石薇.思政元素与大学英语教学设计的融合研究[J].佳木斯职业学院学报,2023(11):127-129.

[4]于欣宏.课程思政在大学英语读写课程教学中的融合发展[J].哈尔滨职业技术学院学报,2023(6):136-138.

[5]王克香.课程思政背景下高职英语立体化协同育人体系的构建研究[J].通化师范学院学报,2023(11):40-44.

[6]罗爱梅.课程思政视域下高职公共英语教学评价体系的构建[J].现代商贸工业,2024(1):224-226.

[7]杨轶男.立德树人视域下高中英语阅读教学中的德育渗透策略研究[J].佳木斯职业学院学报,2023(9):139-141.

[8]朱燕.大学英语教学"课程思政"有效策略研究[J].湖北开放职业学院学报,2023(22):99-101,107.

[9]柳叶青.从实体思维到实践思维:当前教材评价研究的新趋势[J].课程·教材·教法,2017(12):24-30.

[10]戴佳.基于"阅读圈"活动的大学英语课程思政教学设计与实践[J].黑龙江教育(理论与实践),2023(12):32-34.

基于中华优秀传统文化意识培养的英语阅读教学改革[①]

陈 露

教育部印发的《高等学校课程思政建设指导纲要》要求,加强中华优秀传统文化教育,大力弘扬以爱国主义为核心的民族精神和以改革创新为核心的时代精神,教育引导学生深刻理解中华优秀传统文化中讲仁爱、重民本、守诚信、崇正义、尚和合、求大同的思想精华和时代价值,教育引导学生传承中华文脉。英语教学内容偏重于英语语言知识和英语国家文化,对中华优秀传统文化知识融入不足。在此背景下,将中华优秀传统文化融入英语专业课程教学,梳理其融入内容和方式,探讨立德树人理念指导下的英语专业课程教学改革发展具有重要的理论价值和实践意义。

一、中华优秀传统文化融入英语阅读课程教学的必要性

根据《普通高等学校本科外国语言文学类专业教学指南》(2020)可知,英语教学中要深度挖掘、提炼外国语言文学类专业知识体系,坚持洋为中用、融通中外,认真汲取中华优秀传统文化的思想精华和道德精髓,大力弘扬以爱国主义为核心的民族精神和以改革创新为核心的时代精神,深入挖掘和阐发中华优秀文化的时代价值。重点引导学生学习优秀传统文化、革命文化和社会主义先进文化,传承中华文脉,富有中国心,饱含中国情,充满

① 本文系广西师范大学 2023 年教育教学改革项目"基于中华优秀文化意识培养的英语阅读教学改革与实践研究"(项目编号:2023JGA05)的成果。

中国味,向世界讲好中国故事、中国共产党故事,传播好中国声音,促进人类文明交流互鉴。新时代的大学生担负着中华民族伟大复兴的重任,向世界传播中华优秀传统文化不仅是国家发展、民族复兴的需要,也是当代大学生的使命。语言是文化传播的重要载体,反映人的思想意识与外界的交互发展。外语教学的最终目的是培养学生的跨文化交际能力。文化意识的培养有利于对英语的深层理解和广泛使用,同时加深对中华优秀传统文化的理解,是一项双向、多元受益的举措。孙有中(2016)对跨文化能力的核心内涵描述如下:尊重世界文化多样性,具有跨文化同理心和批判性文化意识;掌握基本的跨文化研究理论知识和分析方法;熟悉所学语言对象国的历史与现状,理解中外文化的基本特点和异同;能对不同文化现象、文本和制品进行阐释和评价;能得体和有效地进行跨文化沟通;能帮助不同语言文化背景的人士进行有效的跨文化沟通。英语阅读是英语专业本科生的一门重要的语言课程。增强中华优秀传统文化意识培养有利于学生对英语和中国语言文化的深度理解,提升跨文化交际能力,达到用英语向世界讲好中国故事的"全人"教育目标,使学生成为有担当、有情怀、有责任的新时代文化传播者。

二、英语阅读课程教学现状

近年来,将中华优秀传统文化融入英语教学已经成为广泛关注的热点。学者们也从不同角度探讨了其必要性和重要性。结合新时代的"课程思政"改革背景,英语专业人才肩负着弘扬中华优秀文化的重任,向世界传播中国文化、塑造中国形象的重任。英语阅读课程是英语专业本科生语言文化知识和价值观输入的主要来源,是培养具有中国情怀和国际视野外语人才的重要平台。

目前英语阅读课程教学实践中的主要问题有:教学注重语言知识技能训练,轻文化意识培养;中华优秀传统文化意识培养教学资源和教学方法单一;阅读课程考核评价体系有待完善。造成这些问题的原因主要有以下三个方面。

1.英语阅读教学理念受传统教学理念影响深远。课堂教学以语言知识教学为主,较多关注基本的英语阅读技能训练,注重教授语言知识信息的识别和理解,以及归纳、总结等基础阅读理解技巧。缺乏主动培养学生将语言与文化密切联系的思维,对于英语阅读涵盖的中华优秀传统文化教学不够深刻,英语阅读中的中华优秀传统文化内容不足。

2.英语阅读教材相对陈旧,教师综合教学素养不足。传统英语阅读教材大都是以英语国家文化为主线的主题内容编撰而成,没有以丰富的跨文化视角阐释中华文化,缺乏体现中国智慧、中国文化元素的阅读教学资源内容,教学输入信息无法满足新时代背景下学生不断增长的知识获取需求。基于文化意识培养的高校英语阅读教学围绕教师和学生共同开展教学活动,其中对教师能力提出新的挑战,暴露出部分高校英语阅读教师综合素养不足的问题,综合体现在部分教师的教学模式较为固化,基本上是围绕阅读文本内容进行讲解的模式。该模式忽视了将英语阅读语言知识与文化素养培养相结合的必要性,限定了学生阅读理解能力、文学鉴赏能力、研究能力、创新能力、自主学习能力和实践能力等其他多元能力共同发展。教师实施阅读课程教学过程中对文化资源,尤其是中华优秀传统文化资源的发掘不够深入。教学方法上依赖单一的讲解,未能够充分运用以现代信息技术为依托的线上教学平台与线下课堂相呼应的混合方式,没有通过多模态的手段帮助学生建构语言和文化知识的图式。此外,教师不重视思辨性阅读教学的作用,较少主动运用中西文化对比教学模式训练学生的阅读思辨能力和训练学生对正确理论思维问题的分析能力。

3.阅读课程考核评价体系不完善。新时代下英语阅读课程的形成性考核评价体系仍处在不断改革摸索阶段。现有阅读课程考核评价目标包括对思想价值观、英语阅读知识和英语综合技能的评价。

三、中华优秀文化融入英语阅读课程教学的应用实践

(一)将中华优秀传统文化融入英语阅读课程教案

全面学习《国家中长期教育改革和发展规划纲要》《高等学校课程思政建设指导纲要》和《普通高等学校本科外国语言文学类专业教学指南》等重要文件,深入挖掘、系统整合跨文化交际能力、思辨能力、思政育人以及多元能力发展等方面的要求,将其落实到教学中,形成系统的教学方案。

(二)英语阅读课程教学资源的选取和拓展

根据政治认同、家国情怀、科学精神、工匠精神、法制意识和文化自信等六大思政目标,结合教材各单元主题,将中华文化教育与英语阅读内容融为一体,使课程内容得到扩展和延伸。拓展阅读内容是英语阅读课程的主要内容之一,因此,选材成为搞好课程思政的路径。在跨文化能力的人才培养目标及教学指导纲领性文件指引之下,以《英语泛读教程》第1册的单元主题阅读素材为基础,将"理解当代中国"系列教材的《英语读写教程》内容大量引入英语阅读课程教学资源体系,如"美丽中国""高质量发展"和"公平公正的社会"等主题内容,通过问卷调查、教学研讨会和课堂教学实践,挖掘《英语读写教程》中的文化元素,尤其将教材中的中国文化智慧和中华优秀文化意识培养融入学生的英语知识学习、思辨能力及其他多元能力培养中,引导学生以跨文化思辨的方式,主动学习吸收其中的中华优秀传统文化,发展中西文化对比思辨能力。以主题为依托,通过横向对比把不同单元的相似文化主题及思政元素进行归类赋能,使学生站在文化意识培养、跨国跨文化的大格局下进行英语阅读,达到语言知识和立德树人等思政教学相结合的目的。

（三）聚焦中华优秀传统文化意识培养的阅读教学模式改革

基于教材单元主题内容，合理均衡设置具体的单元多元能力目标，在跨文化能力培养理念指导下，开展教学模式改革探索。以平台资源等多模态素材为媒介，创新混合式教学模式，实验不同课堂组织形式及活动模式对阅读能力、跨文化交际能力、思辨能力、思政育人能力、创新能力、沟通合作能力等多元能力培养的适用度和有效性，探寻有效的课堂教学模式。培养学生的英语阅读应用能力及文化意识。结合专业特征，加大中华优秀传统文化的内容输入，重视中西方文化的对比教学实践，引领学生深入了解本土优秀文化，增强学生的文化体验感，从而提升文化自信和爱国情怀，培养学生的跨文化交流的能力，使学生不仅了解西方文化，更能有意识地传播中华文化，讲好中国故事。例如，课文"The All-American Slurp"介绍中美餐桌礼仪差异，目的是让学生了解中西方文化差异。根据餐桌文化这一主题，教师从"理解当代中国"系列教材的《英语读写教程》选取第八单元"和而不同"的内容，选取句子展开英汉翻译练习和讨论，学生们不仅对中西文化差异有了具体认知，也对文明交流互鉴的意义有了更深的理解，加深了学生对中华文化的了解，增强爱国情怀。这有利于培养学生理解和分析跨文化现象的能力，提高文化反思能力和文化自觉，同时促进思辨能力和学术研究能力的发展。通过中西文化传统知识的对比教学，倡导学生理性看待中西方节日内涵差异，传承中华优秀传统文化。通过对文化专题报道的广泛阅读和思考，结合实践，培养学生文化自信。同时，还可以透过文化表象对比挖掘蕴藏在其背后的哲学差异。

（四）推进跨文化交际能力培养的阅读课程考核评价体系的完善

在跨文化能力培养理念指导下，完善英语阅读课程教学评价模式，参照相关重要文件，结合教学实践及学生调查情况，调整教学评价模式和方法，结合课程思政和文化意识教学发展要求，调整评价体制，将显性评价、隐性评价、教师-学生评价、学生-学生评价、自我反思评价等评价方式引入评价模式改革之中,根据不同多元能力发展与专业发展的支撑关系,实验探究合理的多元评价方式。落实阅读课程语言技能+跨文化交际能力+中华优秀文化内涵理解能力+正确思想、价值观的课程思政学习成效,突显学生通过阅读课程的文化意识培养,达到对西方文化理解、跨文化交际、文化意识和能力、文化知识等的全面提升。

四、结束语

培养英语专业学生的跨文化思辨意识,提高中华优秀传统文化的传播力,向世界讲好中国故事是新时代英语专业教学的崭新要求。通过将中华优秀传统文化与英语阅读教学相结合,在资源拓展、教学模式创新和评价体系等层面完善教学实践,对传统的英语阅读教学进行改革和创新,使学生成为具有跨文化能力和国际传播能力的合格外语人才。

参考文献

[1]戴炜栋,王雪梅."文化走出去"背景下的我国外国语言文学学科发展战略[J].解放军外国语学院学报,2015(4):1-11,159.

[2]教育部.高等学校课程思政建设指导纲要[EB/OL].https://www.gov.cn/zhengce/zhengceku/2020-06/06/content_5517606.htm.

[3]教育部高等学校外国语言文学类专业教学指导委员会.普通高等学校本科外国语言文学类专业教学指南 下[M].北京:外语教学与研究出版社,2020.

[4]孙有中.外语教育与跨文化能力培养[J].中国外语,2016(3):1,17-22.

[5]伊琳娜·伊力汗.中华优秀传统文化融入大学英语教学策略探究[J].新疆师范大学学报(哲学社会科学版),2022(4):143-148.

第二篇　教学模式与教学方法研究

基于微课的大学英语混合式教学探析

覃新宇

一、引言

在"互联网+"时代,信息技术与大学英语教学深度融合,促进了大学英语教学手段和方法的现代化。以提高大学英语教学质量为目的,将大学英语传统的教学模式过渡到混合式教学模式,已经成为大学英语教学改革的必然趋势。混合式教学模式结合了线上、线下学习的优势,突显了网络教学的价值。混合式教学模式,以学生为中心,强调学习者自主,同时也较好地发挥了传统课堂中教师的主导作用,促进了师生互动,显示出巨大的发展前景。微课是"微时代"发展的产物,为混合式教学模式的实践提供了大量优质资源。微课是一种重要的辅助性教学资源,在大学英语混合式教学模式中,如何利用其有效地提高教学效果,值得深入研究。

二、相关概念

(一)微课

《辞海》(第七版)中微课指:运用信息技术手段,按照认知规律呈现碎片化学习内容、过程及扩展素材的结构化数字资源。其核心内容是课堂教学视频(课例片段),同时还可包含与该教学主题相关的教学设计、素材课件、教学反思、练习测试及学生反馈、教师点评等辅助性教学资源。有学者结合教学,指出:"'微课'是指按照新课程标准及教学实践要求,以教学视频为主要载体,反映教师在课堂教学过程中针对某个知识点或教学环节而开展教与学活动的各种教学资源有机组合。"[1]郑小军(2013)提出,微课是针对某个知识点或教学环节而开发的数字化学习资源,其教学载体以微型教学视频为主,这些视频具有情景性、趣味性、可视化的特点,适用于翻转学习、移动学习、混合学习、碎片化学习等个性化学习和线上教学。为了帮助广大师生更容易理解微课的含义,岑健林(2016)将微课定义为一种基于信息技术的、合乎认知规律的结构化数字资源,它能够呈现出碎片化学习的内容、过程以及拓展学习的素材。总体而言,微课的特点主要表现在有鲜明的主题、交互性强、内容短小精悍、资源丰富、便于传播。

(二) 混合式教学

混合式教学结合了传统学习方式和网络化学习方式(electronic learning, e-Learning)的长处,在教与学的过程中,既不能忽视教师的主导作用,又要突显学生的主体地位。有学者认为混合式教学的核心在于将面对面教学和在线学习这两种学习模式整合起来,从而降低成本、提高教学效益。混合式教学使课堂内外的教学活动较之传统教学有了一些变化,也就是,在混合式教学模式下,那些以往在传统课堂内的活动可以发生在课堂外,而传统教学中课外活动发生的事可以发生在课堂内,学生成为教学活动的中心,在学习上,学生有了更多的自主权,可以选择最适合自己的方式进行学习。混合式教学模式改变了师生的交流方式,弥补了传统教学中师生、生生缺乏互动的不足。

三、基于微课的大学英语混合式教学的应用价值

(一)利于师生互动

大学英语混合式教学丰富了师生、生生的沟通渠道,使师生、生生教学

---

[1] 胡铁生:《"微课":区域教育信息资源发展的新趋势》,载《电化教育研究》2011 年第 10 期。

互动变得频繁起来。在线学习微课时,学生遇到问题,可以通过线上学习平台或是社交平台提出疑问,其他学生可以给予解答或是参与讨论,然后教师再对学生的疑问及相关回答做出反馈,实现个性化的教学指导。在面对面教学中,教师以单元主题为中心,引导学生进行小组讨论,挖掘课文主题思想,促使学生积极参与学习,也可以通过小组讨论解决一些在线学习时遇到的共性问题,促进学生理解课文。此外,教师加入小组讨论中,增加了师生之间互动、交流的机会,使师生关系更加融洽,使课堂中的交互性变得更为有效,进而提高教学效果。

(二)突显学生的主体地位

基于微课的大学英语混合式教学的理念能够提高学生学习英语的自主性。微课具有内容丰富、短小精悍、易获取等特点。学生通过多样化的终端载体很容易就能够获取微课,这有利于学生根据自身的兴趣及能力水平选择合适的课程进行自主移动学习。混合式教学模式下,学生在线上学习过程中,自主选择微课学习资源,选定学习时间和地点,制订完善的在线英语学习计划,从而满足自主学习的需求。微课的教学设计重视提问、思考和练习环节,学生不再是被动地接受知识,而是要通过积极思考、主动解决问题、自主完成学习任务的方式实现对所学知识的理解和吸收。在线下的课堂上,教师的角色从过去的主导者转变为课堂活动的组织者和协调者,学生自觉地积极参与各种课堂活动,凭借自己的能力或是通过小组协作完成教师布置的学习任务,教师只在学生遇到困难或是课堂活动进行不顺时才给予指导。由此看来,线上线下混合式教学完全体现了学生在大学英语教学中的主体性,提高了学生的自主学习能力,提升了学生的学习效率。

(三)利于有效教学

基于微课的混合式教学模式利于教学资源的优化使用。微课视频通常围绕某个具体的话题而制作,特点是重点突出、语境真实、语言地道、新颖生动、实用性强,这使得学生的认知成本和负担得以减轻,并能够以高效的方式支持学生构建语言知识和语言技能,有利于实现有效学习。通过应用混合式教学模式,教师可以将一些课堂活动转移到线上,这样可以留给线下教学更多的空间,有利于教师组织面对面的活动,更好地与学生互动。教师对微课视频里的知识的梳理、整合有利于学生更好地理解语言、运用语言,提高学习效率。在混合式教学模式中,教师还可以有效地利用学生课后零碎的时间开展个性化的教学。

四、基于微课的大学英语混合式教学的问题与实施对策

"互联网+"的时代背景下,在信息技术的应用方面,大学英语教师的信息技能参差不齐。部分大学英语教师不能熟练使用互联网工具,对于一些在线英语学习平台的使用也不够熟练。在传统教学课堂中,学生已经习惯了课堂面授,因此,对大学英语混合式教学的实际内涵的理解不够深入,对于这种跨越时间、空间的教学方式,学生适应起来需要一定的时间。在实施大学英语混合式教学中,教师与学生之间的互动对教学效果起到很重要的作用。与传统教学相比,混合式教学的优势之一是拓展大学英语学习的时间与空间,学生在课前、课后遇到学习问题,或者由于课堂时间的限制,线下课没有得到充分讨论的问题,都可以到在线互动平台提问或进行讨论。但在现实中,师生在线互动的氛围不够浓烈。

(一)加强教师信息化教学能力的培养

较之于传统课堂教学,基于微课的大学英语混合式教学对教师更具有挑战性,在混合式教学模式下,教师的角色、职责发生了相应的变化,这对教师自身教学能力以及信息素养提出了全新的要求。在应用混合式教学模式的过程中,部分教师对信息技术平台、在线教学平台的使用不够熟练,影响了教学效果。因此,要提升教师的信息化教学能力,就需要学校和教师个人的共同努力。对学校而言,应当加强培训教师熟练掌握各种信息技术,譬如:熟悉信息技术的基础性操作,了解软件的应用,熟练使用在线教学平台

的各种功能。学校可以请专业的技术人员到学校,对教师给予技术上的指导以及技术支持,通过这种方式提高教师使用在线平台等信息化教学手段的信心和能力。另外,有必要定期开展教师之间的教学观摩,召开研讨会互相切磋教学方法,交流教学体会,总结经验教训等,学校对老师提供持续的跟踪指导。对教师个人而言,应及时更新教学观念,接受新生事物,以积极的心态顺应时代发展的潮流,迎接信息化教学改革带来的挑战和机遇,努力增强实施大学英语混合式教学的动机,提升信息化教学水平,将线上教学和传统教学的优势结合起来,进行真正意义上的大学英语混合式教学。

（二）培养学生自主学习能力

在大学英语混合式教学中,线上教学要求学生要高度自觉地学习,主动承担学习责任,要从过去靠教师引导和管理的学习方式过渡到自主学习的方式,这个过程需要教师的指导。首先,为了避免学生漫无目的、盲目地学习,教师应该在确立学习目标,制订学习计划,管理学习时间等方面指导学生。其次,教师还要加强培养学生的自主学习意识,指导学生学会自我鼓励,激发学生的学习热情,提高学生线上学习的积极性和主动性,引导学生选择使用适合自己的学习策略,提高学习效率。再次,因线上教学的时间和空间的灵活性,教师对学生的控制、监督相对较少,这样的环境要求学生具备很高的自我监控和自我管理能力。教师在注意提醒学生遵守学习计划的同时,要进行充分的、及时的在线互动和交流,协助学生有效地进行自我监控和自我管理,确保学生有效完成线上学习任务。在整个混合式教学过程中,教师要想办法将学生的学习兴趣调动起来,使学生积极地参与混合式教学活动,养成自主学习的良好习惯。

（三）优化大学英语微课资源

丰富的英语微课资源便于学生在课前预习或课后复习时进行自主选择学习,是有效实施大学英语混合式教学的必要条件。为了吸引学生积极参与到大学英语混合式教学中,同时也为了提高学生学习微课的效果,教师在制作微课视频时要遵循大学英语教学目标,整合教学内容,将知识碎片化的同时也要注重知识的系统化,这就要求教师要钻研教材,对教材有全面而详细的了解,能够区分教学的重点、难点知识,制作的每个视频要有明确的教学目标,制作的视频内容要短小精悍,力求以形象风趣的方式集中讲授一个知识点,便于学生学习英语语言知识和提高英语技能,从而提升微课教学的有效性。另外,不同水平学生的学习需求具有差异性,大学英语微课资源应该体现层次化,符合个性化教学要求。

(四)加强学生学习动机

微课能否激发和强化学生的学习动机,在很大程度上决定了大学英语混合式教学能否取得良好的教学效果,为了达到较好的教学效果,选择适合的教学策略非常关键。在微课教学中,为了有效地激发学生的学习兴趣,教师可以巧妙地利用提问的方式,通过提问,可以将学习内容串联起来,为学生指明学习方向和思路。在混合式教学中,教师提问时可以使用一些策略,比如在在线教学平台给学生提出问题,布置学生在线讨论,一方面可以增强学生的学习动机,另一方面可以引发更多的师生互动,弥补师生在线互动不足的缺陷。教学中学习动机的强化,往往是通过让学生体验成功而实现的。在制作微课时,教师应设计更多让学生展示自我的环节,促使学生成功运用所学到的知识点而获得自我满足感,以此强化学生的学习动机。

五、结语

基于微课的大学英语混合式教学顺应信息化时代的潮流,结合了全新的教学理念,将传统资源和网络资源进行了有机整合,充分发挥了传统课堂教学与在线学习的优势,实现了传统课堂教学与在线学习优势的互补,为学生创设了良好的学习环境,更加注重培养学生的学习自主性,满足了学生个性化的学习需求,逐步提高了学生学习大学英语的兴趣以及英语应用的技能。与此同时,作为一种教学创新,大学英语混合式教学有助于教师的专业发展以及自身专业素质的完善,有助于教师信息化教学能力的提升,有助于大学英语教学质量的不断提高。

参考文献

[1]胡铁生."微课":区域教育信息资源发展的新趋势[J].电化教育研究,2011(10):61-65.

[2]岑健林."互联网+"时代微课的定义、特征与应用适应性研究[J].中国电化教育,2016(12):97-100.

[3]郑小军,莫葵凤.个性化微课:微课可持续发展的新趋势[J].中国教育信息化,2019(2):6-9.

[4]何克抗.从 Blending Learning 看教育技术理论的新发展(上)[J].电化教育研究,2004(3):1-6.

[5]李克东,赵建华.混合学习的原理与应用模式[J].电化教育研究,2004(7):1-6.

[6]庞维国.自主学习理论的新进展[J].华东师范大学学报(教育科学版),1999(3):68-74.

[7]林雯.微课教学设计的原则与三个关键问题探讨[J].中国教育信息化,2016(6):26-30.

大学英语课程多元化、建构性文化教学模式的改革与实践

——以广西师范大学为例

黄云云

一、文化的多元化与建构性

语言与文化的密切联系已成为共识。《大学英语教学指南（2020版）》（以下简称"《指南》"）指出，语言的文化属性决定非英语专业本科生的大学英语课程设置不能只注重工具性，也应注重其人文性功能。《指南》指出，大学公共英语课程不仅要通过对学生进行跨文化教育使其"了解国外的社会与文化，增进对不同文化的理解、对中外文化异同的意识，培养跨文化交际能力"，还要培养学生对中国文化的理解和阐释能力，服务中国文化对外传播。《指南》对大学英语公共课程中学生的跨文化交际能力明确提出如下发展目标："在与来自不同文化的人交流时，能够处理好与对方在文化和价值观等方面的不同，并能够根据交际情景、交际场合和交际对象的不同，恰当地使用交际策略。"大学英语文化教学的重要性不言而喻。

多元文化教育改革运动倡导在课程教学中融入文化的多元化，让学生了解不同民族的文化经验，从多民族文化的角度来理解世界。全球化背景下，非英语专业本科生大学英语课程理应通过英语语言的教学传递来延续多元文化。

全球化语境中，文化是开放的、动态变化的，是建构生成的。文化的建

构属性表明它不是照搬来的"原文化"或"他文化",而是一种探究式的、生成性的文化。因此,非英语专业本科生大学英语课程的教学应促使学生在提高英语水平的同时,不断地建构文化,衍生出更具时代特色和个人特征的新文化。而当前大学英语课程中的文化教学对学生作为文化建构者的文化生成意识与能力关注不够,对文化不断变化的时代性、文化教学与学生所学语言材料及其不断变化的语言认知的相关性、学生语言文化行为的创造性的体现不足。

二、教学改革的研究方法

基于文化的多元化及建构性特征及实际学情,广西师范大学开展了一项"大学英语课程多元化、建构性文化教学模式"的改革。该教学改革旨在探索并实践广西师范大学培养具备多元文化交际意识、文化建构能力的非英语专业本科英语人才的可行性教学模式,将原有的大学英语课程中的文化教学模式由一元性向多元化转变、由静态性向建构性转变并由师生共建出相应的文化教学资源。

这次教学改革采取了行动研究,宏观上包含计划、行动和反思三步。前期以文献阅读、课堂观察、研讨等形式了解非英语专业本科生大学英语课程文化教学的现状,并制定了相应的改革措施;中期进行了教学改革试验的同时,开展了教学资源的创建;后期对改革效果进行评估反思。

前期文献研究表明,真正具有可操作性的、可直接应用于大学英语课程教学实践的文化教学研究成果并不多见,没有太多可以直接参照的模式。因此,这次教学改革在实践中不断发现问题、寻求改进,以提高文化教学质量。

按照研究计划,这次教学改革从基本理念的确定、内容的选择、方法的设计、效果的评估、资源的建设等大学英语课程文化教学的具体环节出发,改革原有的大学英语课程中的文化教学模式,建设相应的文化教学资源。

三、教学改革的实践情况

新一轮的大学英语课程教学改革倡导内涵教学、智慧教学,指向大学英语教学工具性与人文性的统一,也注重大学英语教师开发、优化相关资源辅助教学。广西师范大学大学英语课程推行集语言技能、文化、思政为一体的内涵教学、智慧教学改革,这次对广西师范大学非英语专业本科生大学英语课程文化教学模式的革新即属于教学改革的"文化"部分。

这次教学改革在原有教材和课程框架的内容中引入多种文化内容并将其整合融入相关的英语语言授课内容,不止包括以英语为母语国家的传统及非主流文化,也适时展示其他国家的文化,恰当弘扬中国和本土文化,让学生讲好中国故事和世界故事。

在呈现文化内容时,这次教学改革项目在实施中将隐性文化教学和显性文化教学相结合。校本非英语专业大学英语课程体系以通用英语课程为主,文化英语等后续课程为辅。在占大部分课时及学生数的通用英语课程中,教师多引入与语言教学材料的内涵高度相关的文化进行"隐性文化教学",引导学生对课文相关文化进行自主探索建构,使学生不断动态变化的文化意识同语言认知同步。在占课时和学生数少的文化英语后续课程中,教师多对教材涉及的静态文化事实进行"显性文化教学",以启发学生基于自身知识经验并结合当今动态变化的文化现象进行思辨性文化建构,衍生出更具个人观点及时代特色的新文化,更好地将文化建构意识转化为语言文化行为。

本次教学改革项目在教学方式方法上注重创新。例如,采用了案例型文化分析。教师创造性地设计一些开放性的、有助于师生合作及学生独立探究的多元文化英语语境,供学生思辨和建构。采用各文化的比较、对比、翻译(针对全国大学英语四级考试中出现的关于中国文化的汉译英题型)等教学手段。又如,开展了仿真式文化交际。由教师创造接近真实、协商互动的仿真交际情境,以学生为跨文化英语交际的主体获得跨文化交际体验(如设计不同群体就如何看待某种文化现象进行交流的活动等),促使学生做出文化决策和采取社会行动,帮助学生在英语理解、对话、活动中建构文化。

评测方式上,增加促进课程发展的形成性评估的比重,采取多角度、多方式对非英语专业本科英语学习者进行考察,实现以评测促教学。学生在对英语国家、中国及其他国家的本土的多元文化进行案例分析、开展仿真交际之后,进行相关文化的深度反思并以英语进行输出。如,学生对文化现象进行英语演讲与辩论,对涉猎的各文化素材提交英语书评、影评、小论文,针对文化学习情况撰写反思日记,提交英语文化情景剧、微视频等等。同时,采取教师评估与同学自评及互评相结合的方式等。此外,测评不仅检测学生是否能用英语表达与以英语为母语国家的文化相关的内容,也增加对用英语表达中国及其他国家文化、本土文化的检查,提高学生利用英语来进行跨文化交际的能力。

因此,在这次文化教学模式改革的实施期间,以培养非英语专业本科生多元文化意识、文化建构能力为出发点,教师和学生均参与建设了相应的文化教学资源,供相同或相关课程的学生学习、教师教研使用。师生共建的配套多媒体文化教学资源包括教师教学素材、学生展示材料、学生论文、学生自制微电影及师生收集的其他教学材料。其中,教师教学素材主要包括中国文化、美国文化、英国文化、希腊文化、罗马文化、其他国家和地区文化、文化翻译、文化写作、《新视野大学英语》教程配套文化等;学生展示材料主要包括中美文化对比、中英文化对比、希腊文化、罗马文化、其他国家和地区文化、《新视野大学英语》教程配套文化等。部分文化教学资源经整合已在广西师范大学的大学英语智慧教学云平台的在线课程、第二课堂等模块上线,实现了校本网络资源共享并根据学情不定期进行维护更新。教学资源的共建除了传统的静态文化事实,也及时加入不断变化、不断被建构的文化热点,提高英语文化教学的时效性。师生共建的相关文化教学资源与英语语言教学高度相关,不割裂英语语言及文化教学之间的关系。建设的文化教学资源关注学生已存在并不断变化着的文化认知及语言水平,突出学生文化建构者的文化生成能力及文化创造力。

四、教学改革成效的反思

总体而言,这次教学改革是成功的。这次教学改革实现了探寻适合广西师范大学实际的大学英语课程的多元化、建构性文化教学模式并建设相应教学资源的改革目标,实践效果也得到了学生的肯定。大部分的学生都能在课程中参与多元文化的探究任务,学习到相关文化英语表达并将其用于文化建构。师生共建的文化教学资源满足了师生的教学需求,为学生提供了更具针对性的个性化资源服务,调动了学生文化学习的积极性,提高了文化教学质量。相关教学模式及所建成的教学资源使广西师范大学非英语专业本科英语学习者受益。这次改革的有益尝试也能给广西师范大学后续大学英语课程改革提供新的参考。

同时,这次教学改革的实施促进了项目组教师的人文素养和业务成长。实施期间,教学改革项目负责人及项目组成员指导及参加多项英语教学竞赛时将本项目实施的"隐性文化教学"理念适时运用于比赛现场授课环节并获得荣誉,这些成果也在一定程度上印证了本教学模式的效果。

因此,一些改革经验得到了推广。这次教学改革的实践经验曾在广西师范大学外国语学院的教学改革研讨会中得以分享,还辐射到其他院校,得到了同事、同行们的积极反馈。教学改革实施期间,教改项目负责人及项目组成员先后应邀在桂林理工大学、遵义师范学院、玉林师范学院等高校的教学研讨会中做文化教学改革专题报告,宣传推广文化教学改革的经验,扩大了教学改革的应用面和影响力。

需要注意的是,广西师范大学大学英语课程框架以通用英语课程为主,文化英语等多门后续课程为辅。受限于这一固定的课程框架、统一的任课安排及教学改革项目组的较少成员数的客观情况,在教学改革项目规定的有限时间内,这次改革实践主要聚焦于覆盖绝大部分课时及学生数的通用英语课程中的多元化建构性文化教学模式研究,对课时及学生数较少的文化英语课程中的多元化建构性文化教学模式进行了初步探索。因此,在客观条件适宜的情况下,后续研究应扩大研究的深度及广度,对通用英语课程中的文化教学方案进行重复验证,对文化英语课程中的教学模式进行更深入研究,以期沉淀出对不同大学英语课程的有针对性的多元化建构性文化教学模式和教学资源。

五、结论

这次教学改革在文化教学层面基本实现了"工具性及人文性的统一",着眼于学生未来的发展,有助于学生树立世界眼光,培养国际意识,提高人文素养,为迎接和应对全球化时代的挑战和机遇做好准备,符合大学英语课程教学中导入"国际文化知识""学生的文化素质培养"的价值体系,符合国家教育改革和发展对培养大批具有国际视野的国际化人才的需要,符合全员、全程、全方位育人的要求。

参考文献

[1]教育部高等学校大学外语教学指导委员会.大学英语教学指南 2020版[M].北京:高等教育出版社,2020.

[2]习近平主持召开学校思想政治理论课教师座谈会强调 用新时代中国特色社会主义思想铸魂育人 贯彻党的教育方针落实立德树人根本任务[N].人民日报,2019-03-19.

基于认知视角的英语口译课程 SPOC 混合式教学模式有效性研究[①]

刘子瑜

英语口译课程对学生的翻译以及语言综合能力提升起着至关重要的作用，与此同时，英语口译课程也是培养国家和社会对外需求的语言服务人才的重要途径。但在口译教学中，存在课时偏少、教学材料陈旧、教学方法单一等问题，因此，提升英语口译课程的整体教学效能是学界亟待解决的问题。

随着认知科学和口译教学研究的融合发展，学者们逐渐意识到口译员的认知思维过程是整个口译活动的核心部分，深入分析口译学习者大脑"黑匣子"的认知运作规律对译员能力的提升将起到决定性作用。因此，笔者积极利用中国大学 MOOC(慕课)平台资源，从认知视角研究英语口译 SPOC 混合式教学模式的有效性。

一、认知科学的相关研究成果为口译教学改革和研究提供了坚实的理论支撑

口译是一项包含话语识别、记忆存储以及口头产出等多种认知信息处理技能在内的复杂的认知技能。诚然，无论对于资深的口译员，还是对于新手口译学习者而言，口译之所以称为具有挑战性的任务，是因为在这项源语和译语均为一次性产出的实践活动中，口译员往往在数秒内会经历诸如语

---

① 本文系 2022 年广西研究生教育创新计划项目"基于认知视角的 MTI'交替传译'课程混合式教学模式研究与实践"(项目编号:XJCY2022004)的成果。

音识别、语义提取、逻辑分析、语境联系、记忆存储、口头表达以及听记平衡等多项认知能力考验。口译实践的本质是一项复杂的多任务认知活动。认知科学中的相关研究成果无疑为口译的教与学提供了坚实的理论后盾,也为口译教学改革指明了科学的方向。

其中,认知心理学的一些研究与口译息息相关,最具代表性的包括知识表征和记忆研究等。根据认知心理学,知识的学习包含陈述性知识和程序性知识这两大类的学习。陈述性知识即知道是什么,而程序性知识则是知道怎么做。具体到口译领域,陈述性知识指与口译各项技能相关的理论知识、通用或专题类百科背景知识等;程序性知识指包括语音识别、记忆存储、笔记记录以及口头表达等口译过程中的一系列复杂认知信息处理能力。

认知心理学认为,任何技能的习得过程,就是从陈述性知识表征过渡到程序性知识表征的过程。安德森(Anderson)进一步将这个过程分为三个阶段,即认知阶段、联结阶段、自动化阶段。根据 Anderson 认知学习的三个阶段,首先,学习者在认知阶段学习口译技能的陈述性知识,即口译各项子技能的程序和方法,其次,在联结阶段,学生在一定情境中通过有意识的练习和实践来发现问题、解决问题和总结问题,从而建立起陈述性知识和程序性知识之间的联系,最后,在自动化阶段,学习者对各种程序和方法的执行达到熟练、快速乃至自动化,便完成了专业技能学习的全过程。从这个意义上来说,口译教学改革就是要遵循口译技能习得和发展的阶段性和过程性,从易至难,循序渐进,各个击破,从而使学习者一步步获得口译程序性知识的自动化。在这个过程中,大量有针对性的口译练习与实践是必不可少的。学习者在练习与实践中发现问题,寻找解决问题的方法,建立陈述性知识与程序性知识之间的联系,进一步总结规律方法,从而实现知识的内化,即达到程序性知识的自动化。

口译研究学者丹尼·吉尔(Daniel Gile)在其长期的口译教学过程中观察并总结提出了著名的"口译精力分配模式"(the effort models in interpretation),并从认知心理学视角,详细分析和阐述了这一模式的运作方式。以同声传译为例,口译过程中所需精力可用以下公式表示:SI＝L＋P＋M＋

C(同传=听辨+产出+记忆+协调)。即口译处理能力需求总和=听辨需求+产出需求+记忆需求+协调需求。要使口译顺利进行,必须同时满足"处理能力需求总和≤译员掌握的处理能力总量"和"处理能力各分项需求总和≤译员掌握的处理能力各分项总量"这两个条件。否则,即使译员掌握的处理能力总量超过需求总和,也会因为某分项需求超过译员掌握的分项处理能力总量而导致口译任务失败,究其原因便是口译精力分配不当。

吉尔从认知心理学视角阐述的"口译精力分配模式"给口译教学指明了方向,相对于某项具体的口译任务所需的处理能力而言,口译学习者所掌握的处理能力总量是处于动态变化的。口译教学改革便是设计技能分解式教学,将口译技能分解练习,逐个突破,帮助学习者不断扩大各分项处理能力总量,实现各分项处理能力的稳步提升,使其在口译综合处理能力上达到质的飞跃。

二、英语口译 SPOC 混合式教学模式对学习者深度学习和有效学习的影响研究

英语口译是一门实践性较强的课程,精讲多练是口译教学的原则。而传统口译课程通常是按照每周 2 课时来安排教学,课前和课后口译自主练习的质和量往往难以监控。若无法保证学习者练习口译的时长,无法给学习者提供及时且客观的口译练习质量监控与评价,将极大制约他们口译能力的提升。如今,互联网、大数据、人工智能等现代信息技术蓬勃发展,它们不仅创新了口译教育的形态,重塑了口译教学的流程,还将助推口译教育的高质量发展。笔者积极探索和利用现代教育技术,创建了英语口译 SPOC 混合式教学模式,具体教学经历课前线上预习、线下课堂教学、课后线上巩固三个阶段。

(一)课前线上预习阶段

学生通过学校官网中的线上教学平台观看广东外语外贸大学"交替传

译"国家精品课程的慕课资源,并完成线上教学平台上针对慕课所设计的口译知识测试。这些测试主要考察学习者对于口译基础理论和基本技能知识、口笔译策略知识、口译专题练习相关背景等陈述性知识的掌握情况。课前线上预习将为接下来的课堂口译练习和课后自主训练打好基础,并为陈述性知识向程序性知识的转化建立联系。

(二)线下课堂教学阶段

笔者对学生课前线上学习过程中遇到的重难点再次深入讲解,注重讨论学生实践中遇到的问题,并给出具体的解决建议。在这个过程中,笔者选用针对性的语料,并设计合适的教学活动,通过教师示范、学生实践等步骤实现学习者口译技能程序性知识的操练和内化。以下三个方面在线下教学中特别引起了笔者的注意:一是语料选择难度的控制。语料难度应遵循"I+1"原则("I"表示学生目前的口译能力水平),即语料应控制在学生踮起脚尖能够得到的难度水平。二是示范和点评等教师活动应控制在课堂总时长的30%~40%内,因为在口译能力习得的过程中,从陈述性知识到程序性知识的掌握和实现"自动化"需要一定时间,教师示范或点评过多反而会耽误学习者的练习时间。三是学生练习实践应始终是教学活动的中心,教学应充分体现口译的实践性原则。通过仿真口译实训、模拟国际会议、真实口译项目等活动让学习者的口译综合能力得到整合和充分锻炼。

(三)课后线上巩固阶段

笔者在学校线上教学平台上自建小型口译语料资源库,每次课后从中选取针对性的多模态语料,供学生课后进行口译自主训练。学生开展自主练习的同时,能够通过录音回放,比对参考译文找到不足,并记录在各自的口译反思日志中。这些口译反思日志将被存储在个人学习档案中,持续记录学生的口译能力发展动态。与此同时,笔者利用线上班级群,每日发布口译练习打卡任务,学习者可以自行寻找难度适宜且感兴趣的话题语料进行口译分项技能或综合能力的训练。学习者之间相互督促,这在一定程度上促进了学习者的深度学习和有效学习。

此外,在开学初和学期结束时,笔者都对学生进行了一次问卷调查。开学初的调查主要包括学习者对自身语言能力和口译能力的认知,对线上线下混合式口译教学的期待,为混合式教学设定的学习目标等内容。学期结束时的调查包括对混合式口译教学模式的评价,口译练习中的难点问题及解决方法,课程学习的收获等内容。笔者针对问卷调查中呈现出的共性问题以及一些值得注意的问题,邀请个别学生进行了深入访谈。结合问卷调查和访谈的结果来看,85%以上的受访者对混合式教学持肯定态度,他们认为线上线下融合的学习环境有利于开展灵活、个性化的深度学习,并能实现线下实体课堂与线上虚拟课堂的无缝对接,充分有效地利用了课前和课后的时间,实现了教学效果最大化,促进了有效学习,提升了学习效果。

三、英语口译 SPOC 混合式教学模式的创新性研究

在教学理念方面,本教学模式借鉴了认知科学等交叉学科的相关研究成果,为教学改革提供了坚实的理论基础,在一定程度上创新了翻译教学理念,拓宽了口译教学研究的学科视角。

在教学内容方面,突出以理论为指导,以实践为依托,以技能训练为主,以语言和专题训练为辅。教学语料的选择兼顾真实性与地方特色性,旨在丰富学习者的学习体验,激活其长时记忆,帮助意义建构和意义传递,促进学生口译综合能力的稳步提升。

在教学环境方面,充分利用线上教学管理平台和线下口译实训室的环境优势。这种线上线下融合的教学环境既符合学习者的学习习惯,又最大限度延伸了学习时间和空间,有助于有效学习和深度学习的达成。

在教学资源方面,融合使用慕课、微课以及口译教学资源库等多模态资源,旨在为学习者打造丰富、优质、实用、具有趣味性的学习资源和口译自主训练资源。

四、结语

2021年5月31日,习近平总书记在中央政治局第三十次集体学习时强调:"讲好中国故事,传播好中国声音,展示真实、立体、全面的中国,是加强我国国际传播能力建设的重要任务。要深刻认识新形势下加强和改进国际传播工作的重要性和必要性,下大气力加强国际传播能力建设,形成同我国综合国力和国际地位相匹配的国际话语权。"①培养具有国际传播能力的高素质翻译人才,是新时代我国国际传播能力建设的重要一环。与此同时,"新文科"建设方兴未艾,培养具有全球视野、人文精神、国家意识、民族情怀、跨学科知识和专业素养的高水平翻译人才是高校义不容辞的责任。

在国家大力建设国际传播能力与高校"新文科"建设的时代背景下,本研究以认知科学、语言学与翻译学等交叉学科的研究成果作为理论指导,依托互联网、人工智能等现代信息技术,深入研究英语口译SPOC混合式教学模式的有效性,旨在帮助学习者实现灵活、个性化的深度学习和有效学习,提高口译学习者的学习效率和学习效能,培养服务国家战略需求和广西地方经济发展的高素质翻译人才。

参考文献

[1] ANDERSON J R. Cognitive Psychology and its Implications [M]. 7th ed. New York: Worth Publishers, 2009.

[2] GILE D. Basic Concepts and Models for Interpreter and Translator Training[M]. Amsterdam and Philadelphia: John Benjamins Publishing Company, 1995.

[3] 冯忠良,等. 教育心理学[M]. 2版. 北京:人民教育出版社,2010.

---

① 《习近平主持中共中央政治局第三十次集体学习并讲话》,https://www.gov.cn/xinwen/2021-06/01/content_5614684.htm.

[4]邓军涛,仲伟合.信息技术与口译教学整合:层次、机制与趋势[J].中国翻译,2019(6):88-95,192.

[5]王丹.口译专业教学体系中的技能教学——广外口译专业教学体系理论与实践(之二)[J].中国翻译,2017(1):61-67.

[6]王华树,李智.口译技术研究现状、问题与展望(1988—2019)——一项基于相关文献的计量分析[J].上海翻译,2020(3):50-55,95-96.

[7]仲伟合.专业口译教学的原则与方法[J].广东外语外贸大学学报,2007(3):5-7,31.

论 SPOC+模式在英语语音教学中的运用

肖　静

近些年,国内对线上教学模式进行了广泛深入的探讨,促成了各级教学单位及教师群体开发、使用互联网模式+移动互联模式下多终端的混合教学模式。实践证明,这种跨平台的模式不仅在特殊时期迅速成为保证教学实施的重要手段,也成为推进翻转教学大规模进入高校课堂的重大契机,因此,被广泛地引进到更多课堂中。另外,教学单位对混合教学模式的支持,及教师们在实施这种教学模式过程中不断积累的混合教学经验,反过来又促进教师尝试运用各种教学平台来进一步完善这种类型的教学模式。笔者在实施线上教学时,在传统的大型开放式网络课程(massive open online course,MOOC)模式基础上,尝试开展了 SPOC+的线上教学模式,从而积累了一些实施经验。这种 SPOC+模式,因资源素材的丰富性、加工组织的灵活性以及快速准确的反馈机制成为广受关注的教学模式。与传统 MOOC 模式中依赖团队力量、投入长时效的团队作战不同,SPOC+模式为教师个体高效率、低成本地实施混合教学赋予便利,更容易实现现有资源利用、个性化活动嫁接,从而达到实现创新性、高效率的教学组织的目标。

一、SPOC+模式介绍

MOOC 是一种成熟的网络教学模式,因其开放性、免费教学模式赢得了国际上的广泛认可,在中国它也获得了重大支持并得以持续发展,成了重要的社会化教学模式之一。但该模式存在师生互动缺乏、评价体系单一等问题,使其在进一步融入高等教育体系时遇到阻碍。

小规模限制性在线课程(small private online course,SPOC)是对MOOC模式的发展提升。通过缩小教学对象的规模,增设选课门槛,为有限教学对象提供更切合的教学内容、教学进度及教学评价体系。作为MOOC的改良版,SPOC能够实现线上教学的高效实施和通过精细化的反馈来有效提高教学效率。

SPOC+模式是在MOOC、SPOC的基础上,通过对高校课堂教学和网络平台的有序组织来有效打通线上线下壁垒,实现教学资源的整合优化和教学活动的创新发展。实践证明,一方面,这种模式能帮助教师运用丰富的教学资源组织持续长效的教学活动,打破教学的时空限制及提高时效性,另一方面,这种模式也逐渐成为课堂教学效力放大器,实现高效优质及个性化教学的助推器。

二、SPOC+的运用

英语语音作为商务英语专业的专业课程,开设在一年级第一学期,每周2学时,共9周。这个课程教学的主要目的是培养学生良好的英语发音习惯,使学生从正确的音素发音开始,循序渐进地掌握语篇的发音技巧,从而提高学生的英语口语和听力能力,为学生学习英语语言打下牢固的基础。

在实际教学过程中,因课时相对偏少、教学班级人数偏多(30~40人),以及语音训练对精准示范、持续练习、个性化指导的特殊性,对教师组织高效课堂教学、降低学生焦虑,以及确保长期持续训练的能力提出了较高的要求。同时,由于语音课对听说的硬性要求,现代教学技术和平台,作为教学资源的输入和教学输出方式的音频和视频,成为教师在教学过程中不可或缺的教学工具。笔者在教学中,运用SPOC+模式,将学习平台作为资源输入、产出输出、评价反馈的媒介,实现了线上教学与课堂教学的有机结合。

笔者根据课程需要,按照面对面学习前(平台线上学习)→面对面学习(线下学习)→面对面学习后(平台线上学习)→下次面对面学习前(平台线上学习)的四个阶段对教学过程进行串联设计,最后又加入了下次面对面学习阶段。

(一)SPOC+模式在英语语音教学中的实施

1.面对面学习前(平台线上学习)

步骤1:(1)学生完成对照音听力测试;

(2)平台反馈错误点及困难音标。

步骤2:学生观看视频自主学习本单元音标知识及发音要点。

设计目的:帮助学生进行音标认知,察觉易错音标,提高学生学习自主性,强化学生学习动机。

2.面对面学习(线下学习)

步骤1:音标示范。

步骤2:组内合作学习。针对平台记录,组内互助音标强化;教师巡视指导。

步骤3:小组活动。根据所给音标读出单词、句子,传给组员,末位同学提交传话记录。

设计目的:(1)强化音标认读,聚焦疑难音标;

(2)运用合作学习,帮助组员排查疑难音标;

(3)传话游戏增加学生语音练习次数、增强学生学习动机和专注度;

(4)总结音标学习策略。

3.面对面学习后(平台线上学习)

步骤1:(1)制作语音朗读作品;

(2)互评作业/社交媒体分享。

设计目的:(1)通过制作语音朗读作品强化音标准确性;

(2)引导学生持续长期训练,提升音标辨识听读技巧及能力。

4.下次面对面学习前(平台线上学习)

步骤1:自我反思,优缺点备注(截图信息包括播放量、点赞量、转发量及评价要点)。

步骤2:作品优化(将作品二次上传学习平台)。

设计目的:(1)通过作品优化,强化音标准确性;

(2)引导学生持续长期训练,提升音标辨识听读技巧及能力;

(3)激发学生能动性,提升学生自我评价及学习的能力;

(4)通过同学互评、社交媒体传播的积极反馈提升学生的学习自觉性、自信心,强化学生持续学习的习惯。

5.下次面对面学习(课堂教学/新单元课前活动)

步骤1:课堂抽查(学生可选择播放二次上传学习平台的作品或现场表演)。

步骤2:同伴点评及教师点评。

设计目的:(1)通过宽松愉悦的课堂环境帮助学生感受同伴的学习能力及个人技能的提升,与老师和同学共同探讨音标技巧和学习策略;

(2)引导学生肯定自我成长,学会自我激励及自我评价;

(3)促进学生语音知识技能纵深化发展及学习策略、学习态度持续攀升。

表1　Chapter 2 教学设计

教学步骤	模式	教学内容	师生任务		目的
			教师	学生	
Before Class	学习平台	＊面对面学习前 1.发音视频展示 前元音(/i:/、/i/、/e/、/æ/),中元音(/ə/和/ə:/)和后元音(/ɑ:/、/ʌ/、/ɔ:/、/ɔ/、/u:/、/u/) 2.听辨音练习(对照音频+选择题),个人自查(平台讨论任务:辨音结果反馈)	1.设计、组织教学内容 2.检测背景知识,查找难点	1.自主学习 2.参与前测 3.发现问题	知识构建
In class	课堂教学	＊面对面学习 1.音标示范 2.组内排查疑难(平台自查+小组互查+教师督导) 3.音标传话(音标小组活动)	1.组织教学内容 2.针对前测重点、难点调整教学内容 3.引导、支持、协调小组完成任务	1.参与活动 2.小组协作 3.解决问题	技能强化能力训练
After class	学习平台	＊面对面学习后 1.语音朗读,社交媒体分享(播放量60+) ＊下次面对面学习前 1.截图点评 2.自评 3.优化作品	1.设计任务,引导自主 2.强化教学知识、技能 3.监控学习过程、反馈学习效果,设计产出任务	1.自主学习 2.积极实践 3.思辨实践	技能强化能力训练思维提升

续表

教学步骤	模式	教学内容	师生任务		目的
			教师	学生	
In class	课堂教学	*下次面对面学习 1.课堂展示:社交分享/现场展示 2.同伴点评+教师点评	1.创设高支持度教学环境 2.监控自评、互评过程 3.引导学生反思	1.主动参与 2.自主反思 2.小组反思	知识积累 技能运用 能力训练

实践表明,在语音课中引入 SPOC+模式,可以有效将 2 个课时的教学时长渗透到一周的学习阶段。另外,通过精准及时反馈、聚焦个体难点、提高学习动机、降低学习焦虑能有效提高教学效率和学习效果。SPOC+模式的实施,体现了教学资源+元认知引导的策略学习,持续改进+产出导向的教学活动内容,个性化的同伴学习与教师指导的评价模式,教学效果的链式反应四大特色。

(二)教学资源+元认知引导的策略学习

在 SPOC+模式中,通过平台上丰富的教学资源、课堂练习中的小组活动、平台上的自我反馈内容,教师可以有效地引导学生觉知现存的问题和困难,提高学习主体对教学单元的关注度。在自我反思、小组反馈、教师引导的过程中,逐渐实现发现问题、查找原因、训练强化、内化巩固的教学目的;达到调动学生学习自觉性,强化学生自我调节能力,丰富学生认知和体验,提高学生认知能力及认知策略的教学效果。

(三)持续改进+产出导向的教学活动内容

学习平台为教学提供了有效的监督、反馈媒介,提供了信息存储、分享的便利,帮助教师实现多维度、长时间持续训练及有效的学习产出的教学要求。在音标学习的过程中,课前听辨练习帮助学生查找个人的语音难点,学生可以在课堂教学小组学习中借助团队力量来突破个人困难,在传话练习中检测强化个人学习成果。学生普遍非常重视课后的语音朗读分享,常常要进行多次练习后才选择自己最佳作品进行分享,而来自个人社交媒体的反馈不仅为学生带来指导性意见,还为学生带来了巨大的喜悦和信心。这个过程反过来又促进学生自发地持续优化产出成果。

(四)个性化的同伴学习与教师指导的评价模式

在 SPOC+模式中,学习平台能够有效保障学生查找问题-聚焦难点-寻求帮助-互相帮助的过程。在课前环节,学生在学习平台进行听辨练习疑难词,学习平台反馈的疑难点及困难能够有效帮助组员聚焦共性及个性的音标任务,并为课堂组内讨论环节的技巧分享、互助纠音提供了主题。实践证明,传话游戏的实施极大地调动了学习者的积极性,有效降低了学习者的焦虑。

组内共同学习和结对子学习的模式能有效调动学生努力突破个人困难的积极性。在这种形势下,教师再到各组开展指导学习,教师指导的效率将有很大的提升。在以学生为主导的讨论中,教师的干预仅限于帮扶组内尚未解决的重点和难点,并维持组内互动模式正常推进。在此模式下,教师作为资源提供者、指导者、活动组织者、激励者的角色得到了极大的体现。

产出任务在班级内外社交媒体中的传播为其他同学的学习提供了机会。播放量、转播量、点赞量以及评论区留言给内容创作者提供了多元定性和定量的评价指标,有着一定的激励和指导作用。课堂表演中,教师给出的引导和评价给以学生为中心的课堂提供了技术指导和策略输入,极大提高了课堂效率。

(五)教学效果的链式反应

首先,对于短缺课时的同学,SPOC+模式有助于将语音练习从机械听读模仿变成长期性的自主训练。与单纯观看教学视频不同,完成辨音测试并明确个人困难的学习者会更专注于个体有困难的音标,并会在组内讨论中重点寻求帮助。由辨音练习引发的需求无疑更能激发学生的学习兴趣和动机。

其次,在课堂传话活动中,教师通过全面的活动设计调动学生学习兴趣,实现较高的课堂参与度。任务导向的活动有助于学生在同伴示范和交流的过程中降低自己的焦虑,能增加多元化输入、输出的刺激、反馈信息,使学生突破认知或技巧困难,学生通过持续的训练强化个人控制力,最终掌握发音技巧提升语音能力。

最后,在课后的产出活动中,因学生的社交需求,对学习产出的品质常常有着较高要求,这会增加学生主动持续练习、寻求自我完善的动力。一学期持续的社交媒体分享有助于学生突破内心的禁锢,分享学习成果,有助于学生在信息反馈及成果优化的过程中内化语音发音技巧、人际沟通能力及学习策略。一段时间之后,一些学生开始关注语音教学博主,并喜欢和习惯自己进行内容制作及分享,这无疑将语音教学的影响力从有限的课堂时间拓展到学生的真实生活中。同时,从真实情境中收获的激励及喜悦又会增加学生的学习自主性和专注度,这就形成了一个积极的循环。

三、结语

作为技能训练的语音课程,教师普遍面临有效利用课堂时间引导学生学习,并给学生提供高效指导、个性化指导的困境。经过实践,笔者认为,SPOC+模式能够通过整合线上、线下的资源和活动,提供准确及时的反馈信息,为教师提供有效的教学资源,有效实现教学资源中元认知引导的策略学习,践行持续改进与产出导向相结合的教学活动,实施个性化同伴学习及教师指导评价模式,实现教学效果从课堂走向生活的链式反应。

参考文献

[1]张倩,马秀鹏.后疫情时期高校混合式教学模式的构建与建议[J].

江苏高教,2021(2):93-97.

[2]李悦.后疫情时代线上线下混合式大学英语教学模式的探究——以滁州学院为例[J].科学咨询,2023(11):173-175.

[3]李丹,刘旭.后疫情时代高校线上线下混合式教学实践研究[J].黑龙江教育(高教研究与评估),2023(6):71-74.

[4]郑宏,谢作栩,王婧.后疫情时代高校教师在线教学态度的调查研究[J].华东师范大学学报(教育科学版),2020(7):54-64.

[5]肖静.基于"SPOC+"模式的商务英语高级课程教学探究[J].教育观察,2023(16):79-83.

[6]曾明星,李桂平,周清平,等.从 MOOC 到 SPOC:一种深度学习模式建构[J].中国电化教育,2015(11):28-34,53.

[7]兰迪·加里森,诺曼·D.沃恩.高校教学中的混合式学习:框架、原则和指导[M].丁妍,高亚萍,译.上海:复旦大学出版社,2019.

"互联网+教育"时代大学英语口语教学新模式

郑 艳

一、引言

21世纪以来,互联网+教育模式大规模展开,教育形态被互联网、大数据、云计算等智能的力量重塑。互联网+教育将技术引入课堂,代表了知识传授和教学模式的转变,对广大大学英语教师而言,这意味着更大的机遇和挑战。教师的职能发生巨大的变化,教师从教授知识者变成了研究者、知识的开发者,从独立的教学者转变为综合多种方法和资源的综合者,从直接灌输知识的人变成了知识的向导。同时,作为一种移动学习方式,互联网+教育促使学生更新学习观念和学习行为。学生在数字化学习平台中寻找学习需求,确立自身学习主体地位,自由探索和创造性地使用各种方式,进行传统的、网络平台在线的或技术上的活动,使研究性学习成为现实。大学英语口语是大学英语教学体系的核心课程之一,旨在培养和提高学生的英语口语表达能力和跨文化交际能力。信息技术为大学英语口语教学提供了一种生动、丰富且不受时空限制的信息交流方式,增加了学生与英语接触的机会,并实现课内外的相互连接。本文旨在探讨如何将信息技术和在线数字化教学平台充分运用到大学英语口语教学中,真正将学生作为教学过程的主体,帮助其实现移动学习和泛在学习。

二、当前大学英语口语教学的现状分析

口语是语言交流的必要前提,口语能力是语言能力的反映。在全球经济一体化背景下,培养高素质跨文化交际能力的外语人才是大学英语教学的核心目标之一。现阶段,大学英语口语教学尚存在以下问题。

(一)有效课时相对不足

《大学英语教学指南(2020版)》指出,信息化进程中的大学英语教学手段现代化应以教学效果为衡量标准来确定改革方向,注重培养学生语言综合运用能力,进一步发展其英语口头交流能力和跨文化交际能力。由此可见,大学英语口语教学在大学英语课程体系中占据核心地位,但在部分高校的大学英语课程设置中,口语教学学时相对不足。同时,受师资、班级规模的制约,个性化口语教学在大学英语口语课堂中难以实现。

(二)教学理念相对落后

英语口语能力的提升有赖于语言的大量输入和输出,部分大学英语教师仍以语言知识的传授为主,忽视了学生语言技能和语言应用的训练,这种以教师为中心的课堂遏制了学生的语言学习欲望,阻碍了其创新思维和学习主动性的发挥。大学英语教学课堂应建立起平等的双向沟通交流管道,最大限度地发挥学生的主体作用,挖掘他们的潜在能力,获得最佳教学效果。

(三)语言交际环境缺乏

语言环境对英语口语水平的提高至关重要。在大学英语的传统教学中,师生之间的教学关系是一种知识的单向传递过程,学习过程是在教师掌控下的结构化学习,学生则处于被动地位,缺乏足够的语言输出机会。大班上课的教学环境违背了语言学习规律。教师没能有效地让英语教学

走出课堂进入真实的生活,没有提供练习口语的真实语境,无法实现参与式、讨论式、交互式的以学生为中心的课堂,从而影响大学生英语口语能力的提高。

三、互联网+背景下大学英语口语教学新模式

当前,国际交往进入新常态,需要一大批具有较强英语口语交际能力的高素质人才。本文试图探讨在大数据时代,如何依托现代信息技术,构建翻转型口语课堂,突破传统口语课堂的时空限制,利用丰富优质的音、视频资源,创设良好的语言环境,帮助学生实现移动学习和泛在学习。

(一)互联网+背景下构建大学英语口语教学新模式的可行性

《大学英语教学指南(2020版)》指出,信息化和智能化时代为外语教学提供了全新的教学方式、学习方式和前所未有的丰富资源。大学英语口语教学将面对面的学习、虚拟学习与个性化教学进行战略整合,不仅将技术引入课堂,还提供了让人重新思考教师教和学生学习方式的机会。教学不再是传递知识,而是处理和转换知识,培养学生创造能力的过程。大学英语教师要与时俱进,将信息技术元素融入口语课堂教学设计与实施过程。依托网络资源的大学英语口语教学新模式有利于提高课堂综合成效,实现了具有教学互动、真实再现、资源丰富、信息处理便捷等优势的口语课堂环境。

(二)依托网络资源构建大学英语口语教学新模式

在信息化与智能化时代,现代信息技术不仅提供了一种丰富、生动且不受时空限制的信息交流方式,在提高学习效率、丰富学习交互、扩展学习时间等方面的优势也突显了出来,成为外语教学的重要手段。知识传播的方式不再只是传统课堂,教育资源正经历内容开放、校园开放、平台开放等一系列变化。在大学英语口语教学中,依托信息技术可以为学生提供个性化、全方位的口语练习机会。

1. 课前自学

在上口语课前,教师应综合考虑口语教学单元的文化语境和相关知识点,收集并制作学生感兴趣、长度适中的英文电影、广告等相关视频短片,并通过班级 QQ 群或微信群在线发送给学生。学生自主观看这些影像资料,将其与课本口语教学内容联系起来,了解相关素材、激活已有背景知识,并事先进行充分的口语练习,以便在课堂上分享自己的观点和想法。

在这一过程中,教师还可以设置选择题或录音形式的口语练习题,了解学生学习情况。这样既可以让学生在口语课堂上有备而来、有话可说,又可以节约课堂时间,使得课堂活动时间被合理安排,整个教学过程进入良性循环。

2. 课堂互动

语言习得是一个自然学习语言的过程,良好的学习氛围能让学生轻松地练习口语。创造有利的英语语言环境,就要将课堂变成一个交流的平台或场所,采用多样化的教学手段来调控教学活动,调动学生口语输出的积极性。例如,在选择话题内容时,教师将学生日常生活中所关心的问题与口语课堂教学内容联系起来,引导他们从自己谈起,从身边情况谈起,同时,通过多种形式来创造轻松的英语学习环境,如让学生进行角色扮演、看图说话、编故事、情景对话、讨论、采访、演讲、游戏等课堂活动。小组活动有效弥补大班上课的缺点,在有限的课堂时间内增加了学生口语锻炼的机会,消除了学生的心理障碍和紧张情绪,增强了学生学习的自信和动力,推动了口语学习过程。学生在参与互动活动的过程中可以随时通过移动设备来查找相关信息,使移动技术真正成为口语教学的得力助手。

3. 课后的移动式合作学习

大学英语课时有限,只能引导学生对新知识进行初步认知与练习,远远不能满足学生需求。要想在真实情境中对语言进行深层的运用,就要将课外时间作为课内学习的补充和延伸,教师可以结合课堂内容组织英语演讲、短剧表演等丰富的第二课堂活动。教师布置学习任务后,学生以组为单位充分利用移动技术进行沟通,使师生之间、生生之间保持信息通畅,并将最终学习成果拍成视频,通过微信群或 QQ 群分享,互相学习,力争在探索语言运用方式的过程中拓展新知识。

四、互联网+背景下大学英语口语教学的有效性

互联网+背景下的大学英语口语教学模式以情景教学和交互式教学法为基础,充分利用慕课、微课、英文电影片段、美剧、名人采访等视频资源和微信群、QQ 群等即时通信工具,实现教学模式翻转式、立体化、多元化。

(一)突出了学生的主体性地位

互联网+背景下的大学英语口语教学课堂结构发生了根本性的变化,学生的主体化得到充分体现。教师在教学方法方面须做出重要改变即走出演讲的角色,从单一的传统教师角色转变为研究员和开发者(设计、测试和提炼课程)、综合者(融合现有内容和方法,创建最佳学习路径)和向导(用数据帮助学生选择和调整学习路径)。课前,教师制作并发布口语学习任务视频,学生通过网络播放视频完成口语自主学习任务;课堂时间由学生进行口语任务展示,教师针对学生口语表达进行点评和辅导;课后,教师以本单元的主要内容与知识点为依据,安排开放式的真实任务,引导学生通过合作在真实情境中对语言进行更深层次的运用,让学生在探索语言运用方式的过程中拓展新知识,在发现、分析、解决问题的过程中培养创新思维。

(二)突破了传统课堂教学的空间和时间限制

互联网+背景下的大学英语口语教学不必固定在教室和具体某个时间段,教师可依据口语教学内容实现网上互动教学,突破了传统口语教学的时

空限制。在传统的大学英语口语课堂中,口语训练主要针对大多数水平中等的学生,难以满足英语水平较高和基础薄弱学生的口语练习需求。互联网+背景下的大学英语口语教学模式有助于英语水平不在同一层次的学生依据自己的实际情况和需求自主练习,从而在原有基础上有所提升。口语水平较高的学生可以快速理解内化教学内容,完成教师规定的口语任务;口语水平稍差的学生则可通过多次反复练习掌握口语教学内容,完成相应口语学习任务。

(三)利用丰富的网络资源,塑造良好语言环境

互联网+背景下的大学英语口语教学环境得到了极大改善,丰富多样的网络课程与数字化教学资源为学生提供难易度不同的原版音、视频,实现了教学内容与语言视听说材料合理融合并具有教学互动、信息处理便捷等优势的课堂环境。如教师在应用影视教学法时,可对英语原版影视进行适当剪辑,并据此来设计相应的口语练习。原版影视资料具有强烈的视觉冲击力,文化性与故事性强,能从视、听、说各方面将学生的积极性与注意力调动起来,开阔学生视野,提高其文化认知能力与理解能力,进一步增强英语听说能力和跨文化交际能力。

五、结语

信息时代在科技的影响下,各种新兴技术融入课堂教学,为大学英语口语教学模式变革注入了新的活力,使教学活动变得高效。作为一种全新的教学模式,互联网+教育的知识传播的方式不再只是传统课堂,教育资源正经历内容开放、校园开放、平台开放等一系列变化。基于互联网技术的大学英语口语教学提供了海量、多模态且不受时空限制的互动方式,提升了学习效率,丰富了学习交互,延伸了学习时间,并实现了课内外的连接,提升了大学英语口语教学效果。互联网+教育更新教育内容、优化教育模式、转变学习方式和采用多样化的教学评价,其理念及独特的魅力正受到教育界极大

的关注,也给予中国高校外语人才培养以极大的启示。

参考文献

[1]金燕萍.大学英语课程思政的教学设计探索与实践——以《新职业英语 职业综合英语Ⅱ》教材为例[J].科技资讯,2019(21):144-145.

[2]刘春瑜.大学英语课堂教学与思政教育的融合——以《全新版大学英语》为例[J].读与写杂志,2019(12):3.

[3]李月.《大学英语》课堂成为高校思政教育阵地的可行性研究[J].教育教学论坛,2019:28-29.

[4]潘旭.论思政教育在高职英语阅读课堂中的开展——以全国高校外语教学大赛为视角[J].佳木斯职业学院学报,2019(2):192-193.

基于翻转课堂的教学模式研究

——以中国文化典籍英译课程为例[①]

彭劲松　王建英

一、翻转课堂

(一)概念

翻转课堂译自"flipped classroom"或"inverted classroom",也可译为"颠倒课堂",2011 年在美国明尼苏达州斯蒂尔沃石桥小学的数学课堂上兴起,是指重新调整课堂内外的时间,将学习的决定权从教师转移给学生。在这种教学模式下,在课堂内,学生能够更专注于基于项目的学习,能够共同研究解决问题,近而能够更透彻地理解问题,教师不再占用课堂的时间来讲授信息,这些信息需要学生在课前的自主学习中获得,学生可以看视频讲座、听音频、阅读资料,还能在网络上与别的同学讨论,能在任何时候去查阅需要的材料,教师有更多的时间与每个同学交流。在课后,学生自主规划学习内容、学习节奏、风格和呈现学习成果的方式,教师则采用讲授法和协作法来满足学生的需要和促成学生的个性化学习,这种教学模式的目标是让学生通过实践获得更真实的学习。

---

① 本文系 2020 年广西研究生教育创新计划项目"壮族文献典籍英译在'思政'道路上的探索与实践"(项目编号:XJGY2020013)的阶段性成果。

（二）特点

以学生为中心，重新安排课堂内外的时间，学习的决定权在学生自己手中。学生在家通过观看教师发布的视频完成知识的学习，课堂则变成了教师与学生之间和学生与学生之间互动的场所，课堂上教师可以答疑解惑，也可以讲解知识的运用等。

利用视频来实施教学。这种教学方式早在多年以前就有人探索过，例如在 20 世纪 50 年代，世界上很多国家所进行的广播电视教育。

短小精悍的教学视频。翻转课堂中的视频大多只有几分钟的时间，每一个视频都针对一个特定的问题，长度控制在学生注意力能够集中的范围内。

翻转课堂这一教学模式，不仅使学生能够按照自己的节奏和方式实现个性化学习，还使教师能有更多的时间与每个同学交流。

二、传统的翻译教学模式

（一）教学模式

1. 以翻译技巧为中心

英语作为我国高校教育教学中非常重要的学科，在各年级以及各专业的教学中，均具有十分重要的地位。翻译教学是大学英语教学中非常重要的部分之一，是培养学生英语知识实践应用能力的主要教学形式。传统翻译课堂在教学中重视学生语言能力的运用，以翻译技巧为中心，以提高学生翻译技能为目标。传统翻译课堂围绕翻译技巧进行讲解，同时相关的练习活动也围绕着翻译技巧而展开。教师会系统地介绍各种翻译技巧，如直译、意译、增译、省译、词性转换等，并解释其在翻译实践中的应用。传统翻译教学以词、句、段的翻译练习为主，重视对长难句的翻译以及词汇的积累，教师会在课堂上向学生发布句段的翻译练习,并在课程结束之际布置篇章翻译作为学生的课后作业。这种模式注重培养学生的翻译技能和语言能力,可以帮助学生掌握基本的翻译方法和技巧。

2. 教师主导

在传统翻译教学模式中,教师通常占主导地位,负责组织和指导教学活动。教师根据教学计划和目标,选择适合的教材和教学方法,引导学生学习翻译知识、掌握翻译技巧。同时,教师也会对学生的练习进行批改和纠正,指出存在的问题和改进的方向。

3. 学生参与

虽然传统翻译教学模式以教师为主导,但学生也有一定的参与。学生需要完成教师布置的翻译练习,并在课堂上进行展示和讨论。教师会根据学生的表现给予反馈和建议,帮助学生改进翻译技能。此外,学生也可以通过小组讨论、互动交流等方式参与到教学中。

(二)设计框架

首先,教师会介绍翻译的基本概念和理论,让学生对翻译有一个基本的认识。接着,教师会讲解各种翻译技巧和方法,并给出相应的例句和练习。然后,教师会选取一些实际的翻译材料,让学生进行练习,并给予指导和反馈。最后,教师会对整个教学过程进行总结和评估,以便改进和完善教学模式。

(三)局限性

传统翻译教学模式虽然有其优点,但也存在一些局限性。首先,它过于注重翻译技巧的传授,容易使学生陷入机械的翻译思维,缺乏对实际翻译需求和情境的考虑。其次,这种模式缺乏对学生创新思维的培养,容易使学生形成思维定式。此外,传统翻译教学模式还存在一些操作上的问题,如教材更新缓慢、教学方法单一等。

三、中国典籍英译的翻转课堂教学模式

中国文化典籍英译课程是一门旨在提高学生中国文化典籍汉英翻译能力的专业选修课程。该课程通过教授典籍翻译的基本理论和实践技巧,帮助学生掌握典籍文本的翻译标准和策略,提高学生对中外文化差异的敏感度和翻译实践能力。

这门课以王宏印编著的《中国文化典籍英译》一书作为教材。按照课时将重点学习上古神话、先秦寓言、《诗经》、《楚辞》、《道德经》、《庄子》、《论语》、《孟子》、《孙子兵法》、《公孙龙子》和《桃花源记》等的英译内容。

中国文化典籍英译课程能够培养跨文化交流人才、提高学生翻译水平、传承中华文化、促进中外文化交流与合作、增强学生的综合素质和竞争力,具有重要的意义。

(一)阶段

1. 课前导学

(1)准备。教师根据教学大纲、教材、教学内容、教学周次安排每周的学习任务。让学生抽签。要求学生查找文章的原文、出版译文、机器译文、AI译文、译文的出版社及译者等信息。此外,教师要对比分析各个译本的译文,同时提供典籍翻译的相关资料,如课件、视频资料、电子课本等给学生参考。

表 1　每周学习任务

第一周	导学课
第二周	上古神话《女娲补天》
第三周	先秦寓言《画蛇添足》

续表

第四周	《诗经·关雎》
第五周	《楚辞·离骚》
第六周	《道德经》
第七周	《庄子》
第八周	《论语》
第九周	《孟子·公孙丑上》
第十周	《孙子兵法·计篇》
第十一周	《公孙龙子·名实论》
第十二周	《桃花源记》

（2）自学。学生根据任务安排、学习目标和学习计划，通过慕课等视频学习、查找典籍翻译资料、制作课堂展示内容。学生需要保持积极的学习态度和持续的学习动力，克服学习中的困难和挑战，不断提升自己的学习能力。

（3）自测。自测是一种重要的学习方法和手段，学生在完成任务后，通过自我评估和自我检测，可以更好地了解自己的学习状况和进步情况，及时发现和纠正学习中存在的问题和不足，对于存在的疑问，可以在课堂上请求教师解答，这样有利于提高自己的学习效率。

2. 课上活动

（1）课堂展示

课堂展示是一种重要的教学和学习活动，它为学生提供了一个展示自己学习成果和能力的平台。通过课堂展示，学生可以向教师和同学展示自己的学习成果，交流学习心得和体验，同时也可以接受他人的评价和建议，进一步改进自己的学习方法。

（2）讨论

在课堂讨论中，根据学生准备的课堂展示，教师会提出一个或多个问题，引导学生围绕这些问题或主题进行讨论。学生可以通过发表自己的观点、提出问题、分享经验等方式参与讨论,与教师和同学进行深入的交流。课堂讨论是一种重要的教学方法,它鼓励学生积极参与、主动思考,通过与教师和同学的互动交流,深化学生对知识的理解和应用。

（3）解答

在课堂疑问解答中,学生可以提出在学习过程中遇到的问题或困惑,教师或其他同学会尽力给出解答和建议。课堂疑问解答是一种非常有益的教学和学习方式,它有助于提高学生的学习效果,培养学生的批判性思维和解决问题的能力,增强学生的自信心和表达能力。教师应该积极采用这种方式,鼓励学生提出问题、寻求答案,提高学生的学习积极性。

（4）总结

在课堂总结中,教师要引导学生对所学内容进行梳理、归纳和提炼,帮助学生建立起知识体系以及加深对知识点的理解和记忆。同时,教师还可以通过课堂总结对学生的表现进行评价和反馈,指导学生如何改进自己的学习方法、提高自己的学习效果。

3. 课后拓展

（1）巩固

课后巩固是学习过程中一个非常重要的环节,它有助于学生加深对课堂上学到的知识的理解和记忆,并且能够帮助学生发现和解决学习中的问题。

（2）延伸

课后延伸有助于学生进一步拓展和深化课堂上学到的知识。对于课堂上教师提出的疑问、重难点都可以通过课后拓展阅读进行深入研究。

（二）过程

1. 教学设计的目的

（1）弘扬中国文化,讲好中国故事

中国文化典籍英译这门课的学习目的是学习中国文化典籍的英译,这有利于中华文化在外国的传播。典籍翻译不同于非文学翻译,非文学翻译的目的就是传递信息和知识,强调翻译的准确性和流畅性,而典籍翻译是为了保存和传播中国文化遗产,既要准确传达原文的含义,又要保留原文的风格和特点。

(2)学习典籍翻译的方法和技巧

典籍翻译需要具备语言知识、历史文学等专业知识和理解古文的能力。此外,典籍翻译需要灵活运用基本的翻译技巧,如直译、意译、增译、减译和释译等。

因此,典籍翻译课程的学习,可以不断提升学生的语言基础、专业知识、文化意识和古文理解能力。学生通过不断地实践练习,将翻译方法和技巧运用于实践当中,逐渐提升自身的翻译水平。

2. 教学方法

(1)运用多媒体和网络资源

翻转课堂的授课方式强调学生的主动权。因此,学生通过使用多媒体和网络查找资料的方式,学习教师要求的内容,获取知识。

(2)启发思考

在学生课前自学的基础上,教师对于学生的课堂展示及时给予反馈,进行师生互动,引出问题,引导学生思考,培养学生独立思考的意识。

(3)小组学习

课前自学的过程安排小组合作学习,通过合理分组、明确目标、分配任务、促进互动与合作等方式,提高学生的翻译技巧,加深学生对文化背景的理解,培养学生的团队合作精神、批判性思维和跨文化交流能力。

四、总结

传统的翻译教学模式是教师讲授翻译理论、翻译技巧并布置作业让学生进行实践练习。相较于传统的翻译教学模式,翻转课堂的教学模式将更多的主动权交给学生,让学生进行自主学习,小组合作交流,提升自己的理解能力、翻译能力、实践操作能力。翻转课堂作为一种创新的教学模式,在多个方面突破了传统翻译教学模式的限制,更加强调学生的主动性和个性化学习,有利于提高翻译教学的效果和质量。翻转课堂教学模式对教师和学生都有一定的要求,如:教师要提升课程的资源准备能力、在线指导教学的能力、课程设计能力,通过多种方式与学生进行互动,让每个学生都能参与课堂互动;学生要提升自主学习能力,提高自己的信息技术素养,积极参与课堂讨论,及时向教师反馈自己的学习困难之处,以便及时得到指导和帮助。总而言之,翻转课堂教学模式需要教师和学生的共同参与才能不断提升教学效果。

参考文献

[1]王宏印.中国文化典籍英译[M].北京:外语教学与研究出版社,2009.

[2]姚媛媛.国内基于翻转课堂的项目式教学模式研究综述[J].海外英语,2021(11):147-148.

[3]石青环,杨海英.翻转课堂视阈下大学外语教师角色研究[J].海外英语,2021(8):16-17,22.

[4]李荣妮.基于慕课下的高校外语翻转课堂教学模式探究[J].山西青年,2021(7):88-89.

[5]林刚,彭蕾.高校外语课堂中的自我指导式学习——评《翻转的课堂,智慧的教师:高校外语课堂中的自我指导式学习》[J].教育与职业,2020(22):115.

[6]赵小燕.大数据背景下的外语教学模式研究[J].海外英语,2020(15):153-154.

[7]覃霄,曾文华.翻转课堂对外语专业学生思辨能力培养的研究[J].现代交际,2020(1):31,32.

[8]赵石楠.信息网络时代下外语教学中翻转课堂教学模式的应用研究[J].湖北农机化,2019(15):82-83.

[9]高博文,郭丹,雷光.基于翻转课堂的专业外语教学实践研究[J].黑龙江教育(高教研究与评估),2018(8):34-35.

[10]孙晓黎."翻转课堂"在应用型人才培养中的应用[J].中国教育学刊,2018(S1):150-152.

[11]袁丽娟.翻转课堂研究综述和大学英语教学[J].语文学刊(外语教育教学),2015(12):174-175.

[12]宁毅,查静,陈维凤,等.基于移动平台的翻转课堂外语教学模式的建构和实施[J].中国教育信息化,2015(6):33-36.

学习共同体视域下商务英语
虚拟仿真实验教学研究①

龚　敏

一、前言

现代信息技术的迅速发展促进了高等教育的多模态发展,包括实验教学的发展,促进了"构建网络化、数字化、个性化、终身化的教育体系,形成人人皆学、处处能学、时时可学的学习环境"②。2015 年,教育部设立国家级虚拟仿真实验教学示范中心。虚拟仿真实验教学是指依托虚拟现实、多媒体、人机交互、数据库和网络通信等技术,构建高度仿真的虚拟现实环境和实验对象,使学生在虚拟环境中开展实验,达到教学大纲所要求的学习效果。虚拟仿真实验教学中心的建设旨在促进教学资源共享、优化教学平台建设、促进教学管理,其建设应与学科建设紧密结合,形成具有学科特点的实验教学体系与实验教学环境,以达到学科培养目标。受已有的相关虚拟仿真实验教学示范中心建设经验的启发,本文就商务英语的专业特点与教学需要,谈虚拟仿真实验教学平台建设的问题。

---

① 本文系 2017 年度广西高等教育本科教学改革工程项目"基于虚拟仿真实验平台的商务英语学习共同体教学模式研究与实践"(项目编号:2017GJA145)的成果。
② 《国家教育事业发展"十三五"规划》,https://www.gov.cn/zhengce/content/2017 - 01/19/content_5161341.htm.

二、虚拟仿真实验教学的理论依据

本文的理论依据是学习共同体理念。关于"学习共同体"概念,有学者指出,学习共同体由朝着共同愿景努力的人组成,他们参与学习并相互作用。在信息化技术背景下,学习共同体是基于建构主义与网络学习教学观的一种教学模式,突出了学习的建构本质、社会协商本质与参与本质。当今,学习共同体的概念广为人知,并随着社会环境的变化而被注入新的内容。在现代教育改革思潮中,学习共同体的研究与实践成为一种"国际化的运动"。

实践中,学习共同体彰显出建构主义学习理论与连接主义理论的特质。前者认为知识是学习者在一定的社会文化背景下,通过意义建构的方式获得的。教师要根据教学目的设计情境,学习者可通过与学习环境、教师与其他学习者的互动协助学习,在情境之中亲自实践,获得知识。可见,学习共同体理念强调知识的社会本质,彰显意义建构的学习方式。后者则突显学习方式与学习意义的双重连接,强调教学内容与教学手段需要师生共同创建,以适应现代教学的要求。"共同创建"意味着学习是专家和学习者共同创建知识,而不是内容的消化,即学习者被动学习知识。连接主义理论将实践中的专业知识和技能情景化,与当下的实际的社会经济发展相互影响。专业知识和技能的学习是一个开放动态的过程。在此条件下,学习没有传统教学的时空界限和课程界限。学生根据新的情境选择学习内容,理解新信息的意义。

三、商务英语虚拟仿真实验教学平台的建设

虚拟仿真实验教学平台是利用信息技术与多媒体构建的拥有优质资源的教学平台,它为建构一个相互关联的、良好的学习系统提供了基本平台,虚拟仿真实验教学平台可用于技能训练、探索学习与虚拟实验。在其建设

过程中需要更好地结合学科的特点,实现知识的社会性建构。虚拟仿真实验教学平台是理想的学习平台与虚拟的社会空间,能够促进学习者从获取、存储、共享、应用知识到转化、创新与增值知识,将知识转化为能力。

(一)突出商务话语共同体特征

商务英语是商务背景下英语的应用,突出行业性、目标性。商务英语是交流与完成商务活动的工具与载体,其中使用的独特的词汇、不同的体裁构成了一个话语共同体,即由共同目标、相互交流机制、特殊问题和专业词汇等元素而组成的团体。商务英语的行业性在语言上涉及专业领域人士所熟悉的词汇,其目的性与语言使用的功能性有关,同时也涉及专业领域任务的完成,如进口单据在相应的职能部门的使用等。另外,商务英语教学内容具有时效性。商务英语课程内容涉及国际贸易、金融、营销、物流、经济法规等领域,部分内容有时效性且范围广。面对这种情况,商务英语专业的教学必须改革创新,要以教材内容为线索,以师生共同参与即时内容学习为中心,以教师与学生以及行业专家的不断交流互动为支持,适时地提高学生的商务英语沟通能力。

目前使用的商务英语教材,如《体验商务英语综合教程》(高等教育出版社)、《商务英语综合教程》(上海外语教育出版社)中选用的文章都取自如英国《金融时报》、美国有线电视新闻网、《财富》、《泰晤士报》以及一些专业协会或公司网站。商务英语教材的编写会选择通用的商务主题,如职业规划、办公管理、差旅与会议、组织结构、公司文化、企业营销、全球化等。通用的商务主题与商务专业课程,如经济学原理、商务管理、市场营销、国际贸易等又有关联。以英语为载体的时事性的报道与新闻,如汇率浮动、进出口税率的变化、国际港口的建立等与商务专业课程紧密相关。相关的基于主题教学资源的建设可以为学生提供有意义的语言输入,同时为不同商务课程的学习创造有效的知识节点。教师设计相关项目,学生在解决问题或完成项目的过程中,完成对英语材料的分析、理解与应用,在共同完成任务的实践中,学生完成个人知识的新的构建,同时在资源库共建中逐渐加深对课程与行业的理解。

(二)突出商务实践共同体的特征

通过比较《高等学校商务英语专业本科教学质量国家标准》与《高等学校英语专业本科教学质量国家标准》发现,后者没有在培养目标中提及"跨文化交际能力"与"商务实践能力",可见跨文化交际能力与商务实践能力是商务英语专业培养的特色,是检验商务英语专业学生是否达到国家标准要求的主要观测点。商务实践涉及商务活动的程序、惯例、礼仪体制和实现各类商务目的的隐性的策略和技巧。商务实践是商务专业人士从事的国际商务领域的活动,具有目的性与程序性。国际商务领域包括各种贸易,涉及银行、海关、运输、保险等部门,这些领域有各自的言语共同体。商务英语虚拟仿真实验教学平台可以有效地将商务学科知识、商务实践、商务话语结合到一起,培养学生的商务英语能力。

商务实践英语的教学秉持"虚实结合""能实不虚"的原则,旨在提高学生的实践能力与创新能力。学习者参与真实的商务实践受到时间、空间的限制,虚拟仿真实验教学平台可以根据商务实践的"目的性"与"程序性"进行设置,为学生创设与真实社会虚拟互动和反复实验操作的机会,如依托场景开展的国际会议的口译训练,或仿真对话等。综合性的实验项目包括国际贸易、市场营销等虚拟仿真操作,通过模拟真实的商务环境,学习者在实验操作中掌握与巩固实践技能。

(三)实验教学共同体的构建

虚拟仿真实验教学平台将学习者、教师、实验项目与资源、虚拟商务环境与真实商务环境联系到一起,形成了一个学习共同体。虚拟仿真实验教学平台的建设包括基础平台、资源库、学习与研究工具、综合实验实训平台、配套硬件设施五个方面。虚拟仿真实验教学平台建设主要以学生为中心,突出个性化学习。虚拟仿真实验教学平台对学生的课程学习、跨课程学习与综合实训学习的过程可以进行综合管理。

四、具体实施

(一)虚拟情景实训教学

虚拟情景实训教学可以应用于语言技能培训课程当中。英语口语、英语演讲、商务英语、商务礼仪、旅游英语等课程都可以使用虚拟情景实训教学。在虚拟情景实训教学中,学生可以使用已有的虚拟情景实训资源,如客户拜访、商务会谈、电话沟通,进行模拟演练学习,并可以通过虚拟仿真实验教学平台上传练习的视频材料,教师可以在平台内检查学生的视频,给予指导、点评与问题解答,并通过平台管理学生数据。同时,师生也可以在平台上补充真实工作场景的 3D 视频资源,进行自主的学习资源建设。

(二)资源库建设

资源库的建设主要包括与商务英语相关的听说读写能力训练的真实语料库建设、与商务环境有关的案例建设等。学习与研究工具的建设涉及在网络平台上完成任务所需的有针对性的搜索引擎、数据分析软件等学习与分析工具。综合实训平台建设以跨文化交际能力与商务实践能力培养为目标,包括听说读写技能实训、跨文化交流、翻译实践、国际贸易等方面的综合实训平台。配套硬件设施建设指为满足虚拟实训平台教学所需的电脑、服务器等设备。

(三)实验教学保障条件

实验教学的外在保障包括三个方面:技术方面、资源库、教师与专家。技术方面包括实验教学平台与实验工具的建设。复合交叉型商务英语课程需要把相关学科的节点和信息源连接起来,形成学习框架。资源库包括常规的教学课件、素材、案例,还有重点建设的商务主题资源。商务英语资源库的建立以商务学科知识为框架,资源网络有静态节点,即包括国际贸易、经济学、金融、营销等学科知识结构,也有动态节点,即扩展性的信息和不断变化的理论与实践,包括最新的商务知识、商务动态、商务政策、商务谈判等动态知识节点。商务英语课程学习内容的时效性与连续性可以通过网络得到保障。教师与专家方面,则指一些常规指导和专题性指导。通过小组研讨、网络交互可以实现常规指导。同时校企合作单位的专家通过专题讲座、报告为与校企合作的网络平台提供指导。

实验教学的内在保障是指学习者、教师与专家的积极参与,同时学科建设中完备的制度建设也是重要的内在保障。

五、教学反思

通过对使用虚拟仿真实验教学平台的 276 名大三学生进行问卷调查获得如下结果:大部分学生认为,通过虚拟实践与网络平台软件学习语言技能类课程与综合实践技能类课程,学习效率有所提高。大部分学生认为,通过虚拟实践与网络平台软件学习后自己的知识理解能力、翻译技能、与人沟通的能力有所提高。通过虚拟实践教学与教师课堂教学的结合,促学效果明显强过完全自主学习。

在实际教学中,教师的引导非常重要,否则学习者的学习参与和操作成绩会呈现两极分化的现象。在商务英语虚拟仿真实验教学中,连续两个学年期末考评中,成绩优秀的学生占总人数的 47%、46%,成绩良好的学生占总人数的 39%、53%,相对比较稳定,但也存在成绩不合格的学生,占比分别为12%、0% ,由此可见,绝大部分学生习惯利用网络平台操作与学习,达到学习目标,但是也有少数学生不适合这种学习方式,这就需要教师及时给予鼓励与帮助,使学生顺利完成学习任务。

六、结语

商务英语虚拟仿真实验教学体系的设计与实施是一项重要的工程,有以下几个方面需要注意:一是实验教学体系本身的整合,即将培养目标体系与教学内容体系和教学保证体系有机结合,发挥整体效应,实现商务英语专业教学的整体目标;二是商务英语理论教学体系与商务英语实验教学体系的整合,有效使两者相互补充、融合、衔接,促进商务英语人才培养目标的顺利实现;三是商务英语资源库的建设与更新维护、使用;四是有侧重、有选择地开发优质虚拟仿真资源。这些都需要商务英语教学工作者在实践中不断地反思、探索和创新。

参考文献

[1]薛永基,张元.虚拟仿真实验教学在 MBA 培养中的应用思考与设计[J].学位与研究生教育,2015(4):46-49.

[2]廖旭梅.以学习共同体模式促进大学生自主学习——基于文华学院学习指导工作坊的探索[J].中国高教研究,2017(1):91-94.

[3]朱熠,霍涌泉.基于学习共同体的课堂文化重建[J].中国教育学刊,2011(5):46-49.

[4]陈建平.商务英语研究[M].杭州:浙江大学出版社,2010.

[5]刘法公.论商务英语专业培养目标核心任务的实现[J].中国外语,2015(1):19-25.

[6]张佐成.商务英语的理论与实践研究[M].北京:对外经济贸易大学出版社,2008.

[7]龚敏.体验学习视角下国际贸易模拟实训平台的设计理念研究[J].当代经济,2015(7):112-114.

[8]朱科蓉.文科类虚拟仿真实验教学中心建设的问题与思考[J].现代教育管理,2016(1):87-91.

探究以成果导向驱动
大学英语教学的适配教学法

周文瑾

大学英语是培养综合型人才的必要课程之一,为改变传统大学英语教学重讲解、轻练习,重知识、轻实践的教学现象,提高大学英语教学质量与效率,近年来各种各样的教学方式被应用到大学英语教学中。以成果导向为基础,将适配教学法应用到大学英语教学中,有利于达成培养目标,提高大学生的英语综合能力。

一、成果导向教学的特点

成果导向教育理念所指的成果并不是对学生学习结果的累计,并不停留在学生了解感知的表面,而是强调学生内化吸收的过程,包括学生经过学习后具备的实践能力以及可能对学生情感价值观产生影响的元素。成果越是与学生真实的学习经验相接近,持续的时间便可能越长,特别是经过学生长时间广泛实践应用的成果持续性更强。以成果导向展开教学,主要关注生活内容与技能,并且重视教学内容是否具备实用性,最终取得的成果并不是忽视学习过程的结果。教师在教学的过程中要根据预期取得的教学成果,以反向设计的方法选择适合学生的教学方法与内容。

二、成果导向教育理念的内涵

成果导向教育理念有利于促进学生取得成功。在成果导向教育理念下,教师会充分考虑学生的个体差异,并结合学生的实际情况对学生进行个性化评定,以此了解每个学生最真实的学习状态,及时对教学进行纠正与改进。在成果导向教育理念下,教师为每个学生提供合适的学习机会,便于学生达成学习成果,学校肩负起学生学习成效的责任,在实践教学中不断提出相关改进措施与评价依据。在具体教学过程中,教师要关注学生核心能力的培养,并一一落实教学目标。在成果导向教育理念下,校方与教师要明确具体的教学成果,结合学生们个性化学习需求,引导学生在学习的过程中实现自我成长,并根据成果反馈对教学设计进行调整与改进。

三、适配教学法的内容与实现方式

大学英语教学的适配教学法是以成果导向教育理念为基础,对教学策略体系及评价方面的重新定义。在具体实践中,结合学生的实际能力、职业发展要求及学校自身的办学特点,运用适配教学法有针对性地为学生设计教学内容与教学模式,满足不同学生的学习需求,实现对每个学生学习能力的培养与提升,最终提高学生的就业能力与核心竞争力。例如:每个班级中学生的英语能力存在一定的差异,在教学过程中,教师要考虑不同学生的学习水平,为学生设计与其英语学习能力相适配的不同的教学内容,针对不同的教学内容又要适配不同的能力培养目标,以此提高学生的英语学习能力,为学生日后就业奠定良好基础。在具体教学过程中,可以通过以下步骤实现。

(一)了解学生的学习能力,确定适配等级

针对每个院校与班级中学生的英语学习能力对学生进行等级划分,在进行等级划分时,要有明确的能力水平定义。例如:初级的学生通常掌握的词汇量在 500 个以内,完成简单的英语对话存在一定的难度;中级的学生词汇量在 500~1000 个之间,能够进行简单的英语对话;高级以上的学生词汇量在 1000 个以上,能够较为灵活熟练地进行英语对话。可以通过上述定义

方式,对学生的英语能力水平进行等级划分。但需要注意的是,这种能力等级划分并不是将学生分为三六九等,也不是要分班教学,而是为后续适配教学奠定基础。

（二）教学设计的适配方式

教师在进行教学设计时,需要完成教学内容与教学目标的设计。在此过程中,教师要充分结合前期学生学习能力适配等级为学生做好教学设计,确保每个等级的学生都能够在英语学习过程中获得预期的学习成果。例如:初级的学生,可以通过填空、对话等方式锻炼基本能力,其间,教师要重视这部分学生能力的提升情况,鼓励学生与高等级学生进行合作交流,以此缩短与他人的差距;对于中高等级的学生,教师可以通过创设场景等方式提高其水平,同时可以为这部分学生提供更多与他人合作的机会,促进其英语能力提升。这样的设计方式与传统教学方式最大的差别在于根据学生的实际学习水平为其适配相应的学习方法与内容,最终的教学成果导向有所不同。教师可以采取分层教学的方式,让班级中的每个学生通过自身努力后实现预期的学习成果,提高学生的成就感与满足感,同时可以组织学生以合作学习的方式,缩短与他人之间的差距,最终获得学习成果。

（三）教学过程的适配方式

适配教学法有一个显著的特点,就是在实践过程中发生变化。适配教学法在学生能力有所变化时,可以进一步改进并优化教学内容与方法,为学生提供更好的教学服务,在学生能力提升后及时为其提供与其适配的学习方式,促进学生更好地提升自身。适配教学法自身也在实践过程中不断改进与优化,在教学的过程中,一旦发现适配教学法中定义的教学内容或方法已经无法满足当前等级学生的学习需求时,就需要及时更新与改进。

（四）考核标准的适配性

不能采用总结性评价,要重视应用形成性评价。适配教学法的考核标准将更多的注意力投放在学生进步水平与进步程度方面,并非一成不变的考核标准。面对不同等级的学生,教师要给出当前等级适用的考核标准,对于提高幅度较大的学生要及时予以肯定,并提醒提升幅度较小的学生加以注意,确保每个学生都能在学习过程中不断提升与成长。

四、以成果导向驱动大学英语教学适配教学法的有效对策

(一)划分适配等级

通常同一班级中学生之间英语学习能力可能存在较大的差距。在适配教学原则下,要为不同等级的学生设计出有利于其英语能力提升与进步的教学内容。因此,根据教学设计的适配方式,将英语教学分为不同的模块,且每个模块中都包含简单对话、填空、场景模拟及展示等内容,并针对不同等级的学生的学习需求应用不同的教学目标。例如:针对初级与中级的学生,教师要协助其完成简单的对话,针对高级的学生,教师要为其构建相似的教学情境,培养其灵活应用所学的短语或句型,实现触类旁通的作用。以旅游模块为例,在此模块中,为学生设定旅游咨询、酒店预订、景区介绍等简单的对话场景,要求初级学生能够在小组合作中完成教师布置的对话练习任务,要求高级学生能够在教师为其拓展的情境中进行对话练习,通过这样的方式让不同能力水平的学生都可以有所提升。在运用适配教学法时,针对初级学生,教师要予以更多的引导与辅助,帮助其认识与了解更多的英语知识的实践应用,对于高级学生,教师要给予其更多的肯定与鼓励,促使其通过自主学习掌握更多的知识内容,并在学习过程中大胆尝试创新,不断提升自身的英语能力。在实践教学过程中,教师要促进不同级别学生之间的合作交流,达到提升整体学生能力的目的。同时,教师要随时观察学生的英语学习能力与水平变化情况,并适时调整教学方法。

(二)设计驱动性的输出任务,促进学生学习

为学生设计学习任务是成果导向教学的重点内容,这存在一定的难度,

要求教师能够预先判断出学生日后可能应用到的交际情境,并在课堂教学中为学生创建仿真的教学情境。在具体实践过程中,教师在为学生设计英语学习任务时,要充分考虑具体内容的教学价值,也要实现相应的教学目标,促成整体教学目标实现。另外,在为学生设计成果导向任务时,教师要把握好难度,一方面要考虑学生现有的英语认知能力与应用水平,不仅要保证任务具有一定的挑战性,还要确保学生经过努力学习能够实现教学目标。在需要的情况下,可以为学生设计分层任务,满足各层次学生的学习需求。另一方面,教师要考虑学生完成任务的客观情况,考虑学生在期末阶段学习压力的客观因素,避免影响学生最终的成果质量。

（三）以成果为核心设计导向任务,促进学习活动

在以成果导向驱动教学模式下,教师要发挥促成学生完成学习任务的重要作用,此过程存在一定的难度,教师从成果导向目标出发,发挥出自身的作用与价值,引导学生对所学知识内容进行加工创造,促进成果目标实现。这样的教学方式与以教材课文为主要内容的教学模式存在较大的差异,在这样的教学方式下,学习教材内容的目的不单纯是对课文内容的理解,更重要的是实现成果导向目标,教师要明确教学任务与目标,并以此为基础,指导学生对所学内容有针对性、有选择性地学习。在促进教学成果实现的过程中,要重视所学内容的交际性,这要求教师在对学生进行指导时,不仅限于对成果导向任务的布置与检验,还要在学生整个学习过程中发挥辅助作用,为学生选择适宜的学习材料,对学生完成学习任务的实际情况进行查缺补漏,最终使学生能够将所学知识应用到实践中。

（四）协调教师指导与学生自主学习

有的大学英语教师认为输入阶段能够帮助学生更好地完成学习任务,有利于实现预期的教学成果,还有的教师认为教学材料在一定程度上限制了学生的自主能力与创造能力,不利于学生语言运用能力提升与思维创新能力提升。为了避免在教学过程中限制学生成长与提升,可以通过以下途

径优化教学思路。其一，为学生设计分层教学任务，让学生在学习时可以自由选择基本的学习任务与具有挑战性的学习任务；其二，协调好教师的指导作用与学生的自主学习过程，教师在为学生选择教学材料、指导学生学习的过程中，要充分考虑学生近期的成长情况与能力水平，掌握学生的语言能力与认知发展动态，把握好尺度，再进行不断深入的教学。在学生能力不断提升的过程中，要逐渐降低教师在学生学习过程中发挥的作用，促进学生自主学习能力的提升。

五、结束语

综上所述，相比于传统大学英语教学模式，以成果导向驱动的大学英语教学适配教学法更有利于提高学生的综合实践能力，成果导向教育理念下，每个教学环节都以对学生预期的学习成果为核心，为学生设计教学内容与教学方式。教师要把握好引导与辅助的尺度，让学生在学习的过程中更多地发挥自身的主观能动性，进而更加全面系统地掌握英语知识内容与实践技巧，促进学生全面成长与发展。

参考文献

[1]王薛文,杨平.全球对话背景下,基于成果导向(OBE)理念的大学英语混合式教学模式改革研究[J].湖北农机化,2020(7):177.

[2]魏懿.基于成果导向的应用型本科大学英语教学模式研究——以上海建桥学院为例[J].重庆第二师范学院学报,2020(3):109-114.

U 校园在大学英语智慧教学应用的可视化研究[①]

林 喆

一、引言

在人工智能时代,人们的学习方式和教学方式发生了巨大的变化。《教育信息化"十三五"规划》指出 :"要依托信息技术营造信息化教学环境,促进教学理念、教学模式和教学内容改革,推进信息技术在日常教学中的深入、广泛应用,适应信息时代对培养高素质人才的需求。"[②]《教育信息化 2.0 行动计划》也强调技术与教育的融合是当前我国推进教育信息化的基本原则。2017 年,外研在线 Unipus 发布全新的"U 校园智慧教学云平台"(简称"U 校园"),为高等院校外语教学提供教、学、评、测、研一站式混合教学解决方案,以打造更加智能化、感知化的外语教育信息化系统。大学英语智慧教学引入 U 校园智慧教学云平台并进行有效使用,能够促进教师智慧地"教",使学生智慧地"学"。

① 本文系 2023 年广西师范大学教育教学改革项目"基于智慧教育生态的商务英语专业 SPOC 混合教学模式探索与实践"(项目编号:2023JGA02)、2023 年广西师范大学教育教学改革项目"'五育'背景下《大学英语》题库资源建设研究"(项目编号:2023JGB02)、2021 年度广西高等教育本科教学改革工程项目"'双创教育'背景下大学英语专创融合课程建设研究与实践"(项目编号:2021JGB14)的阶段性成果。
② 《教育部关于印发〈教育信息化"十三五"规划〉的通知》,https://www.gov.cn/gongbao/content/2016/content_5133005.htm.

二、数据来源

本研究统计的数据源于超星发现平台,笔者借助平台的检索工具,以"U校园"含"大学英语"以及含"智慧教学"为关键词,采用"模糊检索"的检索模式,共检索出相关的文献 188 篇,剔除其中 4 篇学位论文、2 本图书、1 篇报告、3 篇会议论文、4 篇信息咨询和 12 篇重复论文,纳入研究的相关文献最终共计 162 篇,其中涉及高职院校的文献 10 篇。

三、超星发现可视化分析

超星发现通过对知识点进行挖掘与发散,将各类数据进行统计和学科辅助分析,构成知识点关联图、作者关联图、学术发展趋势、发文情况统计图、学科分布情况图、地区统计图、知识图谱和核心期刊及刊种情况统计图、基金统计图,并通过饼图、柱状图、折线图等各种可视化图表将数据更加全面、准确地进行展示。

四、结果

(一)2018—2023 年发文量的统计分析

关于 U 校园在大学英语智慧教学领域应用的文献发表量从 2018 年开始增多,2020 年发文量最高为 41 篇,2021 年和 2022 年发文量有所下降,2023 年发文量呈现逐步上升趋势。究其原因,2018 年 4 月由教育部牵头制定的《教育信息化 2.0 行动计划》标志着"中国教育信息化 2.0 时代"由此启程。2020 年,大部分学校逐步运用 U 校园、雨课堂和腾讯会议等网络教学平台开展线上、线下相结合的混合式教学模式,促进了相关研究成果的出现。

（二）研究热点

1. 知识点关联

本研究通过超星发现学科辅助分析系统查看 U 校园、大学英语和智慧教学三个关键词所关联的学科和领域以及相关论著。点击特定领域时，将进入该领域的相关内容，这很好地展示了知识之间的关联。通过统计，关键词"大学英语教学"节点最大，高达 67 个知识点，其次是关键词"U 校园"，有 60 个知识点，再次是"混合式教学"，有 36 个知识点，"智慧课堂"的知识点为 13 个，其他低于 10 个知识点的节点包含教学模式、智慧校园、英语教学、教学改革、产出导向法、混合式教学模式、翻转课堂、教学设计、教学实践和课程思政。

2. 作者关联

本研究通过超星发现学科辅助分析系统查看统计的相关文献中作者与作者之间的关联、领域与作者之间的关联、机构与作者之间的关联等，点击作者的名字，可以进入该作者的关系图，查看该作者与上一位作者或查询词之间的关联等。独著一共 138 位作者，合著 15 位作者。大家各抒己见，从不同角度去研究大学英语智慧教学改革，其中以 U 校园平台为主要内容发表文献的作者占比为 63.5%，以智慧教学为主要内容发表文献的作者占比为 31.5%，以课程思政和混合式教学为主要内容发表文献的作者占比为 2.5%。可见大部分作者使用 U 校园平台，或在 U 校园环境下去进行大学英语教学改革的研究，智慧教学的优势被大家逐步重视起来，而课程思政和混合式教学仍在探索之中。

（三）主题研究

1. 混合式教学

U 校园和大学英语混合式教学模式相结合的研究文献一共 90 篇。在当前教育信息化时代背景下,公办与民办高校纷纷响应国家教育教学改革号召,积极探索基于互联网+教育理念的新型教学模式,混合式教学模式得以迅速发展。

对基于 U 校园智慧教学云平台的混合式教学模式的研究数量较多,其中:黄岚使用 U 校园智慧教学云平台开展"线下有活动,线上有资源,过程有评价"的大学英语混合式教学,实现"以输出为导向"的教学目标;张梅使用 U 校园智慧教学云平台开展生态化大学英语混合式教学,促进学生学习动机的激发和自主学习能力的提升;王永志在产出导向法指引下,在英语听力教学中引入 U 校园智慧教学云平台,对大学英语混合式教学模式进行探索和对比研究;李莹以沈阳城市学院大学英语课程为例,探究基于 U 校园智慧教学云平台的大学英语听力混合式教学模式,激发学生学习兴趣和培养学生自主学习能力;李晶以非英语专业本科生大学英语听说课程为例,探究基于 U 校园学习平台的线上和线下混合式听说教学模式,提升大学英语教学质量;张建芳以集宁师范学院大学英语课程为例,基于 U 校园智慧教学云平台设计《新视野大学英语(第二版)》的混合式智慧教学模式;陈静基于 U 校园智慧教学云平台开展大学英语教学,将课堂教学与信息技术深度融合,提高教学效果与质量;邢志瑶探讨了基于 U 校园智慧教学云平台的大学英语混合式教学模式, 指出存在的问题,并提出解决建议。

对基于 U 校园智慧教学云平台的混合式教学应用方面的研究数量也不少,其中:张梦婷从教学对象、教学方案、教学过程探索基于 U 校园智慧教学云平台的大学英语混合式教学应用,以期促进高校英语教学方式的优化;肖娟以湖南工学院混合式教学改革项目大学英语 4 听力课程为例,探究基于 U 校园智慧教学云平台的大学英语听力课程中混合式教学模式的应用;王培、侯莎莎分析了融合 U 校园智慧教学云平台与大学英语混合式教学模式的应用,探究如何提升应用的效果;徐艳丽基于 U 校园智慧教学云平台优化大学英语听力混合式教学设计;王辉从课前、课中和课后三个阶段详细介绍了基于 U 校园智慧教学云平台的混合教学模式的教学设计,并探讨了考核评价方式。

对基于 U 校园智慧教学云平台的混合式教学实践方面的研究数量相对较少,其中:金晓莉探究基于 U 校园智慧教学云平台的大学英语混合式教学设计和实施流程,探讨混合式教学的积极作用;夏冰探讨如何构建 SPOC 混合式教学模式以提高大学英语课程教学效果和质量;丁潇探讨了混合式教学流程与实施方案,以期带来创新与活力;何燕基于 U 校园智慧教学云平台进行了实用英语混合式教学实践并取得了一定的成果。

2. 智慧教学

对使用 U 校园开展智慧教学进行研究的相关文献总共 17 篇。为顺应时代发展,以"线上+线下"两种教学方式优势相结合为特征的混合式教学模式应运而生,我国各大高校对线上、线下混合式教学模式进行了广泛的研究。

对使用 U 校园智慧教学云平台开展智慧教学进行研究的相关文献数量最多的是关于构建智慧教学模式方面,如:朱倩、王焱构建大学英语听说课程智慧课堂教学模式,开展实践教学研究,以期提高英语的教学效果;张思梦探究使用 U 校园智慧教学云平台开展大学英语智慧教学模式,提高大学智慧教学的质量,促进学习者的智慧发展;余丽娟探究基于 U 校园智慧教学云平台与大学英语教学相结合的教学模式,并通过数据分析了大学英语智慧教学效果;闫佳玲尝试构建以"U 校园智慧学习"为平台的大学英语智慧教学模式,以期促进智慧教学改革的进一步发展和应用;钟建玲构建大学英语读写智慧教学模式并对教学实施过程进行深入探讨;王茹建设 U 校园智慧教学云平台大学英语智慧教学体系,并进行教学模式的相应研究与实施。其次是关于应用方面的文献,如:邹梅霞探究在不同阶段实现 U 校园智慧教学云平台与智慧教学的有效融合,以及听力教学活动的创新性应用,以期改善大学英语听力的教学质量;刘晓旭设计大学英语智慧教学课程,并探讨如何高效地开展该课程,将课内外和线上、线下有效衔接起来;刘迪探究智慧教学测试训练系统在大学英语教学中的广泛应用和全面实践,并分析智慧教学模式带来的挑战和机遇;姚远研究 OBE 理念在大学英语智慧教学中的运用情况,提出可行性的措施;黄悦探讨智慧教室在大学英语教学中的应用,并分析其多方面的作用。再次是关于智慧课堂方面的文献,如:李宝玲以智慧课堂为起点,试图为新型课堂教学的变革与创新提供新思路;邵柏圣分析了智慧课堂在大学英语词汇教学中的可行性,提出将智慧课堂应用于大学英语词汇教学的实施途径;张晓瑜结合大学英语智慧课堂构建现状,提出智慧化发展等应用与创新智慧课堂教学模式的策略;闵瑞华、靳曲、黄玲君利用翻转课堂的特点对大学英语阅读教学实践进行研究。还有关于云班课助力方面的文献,如:罗英芳尝试在教学中使用智慧教学助手云班课助力大学英语课堂教学;白红岩、张庆敏以蓝墨云班课功能为背景,明确其在英语智慧课堂教学中发挥的作用和价值。

3. 课程思政

研究使用 U 校园智慧教学云平台开展课程思政教学的相关文献共 6篇。全面推进课程思政建设就是要寓价值观引导于知识传授和能力培养之中,讲解语篇知识的同时,对文本内容进行分析,挖掘课文思政元素,帮助学生塑造正确的世界观、人生观、价值观,培养学生的思辨能力。

关于大学英语智慧教学与课程思政相融合的研究很少,如:王璧使用 U校园构建大学英语课程思政智慧课堂,依托教材内容挖掘课文的思政元素,开展混合式教学,并进行教学数据分析;高磊、李娟、时晨等依托 U 校园智慧教学云平台、iWrite 英语写作教学与评阅系统,构建学生思辨能力的培养模式;任云岚探究利用信息化教学,搭建智慧课堂,培养复合型的英语思辨人才;武少燚依托 BOPPPS+SPOC 模式辅以 U 校园智慧教学云平台探究课程思政与大学英语有机交融,课程思政和语言交际融合,提升学生的思想和能力;陈姗姗深挖教材寻找大学英语视听说教学课程思政的切入点,讨论 PIER模式在视听说课程思政育人中的应用;雷盛燕探索思政元素与英语教学有机融合的方式方法,提出课程思政理念下基于语言情境的学用一体化智慧教学创新模式并应用到教学实践中。

五、结语

关于 U 校园智慧教学云平台在大学英语智慧教学应用领域的研究文献偏少,发文者的合作相对匮乏。大学英语智慧教学引进 U 校园智慧教学云平台,扩展了智慧课堂的时空,将技术与信息融合,开展线上、线下相结合的混合式教学,有利于挖掘课本资源和课外资源的思政元素,在提高学生自学能力的同时培养学生思辨和德育精神,真正实现大学英语改革的目标。

参考文献

[1]朴圣玉.人工智能时代大学英语教学模式探索研究[J].海外英语,2023(17):4-6.

[2]赵爽.基于 U 校园智慧教学云平台的大学英语混合式教学模式实现途径研究[J].校园英语,2023(1):9-11.

[3]刘海涛,吴亚平.智慧教学平台在混合式教学中应用的可视化分析[J].中国教育技术装备,2022(24):12-17.

[4]郑鑫源.数字人文视域下基于 U 校园的英语教学研究综述[J].科教导刊(电子版), 2023 (2):248-250.

[5]黄凤琳.基于网络教学平台的大学英语听说智慧教学实践与反思[J].中国多媒体与网络教学学报(上旬刊),2021(7):35-37.

[6]任友群.走进新时代的中国教育信息化——《教育信息化 2.0 行动计划》解读之一[J].电化教育研究,2018(6):27-28,60.

[7]张云霞.基于 U 校园的混合式教学模式在应用型民办高校大学英语课程中的应用研究[J].现代英语,2021(5):45-47.

[8]黄岚.智慧教育背景下大学英语混合式教学模式探索——以 U 校园智慧平台为例[J].中国科技期刊数据库 科研,2023(10):91-94.

[9]王璧.大学英语课程思政智慧课堂设计——以《新视野大学英语读

写教程》B2U1 为例[J].湖北开放职业学院学报,2023(20):113-115.

[10] 李莹.基于 U 校园智慧教学云平台的大学英语听力混合式教学模式探究 ——以沈阳城市学院为例[J].创新创业理论研究与实践,2019(1):128-129.

[11] 李晶.基于 U 校园的大学英语听说混合式教学研究[J].海外英语,2023(11):148-150.

[12] 张建芳.基于 U 校园智慧教学云平台的大学英语混合式教学模式探究 ——以集宁师范学院为例[J].海外英语,2021(5):129-130,136.

[13] 陈静.基于 U 校园智慧教学云平台大学英语混合式教学模式探讨[J].侨园,2020(2):177-178.

[14] 邢志瑶.基于 U 校园的大学英语混合式教学模式探究[J].辽宁科技学院学报,2020(5):55-56.

[15] 张梦婷.基于 U 校园智慧教学云平台的大学英语混合式教学模式应用研究[J].校园英语,2023(8):55-57.

[16] 肖娟.混合式教学模式在大学英语听力课程中的应用[J].散文百家(新语文活页),2019(9):205.

[17] 王培,侯莎莎.基于 U 校园智慧教学云平台提升大学英语混合式教学有效性的研究[J].校园英语,2023(9):40-42.

[18] 徐艳丽.基于 U 校园的大学英语听力混合式教学优化设计与实施——以内蒙古科技大学为例[J].海外英语,2021(1):112,114.

[19] 王辉.基于"U 校园"的大学英语混合式教学的教学设计[J].中文科技期刊数据库(全文版)教育科学,2021(4):190-191.

[20] 金晓莉.基于 U 校园的大学英语视听说混合式教学研究[J].华北科技学院学报,2022(2):120-124.

[21] 夏冰.基于"U 校园"学习平台的大学英语 SPOC 混合教学模式研究[J].现代英语,2023(10):25-28.

[22] 何燕.基于 U 校园智慧教学云平台的实用英语混合式教学实践——以四川铁道职业学院为例[J].亚太教育,2021(2):8-9.

［23］朱倩,王焱.移动互联时代智慧课堂教学模式在大学英语听说中的应用探索［J］.教育现代化,2021(16):26-31.

［24］张思梦.基于 U 校园的大学英语智慧学习交互一体模式构建研究［J］.经济师,2022(7):217-218,220.

［25］余丽娟.大学英语智慧课堂教学效果评价研究——以湖南农业大学为例［J］.新教育时代电子杂志(教师版),2022(43):64-66.

［26］钟建玲.基于产出导向法的大学英语读写智慧教学模式探索［J］.牡丹江大学学报,2020(8):94-98.

［27］王茹."互联网+"视域下大学英语智慧教学模式研究［J］.湖北开放职业学院学报,2020(7):180-181,186.

［28］刘晓旭."互联网+智慧教学"在大学英语教学实践中的应用研究［J］.才智,2019(12):95-96.

［29］刘迪.信息技术在大学英语智慧教学中的应用研究［J］.科技创新导报,2017(18):245-246.

［30］姚远.OBE 理念在大学英语智慧教学中的运用探究［J］.中国科技期刊数据库 科研,2023(6):100-102.

［31］黄悦.智慧教室在大学英语教学中的应用［J］.文渊(高中版),2023(1):146-148.

［32］李宝玲.智慧教学设计在大学英语中的实践与应用［J］.创新创业理论研究与实践,2018(19):47-48.

［33］邵柏圣.智慧课堂在大学英语词汇教学中的应用研究［J］.幸福生活指南,2023(38):10-12.

［34］张晓瑜.智慧课堂在大学英语课堂教学中的应用与创新发展［J］.黑龙江工业学院学报,2021(12):131-135.

［35］闵瑞华,靳曲,黄玲君.翻转课堂模式下的大学英语阅读教学实践 ——基于 U 校园平台的实证研究［J］.海外英语,2022(12):186-189.

［36］罗英芳.智慧教学助手云班课在大学英语教学中的运用实践［J］.福建茶叶,2020(3):233-234.

[37] 白红岩,张庆敏.浅析"蓝墨云班课"在大学英语"智慧课堂"教学中的应用探索[J].课程教育研究,2022(7):76-78.

[38] 高磊,李娟,时晨,等.基于 U 校园+iWrite 平台的医学生思辨能力培养模式构建[J].中国医学教育技术,2023(2):218-221.

[39] 任云岚.智慧课堂下"以能力为导向"的大学思辨英语[J].校园英语,2019(18):31-32.

[40] 武少燚.BOPPPS+SPOC 模式下课程思政融入大学英语的实践探究——基于 U 校园智慧教学云平台[J].大学教育,2022(11):132-136.

[41]陈姗姗.PIER 模式在落实大学英语视听说教学课程思政中的应用研究——以《新视野大学英语视听说教程(思政智慧版)》为例[J].大学,2023(6):120-123.

[42]雷盛燕."以产出为导向"的大学英语课程思政智慧教学模式优化设计与应用[J].通化师范学院学报,2023(9):34-38.

语言体验观下的
大学英语多模态写作教学模式探索[①]

苏超华

一、引言

英语作为全球使用最广泛的语言之一,对于中国的发展和国际交流具有重要作用。大学英语课程是我国高校必修课程,受众广,是培养国际化人才,提高讲述中国故事能力的重要途径。写作是大学英语教学必不可少的环节,是测评语言水平的重要指标。大学英语写作教学经过多年的改革,已经取得了丰硕的成果。但是目前仍然存在一些问题:英语写作偏模式化和表面化,较少具有内容和意义的创建;思维陈旧,缺乏创新;词汇不足,缺少变化。这些问题很大程度的原因可以归于学生没有对自己所处的世界进行细微的观察和思考,缺乏思维训练,没有通过英语进行真正有意义的交流。

基于以上问题,本文旨在借助多模态理论和语言体验观探索相应的英语写作教学模式,引导学生体验生活,审视人与世界的关系,通过多模态的方式(隐喻图片、视频和声音)表达出来,然后用语言将这些思想进行复现。从理论上来说,学生体验越细致、思考越深刻,就越愿意去寻找具体、合适的词句或修辞手法进行文字表达,从而提高学生的思维品质,提高英语写作能力。

---

① 本文系广西师范大学 2021 年教育教学改革项目"语言体验观下的大学英语多模态写作教学模式研究与实践"(项目编号:2021JGA12)的成果。

二、理论依据

(一)多模态理论

"模态"是指利用具体的感知过程可以阐释的符号系统,具体涵盖图像、书面及口头符号、手势、声音、气味、味道、接触等。图像、文字、版面设计、音乐、手势、语音、动态图像和配乐都是表征和交流中使用的模式。写作实际是一种交际活动,其效能和意义的实现有赖于多种要素,因为人脑对交际过程中的刺激做出的反应是多种感觉渠道(如视觉、听觉、触觉等)共同作用的结果。每一种感觉渠道构成一种感觉模态。换言之,我们对世界的感知与互动是多种模态共同作用的结果。

既然意义的传递和交际目的的实现依赖多种符号,而写作作为一种交际意图明确的意义传输行为也应依靠多模态的方式实现。因为写作本身不仅是通过文字手段对语言技能加以应用的过程,也是理解和内化对世界的认知的一种创造性活动。

(二)语言体验观

Lakoff 和 Johnson(1999)指出,概念是通过身体、大脑和对世界的体验而形成,并只有通过他们才能被理解。概念是通过体验(embodiment),特别是通过感知和肌肉运动能力而得到的。国内学者王寅(2005,2013)也认为人类的范畴、概念、推理和心智是基于身体经验形成的,其最基本形式主要依赖于对身体部位、空间关系、力量运动等的感知而逐步形成,归根结底,认知、意义是基于身体经验的。语言符号也是这样,遵循着现实—认知—语言的进展程序。人们通过隐喻等认知策略建构出其他概念(包括抽象概念),从而建构出概念系统,并通过词汇化形成了语言,因此语言具有体验性。

三、国内外研究现状分析

国内学者从各个角度探讨了多模态写作教学的实现途径。彭卓、安晓灿(2015),许幸、刘玉梅(2018)和王小梅、田艳(2020)通过实验分别发现多模态写作训练可以帮助学生提升写作效能、写作水平,降低学生的学习焦虑。雷茜、张春蕾(2022)从教师教学的角度分析了课堂教学如何合理调配模态。

国外研究方面,Lenters 和 Winters(2013)指出运用多模态方式来复述故事能将艺术、文学和数字化媒体融为一体,从而促使学生开展口头、手势及空间交际活动,并激发学生的过程写作能力。Garrido (2018)探讨了社会科学类的大学生通过多模态的形式艺术地再现个人对世界的理解。Lim J 和 Polio C(2020)通过实验展现了第二语言写作中多模态介质的积极作用。

以上研究认同了多模态教学材料的积极作用,这些多模态教学材料为写作课堂提供的语境和预制语段,以及多样的形式顺应了时代发展的潮流,深受学习者的喜爱。不过,这些材料均为教师或培训者提供给学习者的,学生更多的是去识读或者解读被动提供的多模态信息。而本研究则是从体验观入手,强调写作的多模态材料由学生自己制作,这是学生与世界感知交流的产物,是一种深层次的多模态互动。

四、教学模式构建

根据以上理论和研究成果以及结合广西师范大学特色的大学英语智慧教学云平台,笔者创建了以下写作教学模式,主要包括七个环节。

(一)阅读筑基

首先,学生在教师的帮助下对课本的单元材料进行深度阅读,并研读教师提供的相同主题的拓展材料。然后,学生通过智慧教学云平台练习阅读文本中的单词、句型和写作框架,为写作打下坚实的语言基础。该环节遵循了语言学习中输入输出平衡的原则。

(二)方案制定

通过教师示例、头脑风暴、课堂讨论等方式对写作主题展开分析,引导学生从不同角度去理解和阐释,帮助学生确定实施方案。在这一环节,教师进行案例分析非常关键,可以帮助学生直观感受如何借助多模态介质去体验生活进而开展英语写作。比如,写作主题是"美",教师给的案例如下:(1)将写作主题细化为校园之美,然后选定校园的一棵枫树作为拍摄物,分别在清晨、中午和黄昏进行拍摄。(2)观察不同时段枫树的变化,如光线、色彩、纹理、形态,包括树下的老人、情侣、运动的人群等等都要进行对比。仔细分析后,发现这一棵树蕴含着校园里的自然之美、爱情之美、青春之美等等。(3)写作复现,用文字将体验与发现表达出来,并进行修改、润色、加工。

(三)作品制作

学生确定好主题后,准备拍摄工具。观察身边世界,寻找到时机后即开始拍摄。反复揣摩多模态作品是否契合自己的期待,是否有助于自己阐述对生活的体验。如有必要可以重复拍摄。

(四)写作复现

学生对自己拍摄的作品用英语进行描写、叙述、评论,力求做到一方面准确复现场景,一方面抒发感悟。

(五)平台分享

学生将拍摄的作品及写好的文字上传到本校大学英语智慧教学云平台,任课教师和其他同学在规定时段内进行点评,点评可以是语音、图片或文字。这一阶段重在思想感悟和分析思路的分享。

（六）作文提交

学生根据大家的意见进行修改后将文字上传至作文批改网站，对文字做进一步的润色加工，最终形成定稿。

（七）课堂点评

教师对全班所有学生作品从整体上做分析点评，对典型作文做深度剖析，帮助学生自我完善。

简而言之，学生根据所学章节的主题和作文要求，创作图片、视频、音乐等多种模态形式的作品，然后通过英语写作阐述作品的内容和思想。学生通过常用技术手段将自身对世界的感知和体验艺术性地呈现，然后用文字将这一创造过程进行复现。

该英语写作教学采用多元评价方式。作文成绩由平台成绩和作文批改网成绩构成，各占50%。学生的作品和作文在大学英语智慧教学云平台发布，同时接受教师、同伴的评价，通过点赞、打分实现量化处理。该部分成绩主要针对思想性、艺术性、技术性等。作文批改网的评价维度包括对词汇、句型、语篇结构等语言知识的评价，学生可以根据网站智能批改后的建议反复修改，提高自己的得分。

五、学生作品分析

下面以《新视野大学英语（第三版）读写教程2》第四单元为例分析学生在作品中的表现。该单元主题为"爱"，这是一个抽象的概念，需要通过具体的实例去理解。课本阅读素材是校园爱情故事，课外补充阅读素材为大家耳熟能详的爱情故事。学生的作品确实体现了他们对爱的多重理解。

（一）家人之爱

There are two old people and two daughters in this picture. They are my grandparents and two aunts. The cake on the table and the birthday hat on my grandfather's head make it easy to see that this is my grandfather's birthday. With the rapid development of living standards today, we can see that there are too many empty nesters … Under the warm light, the whole family had a happy birthday … Taking time to accompany their parents and elders, chatting with them, cooking, walking together, or traveling together is the real love.

该作品为一张照片,是学生的姑姑给爷爷过生日的场景,非常温馨。语言虽然存在瑕疵,但是可以看到描写细致,蛋糕、头饰、灯光等细节描写生动。主题表达也很鲜明,学生有感而发,由爷爷的生日联想到当今的空巢老人,点出陪伴父母、长辈就是对他们真正的爱。

家人之间的爱也是很多其他同学的创作主题,他们或描写家人在除夕夜共同观赏绚丽烟花的场景,或描述在农家小院子和家人一起品茶赏月的画面,或讲述父母照顾孩子的故事,等等。同学们通过多模态媒介审视自己的生活,发现了曾经被自己忽视的家人之间宝贵的爱,懂得要更加珍惜和家人在一起的每一刻。

(二)自然之爱

This is a picture I took myself. It was early February, when the weather was cold…The light makes everything in the world soft. The streets are bustling with people as they prepare for the Spring Festival. At that time I was waiting for the traffic lights, see this scene and unknown happy feelings flooded into the bottom of my heart.

I like a quote very much: "Some of emotions of spring entered my body before the spring." The moment I saw it, I felt the tender emotions of spring enter my body, and the world is as good as before.

该作品展示了春节前虽然天气清冷,然而人们仍然忙碌着在为节日做准备,街上挂满了红灯笼,还有这难得的阳光,这些预示着春天生命的气息。作者还引用喜欢的诗句表达了对春的期待和爱。

此类作品反映的是学生对自然、对世界本身的热爱，以及对生命的珍视。学生们在作品中通过蓝天、金色的云彩、茂密的树林、日出变化等元素清晰地展现了这种热爱。

(三)执手之爱

This picture was taken during the outing, and was about grandparents. In this picture, we can see grandma's hand is on the back of grandpa's and they are walking together on the Botanical Garden. They walk down the path hand in hand, and go straight to the corner of the path. This scenery is so beautiful and full of love. Everything at that moment seems to be still. In my heart, I always think that love is that two people go together until death. Even though there is always a little noise, it is all a test of our love. It is said that if two people haven't experienced the difficulties of love and it is so hard to go long.

该学生拍摄了祖父母手牵手逛植物园的场景。通过对周围环境在视觉、听觉和嗅觉上的描述，呈现出祥和温馨的画面。继而作者表达出自己的爱情观，即执子之手与子偕老，纵然伴随着生活的磕绊也仍然有坚守的信念。这是非常朴素、正向的爱情观。

在另外一个作品中，学生拍摄了一个混合了草莓味、蓝莓味和巧克力味三种口味的蛋糕。他描述了蛋糕的外部色彩和三种口味的区别。继而将三种口味比喻为爱情的不同境界，最后得出结论：真正的爱情有甜蜜，也有苦涩，需要双方的共同守护，才能走向幸福的终点。这样的爱情观体现了学生的责任担当，是成熟的表现。

(四)家国之爱

At dusk, the afterglow of the setting sun shines on the horizon. The clouds are slowly changing. The distant mountains are surrounded by clouds. At this time, the pond is like a mirror, sunset, clouds and mountains are reflected in the water, like a fairyland. At that time, my friend and I were attracted by the beautiful scenery in front of us. So I stopped to take pictures of the beautiful scenery.

When I was studying abroad, whenever I saw the picture, I couldn't help but think of my beautiful and lovely hometown. It gave comfort to me, who was lonely outside. Love for my hometown gives me strength.

该作品描述了作者家乡的山水图:黄昏时分,夕阳的余晖洒在地平线上,云朵在慢慢变化,远山被云雾环绕,此时的池塘就像一面镜子,夕阳、云雾、山峦倒映在水中,宛如仙境。作者热爱着家乡,所以当在异国他乡求学感到孤独时,就看看照片,因为它能带来宽慰和力量。

通过以上作品可以了解到学生在创作的过程中切身体验了生活,对世界有了深度认知。学生通过文字复现自己的体验,在训练语言知识和技能的同时,将抽象性的概念变得具象化、生动化。可以看到学生思想上变得更加成熟,更加积极向上。

六、结语

以体验为基础的多模态七步写作模式,重视学生生活体验,通过联想、发散、推理等思维能力的训练,激活学生的语义网络和语篇结构认知,让学生有感而发,有感能发,使作品有观赏性,作文有内容性和思想性。评估模式合理利用学校已有的信息教育环境进行测评和分享,提供多方位的及时反馈,促进学生反复修改润色,从而切实提高学生的英语写作水平。同时,该模式促使学生在作品中融入积极的审美情趣和思想内涵,将语言教学的工具性与人文性相融合,使思政教育落到实处。

参考文献

[1]GARRIDO J D R,HERNÁNDEZ-LEÓN E,FIGUEROA-SANDOVAL B, et al. Learning and experience:Aesthetics of multimodal texts in higher education

[J]. Digital Education Review, 2018(33):170-184.

[2] LENTERS K, WINTERS K L. Fracturing writing spaces: Multimodal storytelling ignites process writing[J]. THE READING TEACHER, 2013, 67 (3), 227-237.

[3]雷茜,张春蕾.英语课堂教学的模态调用研究——多模态教学文体学视角[J].外语与外语教学,2022(3):73-83,121,148-149.

[4]彭卓,安晓灿.多模态视野下英语写作的效能研究[J].天津外国语大学学报,2015(2):51-59.

[5]王寅.语言的体验性——从体验哲学和认知语言学看语言体验观[J].外语教学与研究,2005(1):37-43.

[6]王寅.范畴三论:经典范畴、原型范畴、图式范畴——论认知语言学对后现代哲学的贡献[J].外文研究,2013(1):20-26,98-99.

[7]许幸,刘玉梅.多模态理论视域下英语写作写前动机培养的实证研究[J].外语电化教学,2018(1):25-31.

[8]王小梅,田艳.多模态互动分析视域下的大学英语多模态互动教学实证研究[J].黑龙江高教研究,2020(1):152-156.

大学英语长难句教学研究

邝增乾

一、前言

长难句在大学英语教学中一直是一个难点,这是因为中英两种语言分属于截然不同的两种语系,在语法、结构等方面有着很大差异。英语在句法结构上遵循着严格的曲折变化,往往让中国学生望而生畏。而英语长难句,不仅在各种考试中经常出现,也是大学生英语学习中的一大拦路虎。很多学生在看见英语长难句的时候,太过注重生疏词汇、语法点等细枝末节,而不是从句式结构上进行总体理解,以至于最终的理解结果有所偏差。他们所理解的中心意思不是从句子结构整体出发,而是由各个单词意思的生拼硬凑,这就导致与句子本意有出入。本文将结合《新视野大学英语综合训练》和《全新版大学英语综合教程》进行实例分析,探索英语长难句的教学策略。

二、大学英语长难句教学现状

英语长难句一般具有以下几个特点:其一是字数多且跨度长;其二是理解难度较高。这种句子在书面语中较为常见,常由大量的单词组成,且句式结构较为复杂。在英语长难句教学中,根据学生的反馈,往往会出现两种情况。

首先,即使已经学习英语多年的学生,也误以为英语长难句学习效果差的原因是词汇量不够,所以把大量的精力用在单词的死记硬背上。然而,在经过大量机械的单词记忆之后,却发现对于长难句的阅读理解能力提升虽然有所帮助,效果却是不尽如人意。这就说明,虽然词汇量的积累对于英语学习有用,但如果出现每一个单词都认识,但整个句子却读不懂的情况,其原因只会是对于句子层次、结构、组合规则没有清晰的认知,这就是语法层面的问题了。要解决这一点,必须先进行完整的句法体系学习,从整体上划分句子结构,一步步分析长难句的层次关系,理顺逻辑顺序,这样一来,长难句的理解也就水到渠成了。

其次,学习习惯导致对长难句的理解有困难。很多非英语专业的学生学习英语的时候,一般只是根据教师的布置进行学习,利用课余时间阅读英语资料的行为不多,没有形成良好的学习习惯与语言环境,导致学生在学习英语的时候摆脱不了中式思维。一旦遭遇英语长难句,往往无从下手。这一点笔者在教学中也有所体会。在指导学生进行英语写作学习的时候,笔者发现学生们往往倾向于使用简单的句式进行表达,很少使用复合句式,其原因在于复合句式包含大量从句,牵涉复杂的语法知识,这对于语法基础不够扎实的学生来说,无异于增大了语法错误出现的概率,所以学生自然选择简单句式。因此,从写作练习上可以看出,学生不善于应对复杂从句,自然在长难句的阅读上也是云里雾里,难得要领。

三、大学英语长难句教学效果不理想的原因分析

大学英语长难句教学效果不理想的根本原因在于中英两门语言有着不同的文化背景,思维方式与句子结构的差异导致学生理解英语长难句有难度。分析中英两种语言的差异所在,对于英语长难句的理解是溯本求源,有助于从根本上对症下药。

(一)中英不同文化思维的差异

汉语与英语之间存在着不同程度的文化思维差异。英语只要结构上不出现错误,一个句子就可以延伸得很长,所以英语书面表达中多长句;而汉

语恰恰相反,词义可以用单词表达,要表达不同的意思可以使用不同的短句。这就导致了学生在学习英语时,往往用已经内化多年的汉语思维去理解英语。来看一组例子:

例1:In Toronto, Canada, downtown life stopped when more than 11, 000 police and other emergency responders marched solemnly through the streets to honor Sergeant Ryan Russell, a 35-year-old "good man and good cop", who believed deeply in his commitment to protect and serve. ("Heroes among us")

这个英语句子在逻辑结构上使用四个逗号分开,其中包含了三个可以独立的句子。句中通过使用 when 和 who 此类的连接词,引导了不同的从句,让不同的内容通过主从句方式汇总为一句话。句中靠前的部分"In Toronto, Canada, downtown life stopped"是主句,也是句子最核心的内容和结果。而汉语译文则不同,更偏向于陈述罗列,上下文的逻辑关系更多地是由词义、句义进行表达,译文中的第一句可看作是原因,最后一句则阐述结果。

(二)树式结构与竹式结构的差异

在句子结构方面,英语句子就像一棵大树,无论枝叶多么繁盛,其主干部分也就是主谓宾仍然一清二楚,延伸出去的修饰部分就像是树干上分出的枝叶,主次关系十分清晰,所以可称之为"树式结构"。而在汉语中,句子结构更加简洁,没有像英语那样的形式主语、宾语、补足语等结构,而且动词的变化也不如英语那么复杂,只需要根据人称、数、时态和语态进行变化。在汉语中,语序和句序显得更加重要,常常通过调整语句的顺序来达到表达的效果。

例2:One measure of my love for *Our Wonder World* was that for a long time I wondered if I would go through fire and water for it ... ("One Writer's Beginnings")

笔者只选取了整个句子中的一部分,在这一部分句子中,句子的含义是通过语法结构表达的,分别用 that 与 if 进行表语、宾语从句的引导,所以进行句义理解的时候,把 for a long time 这一状语放在前面较为合适,用以表达

"我"经过长时间的思考,而主体和从句部分则可以理解为"我一直思考······能不能为······奋不顾身······"。这样一来,句义之间的逻辑联系非常清晰紧密,理解起来也顺畅很多。

(三)中英句子中心位置的差异

中文描述事物一般都围绕着中心进行,抑或阐述自身观点,到最后才道出表达者的真正目的。而且在进行描述的时候,往往将次要的信息放在前面,重要的信息放在最后。而英文习惯将要强调的重要信息或者观点放在前面,让人一目了然,次要的信息或者提出这一观点的原因则放在后面进行阐述。文化对语言的影响是直截了当的,同时也会导致不同的思维方式,这一点在不同文化的人群进行描述事物时会有相应的体现。

英语思维方式通常呈现出直线型的特点,更加强调直接性和抽象性,常常将最重要的信息置于句子的首要位置,以此来突显句子的重心,而次要信息和成分则会放在句子的后部。而汉语的句子结构则更有层次感,更复杂,更丰富。通常来说,句子的开头不会有重要的信息,重要的信息会在句子的后面,或者通过使用一些词语,如"······之后""······终于"来表达。汉语的句子结构和英语相比,更接近音乐的旋律,音乐的旋律通常是由简单的部分逐渐过渡到复杂的部分,汉语的句子结构也是如此。英语句子结构则更像是一个链条,链条上的各个部分都是紧密相连的。所以,汉语和英语的句子结构各有特色,这也是两种文化的差异之一。

例3:No one paid any attention to this odd-looking man who might as well have been invisible. ("Cliff Young, an unlikely hero")

在例3的句子中,句子开头是no one,强调一个也没有,这是将句子的中心位置摆在了句子最前面。所以,在理解长难句的时候,教师要让学生明白中英两种语言思维的差异在何处,并清楚思维差异投射到句子结构上会产生怎样的结果,从而灵活地进行中英思维转换,正确理解句子。

四、大学英语长难句教学策略

由上文可知,长难句学习效果差的原因包含词汇量小以及语法基础薄弱等因素。再加上中英不同文化思维的差异、中英句子结构的差异以及中英句子重心的差异等因素,这些一起影响了学生们理解长难句的速度。下文将根据以上因素展开对大学英语长难句教学策略的探索。

(一)帮助学生摆脱中式思维,培养英语语感

在英语长难句教学中,教师应帮助学生摆脱中式思维,从而使学生达到更为良好的学习效果。要做到这一点,教师可以从以下方面入手。

首先,教师要着力于帮助学生打下扎实的词汇和语法基础。这两项是英语学习的基础,是学生能够理解长难句的基础。全国大学英语四、六级考试,要求学生掌握大约 6500 个单词,但实际上,很少有学生能够达到这一目标。单词量不足成为学生理解长难句的一大障碍。大学英语教师有很多方法可以帮助学生提高词汇量,而不是让他们死记硬背。比如,教师可以用思维导图来教学生整理特定的词汇,让词汇之间形成联系,这样学生就可以记住更多的单词。同时,语法也是影响学生快速理解长难句的因素之一。在大学英语教学中,一些教师更注重引导学生掌握文章的整体结构,而对语法的细微之处讲解较少。在教学过程中,教师可以通过具体案例辅助学生复习语法知识,同时,加上一些课外题目练习,以巩固学生的语法基础,让学生对语法规则做到熟能生巧,这样才能更好地理解和分析长难句的句子结构。

其次,帮助学生习惯中英思维的转换。中英思维的不同,其根本原因在于文化背景的不同。所以,教师应在教学当中融入中英文化,以帮助学生形成正确的文化认知。在实际教学当中,教师可以根据课文内容的不同,在进行讲解的时候穿插相关的文化背景知识,帮助学生更好地体会到所学内容涉及的文化知识。所以在大学英语长难句的教学中,教师应加入英语文化背景知识的普及环节。此外,在进行英语长难句句子结构分析教学时,教师

要注意将中英语言结构的差异进行对比与展示,帮助学生认识到中英语言结构的差异所在。同时,要帮助学生拓展思维模式,尤其是在翻译环节,要让学生习惯中英思维的转换,从而正确地完成翻译任务。

最后,帮助学生培养英语语感。学习一门语言,最佳的途径是置身良好的语言氛围中。但离开英语课堂之后,尤其是非英语专业的学生就很少置身英语语言环境,这种语言氛围的脱节不利于学生英语语感的培养。与英语口语不同的是,英语长难句更多偏向于书面语,要培养学生相应的语感,就要从英语阅读材料上入手。因此,教师应鼓励学生在课余时间进行拓展阅读,完成大量英语材料的阅读,从而培养良好的英语语感。

(二)使用意群概念,帮助学生厘清句子结构

在夯实词汇与语法基础后,学生还应掌握恰当的长难句理解方法。纵观现有的教辅资料之后,发现意群划分法在处理长难句上十分合适。意群,即 sense-group,也就是根据句子的意思与结构进行成分划分。使用意群概念,可以帮助学生快速厘清句式构成,认清句子主体部分,分析句子成分,从而理顺句子逻辑关系,让学生准确理解长难句。然而,意群划分有特定的方法,不能随意使用,通常会在标点、连接处做句子成分的划分。这一方式一般分为四个流程:(1)找出句子主体部分;(2)进行意群的划分;(3)厘清各成分之间的逻辑关系;(4)回顾整体。在各种文献资料里面,意群划分法有着不同的表述,例如断句、拆分等。在具体的课堂教学当中,教师对于这一高效的长难句分析方法可做重点介绍,可结合课文做出细致讲解,让学生尝试进行意群划分,并在既定的时间内对句子结构进行梳理,最后形成翻译内容,交给教师进行评分。但在最开始教授意群划分阶段,教师不能一下子就将意群划分得太长,因为这对于刚刚接触这一方法的学生而言,只会晕头转向,必须等到学生一步步熟练掌握技巧之后,逐渐过渡到中长意群。一言以蔽之,要注意教学时循序渐进,由易及难,让学生学会如何找到句子主体部分与成分间的逻辑关系,从而达到迅速理解长短句的目的。

例4:Indeed, the rush from earning and spending money/may be so strong/

that students/who have a history of intensive employment/, those who, for example, have been working long hours since their second year/, are actually at greater risk/ than their classmates of dropping out before graduating. ("To work or not to work—That is the question")

在本句中,使用意群划分法可以得出,整个句子是一个复合句,分为一个主句"the rush may be so strong"、一个结果状语从句"students are actually at greater risk"、两个由who引导的定语从句。因此教师在讲解意群划分法之后,应让学生先尝试进行意群的划分,并进行口头翻译,随后教师进行点评并进行意群划分的示范演示。有一点必须指出的是,对长短句进行意群划分并做出翻译之时,首先要做的就是将原句的英语句子结构进行整理,正确转换成汉语的句子结构,以便使翻译的内容在汉语读者看来更易于理解。因此,厘清汉语句子结构和完成中英思维的转换是非常重要的,否则很容易会陷入句子逻辑关系不当的情况,从而影响翻译的效果。

(三)加强学生的翻译练习,促进其阅读能力的提高

在听、说、读、写、译这五项基础语言能力里面,最后一项的翻译,对于学生的综合能力要求较高,但同时翻译也是学生运用理论知识的良好实践。而实践是检验真理的唯一标准,在夯实词汇与语法基础之后,只有通过不断的翻译实践,才能熟练掌握中英双语的思维差异,才能快速理解长难句的内容。教师应从以下两个方面引导学生:(1)组织学习小组,鼓励学生之间进行互动交流,让学生在交流中意识到自己的不足,学习别人的长处,从而提升学习效果;(2)鼓励学生对英语材料进行翻译,一开始可以从最为简单的童话故事入手,通过与标准译文的对照,找出自身的错误加以纠正。如此一来,通过不断的练习,逐步增加翻译难度,可以帮助学生快速缩小由于中英思维差异所导致的译文差距,从而帮助学生快速理解长难句。

此外,在结合意群划分法的基础上,教师应讲解与介绍不同的翻译技巧,帮助学生顺利完成翻译练习,提高阅读能力。翻译技巧的适当应用,能够有效缩小中英思维差异带来的翻译误差。教师应从以下三个方面对学生

进行指导：（1）介绍翻译常见的技巧，让学生逐步深入了解其作用与使用方式，然后恰如其分地运用到翻译练习中去，让译文与原文意思更为吻合。（2）教师在教学实践中，在讲解教学内容的时候，可穿插介绍翻译技巧，选择翻译常见的问题进行技巧讲解，帮助学生逐步掌握翻译技巧。（3）要完成中英思维的转换，学生不但要熟练英译汉，也应该尝试汉译英。通过不断的翻译练习，帮助学生熟练掌握中英思维的转换，从而切实提升学生长难句的阅读能力。

五、结论

长难句在各种英语考试中经常出现，例如在全国大学英语四、六级考试中就有专门的题型，因此长难句的学习有着重要的实际意义。尽管长难句一直是大学英语教学中的一大难题，但只要用对方法就不难处理。本文对大学英语长难句教学策略进行了探究，希望能为一线的大学英语教学人员提供有益的参考。

参考文献

［1］王力.王力文集　第一卷　中国语法理论［M］.济南:山东教育出版社,1984.

［2］项琳琳.中英思维方式的差异及翻译中思维方式的转换［J］.校园英语，2020（14）：244-245.

［3］陈雯.论中英思维差异对翻译的影响［J］.海外英语，2020（4）:10-11,20.

［4］赵明宙.英语意群的理解与教学［J］.鞍山科技大学学报，2007（1）：110-112.

［5］谢苗苗.综合英语中长难句的分析和教学策略——以《新标准大学英语综合教程3》为例［J］.校园英语，2021（19）:3-5.

[6]孙伟.英汉翻译中的长难句处理及研究——以《大学英语Ⅰ》课内文章为例[J].作家天地,2020(7):25,27.

大学英语听写对英语学习
效果的促进研究

符 盛

一、引言

应用语言学家 Stephen D. Krashen 于 1985 年在其著作《输入假说：理论与启示》中正式提出输入假说理论。这一理论不是一蹴而就，早在 20 世纪 70 年代初他就提出了"监控模式"；20 世纪 80 年代中叶，他对"监控模式"进一步扩充修订，转为以"输入假说"为中心，形成了输入假说理论。所以纵向来看，Stephen D. Krashen 的"输入假说"经过了长期的完善和修订。这一理论是第二语言习得中论述最全面、引起关注度最大的理论，同时也是争议很多的理论。与此对应的是，1995 年 Swain 提出的"输出假说"。输入和输出各自的特点和应用，以及输入、输出两者之间的相互作用，深深地影响了现在的英语学习者和研究者。

二、听写简介

(一)听写的重要性

听、说、读、写是语言学习的四项技能，也是语言学习的科学规律和顺序。其中，"听"是语言学习的敲门砖，是基石，没有足够的听力输入，任何一门语言的学习都将无从谈起。历次颁布的关于大学英语课程教学的要求一直都强调听力教学要求,对学生听力的时长和每分钟能听懂的字数都提出了具体要求,且全国大学英语四、六级考试中的听力部分一直是重点和难点。尽管现在都是从小学开始学英语,但是一些非英语专业的大学生,在历经漫长的小学和中学英语学习后,听力水平仍然是制约他们提升英语能力的瓶颈。

全国大学英语四、六级考试的听力题设计历经改革,有些年份有听写题,因为听写法是大学英语教学中常用的听力训练手段之一,是英语精听训练的核心。近十年来的全国大学英语四、六级考试题改革主要改的是听力的内容,而不是听力的考查形式。比如把短对话变成了新闻听力题,现在的听力题型都是选择题,没有听写题。在以前的听写题中,学生不仅要听出单词,还要拼写正确,显然是一种比选择题要求更高的题型。现在有些学生对听写题不熟悉,因此,教师要给予学生适当的引导,让学生了解听写的重要性和听写的练习方法。

听写,有别于纯粹的听力。听力是输入的一种主要形式。而听写,重点是要写出来,是对所听内容的一个及时且精确的检测,是一种听和写结合的综合训练和实践。听写时,学生能高度集中注意力,对所听内容进行精细地辨音,而不是流于表面。听写还能考验学生对单词的拼写能力,既提高了学生的学习效率,又增加了他们复述的能力。根据王颖(2015)的分析,漏写类错误出现的原因大体有:工作记忆容量小、注意力不集中等。参照李莉(2014)的观点,遗漏类错误与记忆问题相关,在很大程度上影响学生听写的得分。

(二)听写的要求

首先可以把全国大学英语四、六级考试(CET)和全国高等学校英语专业四、八级考试(TEM)的听力题做个简单的对比。主观类题目的短文听写一直是 TEM 听力题的第一道题,多年来未曾有过变化。然而在历年考试实践中,该题型失分情况较为严重。

现在全国大学英语四级考试第一题为听力题,而多数题都只播放一遍。这样严格的考核方式,不仅要求学生听力与拼写的基本功扎实,更对学生的记忆力和考场心理素质有着很高的要求,所以听写这种教学和考核方法在专业英语教育中沿用至今。

三、听写实施步骤和过程

每个学期都有教学计划。比如 2023 年秋季学期,2023 级新生的大学英语听说课的教学内容是《新视野大学英语(第三版)视听说教程 1》的前五个单元。由于实施线上线下混合式教学方式,在 13 个教学周中,一般只有 6 节面授课时间。每个单元的教学重点在第一部分——Listening to the world。这个部分以连线题,对错判断题和填空听写题为主。关于听写题,笔者认为听写几个单词的填空题太简单。笔者在教学材料的基础上设计有一定难度,但又在学生现有词汇量范围内的听写题。在听写之前,笔者会强调听写的纪律性。所有的学生只能看自己的题,不能因为听不懂而看别人的答案;能听出来的同学,也不能听懂后嘴里念念有词,导致无意间给别的同学暗示。

听写内容可以是短语,也可以是句子,且这些短语或句子是很实用的,在生活中出现频率较高。确定好听写内容后,一般会播放 20 甚至 30 遍,给足学生思考的时间。播放到 15 遍左右时,会再次播放整段对话,以便学生在上下文中得到一定的提示。然后继续播放。播放完毕时,笔者会逐个检查学生的听写情况。当检查到第一个听写完全正确的学生时,会让这个学生帮笔者检查另外一组。这样既可以提高检查的效率,又可以增加学生对检查结果的信任度,还可以增强学生间的互动。检查后,笔者每次都会做个统计,计算有多少人可以听写正确,一个 50 多人的班级,听写的正确率会是多少。

四、听写对英语学习的促进作用

(一)听写可以反映学生的英语基础情况

《新视野大学英语(第三版)视听说教程 1》第四单元的第一个部分,主持人的采访问题是"What do you do on your journey to work？"各个采访对象都给出了自己的答案。笔者在课本原本的题目外，选择了一个受访者回答的句子作为听写内容，即 M4："I either read the newspaper or I read books."。这是一整个句子的听写。笔者在课堂上播放了约 25 遍听写的句子。笔者带 6 个班，约 300 名学生，能完整地把这个句子写出来的学生数量每个班多则 8 人，少则两三人，正确率不足 10%。笔者虽然要求学生写出完整的话，但主要是想观察学生们对 either 的掌握情况。绝大部分学生都能写出 or 这个单词，但是写不出 either 这个单词。前面说过，笔者一般在播放 15 遍后，会重新播放整个采访，给学生再次熟悉上下文的机会。在要求听写的这句话前，另一位受访者说了"Sometimes I listen to music and sometimes I read a book."这句话。其实这句话的意思和要听写的句子意思基本是一样的，是一个由 and 连接的并列句，稍显啰唆。接着又播放了整个采访内容 10 次左右。这么低的正确率，一是说明学生们的语感还是不强，对 either…or…句型没有真正熟悉。二是学生的语音知识还是不扎实。受访者的原语音中，没有轻读、弱读、连读、爆破，语速也适中。但学生们要不完全写不出来，要不就写成了"I will"或者"other"。三是说明学生无论是说英语，还是英语写作都很少用上这么地道的连词。学生们尽管很早就学过这个句型，也无数次在阅读中读到过，甚至在完形填空题中遇到过，但是并没有真正熟悉和掌握。

第三单元 Speaking for Communication 是三段电话英语，共有十个填空题。在做完原文自有题目外，笔者还设计了一个句子听写。听写句子是"I locked the keys in the car. Kevin has the spare key."。同样，学生的正确率非常低。错得最多的是"locked"这个单词。错误的版本多种多样，最多的是写成"lost"或"loss"。从听写中，可以反映学生的很多问题，第一是语音知识不过关，第二是逻辑性不强。如果是钥匙真丢了，不见了，就不会知道是在车里。第三是动词的词性和时态掌握不牢固。学生对 lost、lose、loss 这些单词的区别理解得不是很深刻，尽管这些单词都是中学时常见常考的单词。"spare"这个单词很常见，这里表示的是备用钥匙，但还是有很多学生听写不出来。因为中学时，学生们更熟悉的实用场景是"in one's spare time"这个语意。听写能主动暴露问题,在不听写之前,学生甚至都不知道自己的英语存在这些问题。英语的逻辑很严谨,电话英语对话中,女方表示自己把钥匙锁在车内了。这里不仅是车钥匙,是整串钥匙,所以名词用的是复数"keys"。而在表示打电话过来是想找车的备用钥匙时,同一个名词用的是单数"key"。听写这些句子,既能帮助教师迅速地了解学生们的英语水平,也能让学生们重新审视自己的英语水平。

(二)听写可以帮助学生学习巩固词汇

同样是第三单元 Speaking for Communication 的三段电话英语。笔者要求学生听写出下划线中一个单词如,"Where are you? Central Park, by the fountain."。经过笔者播放 20 遍之后,只有少数学生能听写出来。"fountain"这个单词在中学曾经学过,但使用场合不多,所以导致很多学生都忘了这个单词。经过多次听写后,学生从一个新角度重新学了一遍这个单词,因此会对此单词有更深刻的印象。学生不是靠眼睛阅读来记住这个单词,而是用声音的形式存储在记忆中。

第四单元 Listening to the World 中,主持人的问题是"What do they like about their journey to work?"。这道题是连线题,做完后,笔者设计了一个题目——怎么用英语表达"抢座"。同学们的表达五花八门:grab a seat、rob a seat、occupy a seat、rush to get a seat。这些表达有些正确,有些不恰当。于是笔者让学生们再听写一个受访者的回答,如"It's quite early in the morning, which means that the bus is always quite quiet, so um, I don't have to fight for a seat."。当听写完后,答案呼之欲出。只听不写,学生们对所听内容还是不敏感。

(三)听写可以帮助学生学习新词汇

听写除了从不同角度让学生激活已学词汇,更重要的是通过声音来学习新词汇。第四单元 Listening to the World 中,有一段新闻视频,讲的是希思罗机场因为电脑故障而使很多乘客滞留在航空站。笔者设计了一个题目——What is this place? 笔者知道学生没有学过英语航站楼这个单词,甚至对于很多没坐过飞机的学生来说,都不知道航站楼是做什么的。随着笔者播放视频的视角,新闻讲解中出现很多关于航站楼的信息。比如:

In Terminal 1, things are getting worse.

Back inside the terminal, it's getting hotter and hotter.

Inside Terminal 1, it's late at night, after midnight.

…and over 500 people spent the night in the terminal.

在一段简短的新闻视频中,高频率地出现一个单词"terminal",且镜头画面直接显示航空站滞留乘客的景象。如此反复出现精确的画面,和单词一致的语境,让同学们自然而然习得了"terminal"这个单词,学生自然而然就能回答笔者在播放视频时提出的问题。不需要知道中文释义,直接对应英文单词和地点。同学们听写出这个新单词,有别于之前在教材单词表学习单词的方式。传统学习单词时,都是老师先带读单词,解释词义,再用例句解释用法。这种方式低效,不能形成英文思维。学生就算记住了拼写,知道意思,但在听力中遇到这个词时,还是反应不过来。

听写不仅可以帮学生学会新单词,也能使学生学会由简单单词组成的词组。第二单元 Listening to the World 中,主持人问"How often do you go to the cinema?"。一位受访者回答"Often I'll go on a Wednesday because we get ' buy one get one free' cinema tickets, so I can take a friend with me."。笔者播放 20 遍视频要求学生听写出下划线词组。单词本身很简单,但很多学生没有见过用这种组合方式形成的新短语。当听写出来后,学生们才恍然大悟,原来这就是汉语"买一送一"的英文表达方式啊。这种冥思苦想之后学来的词汇比学生阅读而学来的效果要好得多。

五、结语

听写如此重要,而学生的听写正确率太低,这对教师的教学提出了很高的要求。因此,教师要充分地了解学生现阶段的英语实际水平,尤其是听力水平。从听写的角度让学生们重视自己的语音基础,提高辨音能力和语音准确性。语法规则分析的能力不仅是运用在改错题和写作中,也能让学生们的听力理解能力大大提高。理解丰富的听力材料要求学生具有广泛的知识面,反之,广泛的知识面对学生迅速理解听力材料有很大的帮助。在长期实践中,输入和输出的相互影响和促进,必然能让学生们在理论的实践运用中得到更深刻的理解。听写,可以考验学生听、说、读、写等语言技能的掌握情况,能尽快完成输入到输出的闭环,尽快发现问题,解决问题,因此要长期坚持使用。

参考文献

[1] KRASHEN S D. The input hypothesis: issues and implications [M]. Longman Group United Kingdom, 1985.

[2] 李莉. TEM-4 听写错误的认知心理学分析与训练策略[J]. 海外英语, 2014(21): 134-136.

[3] 王颖. 英语专业四级听写错误类型及原因分析[J]. 西昌学院学报(社会科学版), 2015(3): 158-160.

[4] 严明贵. 英语专业四级考试听写成绩与总成绩相关研究[J]. 台州学院学报, 2005(2): 58-60, 80.

非英语专业研究生
英语听说活动方法探讨

胡兰英

一、非英语专业研究生英语听说技能提高的重要性

目前,世界经济一体化带来了频繁的国际交流与合作,大大增加了研究生在校学习期间及毕业工作后参与跨文化交流的机会。应时代发展之需,非英语专业研究生要加强英语听说技能。但在读研之前的英语学习中,他们往往重读写,轻听说,导致了开口难的尴尬情况。然而,无论是从他们的学术研究需求来看,还是从他们将来职业发展条件来看,英语听说技能都是必要的。因此,非英语专业研究生公共英语课有必要弥补学生的这一不足。当前非英语专业研究生公共英语课仍存在语言输出量低,输入与输出失衡,输出时机安排不当,形式有限,语言输出质量不高,低质重复率高的问题。如何在公共英语课上给非英语专业研究生开展听说活动,增强他们的听说技能,是每位任课教师都需要认真思考的问题。

二、如何在非英语专业研究生公共英语课上有效开展听说活动

非英语专业研究生公共英语课课时有限,除了完成学生读、写、译技能的提升和对学生进行思政教育的任务外,还要特别注意为学生提供训练听说技能的机会。为了达到较好的训练效果,听说活动的开展可从以下几个

方面着手。

（一）听力活动的延伸

在英语学习过程中，听和说是相互促进的。在给非英语专业研究生上听说课时，在听力训练的基础上，教师不妨进一步利用听力材料的主题、内容及形式，给学生设计一些说的活动。例如，在带领学生学习外语教学与研究出版社出版的《新一代大学英语（发展篇）视听说教程：智慧版 1》的第一单元 Human Relations and Interpersonal Skills 时，教师可先让学生听本单元的几个长篇短文（其中有建议性的 "How to apologize"，有先叙后议的 "Making new friends"，也有经历讲述的 "My long-distance relationship story"，还有议论性的 "Should we trust our first impression?"），当学生有了关于这一主题各种体裁的多种内容的信息输入后，教师就可以顺水推舟布置学生如下小组任务：

Work on a survey and give a presentation on how to understand ourselves and others better in order to improve interpersonal relationships.

1. Evaluate your relationships

In this unit, we have learned a lot about different interpersonal relationships and how to handle them. Now please grade yourself on different kinds of relationships.

2. Discuss in pairs

Discuss with your partner: Why do you think that you are doing better in some relationships than in others? How can you improve the relationships?

3. Work in groups

First, share with your group members what you talked about in Step 2.

Second, discuss why interpersonal relationship is very important to a person. In which aspects do you feel its importance?

4. Discuss how to improve interpersonal relationships

Based on prior discussions, discuss with your group members how to improve interpersonal relationships.

5. Prepare a presentation

Prepare a presentation entitled "Improving interpersonal relationships — Knowing myself and knowing others" based on the previous steps. You may talk about interpersonal relationships in general, or just one type of relationship. Try to include what you've learned from the listening materials. To make your main points convincing, you may cite examples in life.

6. Give a presentation

Based on prior discussions, give a presentation on ways to improve interpersonal relationships. (The group presentation should be finished within 5 minutes.)

学生有内容可利用,有模式可参照,趁热打铁,再结合自己的经历和感受,完成这样的任务就比较容易,并且经过与其他小组成员共同完成这一说的任务,学生的语言组织能力和口头表达能力得到了一定的训练。

(二)小组展示评分标准的明确

为了使学生们用心完成小组口语任务,教师除了给每个小组的讨论总结汇报评分外,还要在布置任务前向他们宣布并解释评分标准,让他们在准备小组展示时目标更具体。评分标准可以从相关性(relevance)、清晰度(clarity)、团队合作(teamwork)、时间控制(time control)和创新性(creativity)几方面做要求。相关性指汇报的内容紧扣主题,严格按任务要求组织,重点突出,详略得当。清晰度指汇报内容表达正确,条理清晰,展现的形式易懂,版面清晰,文字大小适当,汇报人发音准确、清晰,讲述流利,音量适中。团队合作指小组成员有明显的分工协作,能共同完成任务。时间控制指小组汇报(展示)在规定的时长内完成。创新性是指汇报内容或形式有新意,有创意。小组展示评分标准的明确将使口语训练任务达到更好的效果。

(三)小组讨论话题的多样性

无论是布置读写课的小组讨论任务,还是布置听说课的小组讨论任务,在同一大主题下,教师不妨给不同的小组分配不同的题目, 或提供多个题目让各小组根据本组的特长或兴趣选择一个题目,或提供一个大题目,让各组自己拟一个小题。例如,在教授《新一代大学英语(发展篇)视听说教程:智慧版 1》的第二单元 Food and Health 时,教师给学生布置小组任务时,可以根据班里小组数目提供相应数量的小题目,任务设计为:

Conducting a survey on food and health and report it in class. Your report should be about 3 minutes long. Each group will base its survey on its respective topic as the following:

Group 1: How much thought have you given to the healthfulness of the food you consume?

Group 2: What impacts your decision to buy food?

Group 3: What do you think about processed food?

Group 4: Do you check the food labels before buying food?

Do you regularly buy food that is labeled as "natural", "organic", or "local"?

Group 5: What is your attitude toward genetically modified food?

Group 6: Do you think that we should eat less meat or even no meat?

Group 7: What source of information would you trust the most about food safety?

又如,在讲授外语教学与研究出版社出版的《新一代大学英语(发展篇)综合教程:智慧版 2》的第八单元 Politics and Power 时,教师可布置这个小组任务:根据大主题 War and Peace 自定小题目,经全组讨论后准备 3~5 分钟的展示内容(形式可多样),在下次面授课上分享。再如,在讲授上述课本第二单元 Art and Nature 时,教师不妨设计如下小组任务:"Work with your group members and prepare a three-minute talk introducing a painting you enjoy, either Chinese or Western. You can use the structure, the information and language from the texts of Unit 2. "。

话题的多样性不仅能使各小组积极投入到小组活动中,突显本组特色,还能在小组展示环节更吸引学生们的兴趣和注意力,让他们能够在有限时间内听到一个主题不同的信息及探讨,从而拓展思路,开阔视野,提高他们的听说能力。

(四)小组展示形式的灵活性

为了使听说活动更有效地进行,建议教师允许学生展示的形式多样化。同一个讨论题,小组可以用 PPT 辅助讲解、演讲、访谈、街头采访、对话、辩论、短剧表演、录像等形式完成讨论总结展示。例如,在学习外语教学与研究出版社出版的《新一代大学英语(发展篇)综合教程:智慧版 2》第四单元 Kindness and Indifference 后,学生小组分别领到如下讨论题:

1. Why many people do not help in emergencies? (Group 1)

2. How to encourage people to help? (Group 2)

3. Why humans are willing to help others, even strangers, for no reward? (Group 3)

4. Would you intervene in the three situations mentioned in the text "The bystander effect"? Why or why not? (Group 4)

5. How do humans differ from animals in giving help? (Group 5)

6. Kind words are the music of the world. (Group 6)

7. A warm smile is the universal language of kindness. (Group 7)

8. One of my experiences of helping others. (Group 8)

9. One of my experiences of being helped. (Group 9)

10. A word or a nod from the good has more might than the eloquent speeches of others. (Group 10)

11. The importance of learning bystander effect. (Group 11)。

第一组、第三组可以采用 PPT 辅助讲解的形式完成小组汇报;第二组、第四组可以借助不同场景的几个短视频进行观点陈述和分析;第五组可以用列表对比、举例说明的方式做小组讨论总结;第六组、第七组可以用演讲的形式进行小组汇报;第八组、第九组可以让组员全部出场,以街头采访或访谈节目的形式(可直接播放课前录制好的录像,也可现场进行)做组员个人经历分享;第十组可以用对话或辩论方式完成小组展示;而第十一组则可以用短剧形式完成小组总结任务。

这样做既可以充分发挥小组成员的特长和主观能动性,又能使小组汇报形式丰富多彩,引人入胜。

(五)各小组之间的互动

课堂上学生之间的互动可以活跃课堂,改善听说活动的效果。为促进汇报小组与其他小组的互动,教师不妨要求每个汇报小组事先准备两个与本组讨论主题相关的问题,并在汇报结束时提问,让其他小组的成员抢答。抢答的学生可以获得课堂表现加分,也为本组获得小组任务加分。同时,也可以以给个人及所属小组加课堂表现分的方式鼓励听众学生对展示小组进行提问、评价、内容补充或观点分享。这类互动可使全班学生得到比较充分的听说训练,而不是各小组为完成任务而做单向的汇报。

(六)教师的褒贬评价

教师不仅要为学生的听说训练设计、布置任务,还要对学生产出的作品进行认真、全面的点评。教师的评价可以包括小组展示的亮点、优点和突出问题,如在发音、语流、语调、语速、语法、词汇选择、构句、应答等方面是否正确、得当,在内容的选材和组织上是否合理,呈现形式是否恰当等,并依据评分标准评分。教师的褒贬评价扩大了学生的受益面,有助于学生取长补短,不断进步。

(七)听说活动的延伸

为了充分发挥听说活动的作用,建议教师在听说活动的基础上,给学生进一步设计任务,即由听说内容延伸出写的任务。例如,在教授《新一代大学英语(发展篇)综合教程:智慧版 2》的第一单元 Philosophy and Thoughts 时,可先让学生完成小组任务 Giving a presentation, "Socrates and Confucius: A comparison",再给他们布置个人任务 Write a composition on the topic "A comparison between Socrates and Confucius". You should write at least 250 words. 听说活动的延伸能够加深学生对听说训练主题和内容的印象,提升他们的语言组织技能。

(八)直击弱点的听说技能强化

发音、词汇、构句能力和语感是影响非英语专业研究生听说技能的主要因素。首先,很多非英语专业研究生没有掌握英语的语音,单词的发音与正确读法偏离太多,因而对听到的内容无法对应,无法听懂,口头表达也让人难懂。其次,有限的词汇量使一些非英语专业研究生很难听懂,很难开口。再次,不少非英语专业研究生不熟悉英语的句法,导致他们在口语表达时常犯句子结构错误,在听力训练时难以抓住句子大意。最后,由于平时朗读和默读训练较少,一些非英语专业研究生的英语语感多半不强,这使得他们在说英语时常常意识不到错误,在听别人说英语时不会句内预测,比较被动。针对上述不足,教师应该加强非英语专业研究生的朗读和跟读、跟说训练,扩大他们的阅读量,教会他们分析长难句,帮助他们掌握英语五个基本句型,从而为他们提高听说技能打好基础。

(九)迎合需要的学术英语听说技能训练

非英语专业研究生往往有参加国际学术交流或出国深造的机会,因此,公共英语课除了训练他们的英语听说基本技能外,还有必要补充学术英语听说技能的培训。例如,教师可以给学生补充一些常用学术英语词汇和套句,要求他们听一些英语讲座、学术讨论、学术访谈、学术会议等,并教给他们听这些学术类听力材料的技巧。另外,教师还要引导学生训练学术英语口语,教给他们参与学术讨论的技巧、做学术讲座的方法等。

三、结语

无论从眼前的学业之需,还是从长远的职业发展要求来看,新时代的非英语专业研究生都迫切需要增强英语听说技能。如何帮助学生实现这一目标? 任课教师应考虑如何给他们有效开展英语听说活动。要达到较好的效果,教师需要仔细合理地规划公共英语课的听说活动,如明确小组展示的评分标准,使用听说结合、说写结合的教学方式,让小组讨论话题及展示形式多种多样,鼓励各小组间的互动,根据学生的弱点加强听说技能训练,尤其增加学生学术英语听说技能的培训。只有这样,才能使听说活动不流于形式,真正起到应有的作用。

参考文献

[1]高延玲.对研究生公共英语课堂教学中语言输入与输出的调查[J].跨语言文化研究,2015:279-287.

[2]王守仁,文秋芳.新一代大学英语(发展篇)视听说教程:智慧版 1[M].北京:外语教学与研究出版社,2019.

[3]王守仁,文秋芳.新一代大学英语(发展篇)综合教程:智慧版 2[M].北京:外语教学与研究出版社,2019.

非英语专业研究生
公共英语课堂展示探讨

覃新宇

一、引言

经过本科四年的大学英语学习之后,在硕士研究生学习期间,大多数非英语专业研究生的英语学习动机及学习积极性有所下降。为了充分调动非英语专业研究生的主观能动性,提高他们的英语学习兴趣及课堂的参与度,活跃课堂气氛,加强师生、生生互动,提升非英语专业研究生公共英语教学的效果,将课堂展示应用于英语课堂中是常见的教学手段。

二、课堂展示的界定及其理论基础

(一)课堂展示

课堂展示(presentation)是选择、课堂展示、组织研讨(project、presentation、seminar,PPS)教学法的核心,PPS 教学法注重以学生为主体,认为知识是通过学生在某种特定的社会环境之下主动构建的,强调教育要教会学生如何学习,如何获得富有个人意义的学习经验并促进个人成长。课堂展示通常分为个人展示和小组展示,是由学生个人或小组代表在课堂上针对某一话题或论题阐述观点、展示研究结果的教学实践活动,涉及收集材料、整理分析数据、语言表达等多种能力。个人展示通常是学生的个人陈述,主要目的是培养个人的口头表达能力、独立思考能力等,而小组展示则以小组为单位进行,通过小组成员的协作来共同完成任务。课堂展示除了能培养学生口头表达能力外,还能够有效地增强学生的团队合作意识。课堂展示的教学环节大致如下:确定论题——收集资料——展示成果——讨论。本文中提及的课堂展示指的是非英语专业研究生进行的小组课堂展示。

(二)理论基础

1. 合作学习理论

合作学习理论认为,合作学习是在教学上运用学习小组,促使学生共同活动,以达到最大程度地促进自己及他人学习的目的。课堂展示的整个过程,从选题、收集资料,到展示成果、讨论,强调以学生为中心,每个环节都需要小组成员分工合作,共享资源,密切交流,这最大限度地体现了团队合作精神,促进大家共同完成学习目标。

2. 任务教学法

任务教学法是建立在二语习得基础上,有着重要影响力的语言教学模式。任务教学法强调以完成任务为学习动力,完成任务的过程即学习过程,是通过展示任务成果来体现成就的。任务教学法重视做事的过程,认为语言学习是一个在做中学的过程。教学中组织学生进行课堂展示,能够使任务教学法的这一理念得以体现。课堂展示前,学生根据自己的兴趣爱好与小组成员协商选择话题、确定任务,然后着手收集资料,整理数据,撰写报告,直至在课堂上给老师同学们展示成果,所有成员都参与整个学习和研究的过程。通过这一系列的活动,学生的语言能力、创造性得以提高,同时也锻炼了学生独立思考、自主学习的能力。

3. 输入和输出理论

可理解性输入假设提倡 i+1 的语言输入,强调语言环境之于语言教学的重要性,外语学习者的成功需要大量的可理解性输入,恰当的语言输入可以作为有效促进学习者语言习得的一个途径。语言输出假设理论认为,单靠可理解输入,二语学习者还不能够准确、流利地使用语言,除了需要大量的可理解性输入,还需要产出可理解输出,只有这样,才能促成二语学习者的成功,通过可理解输出,学习者能够意识到自己在使用语言时存在的不足。

三、非英语专业研究生公共英语课堂展示活动的设计思路与实施步骤

笔者给非英语专业硕士研究生讲授公共英语课程,使用的教材是外语教学与研究出版社出版的《新一代大学英语(发展篇)视听说教程:智慧版1》《新一代大学英语(发展篇)综合教程:智慧版1》,教材的每个单元都设计了与单元主题相关的 project 任务,旨在帮助学生回顾单元的学习内容,切实提高学生的英语语言输出能力与解决问题的能力,教材的这个设计为开展课堂展示活动提供了很大的便利。

开学之初,根据学生的考研英语成绩,或 CET-6 成绩,将全校非英语专业研究生新生分为高级班和基础班,笔者教授的是基础班。在第一次面授课时,每个班级都分了5—6人的学习小组,在以后的学习过程中,要求以小组为单位共同完成课堂展示任务。课堂展示一般是学完单元课文,或是做完视听说任务后进行。关于课堂展示的话题,学生可以选择教材里提供的,也可以自主选择与单元主题相关的,小组成员按照活动的步骤协商分配任务,课前经过收集资料、整理资料、小组讨论,并将成果形成 PPT 的形式,课中小组代表进行5分钟左右的课堂汇报,接着是互动环节,听众提问,汇报人回答,提问结束后,学生可以对各小组的展示进行评价,最后教师点评。

以《新一代大学英语(发展篇)视听说教程:智慧版1》Unit 2 为例,单元主题是 Food and Health。在完成了本单元的视听说教学任务后,教师布置课后任务,让学生以小组为单位做单元 project 的任务,题目是 Conducting a survey on food and health,要求将大学生作为调查对象,通过线上或线下方

式,向调查对象发放问卷,并进行访谈,调查大学生关于食品与健康方面的知识、观念和行为等的现状,收集到数据后,小组成员一起整理统计数据,并对调查结果进行充分的分析和讨论,撰写出调查报告,以此为基础,制作一个 PPT,在面授课时,小组代表上台向老师和同学们展示调查结果。展示结束后,汇报人回答老师或其他小组同学的提问。提问环节结束后,学生对展示进行口头评价,一是整体评价,二是对选题、逻辑结构、客观性以及论据充分性的评价,三是语言层面的评价,包括语音语调、流利性和准确性等的评价,最后教师分别对课堂展示以及学生的评价做出点评。

四、对非英语专业研究生公共英语课堂展示的反思

经过课堂观察,笔者发现非英语专业研究生公共英语课堂展示对学生产生了一些积极的影响,同时也存在一些不足,主要表现在以下几个方面。

(一)课堂展示提高了非英语专业研究生的合作学习能力

课堂展示在一定程度上提高了学生的学习积极性和主观能动性,更重要的是,能帮助学生增强团队合作意识,促进学生之间良好的合作学习关系,提高了学生合作学习能力。在小组共同完成课堂展示的过程中,成员之间的协助互助,共同讨论,使得学生体验到了合作学习的价值所在,理解了合作学习的意义,通过小组合作,学生也挖掘出自己潜在的能力,增强了自信心。

(二)课堂展示有助于非英语专业研究生思辨能力的提高

课堂展示的各个教学环节都能展现学生的思辨能力。首先,在课堂展示的准备过程中,学生需要充分发挥主体作用,围绕所选定的话题,广泛搜索大量资料,阅读相关文献,认真思考分析,对收集到的信息进行精心的筛选整理,并提出自己的见解。其次,在成果展示过程中,学生要设计出合理的讲解顺序,客观论证、阐述本小组的观点。最后,针对同学和老师的评价,

学生要积极反思并对课堂展示做出改进。要完成这一系列任务,学生必须培养对事物的好奇心和求知欲,有认真探讨各种问题的钻研精神,学习从不同的视角思考问题,利用不同的方法解决问题,这一过程对提高学生的思辨能力起到一定的促进作用。

(三)非英语专业研究生对课堂展示存在准备不足的现象

笔者所教授的非英语专业研究生大多是理工科专业的,他们的专业学习繁重,还有大量实验任务,所以平时学习时间很紧张。另外,个别学生可能没有认识到课堂展示的重要性,因此课堂展示的准备工作做得不够充分,他们没有投入足够的时间和精力进行精心的准备,导致课堂展示过程中对展示内容的不熟悉,或发言磕磕绊绊,或错误漏洞频出,无法达到预期的效果。

(四)非英语专业研究生课堂展示活动参与度不甚理想

学生课堂展示参与度较低主要表现为:在其他小组代表进行课堂展示时,作为听众的小组成员倾听的意愿较低,似乎课堂展示只是汇报人的事情,与自己没有关系,缺乏参与课堂展示活动的兴趣。有的学生处于一种被动听的状态,不关注、不参与、不思考,甚至在旁边做自己的事情。究其原因,一是课堂展示的质量良莠不齐,比如语音语调不标准,导致听众难以理解,在一定程度上没能激发出听众的兴趣;二是有的学生认为,作为一种课堂活动,课堂展示的价值和意义不大。

(五)非英语专业研究生的展示技巧有待提高

从课堂展示来看,学生缺乏必要的展示技巧,他们也常反映不知道如何有效地组织自己的课堂展示,因此展示的效果不理想。课堂观察发现,有的小组代表基本上全程照着 PPT 念稿子,环节衔接交代不清楚,缺乏自信,与听众既没有眼神交流,也没有语言交流,更谈不上通过互动,引导听众积极地思考问题。

五、实施非英语专业研究生公共英语课堂展示的建议

基于课堂展示教学实践中存在的问题,为了提高课堂展示的有效性,笔者提出以下几点建议。

(一)设计非英语专业研究生公共英语课堂展示的评价量表

在学生进行课堂展示结束后,笔者要求其他小组的学生对所展示的成果进行口头评价,这样做的缺点是口头评价因缺乏明确的统一标准,学生的评价较为主观、随意,效果欠佳。为了解决这个问题,有必要设计出课堂展示的评价量表,帮助学生对课堂展示做出更客观的评价,使得评价更具有操作性。参考已有的评价量表中所使用的六项评价标准,评价量表可以分别从内容、组织、声音质量、目光交流、视觉工具以及总体评价六个方面来评价学生课堂展示的质量,每个方面按李克特五级量表进行计分,用5、4、3、2、1分别代表优秀、良好、平均、低于平均、糟糕。在一个小组代表进行课堂展示之后,教师和其他小组的学生对照评价量表对其课堂展示进行评价。这种课堂展示的评价标准简单易行,操作性强,而且还有助于提高学生课堂展示活动的参与度。

(二)加强非英语专业研究生的课堂展示技巧的培训

因缺少课堂展示技巧的训练,导致学生展示效果不佳,这时,教师有针对性地培训和指导就显得很有必要了。展示技巧的培训可以包括展示内容的方法、展示内容的取舍、与听众的互动、声音的大小、语速的快慢、眼神的交流以及肢体语言等等,教师可以展示一些优秀的课堂录像,帮助学生学习、掌握一些必要的展示技巧。课堂展示技巧的培训有助于将展示内容更有效地转化为可理解输出,使听众更容易理解展示的内容,获得更多的可理解输入,也能激发听众的兴趣,提高课堂展示的价值,是确保课堂展示活动得以顺利进行的重要教学环节。

（三）优化课堂环境,提高非英语专业研究生参与课堂展示活动的积极性

课堂展示可以促进学生英语综合运用能力的提高,教师需要帮助学生认识到课堂展示活动的这一重要性,让学生意识到如果把它当作一种需要应付的差事显然是不明智的,也不利于英语学习的进步。强调以学生为中心,师生之间建立平等的合作关系,在课堂上营造一种轻松友好的氛围,疏解学生的紧张心情,以此激发学生说英语的动机。鼓励性格外向,口语表达能力强的学生在课堂上用英语进行各种才艺表演,让他们起到示范的作用。对于性格内向、缺乏自信且英语基础薄弱的学生,则要鼓励他们积极参与课堂展示活动,给他们创造更多的机会,帮助他们树立起用英语表达思想的自信心,提升其英语综合运用能力。

六、结语

为了提高非英语专业研究生的英语综合运用能力,课堂展示教学活动更多的潜在价值有待教师们在今后的教学实践中挖掘出来。如何更有效地利用课堂展示这一教学手段,取得令人满意的教学效果,也需要一线教师们多加思考。

参考文献

[1] 杨贝.学生课堂展示在研究生英语教学中的作用[J].国外外语教学, 2006 (3):47-49.

[2]黄静茹.大学英语小组课堂活动展示课的实践反思[J].湖北函授大学学报,2016 (1):179-180,184.

[3]袁春波.Topic Presentation 在大学英语口语教学中的应用[J].重庆工学院学报(社会科学版),2008 (11):180-182.

[4]杨跃,白素,袁金月."三多"语境下大学英语教学 Presentation 的学

生能动性建构[J].外语电化教学,2015(2):24-29.

[5]李志英.互动为导向的英语"口头展示"课堂研究[J].华北理工大学学报(社会科学版),2017(4):87-92.

[6]滕义莲,王霞,王颖.对大学英语教学中的学生课堂展示的改进和思考[J].语文学刊(外语教育教学),2012(11):92-94,130.

[7]李秀清,张惠,刘丹.提高小组活动课堂展示效果的教师行动研究[J].山东外语教学,2013(2):62-67.

大学英语智慧课堂教学中
希沃白板的应用研究[①]

林　喆　林中华

一、引言

科技的日新月异,使得知识更新速度不断加快,人类进入了信息化、网络化、智能化时代。在教育行业中运用科技手段提高教育水平是各大学校使用的教学手段之一。随着现代教育理念的不断革新和大数据时代的到来,信息技术与课堂教学进行深度融合是必然趋势。智慧课堂是当前学校教育信息化的热点,利用新的教育技术手段,为智慧课堂的实现奠定坚实的基础。希沃交互智能平板(又叫交互式电子白板)是替代传统黑板、粉笔的数字化教学演示设备,实现了信息技术与学科教学的融合模式,带来了教学内容呈现方式的变化,也带来了课堂教学方式的变革。

二、大学英语课堂教学中希沃白板的使用情况浅析

目前,大学英语课堂教学中,很多教师并没有充分利用希沃白板的交互性进行教学。究其原因,主要有以下几点。

———————————

①　本文系 2023 年广西师范大学教育教学改革项目"基于智慧教育生态的商务英语专业 SPOC 混合教学模式探索与实践"(项目编号:2023JGA02);2023 年广西师范大学教育教学改革项目"'五育'背景下《大学英语》题库资源建设研究"(项目编号:2023JGB02);2021 年度广西高等教育本科教学改革工程项目"'双创教育'背景下大学英语专创融合课程建设研究与实践"(项目编号:2021JGB14)的阶段性成果。

(一)同一间语音室配置的云网络和希沃白板均具有交互功能,但是侧重点不同

1. 师生互动

云网络的师生互动功能包括师生对讲、短信互动、参与小班和随堂提问功能,重在满足单人会话等教学,便于教师对小组学生训练进行适时的辅助和建议,帮助学生解决难题,便于教师针对具体教学内容临时编题测试学生对教学内容的吸收程度。希沃白板侧重通过大屏实现师生互动。然而英语本是一门语言,重在听说,而不是讲授和答疑,因此教师在视听说课上使用云网络多于希沃白板。

2. 教学辅助功能

云网络的教学辅助功能包括电子画笔、外设和电子词典功能,可根据具体的教学需求选择使用,辅助教师深入讲解教学资料,拓展讲解知识点。希沃白板可以随意对 PPT 文档、Word 文档、Excel 文档进行书写,可以使用不同类型和颜色的笔在屏幕上进行标注并能进行手写识别汉字、英文及擦除,可以使用 7 种图形的绘图功能,并能把手机屏幕展示在白板上进行批注。希沃白板的辅助功能比云网络更齐全,更有助于教学重、难知识点的讲解和分析,但需要教师花费更多的时间去熟练掌握这些辅助功能并思考如何将其应用于视听说教学中,而云网络的教学辅助功能虽少但精,尚能满足教师的教学需求。

(二)语音室的面积决定了希沃白板的使用率不高

安装希沃白板的语音室配备了七排八列的 56 座云网络终端和学生课桌椅,学生最前排座位和白板的距离将近 3 米,导致三排之后的学生看白板上的内容非常吃力,甚至视力不好的学生坐在后排都看不到白板内容。而云网络终端均带有显示器,能很好地显示教师机屏幕上的内容,学生自然选择

观看显示器上转播的内容,很少抬头看希沃白板,从而导致教师不再将教师机和希沃白板进行链接来展示教学内容,因此希沃白板使用率不高。

三、大学英语智慧课堂教学中希沃白板的应用研究

(一)提升教师信息技术应用能力

邀请希沃技术员对教师分批进行希沃白板的应用基础知识及常用功能的相关培训,使教师快速掌握希沃白板的操作及其基本功能,并能够制作出简单的课件,实现课堂电子白板的交互功能。

(二)利用希沃白板的优势设计大学英语智慧课堂教学

智慧课堂将信息技术与课堂教学深度融合与统一,依托信息技术平台增进教与学的相互渗透和师生互动交流。大学英语智慧课堂由课内线下教学和课外在线学习两个教学阶段,以及学情分析、自主学习、教学设计、情景教学、探究协作、随堂测试、课后练习和反思评价八个教学环节构成,相互之间相辅相成,相互影响。

1. 课前备课

教师依据学情调查和分析的结果,在必学资源之外可推荐个性化教学资源给学生,有的放矢地制订或更改教学方案和设计规划。教师根据课程教学标准对智慧课堂教学各要素的整体设计和规划布局,可根据平台讨论情况、学情分析和自主学习成果进行相应的修改。教师根据教学方案、设计和任务,使用希沃白板备课,可导入自备 PPT 课件或使用希沃白板自带的模板新建或编辑课件,根据教学需求插入图片、音频和视频,并使用希沃白板自带功能进行相应的编辑,可根据课件制作需求设置和调整动画设置后的顺序或呈现方式。希沃白板支持 PAD 无线互动独立场景模式,方便教师使用多学科模式功能辅助大学英语智慧课堂教学。

2.课内互动

课内互动教学是智慧课堂教学的核心部分,也是最关键的环节。希沃白板既利用信息化技术进行智慧教学,又维护了师生面授时的情感交流,有利于教师引导、监督和促进学生之间的协作和探究学习过程,组织小组之间互评学习表现,提升学生的积极性、学习兴趣和互动参与度,促进师生之间的多元、高效互动交流和学生的智慧创新与实践。希沃白板作为一种重要的教学平台,本身所呈现出的交互性特点,可以为教师与学生之间构筑一个沟通的渠道。教师将教学知识同希沃白板的功能结合起来,从而有效提升学生的学习兴趣。

(1)情景教学和探究学习

教学过程中教师可以灵活地把自己上课需要用到的各种教学资源(文字、图片、动画、音频、视频或课件等)保存到希沃白板的资源库中,以便课堂上随时调用。教师在引导学生探究新知过程中,还可以通过希沃白板呈现相关的资料,以便更好地指导学生进行有效的学习思考和探究,让学生以小组为单位进行协助式探究学习。教师还可以使用希沃白板授课助手进行手机大屏互动,增加不同的师生互动体验,有效提升课堂教学中的演示效果。教学过程中,学生根据教师课前分配的一系列教学任务和自主学习教学资源,及时汇报自己的分析结果、解答过程和疑点等,并将这些情况展示到希沃白板上,教师或其他学生可利用希沃白板的批注和标识功能,使用不同类型和颜色的笔在屏幕上进行标注,对相关问题进行圈阅和备注,对疑难问题进行解答,实现师生及生生之间的实时互动和协助学习,以及师生与希沃白板之间的人机互动,提高课堂效率,烘托课堂互动氛围,增强课堂互动效果。

(2)随堂测试

随堂测试是教师根据教学需求,在适当的时候与学生进行互动交流的手段之一,用来检测学生对知识要点的理解程度。随堂测试一般包含选择题、判断题、填空题、连线题等多种题型,以及希沃白板提供的趣味分类、超级分类、选词填空、知识配对、分组竞争、判断对错等样式,教师根据教学计划选择其中一种或几种组合成一套测试题,用来测试学生的阅读能力以及阅读理解作答技巧,还可以检测学生的词汇、知识点、短语、翻译等综合应用能力。多种题型的搭配组合,既检验了学生听、说、读、写、译的应用能力,又增添了趣味性,有效提高学生的主观能动性,激发学生求知欲,强化学生对知识内容的记忆程度。教师根据测试结果,利用希沃白板的思维导图、放大缩小、批注等功能详细讲解错误率较高的题目和重、难知识点。

3.反思评价

反思评价是整个智慧课堂教学必不可少的一个环节,贯穿教学环节的始终。反思是教师引导学生共同回想和总结教学中的不足之处,尤其是课内互动教学结束后,师生对互动交流活动,如情景教学进行总结,这样既可以及时发现学生的错误,又可以激发学生学习的积极性。教师可以利用希沃白板的自动存储和备份功能将教学过程的原生态进行数字化的记录,使其成为自己反思课堂教学的每一个环节及更新教学设计、方法和内容的参考。教师还可利用希沃白板中的思维导图对教学的重、难点进行总结归纳,并推荐相关教学资源给学生作为课外学习资料。教师依托希沃白板来记录、统计和分析学生在英语智慧课堂实践中的学习参与和表现评价情况,有针对性地修改教学方案设计,引导学生反思自己可提升的空间和方法。

(三)希沃白板内容同步到学生终端

教师将教师机画面首先同步到希沃白板大屏幕上,通过用手触碰希沃白板大屏幕即可以随意操控教师机界面,实现将板书和多媒体课件联系起来开展课堂教学的目标。然后教师打开多媒体教学平台软件,将希沃白板大屏幕内容通过屏幕广播同步到学生终端显示器上,再打开希沃白板软件并将软件最小化,即可以使用希沃白板的交互功能进行课堂教学、标注、展示、批注和评价。

四、总结

本文浅析了大学英语课堂教学中教师几乎不使用希沃白板进行授课,

或者把希沃白板当作普通黑板使用的原因。有针对性地对希沃白板如何应用到大学英语智慧课堂教学中做出了分析,为今后希沃白板在大学英语智慧课堂教学中的应用提供了一定的参考。

参考文献

[1]杜英.电子白板,让智慧在互动中绽放[J].数学大世界,2019(13):95.

[2]吴菁.基于希沃白板的智慧课堂教学案例分析[J].校园英语,2018(15):194.

[3]吴婧.巧用信息技术构建智慧课堂——交互式白板在低年级识字写字教学中的优势[J].华夏教师,2020(17):85-86.

[4]赵悦.智慧课堂教学模式的效果、问题与对策研究——以南湾湖风景区中学语文教学为例[D].信阳:信阳师范学院,2018.

[5]陈婷.“互联网+教育”背景下智慧课堂教学模式设计与应用研究[D].徐州:江苏师范大学,2017.

[6]石培光.借助希沃白板系统,大胆探索智慧课堂——以小学信息技术的教学为例[J].内蒙古教育,2019(33):94-95.

[7]沈艳霞.电子白板在数学智慧课堂中的应用研究[J].信息记录材料,2020(3):164-165.

[8]刘廷民.利用希沃白板构建高中数学智慧课堂[J].名师在线,2018(21):85-86.

[9]常倩.智慧运用希沃白板,助力小学美术课堂教学[J].小学时代,2020(17):33-34.

[10]刘邦奇.“互联网+”时代智慧课堂教学设计与实施策略研究[J].中国电化教育,2016(10):51-56,73.

大学英语教学的人文内涵挖掘

——语境化的启示

胡兰英

一、背景

根据《大学英语教学指南(2020)》(以下简称"《指南》"),大学英语教学要充分挖掘其思想和情感资源,丰富其人文内涵,实现工具性和人文性的有机统一。这是顺应时代发展的要求。过去大学英语教学重语言轻人文,而如今随着经济全球化的深入,国际上对外语人才的要求越来越高,外语人才不仅要掌握过硬的外语知识和应用技能,还要具备丰富的人文素养。在大学英语教学中挖掘人文内涵是当前倡导的课程思政的途径之一。如何才能在教授语言的同时兼顾人文素养的培育呢?语境化给了我们启示。

二、语境化及其启示

对于什么是语境,不同学者有不同的理解。有学者把语境定义为话语语境(context of utterance)即语言语境,情景语境(context of situation) 即使用语言的一般环境,文化语境(context of culture)即作为语言基本渊源的文化现实和人们的生活与习惯。刘焕辉认为,语境是由一系列同言语表达与理解密切相关的主客观因素构成的系统。它是言语的环境,因而总是同人们的言语交际密切相关,并且制约着表达一方的言语行为,为交际对象正确理解话语的内容补充情境意义。徐默凡赋予语境一个完整而科学的概念:语境是一次交际中发话者为了使受话者理解一段主体话语所传递的真正意义而试图激活的交际双方共有的相关知识命题,这些命题最终表现为帮助主体话语形成意义的预设命题,帮助主体话语补充意义的补充命题以及帮助主体话语推导言外之意的前提命题这三种形式。这些命题如果来源于上下文,就称为上下文语境;如果来源于交际现场,就称为现场语境;如果来源于受话者的背景知识,就称为背景语境。综合以上各家的观点,语境实际上包括语言的语境(侧重语言本体之意义——字面意义)和言语的语境(侧重语言运用所产生的含意——言外之意)。

Alice Omaggio Hadley(2004)在其教学研究专著《在语境中教语言》里特别强调语境在语言理解和学习中的作用,指出外语教学必须为学生提供在今后使用目标语时有可能遇到的各种实际情境中所使用语言的练习机会。因此,她主张教学中的语言使用,无论其目的是分析性的还是体验性的,都应该语境化(即将语言使用置于上下文或真实情境中)。

Alice Omaggio Hadley 语境化的观点提示英语教学中的语言使用离不开语境,而人文内涵的隐含也依托于语境。因此,我们在大学英语教学中要善于利用多种语境挖掘人文内涵,丰富学生的人文素养。

三、大学英语教学人文因素的融入

大学英语教学在《指南》的指导下,要实现工具性和人文性的统一,教师可以通过课文的选择,课文的拓展,音频和视频的利用,学生专业的联系等几种渠道巧妙融入人文因素。

(一)课文的选择

课本是大学英语教学的主要材料,课文的题材对大学英语教学与人文性的结合起着关键作用。因此,在选择大学英语读写与听说课的课文时,要精心挑选适合大学生英语水平、兴趣,主题积极向上的文章。例如,目前较受欢迎的两套教材——外语教学与研究出版社出版的《新视野大学英语》和上海外语教育出版社出版的《大学学术英语》的读写教程和视听说教程中就有很多这样的文章,这些文章符合学生循序渐进学习的需要,迎合学生的兴趣,并且主题健康向上。例如,《新视野大学英语(第三版)读写教程 2》第一单元课文 A"An impressive English lesson"讲述了作者在日常生活中自然、有方、成功地教授儿子英语语法的一次经历。这篇课文抓住了学生的兴趣点,被安排在学期开始,会在英语学习方法上给学生很好的启发,有助于他们更好地学习后面的内容。又如,《新视野大学英语(第三版)视听说教程 3》第一单元主题 Access to success,第三单元主题 Love your neighbor,第六单元主题 Histories make men wise 都是有利于学生健康成长、形成正确的人生观的。再如,《大学学术英语读写教程 上册 学生用书》第三单元 Media and Society 里面的六篇文章都是学生感兴趣的,能让学生认识今天的大众媒体及其对我们生活的影响,并引导学生合理利用媒体,从而使之给我们生活带来正面影响。

如果选上述这类主题的课文用于教学,相信课文本身的人文性就能直接感染学生,给予他们心灵的洗礼。

(二)课文的拓展

好题材的课文给大学英语教学中人文素养的传输奠定了基础,也对学生进行了感性的人文教育。这是人文内涵的好语境。教师在带领学生学习这类精读课文时,除了帮助他们理解文中语言、篇章结构、文章重要细节及大意之外,还要从课文引出更深入的有关人生、理想、世界观等的讨论、写作、口头讲述等任务。在教授这类听说课文时,教师除了指导学生运用听说技巧外,还要让学生完成一些与课文主题密切相关的说、写任务,使他们进一步思考相关问题,从而达到塑造美好心灵的目的。例如,在教授外语教学与研究出版社出版的《新视野大学英语(第三版)读写教程 2》第六单元 Less is more 课文 A"Door closer, are you?"时,教师可以让学生讨论对"Less is more."这句英文谚语的理解、从而使他们意识到"少即是多"这一理念的重要性,明白在生活中要集中力量办好一些重要的事情,避免因贪心而一事无成。又如,在给学生讲授上述这本课本第四单元课文 A "College sweethearts"时,教师不妨布置学生写一篇关于爱情的作文,如"Writing a love story (a true one or one you imagine) of about 150 words."。通过讲述自己或别人的爱情故事,学生对爱情会有一些感悟,通过与同学交流作文,学生会得到一些正面的共识,形成正确的爱情观。再如,《大学学术英语读写教程 上册 学生用书》第一单元 Belonging to a Group 有一个拓展小组口语任务,即选择一个关于群体动力(group dynamics)的实验(如 the Asch conformity experiments、the Milgram experiment、six degree of separation、the Robbers Cave experiment、the ripple effect),然后小组成员分工上网查资料,设法回答如下关于这个实验的问题:"When did the experiment take place？Who was involved? What did the researcher(s) do? What did the study show？"接下来把这些问题的答案归纳整理,并准备五分钟左右的小组发言。最后,各小组发言人在课堂上介绍所选实验的有关内容,并附上本组的评论。通过以上学习,学生能够认识到群体对个体的影响力,学会处理好个人和集体的关系,合理利用群体动力,趋利避害。

上述的各种课文拓展活动是语境的再利用,也是新语境的创设。这类活动能够自然地提升学生的人文素养。

（三）音频和视频的利用

课文各种形式的拓展是培养学生人文素养的重要途径,而恰到好处地利用音频和视频也是挖掘人文内涵的一大辅助措施。随着数字技术日新月异,网络使用日趋便捷,教学资源更加丰富多彩。越来越多的大学英语教材有配套的音频和视频,而且有些配套视频是很好的人文教育素材。例如,河北大学制作的与《新视野大学英语(第三版)读写教程 3》第一单元 The way to success 配套的课件里的视频"TED：Richard St. John：8 个成功秘诀"就可以用来激励学生用正确的方法实现梦想。又如,空军工业大学制作的与《新视野大学英语(第三版)读写教程 4》第二单元课文 A "The confusing pursuit of beauty"配套的课件也有视频"The true beauty"。学生学习这一课时观看这个视频并做小组讨论，可以启发自己客观地看待自己长相的美与不足，发现自身及身边的美，从而增强自信，形成正确的审美观。再如，《新视野大学英语(第三版)视听说教程4》第四单元 Solving problems & seeking happiness 的 Viewing 部分选取的是 BBC 六集系列节目"The happiness formula"的一集。这个短视频能够引发学生对幸福源泉的再思考，有利于他们形成合理的幸福观。除了利用好教材本身配套的音频和视频这类语境外，教师还可以根据课文的主题找一些契合的音像资料，作为课堂活动内容或课外训练的补充。例如，在教授上海外语教育出版社出版的《新目标大学英语(第二版)综合教程2》的第四单元课文 A"Du Fu: China's greatest poet"时，教师可以布置学生观看 BBC 制作的节目视频"Du Fu"，帮助学生更全面地了解杜甫这位中国的"诗史之宗"，激励学生学习杜甫忧国忧民的思想品质和不畏困难及勤奋的治学态度。又如，教师在讲授中国人民大学出版社出版的《新时代主题大学英语视听说教程1》的第十四单元 World's view on modern China 时，可以布置学生观看八集《骑行中国》纪录片，使学生在外国人对中国 30 年巨变的惊叹中更深刻地体会到祖国的伟大，从而更加热爱祖国。

音频、视频这一形象语境利用得恰当，能使学生得到很好的人文熏陶。

(四) 学生专业的联系

由于大学英语教学面向不同专业的学生，大学英语教师在对学生进行人文素养的培养上如果能考虑学生专业这一因素，就能达到更好的效果。例如，面对大学一年级新生，教师可以让他们讨论自己的理想与专业的选择，以引导他们正确看待所选专业，努力学习，掌握专业知识和技能，实现自己的理想和人生价值。又如，在布置课文延伸任务时，教师不妨布置与学生的专业相关的内容。在带领学生学习《新时代主题大学英语视听说教程1》的第十二单元 Chinese Dream (2)之后，教师可以让学生从本专业的角度围绕"What should I do to realize Chinese Dream?"这一问题进行小组讨论或写作，使他们深入思考在实现中国梦的征程中自己的责任和作用，以增强他们的民族责任心与自豪感。

不同的专业构成学生背景的一部分,也是一种语境。适当地利用这类语境设计活动,能够使学生真正地身临其境,反思自我,升华心灵。

四、结语

新时代对大学英语教学提出了实现语言的工具性和人文性统一的新要求,因而如何在教学中充分挖掘人文内涵,培植学生深厚的人文素养已成为大学英语教师需要深思的问题。语境化的观点为大学英语人文教育带来了启示。从课文的选择、课文的拓展到音频和视频的利用及学生专业的联系,大学英语教师如果能够利用好各类语境,就能在潜移默化中提升学生的人文素养,满足上述大学英语教学的要求。

参考文献

[1]HADLEY A O. Teaching Language in Context[M]. Beijing:Foreign Language Teaching and Research Press,2004.

[2]宫媛. 语境及其在言语交际中的作用[D]. 乌鲁木齐:新疆大学,2003.

[3]教育部高等学校大学外语教学指导委员会.大学英语教学指南 2020 版[M].北京:高等教育出版社, 2020.

[4]刘辰诞.教学篇章语言学[M].上海:上海外语教育出版社,1999.

[5]刘正光,粮建中. 新目标大学英语系列教材 综合教程 2 学生用书[M].上海:上海外语教育出版社, 2017.

[6]谢世坚.新时代主题大学英语视听说教程 1 学生用书[M].北京:中国人民大学出版社,2019.

[7]杰西卡·威廉姆斯.大学学术英语读写教程 上册 学生用书[M].2 版.上海:上海外语教育出版社,2018.

知识图谱指导策略下的大学英语教材编写构想

潘赛仙

一、引言

(一)知识图谱的起源与发展

知识图谱(knowledge graph)这一术语早在 1972 年的文献中就已出现，它是一种基于图的数据结构，它将海量知识及其相互联系组织在一张大图中，用于知识的管理、搜索和服务。知识图谱的目标是以一种结构化的方式表示知识，使计算机能够更容易地理解、处理和检索信息。知识图谱大量应用于搜索引擎、智能问答、推荐系统等领域，能够为用户提供更精准化、个性化的信息服务。如今，知识图谱已成为互联网知识服务的核心工具。知识表示的理论研究，以语义网络为代表，互联网智能化信息处理的应用实践，以及网络协同构建知识资源的创新，如维基百科，这些因素共同推动了知识图谱技术的持续进步。

(二)知识图谱在英语教育领域的作用

知识图谱在英语教育领域的应用价值十分突出，主要表现在以下方面。

1. 个性化学习路径规划的精细化

借助知识图谱的精细分析能力，根据学生的英语水平、学习偏好和学习习惯,为学生量体裁衣地打造适合自己的个性化学习路径。利用知识图谱对不同知识点之间的内在关联进行展示,有助于学生对自身学习情况有更清晰的认识,并有针对性地为其提供学习资源和练习,从而达到提高学习效果的目的。

2. 智能推荐系统构建的精准化

知识图谱对开发智能推荐系统起到了强有力的技术支持作用。学生在知识图谱中的位置和学习历史信息可以与推荐系统相结合,对听力练习、语法练习等的英语阅读材料的推荐进行精确定位。学习资源的精准匹配,可以提高学习效率。

3. 学习效果评估的科学化

知识图谱提供科学的工具,考核师生的学习效果。教师通过对知识图谱中学生学习轨迹的分析,进而及时调整教学策略,优化教学过程。教师还可以对学生的学习过程、掌握程度、出现的问题或困惑等进行全方位的了解。

4. 跨学科学习的有效整合

知识图谱助力跨学科知识的整合与融合。结合历史学科中的人文素养知识培养学生跨文化的交际能力;结合文化学科中的文化背景知识培养学生跨语言的理解能力;结合自然学科中的自然科学知识培养学生科学推理的本领;结合语言学科中的语言能力和跨语言沟通能力进行综合训练等。

二、新时代大学英语教材的编写原则

李荫华(2021)提出了外语教材编写的两大指导原则。第一,外语教材肩负着培养德才兼备人才的使命,是教材创作的核心目标。所以,教材编写者必须贯彻国家的相关的教育方针政策,把握人才培育的方向,同时要深入研究和遵循所属学科的教学大纲。特别是大学英语教材的编写,编写者应当严格遵循教育部发布的课程要求或教学指南。第二,外语教材的编写应该依托于相关的语言学理论和外语教学法。有学者认为,大学英语教材编写必须体现实用性、主题化、重内容、立体化、多样化、任务型、以学生为中心等编写原则。

三、大学英语教材编写及研究现状

庄智象(2006)分析了我国外语教材编写中存在的问题,比如"重实践、轻理论""盲目照搬、照抄国外的模式和方法,缺乏国情研究"。李欣然、施清波(2023)对国内近 20 年的外语教材编写研究进行了深入剖析,指出:(1)在外语教材编写领域,理论的运用尚显不足,其频度、深度和系统性都有待加强;(2)国内研究更多聚焦于教材编写完成后的成品分析,而对编写过程本身的探讨相对匮乏;(3)传统的外语教材编写方式过于注重知识传授和技能培养,而对其价值塑造和育人功能的重视程度有所欠缺;(4)国内的外语教材编写研究在明确教材的目标定位、满足实际需求方面表现出色,并且更加关注教材形态的创新与发展。

四、新时代大学英语教材编写的知识图谱构建步骤

(一)明确教材编写的目标和内容

党的二十大报告中明确提出"加强教材建设和管理"[①]。《大学英语教学指南(2020)》明确提出:大学英语的教学目标是培养学生的英语应用能力,增强跨文化交际意识和交际能力,同时发展自主学习能力,提高综合文化素

---

① 习近平:《高举中国特色社会主义伟大旗帜 为全面建设社会主义现代化国家而团结奋斗——在中国共产党第二十次全国代表大会上的报告》,https://www.gov.cn/xinwen/2022-10/25/content_5721685.htm.

养,使他们在学习、生活、社会交往和未来工作中能够有效地使用英语,满足国家、社会、学校和个人发展的需要。新时代大学英语教材应该以培养学生的英语综合应用能力为主要目标,内容包括语言知识、交际技能、文化素养等方面。

(二)知识图谱的构建

在明确目标和内容的基础上,可以通过以下步骤构建知识图谱。

1.语言知识图谱构建

语言知识是英语学习的基础,包括词汇、语法、语音等方面的知识。但是,严格地说,大学英语要学习的不再主要是这些语言知识(当然继续打基础是必要的),而是英语的学科知识。"大学英语教材中要学的学科知识就是用各个学科中特定的英语(篇章结构、句法结构、表达方式、修辞手段)来撰写或讲述特定学科的知识内容和科研成果的各种体裁知识。"[①]可以通过词频统计、词性标注、语法规则分析、篇章结构分析、句法结构分析、表达方式、修辞手段分析等方法,构建起全面的语言知识图谱。

2.交际技能图谱构建

李筱菊(1984)将"交际能力"定义为"有所知、有所会、有所能"。[②]"有所知"指的是掌握语言知识和语言功能知识,"有所会"指的是拥有听、说、读、写、译技能,"有所能"指的是能运用语言规则和功能知识,通过听、说、读、写,成功完成交际任务。我们可以通过分析真实的交际场景和语言使用策略,提炼出常用的交际策略和表达方式,构建起交际技能图谱。

3.文化素养图谱构建

文化素养是指个人在文化方面所具有的相对稳定的、内在的基本素质。

---

① 蔡基刚:《外语教学跨学科背景下的第六代大学英语教材探索》,载《外语电化教学》2023 年第 1 期。

② 李筱菊:《浅谈外语教学的交际教学法》,载《现代外语》1984 年第 1 期。

文化素养既包括对本民族、本民族文化的认识和认同,也包括对其他文化的认识和尊重。在教育领域,以培养具有国际视野和文化自信的公民为目标,文化素养的培养是教育目标的关键要素。在学习英语时,学习哲学、历史、文学、艺术、科技、宗教等各个方面的知识,对了解英语国家的文化知识尤其重要。学生通过学习这些知识,在不同的文化背景下,对文化成果、道德价值等有了更真切的认识和体味。增强学生对中外文化差异的敏感度,培养学生对文化差异的容忍度,这就要求大学英语教材要从对比的角度出发。因此,可以通过对英语国家文化知识等方面的资料的研究,来建构出一幅文化素养的综合知识图谱。

(三)知识图谱在选材中的应用

"语言教材特别是传授书面语的教材,主旨仍是传授学生以地道的规范语言,为学生提供最佳的语言文本,即范文。当然,文以载道,范文究其内涵一定是落实立德树人、弘扬正能量的美文。"①《大学英语教学指南(2020)》提出:为了传播中国声音,讲好中国故事,外语教材应该增加体现中国元素的文章,这既符合当前我国国情需要,也是外语教学与习得的有益尝试,从而大大提高教材的价值塑造和育人功能,文化素养目标也随之提高。因此,在筛选语言素材时,编者需要利用知识图谱,综合考虑语言素材的规范性,同时素材也要融入中外文化、良好的价值导向。

文秋芳(2023)认为当前教材中存在的问题主要体现在两个方面。首先,语言学习对象的覆盖范围比较有限,部分新语言项目未能充分展现其音、形、义等基础关联,这导致学习者在基础联系尚未完全掌握的情况下便被要求参与交际活动,显然这并不利于学习者扎实掌握语言基础。其次,没有给新语言项目的学习足够的多样性重复和间隔性复现,这是由一种误区导致的,即认为只需一次性的听过或看过语言材料,就能掌握新语言项目,这种观念显然是不符合语言学习规律的。"频次是语言学习的决定性因素,

---

① 李荫华:《大学英语教材编写回眸:实践与探索》,载《外语界》2021年第6期。

抽象的语法规则并不等同于语言知识的熟练运用,语言学习很大程度上是基于大脑对接触过的大量语言范例的记忆。"①据此,编者可依托知识图谱中的词频统计分析,精心筛选语言素材,以确保所编教材中的词汇实现科学且适宜的复现率,进而提升教材编写的专业性与学术性。

(四)知识图谱在课后习题编写的应用

英语词块学习是语言学习的重要内容,对于学生语言能力的提高起到促进作用。教材编写者通过知识图谱的构建,能够对英语词块进行系统的整理和分析,揭示它们之间内在的联系和层次结构,为编写课后习题提供有力的基础。在编写课后习题时,要有针对性地设计练习题目,利用知识图谱的层次性、关联性,帮助学生巩固和扩大词组知识。如填空、选择或排序等多种形式的练习,可以根据知识图谱中的词块关系来设计,使学生在完成练习的过程中,加深对词块的理解与记忆。

另外,知识图谱还能帮助我们梳理不同语境下词块的用法和变化,为综合练习提供思路。词块的灵活运用提高了语言表达的准确性和流畅性,增强了英语词块的教学效果,对学生语言能力的全面发展起到了足够的促进作用。

(五)知识图谱的评估与优化

必须深入评估,不断优化,才能保证知识图谱在英语教材编写中取得实效。这既是对教材质量的简单考查,也是对教学效果的细致解剖,更是对学生满意度的一次全方位的考察和剖析。通过评估,大家对知识图谱实际运用到教材中对学生学习效果的影响有了更准确的认识。评估时需要注意教材内容的连贯性、系统性。知识图谱可以将各知识点之间的关联和层次结构清晰地呈现出来,形成一种结构化的知识表示方式。因此,要评估教材对知识图谱是否运用得很充分。

---

① 周丹丹:《频次对词块习得的影响研究:基于使用的视角》,载《外语与外语教学》2014 年第6 期。

同时,对教学效果的考核也需要引起重视。其中既有对学生学习成果的审视,也有对教学方法、教学策略的反思。通过对学生进行课堂观摩、访谈等,了解教材中知识图谱的实际应用效果,了解学生的接受度,了解学生的学习心得。同时,还可以运用自然语言处理、资料挖掘等先进的技术手段,更加深入地分析、优化知识图谱,优化其应用于教材编写中的效果。

五、结语

随着教育技术的迅猛发展及学生个性化学习需求的日益增长,大学英语教材正面临着前所未有的挑战与机遇。为了适应不同学生的学习风格和兴趣,教材亟须实现更高程度的个性化和互动性。在这一背景下,知识图谱的构建为大学英语教材的编写提供了全新的视角和工具。

当前在互联网以及移动设备应用十分普及的大背景之下,数字化的教材正逐步走向主流。以知识图谱的建立为基础,教材内容可被呈现为在线课程电子书籍乃至应用程序等多种形式,使学生有了更为便利、灵活的学习途径。结合自然语言处理和 AI 技术进行智能分析和处理知识图谱,进而在教材的编写和教学上给予智能的评估以及个性化的推荐等支持,在提高教学的实效与质量上再下足功夫。

在“四新”建设的宏观背景下,大学英语的教学方向将趋向于学科交叉的教学模式。教材的编写要紧跟时代发展的步伐。构建知识图谱能够更便利地将当下知识点的研究成果融入课本之中,使课本更具有前瞻性的同时,能够促进跨学科的知识的梳理与整合。与此同时,加强跨学科合作,邀请不同领域的专家参与教材编写,通过知识图谱的构建和运用,提升教材的综合性和学术性。这有利于为英语的跨学科授课提供强有力的支撑,对构建具有时代性、前瞻性的课本具有重要意义。总之,知识图谱的构建,为提高大学英语教材质量和实用性,满足学生个性化学习需求,提供了新思路、新方法。

参考文献

[1]蔡基刚.外语教学跨学科背景下的第六代大学英语教材探索[J].外语电化教学,2023(1):88-92,117.

[2]蔡基刚,唐敏.新一代大学英语教材的编写原则[J].中国大学教学,2008(4):85-90.

[3]常小玲."产出导向法"的教材编写研究[J].现代外语,2017(3):359-368,438.

[4]冯志伟.自然语言处理的重要资源:"知识图谱"[J].外语学刊,2021(5):1-9.

[5]教育部高等学校大学外语教学指导委员会.大学英语教学指南 2020版[M].北京:高等教育出版社,2020.

[6]李筱菊.浅谈外语教学的交际教学法[J].现代外语,1984(1):18-23.

[7]李欣然,施清波.外语教材编写研究二十年:述评与展望[J].西安外国语大学学报,2023(4):75-80.

[8]李荫华.大学英语教材编写回眸:实践与探索[J].外语界,2021(6):31-37,89.

[9]习近平.高举中国特色社会主义伟大旗帜 为全面建设社会主义现代化国家而团结奋斗——在中国共产党第二十次全国代表大会上的报告(2022 年 10 月 16 日)[M].北京:人民出版社,2022.

[10]文秋芳.英语口语测试与教学[M].上海:上海外语教育出版社,1999.

[11]文秋芳.构建大学外语教材编写理论体系[J].外国语,2023(6):2-11.

[12]周丹丹.频次对词块习得的影响研究:基于使用的视角[J].外语与外语教学,2014(6):62-67.

[13]庄智象.构建具有中国特色的外语教材编写和评价体系[J].外语界,2006(6):49-56.

课程思政背景下日语辞源类资源
在大学日语教学中应用研究^①

王育洁

一、引言

近年来,课程思政成了教学改革方面最热门的话题。高校大学日语课程是高校课程思政的重要一环,作为大学外语教育的内容之一,当前部分日语课程存在课程的工具性大于人文性、教学方式单一化等问题。日语基础阶段的教材多是围绕日语语言知识及了解海外社会文化编纂的,与中国传统文化元素和思想政治教育相关的内容相对单一,对学生思辨能力及文化自信的培养相对不足。而日语辞源类资源既包含众多古代汉语的元素,又因其展现了语言文化的流变规则,有着丰富的哲学思辨内涵。但在本科基础教学阶段对这类资源的重视和挖掘不够。鉴于此,本文探索辞源类资源在大学日语教学中的应用,让学生活化自身的中华传统古典文化知识,实现语言文化和思想价值的同频共振。

二、大学日语教学中遇到的主要问题及其原因分析

大学日语教学中主要存在以下两个问题。

① 本文系广西师范大学 2017 年教育教学改革项目"中日地方文化比较在广西高校日语教学中的应用——以文化类课程的教改为中心"(项目编号:2017XJGA10)的阶段性成果。

（一）基础教学阶段的"思辨缺席"

随着课程思政协同效应的提出，语言学习不再是单向地依托外语展开的教学活动。语言是文化的载体，外语学习不仅是对语言的掌握和外国文化的理解，还应该加强对本国民族文化的理解和认同。因此，外语人才跨文化思辨能力是课程思政的目标之一。对于日语专业的学生而言，日语语言学习是在校期间的重要学习活动。学生学习一般以模仿开始，在基础阶段尽力模仿对象国语言的发音、语法、表达方式乃至思考方式。这种模仿对于外语的基础阶段学习是十分必要的。但是这种注重模仿的学习方式往往忽略了对所学内容的独立思考，久而久之成为外语学科课程思政的一大障碍。

（二）课堂参与度相对不高

在大学日语教学中，因为师资力量和研究方向的问题，基础阶段的教学往往偏重对文化元素进行讲解，对与语言能力密切相关的词汇及语法的来源往往一笔带过。大学日语专业的同学一般都经过高中三年的日语学习，已经掌握系统的语言文化知识，而日语词汇和日语语法的相对零散性导致词汇语法教学成为中高级阶段日语学习的主要障碍。学生往往偏重采用机械性记忆方法，无法启动自身的知识储备进行理解加工，举一反三更不常见。在实践教学中发现学生对知识点的理解不够透彻，不知日语的词汇及句法"为何所起"又"为何所以"，所以课堂中学生的参与度较低。因此，实现以学生为本的教学理念应为当务之急。

三、日语辞源类资源的意蕴

日语辞源类资源分为词汇类和句法类。二者中均存在大量的古代汉语元素，以此为切入点，结合中日语言交流及日语自身发展史，可从语音、假名、词汇、文法这四个层面入手，解码日语的各种词汇及句法表现。日语辞源类资源含有丰富的研究成果，日语教师可以利用该资源辅助教学。

（一）和语类语源资源

日语词汇分为和语和汉语。和语指的是日语的固有语，从上古日语开始，和语词汇便有着独特的词根及构词法。这些词根通过元音交替的法则进行派生，并通过助词或接辞组合，产生了形形色色的新词。就日语而言，元音交替的现象早在上古日语中出现。上古日语中元音的数目，经过多年的学术研究，形成了"八母音说、六母音说、五母音说"的三足鼎立状况。目前，虽然对上代语母音的数目之争尚无定论，但并不妨碍利用元音交替原则来观察和语词根的派生现象。关于和语类的语源的文献有各类语源词典及研究论文。日语语源的研究在日本近世便掀起过热潮，日本江户时代有贝原益轩的《日本释名》、新井白石的《东雅》、楫取鱼彦的《古言梯》等。值得一提的是新井白石对日语古语的语源研究表现出极大的兴趣，其著作《东雅》借《尔雅》之名，从日本古籍中探寻语源类的记载。其研究方法对本居宣长、贺茂真渊产生了重大的影响。本居宣长对日语古语的语源兴趣浓厚，其著作中多次对上古日语资源的集大成者《古事记》《万叶集》的文字进行了解读。目前，日语语源类资源——和语类，散见于各类语源类词典中，例如《日本国語大辞典》《国語の語根と其の分類》《新明解語源辞典》《語源海》等。在和语的音和义的变化模式方面，20 世纪 60 年代开始，日本国语学者从历史的角度探析和语的发展及变迁的脉络，累积了丰硕的研究成果。

（二）汉语类辞源资源

古代汉语类资源主要指汉语的文字、音韵、句法、词汇等对日语全方面的影响，也就是与日语对汉语的借用现象相关的资源。日本语言文字的形成，一直被认为与古代汉语有着不可分割的关系。中日两国学者也致力于分析中日两国语言的交流史，考察古代汉语对日语语言影响的层次性，并积累了相当丰富的研究成果。譬如日语的音韵体系，日本平安时代开始，在汉语的影响下，诞生了长音、拗音等音节。而和语的借用汉字，虽和现代汉语存在使用上的不同，但也能从《说文解字》《玉篇》《一切经音义》等中国古辞书或者佛典的训诂类音义学专著的释义中找到关联。而影响最明显的,则是日语中的汉字词汇。从上古日语开始,日语就不断借用汉语的词汇,有些汉语词汇在日语中诞生了新的意义及用法。而有些汉语词汇的意义,虽然在现代汉语中消失了,但日语中还保留了古意,而学生如果从古代汉语的用法角度思考这种古意的话,往往会误认为中日汉字使用状况的偏差。日语书面语中存在不少起源于古代汉语的训读语法,也就是日语直译汉语而形成的句式,部分的语法在现代日语中仍被使用。

Zisk Matthew Joseph(2019)将借用分为初次借用和第二次借用。初次借用模式指的是从外语中(这里主要指汉语)引进新的语言形式(词汇和音韵等)或语言内涵(语言构成的规则及意义等),例如借用语、借用音韵、翻译借用语、借用义。二次的借用模式指的是利用既有借用语的语言形式及语言内涵生成新的语言形式和语言内涵。

综上所述,日语的辞源类相关研究众多,其资源可谓"矿藏"丰富。尤其是古代汉语类资源揭示了日语的发展史中存在多重借用汉语的模式。可以认为辞源类资源揭示了日语语言的流变,充满了哲学性的思辨。因此应充分重视和深入探索辞源类资源在日语教学中的价值及应用策略。

四、日语辞源类资源在大学日语教学中应用方式探索

大学日语课程作为外语类素质课之一,开设于大一或大二,不仅要传授学生知识,更注重培养学生的文化自觉与文化自信。在课程思政的背景下,将辞源类资源和日语教学深度融合,解码日语语言,培养学生的思辨能力,同时探索提升学生文化自信的新模式。大学日语课程往往一周2节,一个学期34课时。因学时较少,大学日语课程面临着如何在课前、课中、课后活用辞源类资源的问题。结合上述内容,笔者认为大学日语课程在应用辞源类资源进行课程思政时,可以从以下三个角度切入。

(一)课前:收集与整合辞源类资源,构建辞源类资源库

日语辞源类资源可分为和语系资源和古代汉语系资源,其时代跨越整

个日语发展阶段,其形式有辞典、学术著作和论文等。笔者结合本科教学教材,筛选贴合基础教学阶段的辞源类资源。日语高级阶段同日语初级阶段的教学要求不同,因此要区别和重点取舍,分别建立适用于日语初级阶段和日语高级阶段的辞源类资源库。

(二)课中:加强日语词汇和句法教学同古代汉语的融合

词汇和语法的教学多采用理论教学的方式,师生互动相对较少,无法唤起学生的兴趣,这不仅违背了提升外语类教学的思辨力的初衷,也存在语言的模仿阶段难以实现课程思政的问题。日本汉语词汇本身就和古代汉语关系密切,部分和语词汇意义的历史变化,属于日语对汉语二次借用的研究范围,因此,在日语词汇教学时可以借助辞源类知识来讲解,即导入引起日语词汇意义变化的汉字的历史知识,丰富该词汇背后的历史意义。在抽象的句法层面,结合古代汉语的体系,拆分相应的语言结构,帮助学生建立母语和日语的对应关系。下文从词汇教学和句法教学两个维度出发,举例探讨日语教学和古代汉语融合的可能性。

1. 日语词汇教学与古代汉语

和语词汇教学时,可以利用词汇史的研究成果进行辅助教学。例如可以利用古代汉语的知识来教学"うつす""のる・のす"等基础词汇。Zisk Matthew Joseph(2009)指出"うつす"借用了汉语"写",最初表示"移动"之意,随着"写"派生出了"书写"的意义,"うつす"随之也诞生了"书写"之意。Zisk Matthew Joseph(2017)指出"のる・のす"原本为"乗、载"之意,随着古代汉语中"乗、载"意义的转变,日语"のる・のす"的意义也随之发生变化。

而日语中的汉语词汇和古代汉语紧密相关。日语的"勉强",被认为是属于日本独特的用法。冲森卓也(2010)指出"勉强"在中国古代汉籍中本为"尽力而为"的意思。中古日语中的汉字词"勉强"也表示同样的意思。宋代以后,汉语"勉强"开始有"强迫别人做不愿意的事情"的意义。日本江户时代,这样的勉强的意思随着日本对中国白话小说的翻译传入日本,明清时期的日语中也有表达负面意义的"勉强"的用法。虽然明清时期的日语中出现了表示负面意义的"勉强"的用例,但从接受度来看,表达"努力,尽力而为"之意的"勉强"的用例远远多于表示负面意义的"勉强"的用例,表达"努力,尽力而为"之意的"勉强"在日语中的接受度更高。在1804—1818年间,日语中使用表达正向意义的"勉强"成了主流。而日语中的"学习"的意义则是从这个系统的"勉强"而来的。这样从近代起,日语的"勉强"便表示"学习"的意义,并一直延续至今。因此"学习"这个意义其实属于"勉强"的汉语意义的延伸意。

一般认为"料理"一词在中国古代只有"处置""整理"的意义,"菜肴"的意思是在日本产生的新意,所以一直被误当作日本制的汉字词。近年来,日本教授真柳诚指出"料理"这个词不是日本制的汉字词,极有可能源于中国的医学书。

"驰走"一词直到日本平安时代为止,都是继承了汉语中的意义。日本镰仓时代开始,日语中的"驰走"既继承了汉语意义,也同时出现了汉语中没有的新用法。进入日本室町时代后,继承汉语意义的案例自不待言,还诞生了镰仓时代没有的新用法,即"设定酒席,招待客人"之意。究其原因,进入镰仓时代后,日本文献中的"驰走"的使用情况变得多样化起来。在为了人而四处奔走寻求食物、必要的物品,或者为了晋升官职等四处奔走这样的社交类活动的语境中,多次出现"驰走"一词。在此基础上,"驰走"渐渐有了"组织武士进行礼仪准备"的意义,后进化成表示"费尽心机备好酒食迎接客人"的意思,之后进一步表示"美酒佳肴"之意。可以说,"驰走"的意义变化的背后原因在于"为了人而四处奔走"这个本意和转意之间的关联联想性。

由此可见,日语词汇中蕴含着许多古代汉语元素。在大学日语的词汇教学中,将古代汉语元素导入,能够促进学生有效地发挥母语的正迁移作用,活化自身的中华传统古典文化的知识,增强文化自信。

2. 日语句法教学与古代汉语

训读是一种翻译,可以基本上保留原文的文字,只用日语的语序来颠倒原文的语序,且把汉字直接读成日语,是一种介于原文阅读和翻译的特殊方式。汉语训读对日语词汇和句法的形成有深远的影响。山田孝雄(1935)曾概括性地总结了由汉语训读而来的语法及其相关联的古代汉语原文,经整理,常用的日语句法中有如下的对应关系。

表1　汉语训读而来的日语

日语	古代汉语
マサニ…ベシ	当
スベカラズ…ベシ	须
ゴトシ	如,若,犹
イワク	曰,云,谓
ネガワクハ	愿,冀,希,倘,
イワユル	所谓
シカレドモ	然而
ベシ	可,当,须,应,容,宜
ベカラズズ	不可,不当,不须,不应,不容,不宜
スベカラズ	不可,不当,不须,不应,不容,不宜
イマダ…セズ	未
カツ	且
カツテ	尝,曾
スデニ	既,已
スナワチ	即,则,乃,仍
ムシロ	宁
モシ、モシクハ	若,如,设,倘
アイ	相
アエテ	敢,肯
スベテ	总,凡,都
ハタシテ	果
ヨリテ(ヨッテ)	由,因
幸ニ	幸

续表

日语	古代汉语
シキリニ	频
ミダリニ	滥,漫
アルイハ	或
オヨビ	及,并
ナラビニ	并
オイテ	前置词"于"
タメニ	为
ユエニ、ユエン	故
モッテ	以
トコロ	所
イエドモ	虽
アタカモ	恰,宛
ハタ	果
カナラズシモ	必
タダニ…ノミナラヌ モ…タダナラズ	(不)啻

　　鉴于此,大学日语课堂上,日语教师可以利用古代汉语,来讲解这部分的语法知识。例如在向学生解释"によって"的语法时,可以先从语源入手。"によって"的古语形式为"によりて",是从汉语训读而来的语法,在汉语中的直译客体为"由、因"。因此,可以借助古代汉语的助词"由、因"来解释"によって"的意思。因为"によって"是这两个汉语词的直译,可以认为它具有两个汉语词汇所有的用法。虽然这两个汉语词的用法不少,但是古代汉语对于学生可以说是驾轻就熟。因此,若教师从"因,由"的角度去讲解"によって"的用法,学生能调动原有的知识储备,能事半功倍地记住该语法的意义,提高学习兴趣。

　　综上所述,日语教学中,若从历史的角度去解释词义及语法演变的过程,中日语言的交流、日本历史文化背景等知识都会被编进教学过程中。这无疑会大幅度提升学生的学习欲望,使学生对日语中的古代汉语元素有多层次的了解。更加重要的是,这种将日语语言本身和古代汉语紧密联系起来的教学方法,在培养学生文化自信的同时,也能从源头扩大学生的视野,促进其跨文化交流能力。

(三)课后:利用社交媒体实现知识共享,丰富学生第二课堂

前文多次提到日语辞源类资源是一座"富矿",而用于教学的仅为其中的一部分。如今种类丰富的社交媒体也可以作为辞源类资源的载体,分享和传播知识,如以图像、动画、短视频、慕课等方式实现知识共享。"互联网+"的教学模式,既可以满足学生向外探索的好奇心,也可以丰富学生的知识储备。

五、结语

"中国的高等教育已经是世界舞台、全球格局、国际坐标,要坚定'四个自信',特别是文化自信。"①可以说增强文化自信是大学日语课程思政建设的主要内容和基本要求。通过实践将辞源类资源同大学日语教学深度融合的教学法,不仅可以实现大学日语的课程思政,而且给基础日语教学的研究提供了新的视角和思路。

参考文献

[1]木田章義.国語史を学ぶ人のために[M].京都:世界思想社,2013.

[2]森岡健二.欧文訓読の研究:欧文脈の形成[M].東京:明治書院,1999.

[3]沖森卓也.はじめて読む日本語の歴史:うつりゆく音韻・文学・

---

① 吴岩:《新使命大格局新文科大外语》,载《外语教育研究前沿》2019年第2期。

語彙・文法[M].東京:ベレ出版,2010.

　[4]斎藤倫明,石井正彦.日本語語彙へのアプローチ:形態・統語・計量・歴史・対照[M].東京:おうふう,2015.

　[5]Zisk Matthew Joseph.和語に対する漢字の影響:「写」字と「うつす」の関係を一例に[J].漢字教育研究,2009,10:6-45.

　[6]Zisk Matthew Joseph.和語の書記行為表現「のる」「のす」の成立をめぐって:漢字を媒介とした意味借用の観点から[J].訓点語と訓点資料,2017,139:28-52.

　[7]真柳誠.薬史による語誌—薬味と料理—[J].薬史学雑誌,2016,51(1):11-17.

　[8]欒竹民.日本語における漢語の意味変化について:「馳走」の続貂[J].広島国際研究,2016,22:89-104.

　[9]山田孝雄.漢文の訓読によりて伝へられたる語法[M].東京:宝文館,1979.

　[10]吴岩.新使命大格局新文科大外语[J].外语教育研究前沿,2019(2):3-7,90.

产出导向法在大学英语翻译教学中的可行性解析

陈 彦

一、产出导向教学理论概述

产出导向教学法是对输出驱动假设理论的进一步深入探究与优化创新,此理论体系分为教学理念、教学假设及教学流程三个部分。其中教学理念包括学习中心说、学用一体说与全人教育说,对近年来教育界盛行的以学生为中心的教育理念提出了挑战。以学生为中心的教育理念侧重学生在课堂中的主体作用发挥情况,因此受到一度好评与广泛尝试。但在具体实践过程中,教师在课堂中的作用逐渐被削弱,同时学生的作用被扩大。而产出导向法中提出的学习中心说主张在设定课堂活动的时候,要以实现教学目标为目的,同时要保证学生学习的成效。学用一体说更重视输入性的学,重点放在听与读方面以及产出性的作用,重点关注学生的书写能力、表达能力与翻译能力,强调学习与应用相结合。可见产出导向法提倡在英语教学过程中同时进行知识的输入与产出,并使二者有机结合,不会对输入与产出做出明确的时间划分。最后,全人教育说强调教学要以培养学生全面发展为目的,因此要考虑学生的情感水平、智力情况及道德素养等诸多元素,因此大学英语翻译教学过程中不但要重视提高学生的英语综合能力,还要有效落实大学教育过程中技能培养、情感渗透与知识提升的目标。产出导向教学理念提出的教学假设涵盖了输出驱动、输入促成、选择性学习,其中输出驱动假设提倡在产出的过程中发挥出调动语言学习内在动力的作用,并承载语言学习的外在目的。具体的目的为更好地调动学生学习的兴趣,学生在初期阶段尝试完成英语知识阐述时,要认识到自身的薄弱之处以及所面对的学习材料对自身能力提高的作用与价值,这样一来能够让学生在学习活动中更好地配合教师实现知识输入,在以输出为目的的基础上,有效进行知识输入,有利于提高学生的学习效果。在此过程中,知识输出发挥了促进知识输入的作用,另外学生在明确输出目标的同时能够自主选择输入的学习材料,并且能够对学习对象进行进一步加工与内化吸收,最终实现预期的学习目标,以此提高学生的学习质量与效率。

二、产出导向教学理论应用到大学英语翻译教学中的可行性

(一)在非语言方面学生具备完成输出任务的能力

相比于英语初学者或低水平学习者来说,产出导向法更适合具备中高级以上英语水平的学生进行学习,主要是由于中高级水平的学生在英语知识积累与应用技能方面存在一定的基础,能够进行语言产出活动,便于教师为学生设计输出任务。因此,在大学英语翻译教学过程中,教师可以先放宽对语言产出的要求,将重点放在语言知识输入上。在具体实践过程中,大学英语教师对教学对象进行划分时可以根据学生的认知水平与学习能力确定级别与标准,并不一定要根据学生的英语水平进行划分。而大学教育阶段的学生已经具备一定的英语基础,完全适合产出导向教学法,虽然有一小部分大学生的英语水平处于一般的等级,并未达到中高级水平,但这部分学生自小学阶段到高中阶段经历过一系列英语教育,掌握了基础的英语词汇与语法句型,在进一步学习英语知识的同时需要产出活动,以唤醒对英语知识的记忆,巩固已有的英语知识,掌握新的知识内容。产出导向教学模式下,要求的产出性任务完成需要学生具备成熟的心理认知能力、总结分析能力,还要对生活经验与社会发展有一定的认知,这些要求对于大学生来说均能达到,其差异在于英语语言水平方面。在实践教学中,针对英语语言水平未

达到中高级要求的学生,教师可以为其设置相对简单、容易完成的输出驱动任务,做到促进输入输出评价恰当即可。

(二)产出导向教学理论有利于激发学生的学习热情

应用产出导向教学法有利于调动大学生对英语翻译课堂的参与兴趣,为学生提供更多的语言实践机会。在很长一段时间里,大学英语翻译教学都将教学重点集中在精读方面,教师会在教学过程中引导学生阅读教材中的课文,讲解课文中的相关英语知识内容、词汇及语法等,通过填空练习、客观选择练习、翻译等方式帮助学生掌握知识内容。教师会通过日常测验,期中、期末考试,大学英语四、六级考试等方式检验英语教学成效,学生感受英语学习的喜悦的途径相对较少。为满足大学英语课程教学要求,教师在教学过程中要促进学生进行个性化学习,提高学生的自主学习能力,在培养学生掌握语言知识与语言应用技巧的同时,重视培养学生的语言实践应用能力与自主学习能力,让学生掌握正确的学习方法。在传统的课堂教学过程中,教学的比重要高于学生实践应用的比重,大学生体验外语学习的成就感的机会相对不足。因此要打破传统大学英语翻译教学模式的局限性,用输出驱动输入的方式推动英语实践教学,以满足新时期背景下大学英语教学需要。

(三)产出导向教学理论有利于优化当前大学英语翻译教学

产出导向教学理论以输出带动输入,在这样的教学体系下,可以有效对大学英语翻译教学进行改进与优化,缓解学识有限造成的压力。从当前大学英语翻译教学情况来看,难以在有限的课时内完成所有的教学内容,在具体教学过程中,主要以精读为主,以速读与听说教学为辅,通常情况下三者的比例为 5：2：1。在大学英语课时不断被压缩的背景下,教师可以将听说与速读融入产出导向课程体系中,便于更好地落实教学安排,同时帮助学生梳理大学英语翻译课程的学习任务,无论是精读、诵读,还是听力练习,都是英语语言的输入训练与语言技巧培养,因此可以考虑应用产出导向教学模式。可见,产出导向教学理论倡导的学习中心说、学用一体说、全人教育说不仅适合对当前大学英语翻译教学进行改进与优化,还有利于培养学生的语言能力与创新能力。

三、产出导向法在大学英语翻译教学中的实践对策

(一)明确任务为学生创设交际情景

将产出导向法应用到大学英语翻译教学中,主要流程包括驱动环节、促成环节与评价环节。驱动环节是产出导向法的教学起点,其中蕴含了教学创新素材,在此环节中,教师要为学生创设相应的交际情景,吸引学生尝试完成交际活动任务,要求教师在此环节明确教学目标与产出任务。其中目标定位是此环节中的重中之重,要求教师根据阐述目标与阐述任务确定学生的学习任务与目标,并为学生创设出相应的交际情景,以此激发学生的语言实践积极性与主动性。在明确导向任务设计时,教师要结合任务目标与学生当前的英语知识与能力水平之间的距离,为学生设计具有潜在交际性的学习任务。另外,教师要结合任务教学目标与学生近期的成长情况为学生设计具有一定挑战性的任务。最后,要将二者有机结合,确保产出导向任务的教学价值。例如:在组织开展跨文化主题教学活动时,可以为学生设计介绍中华传统文化的话题,并让学生尝试表达自己的观点,通过这样的任务,发挥出潜在的交际价值。在为学生创设交际情景的过程中,考虑到学生日后学习与生活场景存在未知性,因此有一定的难度,为了让学生感受到场景存在一定的真实性,教师可以将真实的案例应用其中,结合学生所学的专业知识,培养学生的语言运用能力。

(二)筛选促成的教学内容,优化教学活动

大学英语翻译教学过程中应用产出导向法,其中促成环节是核心环节。在此环节主要围绕促成对象与促成方式进行教学设计,此时,要求教师发挥

出中介作用,向学生指明产出任务的要求,为学生选择相应的学习材料,让学生在完成任务的过程中更好地内化吸收英语知识内容。从促成对象角度出发,教师要结合自身的教学经验判断学习任务的难度,并掌握学生当前的英语水平,衡量这两点之间的差距,并为学生筛选在完成学习任务的过程中需要哪些输入性的材料。另外,从促成方式的角度来看,在掌握学习任务与学生真实英语水平之间的距离后,教师要认识到学生学习的目标不单纯是理解语言材料,而是要通过有选择性地学习实现将所学知识应用到实践中的目的,促使学生参与到学习中。对于一些较为复杂或难度较大的学习任务来说,可以将任务进行层次划分,根据不同层次的任务要求,为学生选择学习材料,设计不同的英语教学活动,辅助学生通过学习材料掌握其中的语言技巧、知识内容、语篇结构等。应用学习与练习相结合的教学方式为学生布置一些简单的任务,例如,案例讲述等,将语言形式与使用相结合,以此提高学生的英语学习成效。

(三)掌握评价方向,实现多元评价方法

在产出导向法中,评价环节是最终的反馈与补充环节。在此过程中,包含了即时评价与延时评价,相比于传统高校英语教学评价方式,产出导向法评价更具有针对性,重视促进学生学习,要求教师在评价时明确评价内容。教师可以根据教学目标或学生在任务完成过程中存在的问题进行评价。例如:若教学内容是反驳对方的观点,在进行评价时要关注学生的英语思维能力与语言组织能力,在评价方式方面可以让学生进行互评,以典型的问题为核心进行探讨。另外,还可以让学生进行自我评价,让学生反思在完成任务的过程中自身的表现情况及收获,让学生总结是否存在有待改进之处,以此提高学生对自身的认知与判断。

四、结束语

综上所述,在经济全球化进程不断深入的背景下,各国之间的贸易往来日益频繁,对英语翻译人才的需求也在不断增加。当前我国大学英语翻译教学中,理论教学内容与实践有待进一步匹配。为进一步强化理论与实践教学的统一性,产出导向教学法被尝试应用到大学英语翻译教学中。通过对产出导向法的分析可知,其完全适用于大学英语翻译教学,能够有效弥补传统教学模式的不足之处,有利于提高大学英语翻译教学的质量与效率,实现大学英语教学改革与优化,有利于我国大学英语翻译教学的进一步发展与创新。

参考文献

[1]董彩华."产出导向法"在大学英语翻译教学中的可行性分析[J].枣庄学院学报,2021(1):141-144.

[2]文秋芳.构建"产出导向法"理论体系[J].外语教学与研究,2015(4):547-558,640.

[3]张文娟.基于"产出导向法"的大学英语课堂教学实践[J].外语与外语教学,2016(2):106-114,147.

[4]张伶俐."产出导向法"的教学有效性研究[J].现代外语,2017(3):369-376,438.

中国文化元素融入大学英语视听说课堂的探索和实践

符 盛

一、引言

经过几年的实践和调整,线上线下混合式大学英语教学模式日趋成熟,但主要以教材为载体,关注语言知识教学和语言技能训练。课程思政新理念的介入和融合提供了新的教学视角。以立德树人为大学英语课程的立意,拓宽教学视野,不局限于知识的讲解与传授。培养学生的跨文化交际能力,提高学生对外交流的能力的同时拓展一些思政元素,以培养学生的人文素养,使学生在接受英语国家文化的同时,有能力传播中国文化。课程思政立足于中国的文化背景,要宣传中华优秀传统文化,讲好中国故事。大学英语课要在社会主义核心价值观的引领下,做好"引进来走出去"的文化交流及立德树人的工作。

学生在进行听力技能训练和获取语言知识的同时,能进行中西方国情对比,文化对比,坚定文化自信,正确认识和客观评价西方的语言文化,从而形成自己独立的见解和正确的价值观,成为社会主义建设的人才。

二、大学英语视听说课程安排

(一)大学英语视听说课教材介绍

广西师范大学英语教学中最大的学生群体是 B 班。B 班使用的大学英语教材是郑树棠主编的《新视野大学英语》。本套教材,历经第一版、第二版和第三版的改革。听力教材的修订不断完善更新,符合新时代大学生的使用需求。2016年开始,广西师范大学所有的大学英语听说课都采用线上线下相结合的混合式教学模式,在每个学期上课伊始,教师便做好了本学期的教学计划,并在U校园智慧教学云平台中设置好了大学英语听说课的必修内容。以2023级大一上学期的视听说课举例,本学期的线上必修内容为Further practice in listening,这些学习内容会对应相应的平时成绩,计入期末总评成绩之中。学生们在入学之前做了大量的四个选项的听力题,所以很熟悉听力技巧。再者,学生们期末机考的一部分听力题与U校园智慧教学云平台上听力课程上设置的必修内容有关,所以学生们会很主动很认真地完成这一部分的听力练习。

Further practice in listening 这个部分内容,与学生们中学时的英语考试听力材料相同,都是由专业的播音员在录音棚里录制而成,语音的标准程度、速度和安静的录音环境都能保障音频质量。这部分听力材料完整无误,没有语法瑕疵,没有个人的用词特色。如果只让学生听这类的音频,久而久之,学生就会以为练英语听力就是做听力题,一旦听到不是那么标准的语音,或者有背景杂音的音频会潜意识里排斥。listening to the world 是《新视野大学英语(第三版)视听说教程》的改革重点。每个单元的 listening to the world 都有一个主题。主持人会围绕这个主题设计三个或四个相关问题随机采访路人。视频保留了采访中的街头背景杂音。随机采访的路人有着不同的肤色、不同的职业、不同的年龄、不同国籍甚至不同的口音。

（二）大学英语视听说课课堂重点

2023级新生大学英语视听说课 I 的必修内容是《新视野大学英语(第三版)视听说教程 1》的前五个单元。每个单元的 listening to the world 部分的主题分别是休闲娱乐方式;去电影院看电影;对伦敦的看法;上班的交通工具和度假方式。这部分的内容都是与生活紧密相连的话题,很实用,是适合大一新生入学水平的听力和口语素材。因此,本文将分析如何在每个单元的第一部分将课程思政融入各个教学步骤,探索新颖的课程思政教学设计,以期学生在进行听力和口语技能训练和获取语言知识的同时,能进行中西方国情对比、文化对比,坚定文化自信,正确认识和客观评价西方的语言文化,批判地看待中西方文化交流和异同,从而形成正确的价值观、学习观,成为我国社会需要的人才。

本文以课本第二单元 A break for fun 为例,采访围绕三个问题展开:"How often do they go to the cinema? What kinds of films do they like? Who are their favorite actors?"。课文中列出了很多电影的片名,大部分是欧美经典电影,但很多学生没有看过,学生们也不知道用英文怎么表达不同的影片类型,如爱情片、动作片等。这就给听力课堂带来了一定的挑战和难度。笔者还在课堂上发现,如果仅仅是在课堂上推荐学生们课后看什么电影,然后下堂课检查同学们是否看了,那么极有可能学生是没看过的。鉴于此,教师需认真筛选影片,最好是学生们感兴趣的类型,又能把西方文化和中国文化元素结合起来的电影。

三、电影教学操作实践

(一) 电影介绍

《面纱》是英国作家威廉·萨默塞特·毛姆创作的一部长篇小说,首次出版于 1925 年。《面纱》是毛姆根据自己于 1919—1920 年游历中国的亲身经历创作而成的。作者的"面纱"之下隐藏着东方主义的政治文化观。作为一个关注人性的个体作家,他的"面纱"之下隐藏着他对爱的怀疑和渴求、对人性的嘲讽和宽容。电影《面纱》是根据毛姆创作的小说《面纱》改编而成。

学生可以通过这部长篇小说了解优秀的作家和他的系列小说,通过同名电影可以了解西方电影和演员,也可以了解西方导演怎么理解中国的风土地理,中国的乡村美景和生态,以及中国人的政治观和中国的历史背景。

(二)电影教学课前准备

由于视听说课本第二单元的街头采访主题就是与电影相关的问题,比如他们去电影院的频率,最喜欢的电影和演员等。受访者回答了他们喜欢的电影类别,并且就最喜欢的电影做了简短的评论。笔者课前给学生发了电影视频作为其课后拓展学习资料,让学生们学会介绍和评论电影。

(三)课中问题讨论

正式上课时,教师和学生一起先完成课本内容。学生们学到了"romance movies、action movies、action scenes"等电影相关词汇的表达。另外,对一些优秀的电影演员和影片名有了一些基本了解,也知道了在西方电影市场上,印度电影广受欢迎和关注。学完这些内容后才进行电影《面纱》的拓展,一起分析电影中出现的中国文化元素。笔者主要设计了两个问题:"What is the drama about? Where is the film shot?"

在电影进行到第十六分时,男主角带着女主角在上海的大剧院看中国传统戏剧。学生们事先看了整部电影,现在笔者重放这两分钟片段,然后向学生们提第一个问题——电影中的京剧片段唱的是哪出戏?戏剧人物出场时,有清晰的近景镜头展示旦角唱出《玉堂春》,甚至男配角还引导分析女主角看这出戏的重点:

Mr. Townsend: Are you enjoying it?

Kitty Fane: I've never seen anything like it.

Mr. Townsend: Everything has a meaning. See how she covers her face with the cloth? She is mourning her misfortune.

Kitty Fane: What happened to her?

Mr. Townsend: She was sold into slavery, condemned to a life of drudgery and despair in a strange land far from home. See the chains? They represent the heavy bondage of her poor trapped soul from which there is no escape. And so she weeps. She weeps for the lively, vivacious girl she once was, the lonely woman she has become and most of all, she weeps for the love she'll never feel, for the love she'll never give.

Kitty Fane: Is she really what she's saying?

Mr. Townsend: Actually, I haven't a clue what she's on about. I don't speak Chinese.

随着男配角的分析,近景镜头一一展示旦角头饰,身上的枷锁和身边的解差。这些内容无一不暗示戏台上主人公的身份。《玉堂春》是京剧传统剧目,取材于明朝冯梦龙《警世通言》第二十四卷《玉堂春落难逢夫》,京剧旦角的开蒙戏,是中国戏曲中流传最广的剧目之一。教师问了第一个问题,电影里出现的中国戏曲片段唱的是什么剧目?学生齐声回答"《玉堂春》之《苏三起解》"解差崇公道提解苏三自洪洞赴太原复审,途中苏三诉说遭遇,崇加劝慰。这一段唱词是京剧里的名片段。学生的回答反映出班级的学生对传统文化京剧国粹的了解。

另外,电影大部分是在中国拍摄的。电影很多处情节中展现出唯美的中国乡村美景,比如在电影第五十七分钟,女主人公乘小舟前往孤儿院。电影给了一个全景镜头,岩石中长出的粗壮大榕树下,小舟徐徐驶向岸边。笔者就问学生第二个问题,这些场景是在哪里拍摄的?学生看了电影,知道电影讲述了一对西方夫妻在中国发生的故事,电影里好几次提到男主人公要去"梅潭府"这个地方,学生观看影片后会不自觉地去查找相关的拍摄资料。有意思的是,本影片取景地是广西著名的旅游地黄姚古镇,学生通过查找资料,加深了对黄姚古镇的印象。黄姚位于广西贺州市,具有上千年历史。

(四)课后同类型电影拓展

经过课堂上引导学生深入学习一部能展示中国文化元素的西方电影后,同学们对此类电影开始感兴趣。由此,作为课堂的延展课后环节,教师要求学生查找近年来以中国为背景的西方电影。学生们找到《功夫熊猫》《喜福会》《刮痧》和《末代皇帝》等。查找电影后,教师要求学生分组,每组选一部电影,用 PPT 展示并讲解在电影中看到的中国元素。下节课课前三分钟每组代表用英文陈述对电影里中国文化元素的认识。从观影,到写作,到口头陈述,实现了一个从输入到输出的闭环。很多学生对 1987 年拍的英语电影《末代皇帝》非常感兴趣,历史专业的学生觉得能把英语学习和自己本专业结合起来是双重收获。学生对英语的兴趣更加浓烈了。

四、结束语

文化元素能引起文化共鸣,文化自信可以凝聚强大的精神力量。在大学英语课堂教学中引入中国文化元素能迅速引起学生的文化认同。一方面,可以使学生了解本国传统文化,另一方面,能提高学生的英语水平。用英语向世界讲好中国故事,传播中国文化,让世界了解并接受中国文化。在长期英语教学中对中国文化元素常态化的运用,能够有效对比中西方文化,使英语教学和文化教育功能充分互补互促,从而构建起展现中国文化高效大学英语课堂教学。

参考文献

[1]金海云.语言与国家:休戚相关——从英语热和汉语热谈起[J].外语学刊,2014(3):155-158.

[2]殷和素,严启刚.浅谈大学英语通识教育和专门用途英语教学的关系——兼论新一轮大学英语教学改革发展方向[J].外语电化教学,2011(1):9-14.

[3]于向东.围绕立德树人根本任务 探索思政课程与课程思政有机结合[N].光明日报,2019-03-27.

[4]金霞.新视野大学英语(第三版)视听说教程 2[M].北京:外语教学与研究出版社,2015.

英语俚语的语言特点及教学策略研究

刘　沁

一、引言

俚语(slang)是英语里非常特殊的一种语言形式。《韦氏大词典》将其定义为一种充满活力、丰富多彩或具有滑稽特点的词语构成的流行语言,是一种标准语言的非常规的用法。[①]

最初英语俚语主要指美国俚语,它的产生与社会环境有极大的关系,主要来源是各行各业和亚文化群体的行话或隐语。体现说话人的诙谐幽默,想象力丰富。比如:他们用 sparetire(备用轮胎)来指代那些可有可无之人;dismiss(解雇)太无情了,就取而代之为 give him the air(给他点空气);shake hands(握手)太正规,就替换为 give me some skin(给点皮肤吧);而用 a smoker eater 来指代消防员则夸张又形象。事实上,美国特殊的历史以及美国人的性格特点为俚语的使用和发展创造了条件。[②]

然而,时过境迁,英语俚语发生了很大的变化,它已不再是诞生时期的"黑话",也不再仅为少数群体所使用,它的更新速度快,增加了更多的趣味性。一些从前常用的词语现在很少用了,喜欢使用俚语的人群更广泛了。

俚语是英语语言运用中的重要部分,不同的学习者对学习英语俚语也有着不同的态度。有些学习者认为它语法不规范,不属于正规语言;也有学

---

① 参见梅里亚姆・韦伯斯特公司编著:《韦氏大学英语词典》(影印本),中国大百科全书出版社 2014 年版。

② 参见杨金秋:《美国俚语刍议》,载《青岛大学师范学院学报》2001 年第 1 期。

习者认为它们诙谐幽默，读起来朗朗上口，从而把它作为主流英语倍加推崇。但无论人们喜欢与否，俚语都是一种语言现象，是英语里最活跃、最生动的语言成分，不仅在日常交流中被广泛使用，也常出现在一些正规教材中，比如在《新视野大学英语（第三版）》中就多次出现。本文将探讨这些新的、有趣的英语俚语的语言特点及教学策略。

二、英语俚语的语言特点

英语俚语原本主要使用于非正式场合，但随着社会生活的非正式化倾向以及通俗文化的普及，原来那些被人们认为不规范、不登大雅之堂的俏皮话开始出现在电影、小说、报刊、演讲中，这些语言表达形象生动、音律押韵上口、结构灵活、含蓄深刻且委婉，逐渐融入人们的日常生活当中，它主要有以下几个特点。

1. 英语俚语在构词上的特点是简约化、重叠化。很多英语俚语是通过创新一部分词进行搭配，将两个结构、声韵相似的词进行重叠，构成一个富于乐感、符合音律、简短易记的词，这就使得英语俚语具有押韵的语言特点，读起来朗朗上口。如 ding-dong（精神饱满的、坚强的），tip-top（非常优秀的），no-no（禁忌、禁例）等等。

2. 英语俚语在风格上彰显了说话者的乐观、自信和幽默的特征，同时又具有含蓄、委婉且深刻的特点。比如老师对学生说"Use your noodle!"不是"用你的面条"的意思，而是老师在教导学生动脑子。因为团在一起的面条有点像人的大脑。在日常交流中，想要表达理解对方的某个观点时人们常说"我明白了"，英语表达这个意思可以说"I take your point."或者"I've got the message."，用英语俚语表达则是"All right, the pennys dropped in.（好的，钱掉到袋子里了）"，这种表达明了又轻松。再比如"Don't hold your breath."（不要屏住呼吸），用于表达不要以为某件事会发生或马上会发生就在那儿傻等。"Dream on, baby, dream on."（做梦吧，乖乖，继续做梦吧！）说话者的无奈感同身受。"Fly-by-night"指的是躲债的人，生动地描写了负债人入夜后有家难归的窘境。

3.英语俚语是时尚的化身。现代英语俚语大多是随着新生事物、新观念、新科技等的出现而出现的,如同当代的网络词汇使用者一样,英语俚语的使用者也喜欢不断追求新颖、时尚以获取人们的关注,在追求时尚的同时自己也成就了时尚。比如"Obama"一词就被收录在美国加州大学洛杉矶分校俚语词典里[①],为青年学生专用词语,用于表达酷(cool)。如果有人说"You are real Obama!"那就是在夸奖你。

4.英语俚语可活跃气氛,缓解尴尬,对促进交流双方建立友好感情起到积极作用。比如,社会提倡的"女士优先",而现代许多女性不愿把自己当弱者,因此常用"Age before beauty."意为长者优先,以此来表达自己的信心和不服输。"Get in line."(加入行列中),这句话意思是"包括我在内的许多人都有同你一样的问题、想法、感受",用于表达认可、同情和支持,"我们是一样的",显现了英雄所见略同。

三、英语俚语的教学策略

交际语言教学法(communicative language teaching, CLT)主张通过真实的交流活动提高语言能力。英语俚语的教学可以通过设计真实的交际任务来帮助学生在实际交流中使用俚语。这种方法不仅能提高学生的语言运用能力,还能增强他们的交际能力。具体有以下策略。

1.情景模拟与角色扮演。设计具体的情景和角色扮演活动,帮助学生在模拟的交流中运用俚语。这些活动可以包括情景对话、问题讨论等,旨在让学生在实际交流中使用新学的俚语,以加深记忆并提高运用能力。如在《新视野大学英语(第三版)视听说教程 4》教材中有句话"The world is your Oyster",这句话会使人很困惑:牡蛎是很昂贵的啊,为什么这么说呢? 实际上这句话的意思是"你可以随心所欲",等同于汉语"天高任鸟飞,海阔凭鱼

[①] 曹慧敏:《现代英汉语中青年俚语的对比分析》,载《疯狂英语(教师版)》,2012 年第 3 期。

跃"。在该教材中,这句俚语是出自一个故事,老师可以布置学生进行角色扮演,让学生在实际交流中使用。

2.引入真实语境。在教学中,可以通过多媒体资源(如电影、电视剧、音乐)展示俚语的实际用法。通过分析语境中的俚语,学生可以更好地理解其含义和用法。例如,通过观看包含俚语的电影片段,学生可以观察母语者如何使用这些表达。如电影《狮子王》里有这样一句台词,小辛巴问刀疤叔叔:"When I'm king, what will that make you?"(如果我是国王,那你是什么?)刀疤回答:"I'm a monkey's uncle."(我是猴子的叔叔)这就是一句很俏皮的话,隐含着"不可能,绝对不可能"的意思。刀疤想要回答小辛巴的问题,它没有答非所问,同时它又告诉观众,它是不会让小辛巴当国王这件事发生的。隐晦地表达了说话者对对方的轻视。通过观看电影,学生对这句俚语的理解就会更容易。

3.文化背景讲解。在教授俚语时,介绍其文化背景和使用情景。例如,解释某个俚语的历史来源和在不同场合的适用性。这种背景知识可以帮助学生更全面地理解俚语,并在适当的情景中使用。英语俚语的源泉是众多的、丰富的,它源于社会的各阶层,涉及生活的各个方面,它忠实地反映了社会各阶层的生活和思想,因此,文化背景的讲解尤其重要。在使用英语俚语时应注意分辨对象、地点和场景,切忌卖弄。比如"a face that only a mother could love"(一张只有妈妈才会爱的脸),"a face that would stop a clock"(一张可以把钟表弄停的脸),都是指长相丑陋,用语极其刻薄,相当于中国人说的骂人不带脏字,不可随意使用。

四、结束语

随着社会的开放和网络交流的深入发展,英语俚语的使用已渗入到人们生活的方方面面。从私人交往到商业谈判,从寻常百姓到商界精英,诙谐、有趣的表达随处可见,对其持绝对的肯定和否定的态度都是一种偏颇。学习和使用英语俚语表达或许会成为一种时尚,人们对它的喜爱就如那句英语俚语所说:"If you are not with it, you are without it."(如果你不赶时髦,你就赶不上时尚)。英语俚语的教学可以使用以下策略:情景模拟与角色扮演、引入真实语境、文化背景讲解。

参考文献

[1].郑立信.美国俚语的基本特征与社会功能[M]//顾嘉祖,陆升.语言与文化.2版.上海:上海外语教育出版社,2002.

[2]杨金秋.美国俚语刍议[J].青岛大学师范学院学报,2001(1):12-14.

[3]曹慧敏.现代英汉语中青年俚语的对比分析[J].疯狂英语(教师版),2012(3):150-152,207.

[4]杨丰宁.美语词语使用中折射出的美国文化[J].外语与外语教学,1997(3):21-22.

第三篇
教师及学生发展研究

基于现代教育技术的
外语教师专业发展研究

李嘉颖

一、引言

　　信息技术的现代化对教育产生了很大的影响。《中国教育现代化 2035》提出,要加快信息化时代教育变革的发展要求。以往关于外语教师专业发展的研究大多从课例研究、教学研究等方面进行,较少从现代教育技术的视角进行,但实际上,现代教育技术对外语教师专业发展有很大影响,在一定程度上,现代教育技术能够促进外语教师在专业信息素养上的发展。其不仅指多媒体教学,还包括了翻转课堂、微课、慕课,还有当前热议的 AI 人工智能等先进技术。本文基于可视化知识图谱分析软件 CiteSpace,梳理 2013—2023 年中国知网收录的关于现代教育技术背景下外语教师专业发展的研究文献,以探索近十年国内外语教师专业发展状况、发展趋势。

二、研究设计

(一)研究问题

结合国内近十年的文献,借助软件 CiteSpace,本文提出并探讨回答以下问题:

1. 近十年来我国外语教师专业发展的整体概貌如何?
2. 外语教师专业发展的研究趋势与热点是什么?
3. 在现代教育技术背景下,外语教师专业未来如何发展?

(二)研究方法

本文以中国知网为文献来源,并运用文献分析法中的共词分析等方法进行研究。在语料处理方面,使用 CiteSpace 这一可视化知识图谱分析软件,进行了关键词提取、聚类图生成以及突显词提取等处理。通过可视化方式展示文献的结构、规律和分布情况,揭示 2013—2023 年现代教育技术背景下,外语教师专业发展的研究状况、核心领域和热点以及研究趋势。

(三)数据来源

文献数据源于中国知网收录的期刊论文,检索领域为期刊,主题为外语教师专业发展,时间范围为 2013—2023 年,来源类别为全部期刊,剔除条件不符合的文献后共获得 348 篇相关性较高的期刊论文,均借助 CiteSpace 6. 2 R6 版本进行可视化文献分析。

三、结果与分析

(一)外语教师专业发展研究的整体趋势

2013—2023 年国内关于外语教师专业发展研究的发文量如图 1 所示。

由图1可见,近十年来每年关于此主题的论文发表篇数均呈动态变化,总体呈现下降趋势。大多研究基于外语教学、学科课程等方面,少数研究基于互联网背景的信息技术等方面。

从图1可知,自2013年起,外语教师专业发展专题已然成为研究热点,尽管发文量在2014年有所下降,但在2015年发文量达到56篇的峰值,2015年以后发文量总体呈现下降趋势,发文量在2017年有所回升,但在2018年,发文量回落,之后2年,即2019年与2020年发文量在持平的状况下相较2018年有所回升,数量都为33篇,但在2020年后发文量总体呈现逐年下降的趋势。究其原因,外语教师专业发展的研究不仅基于学科教学方面,还基于现代技术的发展,而现代技术的发展已然呈现稳定趋势,故而教育技术背景下的外语教师专业发展研究呈下行趋势,但这并非意味着这方面的研究日暮途穷。

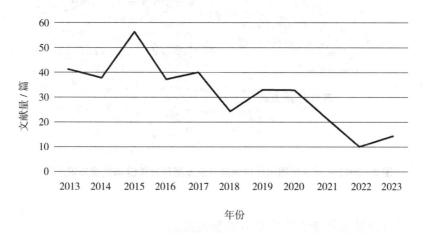

图1 近十年来我国外语教师专业发展研究发文量状况

(二)在现代教育技术背景下外语教师专业发展研究现状

关键词共现知识图谱是通过统计某一领域文献中关键词的共现情况,从而反映关键词之间的关联程度,进而确定该领域的研究热点。运用CiteSpace软件对2013—2023年国内外语教师专业发展研究领域关键词进行分析,并绘制关键词共现知识图谱(见图2)。图2反映出了近十年来外语教师专业发展研究的主要内容多为外语教师、反思性教学、教师专业发展、高校外语教师等,少部分研究涉及外语教师专业发展的现状、策略、教学模式、教师情感、专业素质发展、专业自主发展、思辨能力等等。有部分研究关注到教育现代化、信息技术、互联网、人工智能、大数据,但并不多。可见在进行外语教师专业发展研究时,关注到并在研究过程中将外语教师专业发展与信息技术联系起来的研究并不多。

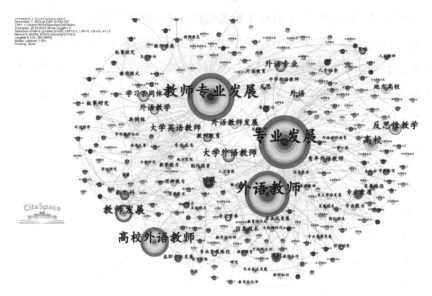

图 2 2013—2023 年国内外语教师专业发展研究关键词共现知识图谱

(三)外语教师专业发展研究趋势与热点

关键词聚类分析是将相关程度不同的关键词分组,以帮助了解该研究领域的热点和趋势。运用 CiteSpace 软件对 348 篇文献进行关键词聚类,过程如下:设置"Timespan"为 2013—2023,"Slice Length"为"1"年份区,"Term Source"默认全选,"Node Types"选择"Keyword","Pruning"默认选择"Pruning Sliced Networks","Visualization"选择"Cluster View-Static"和"Show Merged Network",共得到 12 个聚类(见图 3):#0 外语教师、#1 专业素质、#2 教师发展、#3 外语专业、#4 英语教师、#5 教学发展、#6 高校、#7 专业成长、#8 信息

技术、#9 策略、#10 情感概念、#11 微课。图谱中 Q 值为 0.627,S 值为 0.8986,
若 Q 值大于 0.3,表示划分出的聚类结构非常显著,而当 S 值超过 0.7 时,说明
聚类结果有很高的可信度。因此,这些数值都在可接受的范围内。

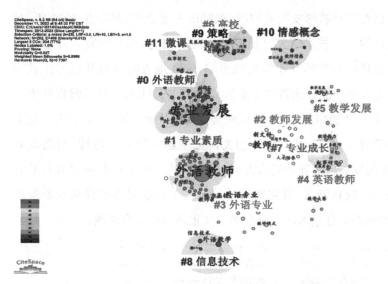

图 3　2013—2023 年国内外语教师专业发展研究关键词聚类

由图 3 可知,外语教师专业发展的研究热点主要聚焦于专业素质、教师
自身专业的发展与成长、信息技术、情感概念和微课等主题。

教师专业发展是指教师在智能、经验及教学态度上不断成长的过程。
《教育学基础》一书中也提及,教师专业发展是指在职教师从"新手型教师"
发展为"专业型教师"的过程,即教师作为专业人员,从专业思想到专业知
识、能力、心理品质等方面由不成熟到比较成熟的发展过程。整体上,前人
所认为的外语教师专业发展无外乎是在学科知识、教学技能、心理品质上的
专业化发展。

CiteSpace 软件内置的突现词检测(burst detection)算法使关键词共现的
可视化分析成为现实。这一算法是基于词频的时间分布,它能从大量的常
用词中检测出具有高频次变化率和快速增长速度的突现词。通过分析词频
的变动趋势,而不仅仅是词频的高低,可以帮助分析科学的前沿领域和发展

趋势。因此突现词功能有助于全面了解外语教师专业发展研究的趋势变化。图 4 中突现词持续阶段的重合性显示,外语教师专业发展研究前沿呈阶段性交替式演进态势。从图 4 中可知,2013—2014 年间,关于外语教师专业发展的研究已经涉及教师发展的现状、教师的专业素质,甚至在 2014 年,对教师专业发展的信息技术研究已然开始。随着研究发展,研究者开始关注教师角色以及环境对教师专业发展的影响,一些地方院校也开始关注教师专业发展。近几年对于外语教师专业发展研究的关注点开始回归到外语教学中,"核心素养""思辨能力"关键词便是很好的佐证。同时,基于大环境下的停课不停学背景,网络线上教学相关讨论主题一度登上热搜,网络大数据、人工智能的发展成果开始走入人们的视线,线上教学的开展对教师的教学技能和能力有较高要求,研究者开始关注人工智能对外语教师专业发展的影响,这意味着信息技术这一研究热点又重新回归大众视线。

Keywords	Year	Strength	Begin	End	2013—2023
对策	2013	2.13	2013	2014	
专业素质	2013	1.58	2013	2015	
现状	2014	1.69	2014	2015	
信息技术	2014	0.99	2014	2015	
继续教育	2015	0.97	2015	2017	
教师教育	2016	1.21	2016	2017	
英语教师	2016	1.19	2016	2018	
教师角色	2016	0.95	2016	2017	
环境	2016	0.95	2016	2017	
教师知识	2017	1.01	2017	2018	
地方院校	2017	1.01	2017	2018	
共同体	2018	2.16	2018	2019	
活动理论	2018	1.13	2018	2021	
教学发展	2018	1.07	2018	2019	
外语专业	2013	1.99	2019	2023	
影响因素	2019	1.12	2019	2023	
核心素养	2020	1.61	2020	2021	
思辨能力	2020	1.61	2020	2021	
专业素养	2020	1.36	2020	2023	
教师能力	2020	1.07	2020	2021	
人工智能	2020	1.07	2020	2021	
新文科	2021	2.72	2021	2023	

图 4　2013—2023 年我国外语教师专业发展研究关键词突现

可见现代信息技术不但为外语教学提供了便利,还为外语教师专业发展提供了许多工具和平台,能使教师更灵活、有效地开展教学工作和促进自身发展。结合聚类图和突现词图谱可知,信息技术已成为外语教师专业发展研究的主题之一。

现代教育技术以信息技术为基础。外语教师除了发展自身的心理品质、学科知识、教学技能等专业外,还应顺应时代发展趋势,掌握现代教育技术,以教育技术为依托,为自身专业提供发展平台。现代教育技术以现代教育理论为指导,其中所涉及的技术可划分为三个主要类别:首先是现代媒体技术,包括教学硬件和软件,前者用于支持教学设备,后者是存储教学信息的载体。其次是现代传媒技术,即利用现代教育媒体进行教学活动的技术手段。第三类是教学系统设计技术,它应用系统方法优化教学过程。现代教育技术不仅包括多媒体平台、幻灯片制作与播放、视频和音频、图片等,还可以包括教学过程中的信息化教学管理、教学评价、AI 人工智能、远程教育等。

(四)外语教师专业发展未来的方向

经前文外语教师专业发展研究的相关文献分析,可知此主题未来的研究走向与趋势热点。

第一,外语教师应该熟练掌握多媒体教学技能。多媒体教室中装配有多媒体计算机、投影仪、视频展示台等,教师要熟练掌握其使用方法,避免因生疏而造成教学事故。除了硬件,教师还应钻研幻灯片制作,不能只是简单地将教材文字或黑板板书堆砌在幻灯片上,要有巧思设计,注意排版,内容不宜太多,否则观感不好,文字色彩注意不要和背景颜色相撞,否则学生难以看清楚,一张幻灯片内不宜有太多的色彩,否则会太花哨。教师只有在幻灯片制作过程中为学生着想、设计独具匠心,才能在教学中更好引起学生的注意力,激发学生的兴趣。因此,教师熟练掌握多媒体平台,提高教育技术,是其专业发展的必修课之一。

第二,教师要多学习了解互联网,关注"互联网+教育",提高自身信息素养。AI 智能的运作基于大语料库,且能自然地进行语言处理。教师可利用 AI 智能搜索相关教学资源,为自身发展收集资料,还可以运用此程序辅助教学设计,提高自身工作效率和质量,从而对教学过程和资源进行创新性设计开发。

互联网是一个巨大的资源平台,教师可以搜索外语学界相关研讨会议、教学教研比赛,通过线上参加研讨会、观摩教学比赛视频提升自身专业素养。

第三,教师要学会运用现代教育技术对教学工作进行信息化管理和评价。现代教育技术以互联网为依托,能帮助教师分析学生学习的需求,进行学情分析,并制定有针对性的教学目标,再根据目标帮助教师设计合适的教学任务和内容,推送教学资源材料。现代教育技术为教师的教学提供了交互式教学工具——在线答题系统、智能测评系统等网络资源平台,可帮助教师共享课堂资源、开设在线课程、作业收集与批改、进行网络考试等,还可以将学生参与课堂的行为表现数据化,便于教师进行可视化分析和评价,有助于教师对自身教学进度、学生学习状况进行信息化管理和调整。大数据的普及与应用要求教师不断进行信息化、专业化发展,以达到驾驭网络智慧教学资源平台。

第四,外语教师要将信息技术融合到学术科研中。前文分析外语教师专业发展研究的关键词聚类中,出现了"微课"一词。微课、翻转课堂、慕课已然成为外语教学中的热点,这都是教育信息化的表现形式之一。教育部出台的关于利用网络平台"停课不停学"的通知,在一定程度上促进了网络教学资源跨校、跨地区,甚至是跨国家的远程教育发展,使教育资源进一步共享。数字图书馆、中国知网等网络资源能够帮助教师更好地进行学术科研。

第五,除教师自身努力外,学校单位也要提供足够的专业支持保障。首先,学校鼓励教师申报教学科研项目,为其提供专业学术科研平台,引导其突破传统教学固化思维模式,探索网络智能技术与外语教学的融合与创新办法,推进教学改革。其次,学校可依托现代信息技术,为教师建立电子成长档案,促进其进行反思,记录教师专业发展行为。最后,学校还可以借力现代教育技术,为教师提供专业发展培训的机会和环境,收集其专业发展的需求,提供智能技术理论知识和技能培训,让教师从教学设计、课堂实施等方面提升自身专业技术和外语教学的整合能力与创新能力。

四、结语

本文对2013—2023年十年间外语教师专业发展研究文献进行了知识图谱分析,梳理阐述了外语教师专业发展研究的现状、趋势和热点。尽管较少研究现代教育技术在外语教师专业发展中的重要作用,但教师专业的信息化、技术化已然成为一种新趋势。在信息技术和数字革命的时代背景下,教育信息技术不断发展,外语教师专业发展应越来越重视教育信息技术,教师需要用专业的教育技术知识武装头脑,更新教学理念和模式,探索教、研、学的新发展,以便更好开展教学科研工作。智慧教育是教育信息化发展的高级阶段,为契合教育部的智慧教育改革,关于外语教师专业发展的现代教育技术研究将会不断被推进到另一个新高度。

参考文献

[1]怀进鹏.以教育之强夯实国家富强之基[N].人民日报,2023-08-31(009).

[2]章文燕,胡昊,李妍.现代教育技术[M].成都:电子科技大学出版社,2019.

[3]刘慧琴,李文洁.新时代背景下高校外语教师专业发展路径[J].教育理论与实践,2022(27):42-44.

[4]曹德新.浅谈教育技术背景下教师的专业化成长[J].中国教育学刊,2016(S1):159-160.

[5]陈悦,陈超美,胡志刚,等.引文空间分析原理与应用:CiteSpace实用

指南[M].北京:科学出版社,2014.

[6]徐浩.外语教师教育重点问题研究[M].北京:外语教学与研究出版社,2016.

[7]林晓春,代建军.21 世纪以来我国教师专业发展现状研究——基于Citespace 软件的文献计量分析[J].现代教育科学,2018(1):151-156.

[8]李楠楠.人工智能时代高校外语教师专业发展研究[J].成都师范学院学报,2021(7):20-26.

[9]翟小宁,刘红梅,张才明.我国智慧教育体系及其机理研究[J].课程·教材·教法,2023(1):44-49.

二语教学中影响教师情感劳动的因素

穆雨欣　宁见红

一、引言

　　二语教学是指教授非母语者学习某种第二语言的过程。在全球化的背景下,二语教学得到了广泛的关注和重视。随着各国之间的联系不断增加,学习第二语言的需求也日益增长。教师在二语教学中扮演着至关重要的角色,他们不仅需要传授语言知识和技能,还需要处理由外语教学带来的情感问题。

　　情感劳动是指人们在工作过程中为了完成工作任务而需要调动和控制个人情感的过程。同时,情感劳动与体力劳动及脑力劳动有所区别,被称作第三种劳动。对于二语教学中的教师来说,情感劳动是一项重要的任务。他们需要在面对学生的困惑、焦虑和挫折时保持冷静和耐心,同时给予学生足够的支持和鼓励。这种情感劳动对教师的情感和心理状态会产生重大的影响。

　　了解这些因素对于提高教师的情感劳动质量和教学效果至关重要。因此,本研究旨在探讨二语教学中影响教师情感劳动的因素,并分析教师情感劳动与二语教学效果之间的关系。

二、二语教学的概念与特点

(一)概念

　　二语教学是指在学习者已经掌握一种语言的基础上学习第二种语言的

过程,通过系统的教学方法和专业的教师指导,学习者可以提高自己的语言能力。随着全球化的发展和跨文化交流需求的增加,二语教学在各个国家和地区越来越受到关注。

(二)特点

1. 课程设置的针对性

《义务教育课程方案和课程标准(2022年版)》强调义务教育课程应以立德树人为根本。首先,在二语教学中,教师需要根据学习者的背景和需求来设置课程内容和教学方法,将立德树人贯彻到具体的课程设置中。其次,不同学习者对于第二语言的学习目标和学习需求可能有所不同,因此,教师需要有能力根据学习者的特点制订教学计划,使学习者能够在有限的时间内达到预期的语言水平。

2. 目标语言的输入和输出

教师需要提供充足的目标语言输入,如听力材料和阅读材料,以帮助学习者理解和掌握语言知识。同时,教师也需要鼓励学习者进行目标语言的输出,如口语和写作,以帮助他们更好地运用语言并提高语言的流利度和准确性。这要求教师为学生提供足够量的、适当的、多种文体的阅读素材。通过输入和输出的结合,学习者可以更全面地掌握目标语言,并提高语言运用能力。

3. 教学环境的创设

一个良好的教学环境对于学习者的语言习得至关重要。二语习得是人的内部语言-心理机制与外部环境相互作用的结果。就内部机制而言,课堂二语习得兼有自然语言学习和一般认知学习的特性,作为外部环境,课堂需提供相应的自然话语环境和认知学习条件。为学习者创造一个积极、合作和互动的学习环境,让学习者感受到学习的乐趣和成就感是作为一名语言教师的责任。在一个较好的学习环境中,学习者可以更加主动地参与到语言学习活动中,提高学习效果。

4. 文化的融入

随着全球化的发展,学习者在学习第二语言的过程中也会接触到不同的文化背景和价值观。教师要引导学生以英语为工具,学习与了解语言背后所承载的跨学科知识,挖掘其背后所蕴含的文化、态度与价值观念,形成自己的看法,进而用英语向世界讲好中国故事。教师需要通过教学材料和活动来介绍目标语言所对应的文化,使学习者了解并尊重不同文化之间的差异。文化的融入可以增加学习者对目标语言的兴趣,并且提高学习者的跨文化交际能力。

三、情感劳动理论的发展

情感劳动(emotional labor)最早由社会学家霍克希尔德(Hochschild)提出,她将其称之为体力劳动与脑力劳动之外的"第三种劳动",是对自身情感进行管理(managed)而创造出某种公开可见的面部表情和身体动作来获取报酬,因而具有交换价值的劳动形式。[①] 情感劳动理论的核心观点是:工作中的情感表达并不是自发的,而是受到组织、职位和社会期望的影响。情感劳动是非物质的,即使它是有形的、情感的,但它的产品是无形的,是一种轻松、友好、满意、激情的感觉,甚至是一种联系感和归属感。在工作环境中,员工常常需要将自己真实的情感进行控制和调节,以符合工作职责、组织规范和客户要求。情感劳动理论的发展主要受到社会学、心理学以及组织行为学领域的影响,对于了解和解释教育中的情感劳动现象具有重要意义。

有学者认为,情感劳动对于组织和个体都具有重要意义。从组织的角度来看,情感劳动可以影响组织的形象和声誉,对于提高员工的服务质量和

---

① 参见阿莉·拉塞尔·霍克希尔德:《心灵的整饰:人类情感的商业化》,成伯清、淡卫军、王佳鹏译,上海三联书店 2020 年版。

客户满意度具有重要作用。从个体的角度来看,情感劳动对于员工的心理健康和工作满意度具有影响。过度的情感劳动可能导致员工的情绪疲劳和身心健康问题。就教师行业而言,有研究表明,不同职称的教师职业倦怠状况不同,教师的职称与教学成就是相关的。如果教师在所在领域未能取得自己满意的结果,那么可能会引发该个体的情绪疲劳,从而导致职业倦怠。

该理论的发展经历了几个阶段。最初,研究者主要关注员工在面对顾客时的情感表达和情感调控。后来,研究者开始关注员工在不同职业中的情感劳动特点和工作情境对情感劳动的影响。近年来,随着研究的深入,研究者开始关注情感劳动对员工工作动机、团队合作和组织变革等方面的影响。

根据情感劳动的表达方式,可以将情感劳动分为表面性情感劳动和深层性情感劳动。表面性情感劳动是指员工通过外部行为和表情来展示所需的情感,而深层性情感劳动是指员工通过内在的情感调控和认知来展示所需的情感。

总之,情感劳动理论的发展为我们理解和解释教师情感劳动在二语教学中的重要性提供了重要理论依据。对于进一步探讨影响教师情感劳动的因素,以及情感劳动与二语教学效果的关系,有着重要的指导意义。

四、影响教师情感劳动的因素分析

教师情感劳动的影响因素是一个重要的研究领域。了解这些因素对教师情感劳动的影响,有助于提高教师的情感体验和工作满意度,同时也能够改善二语教学效果。本节旨在对影响教师情感劳动的因素进行分析,以加深对该主题的理解。

(一)教师个人特征

个人特征包括教师的性格、性别、工作经验、情感态度、价值观念以及个人的实践性知识等方面。研究表明,性格外向、自信的教师更倾向于积极投入情感劳动,而性格内向、自我怀疑的教师可能更容易受到情感劳动的负面影响。就个人的实践性知识方面而言,是否拥有知识话语权是影响教师专业身份认同的一个重要因素。尤其对于新手教师,与一线教师相比,他们往往缺乏课堂实践经验,在授课时如果对某一知识点提取失败,他们便会对自我产生怀疑,从而影响其情感劳动。

(二)工作环境和教学资源

教师在教学过程中所处的环境和资源的充足性直接关系到他们情感劳动的体验。环境不仅包括教室的设施、教学工具的质量等物理条件,也包括学校的管理制度、同事间的关系、学生和家长的态度等社会因素。这些环境因素直接塑造了教师工作的情感体验和表现。如果教师能够得到足够的支持和帮助,例如领导的关心、同事的协助,以及学生的尊重和配合,他们在教学中就会感受到积极的情感体验。这种支持和帮助可以来自学校的管理者、同事,也可以来自学生和家长。当教师感到自己被认可、被支持和被理解时,他们就会更加热爱自己的工作,更积极地投入情感劳动。

同时,拥有良好的工作条件和教学设施也是保证教师情感劳动质量的重要因素。如果教师能够使用先进的教学设备、参考丰富的教学资料,以及拥有足够的时间来规划和准备教学活动,他们就会更加自信和有成就感。

(三)学生的行为和态度

当学生积极参与到教学中,对教师的努力给予肯定和回应时,教师会感到满足和有成就感。这种满足感和成就感可以激发教师的内在动力,使他们更加投入地工作,并增强其情感劳动的积极性。在此基础上,有效教学才有实现的可能,有效教学是指教师在遵循教学活动客观规律的前提下,尽可能以少的投入取得较好的教学效果,实现特定的教学目标,满足社会和个人的教育价值需求。简言之,有效的教学便是效率高、效益好、效果好的教学。相反,学生的消极行为、缺乏合作和尊重等问题可能会给教师带来不安和疲劳情绪。当学生表现出消极的态度,不合作或不尊重教师时,教师可能会感到挫败和不安。这种不安和疲劳情绪不仅会影响教师的教学效果,还可能对教师的身心健康产生负面影响。

(四)教育政策和社会因素

教育政策的调整以及社会对教师职业的认可程度,都会对教师的情感劳动产生深远的影响。首先,如果教育政策过于严苛,给教师施加过多的压力和负担,可能会导致教师感到疲惫和挫败。过高的工作要求和缺乏足够的支持和资源,可能会使教师感到无助和失落,从而对他们的情感劳动产生消极影响。相反,如果教育政策能够为教师提供适当的支持和资源,减轻他们的负担,增加他们的自主权和决策权,那么教师的情感劳动将会得到积极的推动。当教师能够感受到教育政策的关怀和支持时,他们将会更加自信、自豪地投入情感劳动中,更加积极地面对教学挑战。

其次,如果社会能够充分尊重和支持教师职业,认可教师的价值和贡献,那么教师将会感到自己的工作得到了社会的认可和尊重。这种积极的社会认可将激励教师更加努力地工作,提高教学效果,对教师的情感劳动产生积极的影响。相反,如果社会对教师职业的认可程度较低,那么教师可能会感到自己的工作得不到社会的认可和尊重。这种消极的社会认可将导致教师沮丧和失落,从而对他们的情感劳动产生消极的影响。

综上所述,影响教师情感劳动的因素是多方面的,包括教师个人特征、工作环境和教学资源、学生的行为和态度以及教育政策和社会因素等。了解这些对教师情感劳动产生影响的因素,有助于制定相应的措施和策略,提高教师的情感体验和工作满意度,促进良好的教学效果。同时,也需要进一步的研究来深入探讨这些因素之间的关系和互动机制,为二语教学中的情感劳动提供更有效的指导和支持。

五、总结

教师情感劳动对于二语教学的效果具有重要影响,教师情感劳动的表现直接影响学生的情感体验、师生关系,以及教学方法及策略的选择,从而影响二语教学的效果。因此,在二语教学中,教师应积极管理自己的情感劳动,培养积极的情感体验,建立良好的师生关系,并灵活运用教学方法和策略,以提升学生的学习动机和学习效果。为了更好地理解教师情感劳动对二语教学效果的影响,未来研究可以进一步探讨其他可能影响这一关系的因素,以提供更加全面和具体的研究结论。

二语教学中教师情感劳动的重要性不容忽视。教师的情感态度和情感劳动不仅对学生的学习和发展产生积极影响,也对教师与学生之间的关系以及教师的职业认同度和教学质量产生重要影响。因此,在二语教学实践中,教师应重视自身情感劳动,并积极创造良好的情感氛围,促进学生成长与发展。

参考文献

[1]高晓文,于伟.教师情感劳动初探[J].教育研究,2018(3):94-102.

[2]胡咏梅.中学教师工作满意度及其影响因素的实证研究[J].教育学报,2007(5):46-52.

[3]教育部关于全面深化课程改革　落实立德树人根本任务的意见[EB/OL].http://www.moe.gov.cn/srcsite/A26/jcj_kcjcgh/201404/t20140408_167226.html.

[4]李洁.大学英语教师个人特征对知识、技能和能力的影响研究[J].外语界,2006(4):48-56.

[5]李茂森.教师身份认同的影响因素分析[J].教育发展研究,2009(6):44-47.

[6]刘立明.国外有效教学研究述评[J].现代中小学教育,2002(12):40-42.

[7]刘学惠.课堂环境下的第二语言习得:理论框架与分析单位[J].外语与外语教学,2005(10):54-58.

[8]罗森塔尔,雅谷布森.课堂中的皮格马利翁——教师期望与学生智力发展[M].唐晓杰,崔允漷,译.北京:人民教育出版社,1998.

[9]宋广文,魏淑华.影响教师职业认同的相关因素分析[J].心理发展与教育,2006(1):80-86.

[10]王蔷,刘诗雨.指向课程协同育人功能的英语跨学科主题学习——定位、内涵、理念、目标、要求及价值[J].教学月刊·中学版(外语教学),2023(Z2):3-10.

[11]王蔷.核心素养背景下英语阅读教学:问题、原则、目标与路径[J].英语学习,2017(2):19-23.

[12]王卫华,李书琴.国外教师情感劳动研究的进展与启示[J].外国教育研究,2021(8):19-36.

[13]徐锦芬.外语教育研究新趋势:积极心理学视角[J].英语研究,2020(2):155-164.

[14]余平江.英语教学中情感的重要意义[J].职业圈,2007(4):118-119.

[15]张紫屏.课堂有效教学的师生互动行为研究[D].上海:上海师范大学,2017.

[16]曾德琪.罗杰斯的人本主义教育思想探索[J].四川师范大学学报(社会科学版),2003(1):43-48.

[17]赵鑫,谢小蓉.乡村小学新教师情感劳动的质性研究[J].基础教育,2018(5):55-62.

[18]赵鑫,熊川武.教师情感劳动的教育意蕴和优化策略[J].教育研究与实验,2012(5):17-21.

[19]赵玉芳,毕重增.中学教师职业倦怠状况及影响因素的研究[J].心理发展与教育,2003(1):80-84.

[20]中华人民共和国教育部.义务教育课程方案 2022年版[M].北京:北京师范大学出版社,2022.

泛在学习环境下对高校英语教师
内驱型成长路径探究

汪华杰

一、引言

　　泛在学习是基于普适计算机技术所设计的一种学习环境,这种学习环境打破了传统学习中学习资料、学习环境、学习时间对学习主体的限制,学习主体可以利用无线网络设备随时随地获取任何自己需要的学习资料进行学习。国内对泛在学习的研究已经取得一定的成果,主要集中于以下三个部分,首先是对泛在学习外在技术支持的研究,例如周文娟(2012)提出了"云资源库"基础上的英语泛在生态学习,为学生提供网络化学习资源库并且能够通过无线设备进行网络协作化学习。其次是对大学泛在学习模式建设的研究,例如刘丹丹(2013)探究了大学英语泛在学习模式的建构与管理,要在课程体系、学习环境、技术支持、学习评价等方面进行改革,以此提高学生泛在学习的效率与效果。最后是对泛在学习环境下教师角色的探究,例如司晓蓉(2018)提出了泛在学习环境下大学教师教学能力发展困境,传统的以教师为主导、以教师为核心搜寻教学资源的模式已然与泛在学习的定义相违背,所以高校教师需要从自己的日常生活、教学观念着手,在思想上推陈出新,在实践上改革创新,以此去适应泛在学习环境下对教育改革提出的新要求。这需要教师充分培养自己的发展内驱力,内驱力是指人内心深处产生的一种力量,是驱使着个体去追求目标、克服困难和实现自我价值的动力,它不受外界条件限制,可以激发人的积极性、创造性。泛在学习在互联网+教育背景下对学习环境进行了重构,教师在泛在学习环境下推动个人内驱型成长对自身提高创新能力与终身学习能力有着十分重要的意义。依托泛在学习环境推动自我发展会是未来大学教师在职业道路上成长的趋势之一。

二、相关理论基础及其研究现状

(一)泛在学习

已有的研究对泛在学习存在多维度理解。20 世纪末出现的泛在计算(Ubiquitous Computing)概念被应用到具体的学习范畴,由此便诞生了泛在学习。泛在学习是指任何人在任何时间和任何地方,根据自身实际需要通过身边任何设备,获取任何资源与信息进行的 4A 学习方式(Anyone,Anytime,Anywhere,Any device),这与我国终身学习的理念和学习型社会的建设相契合,无一事而不学,无一时而不学,无一处而不学,成功之路也。高校的学生进行泛在学习需要教育管理者提供合适的学习环境,选择合适的学习内容,提供整合的学习资源,安排各种各样的学习活动,并进行学习评价,以便学习者及时获得学习反馈进行自我调整与改进。徐飞跃(2015)在泛在学习最初的 4A 特征上(Anyone ,Anytime, Anywhere, Any device)又添加了 Anything(学习资源)和 Anyway(学习方式),旨在探究数字化平台下大学英语 6A 泛在学习模式。大学教师相比于中学教师可自由支配的时间更多,所以大学教师对泛在学习的要求也更高,6A 学习模式相比于 4A 增加了学习资源和学习方式,在数字平台的基础上可以更好地实现教师个性化学习。

(二)内驱型成长

内驱型成长是基于内驱力所派生的一种自我发展方式。对内驱力的解释有很多种,例如奥苏贝尔在对学习动机进行分类时,提出了认知内驱力是一种了解、理解知识和解决问题的需要,自我提高内驱力是个体因自己的胜任能力或工作能力而赢得相应地位的需要,附属内驱力是一个人为了保持长者的赞许或认可而表现出来的把工作做好的需要。笼统地说,内驱力是产生于人内心的一种力量,推动着个体去确定目标、追逐目标,最终达成目标从而实现人生价值,内驱力不受外界的干扰和限制,较为持久稳定。教师内驱型成长就是教师能充分发挥主观能动性,能对职业生涯进行合理的规划和展望并付诸努力,调动个人的内驱力,积极参加各项教学科研与创新,能积极对自我教学效果进行评价,在课后及时反思自己的教学缺陷,培养自己的终身学习意识,朝着推动教学高质量发展的目标迈进。

(三)泛在学习与内驱型成长所存在的关系

在互联网+教育背景下,教育信息化思潮对传统大学英语教学的理念与思想有着巨大的冲击。一方面,传统教育背景下对教师进行培训的内容受限,当教师遇见自己不感兴趣的主题或话题时会对培训内容产生厌恶感甚至抵触心理,长此以往会消磨教师参与教育教研活动的积极性,不利于个人长远发展。然而,在技术支持的泛在学习背景条件下,教师获得的资源具有开放性、多样性,教师可以选择自己感兴趣的内容进行学习,充分调动自我内驱力促进自我发展。另一方面,传统教育模式下,对教师学习教学的评价种类有限,评价主体具有封闭性,教师学习的成果如果被错误地带入教学中,那么对学生和教师的发展都是不利的,在泛在学习模式下,无线技术的支持可以让教师进行同伴式的合作学习,互相给予学习反馈,也可以在展示个人教学成果时与其他教师进行交互,及时对课堂进行全面的评价,接受教学评价后的教师既可以获得推动内驱发展的信心,也可以即时了解自己学习中存在的问题,以此做好学后的自我监督与反思,这对于教师的可持续发展具有十分重要的意义。

(四)关于泛在学习的国内外研究

此部分笔者对国内外泛在学习的研究基于关键词"泛在学习"和"Ubiquitous Learning"搜索,按文献研究的不同主体进行分类,以文献发表的时间顺序进行归纳整理。对泛在学习的研究主要分为三类：（1）对泛在学习概念与特点的研究。王锦（2012）对泛在学习的内涵进行了深入分析，她首先总结了已有的对泛在学习定义的共同点，从学习环境上看，泛在学习不再单单依靠纸质资料，而是依靠互联网技术接入终端设备，从学习方式上看，学习是现实与虚拟并存的活动，从学习状态上看，学生自主学习和交互学习相互交织，同时，她提出了自己对泛在学习内涵的解读，在她看来，泛在学习是一种学习理念而不单单指学习的某一个具体模块，理念即对事物的客观认识，是理性化的思维模式、思想活动，泛在学习也不仅仅存在于技术搭建基础上的网络学习环境中，同时也存在于社会性、真实的学习环境中。王锦的观点给予了其他学者一些启示，即泛在学习理念是展开泛在学习的前提条件，泛在技术的应用不能脱离现实的泛在学习条件。国外对泛在学习的研究起步于 20 世纪 90 年代，有学者对十年内研究泛在学习概念与特点的文献做了数据分析，在这些文献中总结出以下相同的对泛在学习的描述词。首先是信息的永久性，学习信息可以永久保存在无线终端设备上，然后是信息的可访问性，学习主体可以随时接入终端设备获取自己想要的信息，接着是信息的及时性，学习信息可以及时传输给学习主体，并能及时得到更新，还有信息的互动性，学习者可以通过不同的媒介，有效地与同伴、老师或者专家进行学习互动，最后是信息的情境性，泛在学习环境要适应学习者的真实情况，以提供给学习者适合他们的个性化学习信息，这也与王锦（2012）提出的泛在学习要存在于真实的社会环境中的观点相契合。（2）对泛在学习的技术支持研究。马静等（2018）探究了泛在学习环境下英语信息平台的设计，传统的英语信息平台进行英语学习资源储存时需要先分析其属性，所以在软件上受限。马静等采用 RSS（really simple syndication）技术对英语信息平台的软件、硬件支持进行了改进，经实验证明，改进后的英语信息平台在传输资源、共享资源的速度和质量上更占优势。2017 年有人探究了基于区块链（Blockchain）的泛在学习环境，Blockchain 的核心思想是去中心化，即储存在 Blockchain 上的数据不再受单一实体控制，区块上所有的移动设备都可以对储存的数据进行提取，这种去中心化可以使数据避免集中的修改或攻击,也减少了中央服务器因单点故障而造成数据缺失的现象,该体系结构保留了安全性和隐私性的优点,为学生提供了一种在协作环境中随时随地学习的可能性,利用交互式多媒体系统实现了师生之间的有效交流。泛在学习的出现与发展离不开对泛在技术的利用,泛在技术保障了泛在学习资源的来源和学习环境,所以对泛在学习技术的开拓创新可以更好地保证泛在学习的有效性。(3)对教师进行泛在学习的模式探究。郑会敏(2018)分析了教师泛在学习的概念与理论架构,教师泛在学习是由"教师""泛在""学习"三个因素构成,教师是主体,泛在是方式,学习是行为,教师泛在学习的效果不是取决于泛在技术的先进程度,也不是取决于泛在学习理论成果丰富程度,而是取决于教师对泛在学习概念的理解,对泛在技术的掌握情况,教师应该促进个人学习的信息化,将课题学习与网络学习相结合,自主学习与网络交互学习相结合,教师还应该培养终身学习的意识,利用碎片化时间和课后时间提升自己的信息素养。国外对教师泛在学习的研究较少,有学者分析了教师泛在学习可能会出现的困难,首先便是教师泛在学习意识淡薄,教师认为自己的专业知识已经足够应对日常的教学从而忽略继续更新自己的知识观念,这也就造成了当前很多教师拒绝互联网技术融入自己的教学中,然后就是教师缺少泛在学习的方法,最后就是学校缺少对教师泛在学习的评价机制,对教师泛在学习进行及时全面的评价才能让教师树立泛在学习的意识,培养教师泛在学习的信心。以上文献对泛在学习概念和意义的研究让笔者更加全面地了解到了泛在学习是什么,对泛在学习的技术支持研究让笔者了解到当前泛在学习与现代科技的结合程度,这也是笔者探究教师泛在学习路径的依托,对教师泛在学习路径的探究为笔者研究高校英语教师泛在学习路径提供了直接理论来源。

(五)关于教师内驱型发展的国内外研究

此部分作者对国内外教师内驱型发展的研究基于关键词"教师发展内驱力"和"Internal Drive of Teacher",以文献发表的时间顺序进行归纳整理。杨榕斌(2013)将内驱力与人生价值的实现联系起来,人生观和价值观对个体积极自我发展起着指导作用,教师如果把教育当成一门事业,清楚地明白个人的责任与使命就能最大程度地调动自我发展内驱力,相反如果只抱着得过且过的态度把教育当成一种职业,这会极大程度地降低自我内驱力,所以教师在入职前要对教师这个职业有正确的认识,学校管理者也要在新教师入职培训中帮教师树立正确的职业观和职业发展意识。师晓东等(2014)对大学教师发展内驱力较低的原因做了具体的分析。首先是青年教师基础知识不扎实,教学基本功不够深厚,课堂教学效果一般,学生反馈评价较差打击了青年教师自我发展的信心,部分大学年轻教师对大学教育有着错误认知,把重心放在科研上从而忽视了对教学技能的提升,发展方向出现偏差会让教师逐渐失去对教学的兴趣,不利于个人的内驱型发展。师晓东等根据大学教师内驱力低下的原因提出了相应的策略,首先各大院校要依据办学特色帮助教师正确认识教学与科研之间的关系。教学与科研是大学教育的两个重点,相互依存,缺一不可。学校要根据教师的个人素养和教学特点科学地整合教师队伍,帮助教师确定自己优势的发展方向,树立自我发展的目标,增强自我发展的信心。整合教师队伍离不开对教师的评价,教师科研能力与教育教学能力应该不分优劣地成为教师考核的内容,学校应推进教师科研能力与教育教学能力的同步发展。徐海鹰等(2023)从教师泛在学习角度分析了教师内驱型发展的路径,补充了师晓东(2014)多从外部条件探究教师内驱型发展而欠缺了教师主观能动性分析的空白,教师要根据自身专业的培养目标和发展方向,从学校创建的学习平台自主选择学习资源,教师还需要参加网格式教研,每个老师都承包着自己的"教研田",网格式教研以泛在技术为支撑,统一备课组的教师可以实现资源的"云共享",教师还可以组建学习小组,组内可以由一名专家教师,一名校外导师组成,新手教师可以借助这个平台定期将自己的教学研究成果分享给小组成员,并及时获得他们的评价与建议。教师可以充分利用泛在学习所创造的学习机会和学习氛围最大限度地调动个人发展内驱力,促进个性化成长。国外对教师发展内驱力单独的研究较少,对发展内驱力的研究多与其他教育理论或者教育实践相结合。爱德华·德西和理查德·瑞安提出了自决理论,探讨了内在动机和外在动机对教师的影响,并强调了鼓励自主性和自我激励的教学环境的重要性。班杜拉详细阐述了自我效能感对教师发展内驱力的重要性。班杜拉认为,教师的自我效能感与其对教学任务的信心和专业发展的投入密切相关。国内对教师内驱力的研究多从单一理论出发,对发展内驱力的各部分进行了详细的阐述,例如内驱力的内涵,培养内驱力的途径,培养内驱力面对的困难,而国外研究从多个理论出发去分析对比内驱力对教师、对教育教学实践所产生的效果,这些研究为我们深入理解教师发展内驱力提供了重要的理论基础和实证支持。

三、泛在学习环境下教师内驱型成长的有效性

泛在学习是基于普适计算机技术所设计的一种学习环境,这种学习环境打破了传统学习中学习资料、学习环境、学习时间对学习主体的限制,在泛在学习环境下教师在任何时间和任何地方,都能根据自身实际需要通过身边任何设备,获取任何资源与信息,这有利于教师根据自己感兴趣的内容或自己的知识薄弱点进行课后的学习,有利于培养教师的终身学习意识和促进教师的内驱型成长,具体的有效性需要结合泛在学习的特点来说明。

信息的永久性和可获取性。泛在学习的信息永久性是指在泛在学习环境中所产生的学习信息和学习成果可以被永久保存和存取的特性。在泛在学习环境中,学习者可以通过互联网和在线平台获取各种学习资源,包括课程资料、教学视频、练习题等。这些资源可以被永久保存在网络上,学习者可以随时随地通过网络访问和获取,不受时间和地点的限制。杨艳梅(2019)认为泛在学习环境下的学习成果持久存在,在泛在学习环境中,学习者的学习成果可以通过在线作业、学习记录等形式被永久保存和存取。这样,学习者可以随时回顾自己的学习过程和成果,进行反思和复习,提高学习效果和记忆。

泛在学习的交互性。在泛在学习环境中,学习者可以通过博客、论坛、社交媒体等方式将自己的学习经验和成果分享给他人。这些分享的信息也

可以被永久保存和存取,成为其他学习者的参考和借鉴,促进共享和合作学习。赵婷婷(2019)提出了泛在学习可以支持教师组建线上的"教师共同体",教师共同体可以以同一个课题为研究方向,也可以各自选择不同的研究方向在团体中沟通、合作、交流,最终实现教师整体的内驱型成长。

泛在学习的情境性。泛在学习强调将学习融入学习者的日常生活和真实情境中。通过观察、实践、体验等方式,学习者能够在真实情境中获取知识和技能,并将其应用于解决实际问题。梁海霞(2017)认为泛在学习不但利用现代科技手段,打破了传统学习的时间和空间限制。学习者可以随时随地进行学习,在不同的情境下获取知识和技能,并进行反思和应用,而且泛在学习注重对个体差异的尊重和关注。学习者可以根据自己的兴趣、需求和能力进行学习,自主选择学习内容和学习路径,实现个性化的学习目标。

四、对泛在学习环境下大学英语教师内驱型成长路径探究

在当今信息技术高度发展的时代,泛在学习环境为教育带来了新的机遇和挑战。对于大学英语教师而言,如何有效地利用泛在学习环境培养自身的内驱力,提升教学质量和专业素养,成为一个重要的课题。此部分将结合前人研究和笔者自己观点,从以下三条路径阐述泛在学习环境下大学英语教师的内驱型成长:(1)通过泛在技术培养教师的泛在学习意识;(2)利用泛在学习平台进行教师组群式学习;(3)设置教师成长电子档案袋。

(一)通过泛在技术培养教师的泛在学习意识

学校管理者首先要帮助大学英语教师明白泛在学习的基本原理和核心要点,以便教师更好地应用泛在技术进行教学和学习。其次,学校管理者要帮助教师熟悉和掌握泛在技术的应用,尤其是具有学校特色的泛在技术支持。泛在技术包括移动学习、社交媒体、在线课程等多种形式,可以提供丰

富的学习资源和学习支持。教师需要了解不同的泛在技术工具和平台,例如英语方面的批改网站和有助于泛在学习的 APP,选择适合自己的学习方式和学习资源,提高泛在学习的效果和效率。例如,学校可以为教师提供具有多样化教学资源的在线平台,如在线课程、电子书籍、学术论文数据库等,以便教师随时随地获取所需的学习资源。同时,还可以推广使用各类教育应用和软件,如语言学习应用、电子词典等,让教师能够利用这些工具进行自主学习和教学辅助。蔡娇娇(2021)提出了基于 MOOC 平台的高校英语泛在学习模式,基于 MOOC 平台下,教师的学习目标制定可以个性化,教师可以根据自己的兴趣、研究方向或者自身的薄弱点选择学习内容,制定学习进度,教师学习的内容也具有体系化和完整性,不论是英语基础知识和应用技能,还是英语教学策略和跨文化交际能力培养,MOOC 所提供的学习内容一应俱全,教师可以通过相似的学习平台激发自己的学习热情,培养自主学习和解决问题的能力。泛在技术支持下的自主学习也对传统的高校教师学习培训机制提出了挑战。许欣然(2022)提出我国高校的教师培训模式虽然种类繁多,但在本质上教师的培训模式还是被动的、强迫的、自上而下缺乏个性化学习内容的,这已然不能适应数字时代下教师对学习内容和学习模式的新要求,学校管理者要帮助教师主动利用泛在学习平台的学习资源进行针对性学习,这有利于帮助高校教师的成长由被动走向主动,从而逐步实现教师专业化发展。

(二)利用泛在学习平台进行教师组群式学习

泛在学习平台可以为教师提供一个便捷和高效的学习平台,促进教师之间的组群式学习。通过泛在学习平台,教师可以进行在线讨论、资源分享和合作研究等提高教学能力和专业素养。有学者指出教师可以通过论坛、社交媒体等方式,在泛在学习平台上发起讨论,并邀请其他教师参与。在讨论中,教师可以分享自己的教学经验和教学资源,提出问题和困惑,寻求其他教师的建议和意见。泛在学习平台还可以促进教师之间的合作研究。教师可以组成研究小组,在泛在学习平台上共同开展研究项目。研究小组可以共同制订研究计划和方法,收集和分析数据,撰写研究报告和论文等。通过合作研究,教师可以互相学习和借鉴,提高研究水平和学术能力。研究发现,教师之间的合作研究有助于促进教师的专业发展和教学创新。笔者结合国内的泛在学习平台和自己的理解,创设了以下的大学英语教师交互式学习模式(见图1)。

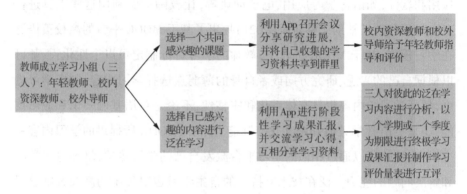

图1 大学英语教师交互式学习模式

教师发展内驱力与教师组群式学习之间存在相互促进、共同成长的关系,一方面教师发展内驱力可以激发教师参与教学合作的积极性和主动性,另一方面合作学习也为教师提供了展示自我、交流学习的平台,进一步激发教师内驱力,促进教师职业发展。

(三)设置教师成长电子档案袋

刘尧(2013)指出大学教师发展与评价系统使教师通过学习、研究、实践不断提升自身的专业理论知识、专业实践知识和职业素养,教师通过发展与评价系统的评议可以获得更权威的职称。然而传统的大学教师评价体系多注重以外在的量化标准对教师进行评价,这种单一的评价体系会造成教师重视功利化工作或学习,这对教师的职业发展道路和学校学术研究的总体水平提升是非常不利的。

近些年在互联网+教育背景下,对教师的评价逐渐转变为基于互联网的线上评价,评价人也不再仅限于学校或学院的管理阶层,授课班级的学生、同事都可以参与到教师的电子化评价中来,但对教师的线上评价仍然存在以下问题:(1)评价指标的选择和设计问题。大学教师线上评价中使用的评价指标往往不够全面和准确。研究发现,有些评价指标过于侧重学生的主观感受和满意度,而忽视了教师的教学效果和学生的学习成果。此外,评价指标的设计也存在问题,有些指标过于笼统,缺乏具体的量化指标和标准,导致评价结果的主观性和不可比性。(2)学生评价的偏见和主观性。大学教师线上评价往往依赖学生的评价反馈,但学生的评价往往受到个人偏见和主观性的影响。研究发现,学生的评价结果可能受到个人情绪和偏见的影响,与教师的实际教学效果和专业素养不完全一致。此外,学生的评价可能受到教师的外貌、性别、口音等因素的影响,存在主观性和歧视性的问题。(3)大学教师线上评价结果往往会成为教师晋升和评优的标准之一,对教师的不公正的评价会造成教师自我发展内驱力的丧失,不利于教师的主动发展。

笔者结合现存的对教师成长电子档案袋的研究、现存的教师线上评价问题和自己的理解设计了以下教师成长电子档案袋模块(见图2)。

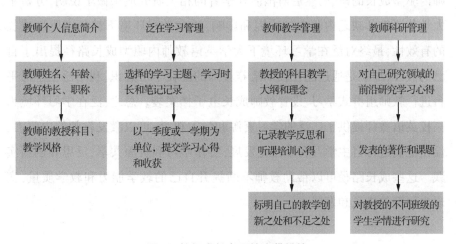

图2 教师成长电子档案袋模块

教师电子档案共由四个模块组成,分别是教师个人信息简介、泛在学习管理、教师教学管理、教师科研管理。这样设计的教师电子档案袋可以提供一个集中管理和展示教师的职业发展信息和教学成果的平台。教师可以将自己的教学经验、教学材料、研究成果等资料上传到电子档案袋中,方便自己和他人查阅和评估。这样的档案袋系统可以激发教师的发展动力,促使教师反思自己的教学实践,不断寻求改进和提升,也可以促进教师之间的交流和合作。教师可以通过档案袋系统分享自己的教学经验和教学资源,与他人进行反馈和讨论。这样的交流和合作可以激发教师的发展内驱力,促使教师互相学习和借鉴,提高教学质量和效果。

五、总结与展望

在泛在学习环境下,大学英语教师被提供了种类更为丰富的学习资源、便利的学习环境和更为积极的学习互动。在技术支持的泛在学习背景条件下,教师获得的资源具有开放性、多样性,教师可以选择自己感兴趣的内容进行学习,充分调动自我内驱力促进自我发展。本文先解读了泛在学习、教师内驱型成长的概念,然后对国内外学者的相关研究成果做了说明,分析了大学英语教师缺乏内驱力的原因和影响,泛在学习环境下教师内驱型成长的有效性,最终对泛在学习环境下大学英语教师内驱型成长路径提出了自己的假设,那就是通过泛在技术培养教师的泛在学习意识、利用泛在学习平台进行教师组群式学习、设置教师成长电子档案袋。总之,泛在学习环境为高校英语教师提供了广泛的学习资源和学习机会,可以激发教师的内驱力,促使他们进行自主学习和个性化发展,协作学习和资源共享,反思和创新实践。这些成长路径可以帮助教师不断提升自己的教学能力和教学质量,实现内驱型的成长和发展。

参考文献

［1］AN Y J, REIGELUTH C M. Creating technology-enhanced, learner-centered classrooms：K-12 teachers' beliefs, perceptions, barriers, and support needs［J］. Journal of Digital Learning in Teacher Education, 2011, 28（2）：54-62.

［2］蔡娇娇. 基于 MOOC 平台的高校英语泛在学习范式构建研究［J］. 对外经贸, 2021（10）:123-125.

［3］DECI E L, VALLERAND R J, PELLETIER L, et al. Motivation and education：The self-determination perspective［J］. Educational psychologist, 1991, 26（3-4）:325-346.

［4］刘丹丹, 董剑桥, 李学宁. 大学英语泛在化学习环境的建构与管理［J］. 中国教育学刊, 2013（S2）:78-79, 81.

［5］刘尧. 大学教师发展与评价模式转变漫谈［J］. 教师教育论坛, 2013（4）:28-31.

［6］梁海霞. 泛在英语学习模式及实施探究［J］. 课程教育研究, 2017（52）:58-59.

［7］玛丽亚木·玉苏甫江. 泛在学习视域下高校教师专业化发展研究［J］. 现代职业教育, 2021（43）:110-111.

［8］马静, 邱国华. 泛在学习环境下英语信息共享平台设计与实现［J］. 现代电子技术, 2018（10）:93-96.

［9］潘沛沛. 运用泛在学习理念促进大学生自主学习的策略研究［D］. 新乡：河南师范大学, 2012.

［10］司晓蓉. 泛在学习视域下大学教师教学能力发展困境与对策［J］. 长沙航空职业技术学院学报, 2018（3）:5-8.

［11］谈嘉悦. 广泛而自发 ——泛在学习环境下初中语文教师自驱型成长实现路径探索［J］. 中学教学参考, 2023（6）:7-9.

[12]王锦.泛在学习内涵分析[J].西安文理学院学报(社会科学版),2012(4):104-106.

[13]徐海鹰,陆莎莎.泛在学习环境下教师自驱型成长路径的实践研究——以中小学教师培训为例[J].中国多媒体与网络教学学报,2023(1):92-95.

[14]徐飞跃.基于数字化校园平台的大学英语6A泛在学习模式研究——以浙江农业商贸职业学院为例[J].吉林广播电视大学学报,2015(8):22-24.

[15]杨艳梅.利用智能教学平台提高初中生英语听说能力的策略探究[J].英语教师,2019(23):28-31.

[16]杨榕斌.对提升教师自我发展内驱力的探讨[J].浙江科技学院学报,2013(2):134-137.

[17]周文娟.基于"云"资源的"泛在学习"生态语境特征与教师角色定位研究[J].中国电化教育,2012(12):53-58.

[18]郑会敏.教师泛在学习:概念与理论架构[J].课程教学研究,2018(5):15-18.

英语专业大学生思辨能力的递进式培养模式研究

邵同崇　赖水芬　王雅颖

一、引言

思维能力是人脑的高级认知能力,而思辨能力是思维能力的重要部分。英语专业学生的批判性思维能力总体不弱,但在寻真性、系统性和自信度等方面表现不如人意,且随着年级的提升而呈现不同的发展态势。

在英语专业学生思辨能力的培养上,各类课程均可以发挥作用,如综合类课程、文学类课程、文化类课程、口语类课程等。具体而言,阅读和写作是一条重要的途径。此外,钟玲(2009)、韦晓保(2012)、武雁飞(2018)等提出要从情感、课程设置、教学内容、自主学习和评估方式等多方面合理培养学生的思辨能力,还可以专门为培养思辨能力设计有效的教材。笔者对某高校的英语专业大学生开展专门的研究,调查他们的思辨特点并探索有效的思辨培养模式。

二、英语专业大学生的思辨能力特点

思辨能力是有目的的、自我调节的判断,建立在对证据、概念、方法、标准或背景等因素的阐述、分析、评价、推理与解释之上。思辨能力包括思辨倾向和思辨技能两个方面。

（一）思辨倾向

思辨人格倾向量表分为七个维度：寻真性、开放性、分析性、系统性、自信度、好奇心、认知成熟度。彭美慈等[①]（2004）基于中国文化语境，形成了思辨能力（中文版）测量表（critical thinking disposition inventory-chinese version, CTDI-CV）。该量表目前在国内被广泛运用，在不同研究对象中进行过研究，其信度和效度是比较稳定的。因此本研究采用该量表对某高校英语（师范类）、商务英语和翻译 3 个英语专业方向、3 个年级的 252 名大学生进行了思辨倾向的测量。量表分为 7 个维度，共 70 句描述语，受试者根据各自的实际情况，勾选非常不同意到非常同意 7 个档次的选项，每个选项获得 1 分至 7 分。总分低于 210 分或单项维度低于 30，可认为思辨倾向较弱，总分大于 280 分或单项维度大于 40 分，可认为思辨倾向较强。

测量结果显示，英语专业大学生整体具有较强的批判性思维倾向（$M=284.46, SD=27.45$），其中的开放性（$M=43.27, SD=5.79$）、好奇心（$M=44.58, SD=7.35$）和认知成熟度（$M=44.26, SD=7.46$）表现出较强的思维倾向，但寻真性（$M=38.42, SD=6.45$）、分析性（$M=38.92, SD=4.63$）、系统性（$M=36.61, SD=5.09$）、自信度（$M=38.40, SD=6.31$）方面，思辨倾向偏弱。

本研究还对不同年级学生的结果进行了方差分析，结果显示，随着年级的升高，英语专业三个年级学生之间思辨倾向差异达到统计学意义上的显著性（$F=23.18, p=0.000$），总体呈现逐渐减弱的趋势特点，其中大一学生的批判性思维倾向为（$M=296.62, SD=22.75$），大二学生的批判性思维倾向为（$M=278.04, SD=25.26$），大三学生的批判性思维倾向为（$M=272.93, SD=27.42$），这表明大二和大三学生的批判性思维倾向较弱。

英语（师范）、商务英语、翻译三个不同的专业的本科生整体均具有较强的批判性思维倾向，三个专业方向间没有显著的差异（$F=1.43, p=0.241$）。

---

① 彭美慈、汪国成、陈基乐等：《批判性思维能力测量表的信效度测试研究》，载《中华护理杂志》2004 年第 9 期。

以上结果显示,不同的英语专业方向,虽然有不同的培养目标和课程设置,但对学生思辨倾向的影响不是十分显著。英语专业学生不同维度上表现出的思维倾向特点与一些学者的研究结果大致相同。文秋芳(2012)认为,这与英语学科特点有较大的关系,英语专业学生长期大量接触外来事物和文化,因而在开放、好奇、认知成熟度上表现出较强的思辨倾向。另一方面,不同年级学生的思辨倾向发生较大变化,并且呈现年级越高,倾向越弱的情况,这一结果与其他研究者的结果[马蓉、秦晓晴(2016)]并不相悖。学生入学时有较强的思辨倾向,但随着学习的深入,思辨倾向反而逐渐变弱,说明在高等教育阶段中,可能需要调整当前的教学,以维持或提高学生的思辨倾向。

(二)思辨技能

作文是反映写作者思维的媒介,并且是观察分析写作者思辨技能的有效工具。为进一步了解英语专业大学生在不同年级学习阶段呈现出的思辨能力特点,本研究以某大学英语专业大一至大三年级学生的英语写作测试样本为对象,参考文秋芳(2012)的思辨能力主观题量具的五个维度,即清晰性、相关性、逻辑性、深刻性、灵活性,对写作样本进行定性研究,探索学生的思辨技能水平特点。

基于对学生作文评分结果以及对学生作文的详细分析,笔者发现3个年级的学生总体在分析、总结、组织等较低层次方面的能力强于深刻立意、举例证明和多角度论述等高层次思维能力。大一学生在逻辑思维方面的表现相对其他能力更为突出,大二、大三学生更加善于组织和阐述,但3个年级学生都存在论点不够深刻、论述角度较为单一的问题。其次,3个年级学生思辨能力发展整体趋势为大一到大二有极大上升,但到大三学年思辨能力各维度有所下降。

这跟学生进入大学前的学习基础和大学后的课程安排有比较大的关系。大学生入学前对语文、英语和数学学科有多年学习,积累了一定的逻辑思维能力,但英语语言基础总体尚未达到较高水平。进入大学后,一、二年级开设英语写作等必修课程,能有效帮助学生掌握篇章组织技巧,同时随着英语词汇语法等语言的迅速提升,学生的作文在组织和阐述上均有突出的进展。进入三年级后,随着课程设置重心由语言基础类型课转为专业实践类课程,学生语言水平提升幅度放缓,大学英语四级考试的结束,也使得学生在写英语作文时不再高度集中精力,作文各维度表现跟二年级时相比均呈现下降趋势。同时看到,无论哪个年级,在论证的深刻度和角度上都比较单一,说明常规的英语语言教学并没有给予学生思辨能力培养足够的重视,有开展改革的空间。

三、实践英语专业大学生思辨能力培养

英语专业大学生思辨特点与英语专业特点、学生的语言水平和教师教学有紧密的联系。文科专业特点使得学生在理性的逻辑性和严密性上相对不足,思辨水平的表现受到英语语言水平的限制,教师在教学中对思辨培养的了解需要更深入、更重视、更注意方法。基于此,本研究构建了思辨能力的递进式培养模式(见图1)。

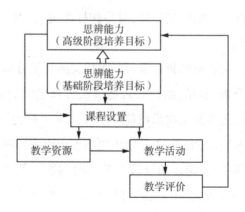

图1 思辨能力的递进式培养模式

首先,在目标设定上低年级学生和高年级学生的思辨培养目标与其语言和认知水平相当,低年级阶段以低阶思维向高阶思维过渡为重点,高年级

阶段学生语言水平稳定提升后以高阶思维为重。其次,以提升学生语言水平的同时提升其思辨能力的目标为导向,以教学活动和教学评价为依托,加大思辨培养力度和效果。教学活动侧重设计学生中心的开放式任务,教学评价加大形成性评价比重、加大多元评价力度、注重增值评价,构建适合培养学生高阶思维发展的学习生态。

(一)修改培养方案和教学大纲

在培养方案的修订中,高度重视培养学生的思辨能力,明确将培养学生思辨能力列入毕业要求。此外,依据前期对英语专业学生思辨能力的特点分析,制定从低年级到高年级一贯式的递进培养模式。在各门专业课程的大纲中明确设定思辨能力培养的教学目标,并且结合学生认知能力和英语语言水平,从低年级到高年级逐级提升思辨要求。

以英语读写课为例,在英语读写 I 中,相关教学目标设定为区分事实与观点,寻找与主题相关的细节,对主题及人物进行初步的道德观照及公正评价,将阅读思考形成的认识与自身社会生活实践相联系。在英语读写 II 中,相关教学目标设定为区分事实与观点,寻找与主题相关的细节,对主题及人物进行道德观照及公正评价,将对作品的认识与自身社会生活实践相联系。在英语读写 III 中,相关教学目标设定为提高推理、解释、评价、分析、应用能力,具有一定的批判性和创造性思维。在英语读写 IV 中,相关教学目标设定为具有较强的推理、解释、评价、分析、应用能力,具有创造性和批判性思维。

(二)调整教学设计、开展混合式教学

基于英语专业人才培养方案中毕业要求的设定和英语专业课程各教学大纲中教学目标的设定,将各门专业课程的教学设计为:(1)将培养学生思辨能力作为必要板块单独列出,结合各门课程知识能力教学特点,开展思辨教学。(2)在教学方法上,以丰富灵活的课堂讨论、课后实践代替教师讲授、学生练习为主的常规方式,帮助学生提升思辨素质和思辨能力。(3)在教学资源的选择上,使用突显学生思辨培养的系列教材、自制思辨系列微课,有

效辅助教师开展学生思辨能力的培养。

依托大学英语智慧教学云平台,开展线上线下混合式教学,常规的教学流程如下:

课前:教师发布项目任务,学生开展线上自主学习,观看教学视频,熟悉课文主题,学习语言知识。

课中:教师讲授重点内容,讲解学生反馈的问题,有针对性地设计课堂活动,引导学生开展讨论式合作学习,解决难点问题,理解、分析、评价课文内容主题。

课后:开展多种形式的第二课堂活动,开展体验式学习,完成单元产出任务。

(三)制作教学资源、改革评价方式

建设线上公开课。笔者建设了综合英语 I 线上公开课,该课程将以跨文化思辨为核心作为课程建设主要原则,目的在于增强学生的思辨能力,在课程内容的安排中,包括语言学习、技能培养、文学文化、文体修辞和思辨培养等五大板块,重点培养思辨能力。

传统的英语专业课程评价方式以终结性评价为主,期末考核占总成绩的 70%,改革之后加大了形成性评价比例,普遍上调为 40%—60%。平时成绩的考核主要考查学生的自主学习、课堂讨论展示以及课后研究与实践活动。灵活开放的课堂讨论活动和课后研究实践活动对学生思维能力要求更高,促使学生全面提升其思辨品质和思辨能力。

四、结语

思辨能力作为重要的可迁移能力之一,它的培养既有利于促进学生的全面发展,也有利于促进国家长期发展战略目标的实现。随着经济全球化的发展,社会对英语专业人才的需求不仅仅是从纯粹的语言角度出发,更多的是考虑语言、技能、解决问题的能力、创新能力和思辨能力的结合。本研究首先调查并了解某高校英语专业的大学生的思辨特点,在此基础上,从实践角度探讨了培养英语专业学生思辨能力的有效途径。该研究具有一定的可操作性和参考意义。

参考文献

[1]耿峰,于书林,王俊菊.同伴反馈对提升英语辩论文思辨质量的有效性研究[J].外语界,2021(3):37-45.

[2]何其莘.培养21世纪的外语专业人才——新《大纲》的修订过程及主要特点[J].外语界,2001(1):4-8,27.

[3]黄源深.英语专业课程必须彻底改革——再谈"思辨缺席"[J].外语界,2010(1):11-16.

[4]郎永清,刘妍,巴雪静.外语"课程思政"教学设计探析——以《英美文化概况》课程为例[J].北京电子科技学院学报,2021(2):80-86.

[5]刘桂玲.思辨能力视域下综合英语课程思政建设研究[J].外语学刊,2021(6):83-88.

[6]马蓉,秦晓晴.英语专业大学生的批判性思维倾向特征研究[J].西安外国语大学学报,2016(4):60-63.

[7]彭美慈,汪国成,陈基乐,等.批判性思维能力测量表的信效度测试研究[J].中华护理杂志,2004(9):644-647.

[8]韦晓保.影响外语类大学生思辨能力发展的外部因素分析与多维培养模式构建——基于一份调查报告[J].西安外国语大学学报,2012(2):72-75.

[9]文秋芳.中国外语类大学生思辨能力现状研究[M].北京:外语教学与研究出版社,2012.

[10]文秋芳,孙旻,张伶俐.外语专业大学生思辨技能发展趋势跟踪研究[J].外语界,2018(6):12-19.

[11]武雁飞.大学英语思辨能力培养模式的建构[J].黑龙江教育(高教

研究与评估),2018(9):79-81.

　　[12]杨鑫.英语辩论课 PBL 教学模式研究——问题—思辨—探究路径[J].外语学刊,2021(3):70-74.

　　[13]张文红,王莹.思辨能力培养与 EAP 教学的融合——《学术思辨英语》教材的设计理念与使用效果浅析[J].外语研究,2021(2):64-69,75.

　　[14]钟玲.英语专业高年级阶段的主要教学任务[J].边疆经济与文化,2009(10):141-142.

"三全育人"视域下高校实验室
管理育人途径探索

——以广西师范大学外语教学实训中心为例

零月秀

高校实验室是从事科学研究、实验实训和专业知识及技能传授的重要场所,是高校培养应用型、创新型人才的重要硬件组成部分。高校实验室的管理工作在高校管理工作中的地位日益凸显,直接影响着教学科研的安全和质量。高校实验室管理服务于实验实训教学、科研,服务的主体是广大学生,充分挖掘和发挥高校实验室管理的育人潜力,在当前"三全育人"的教育机制下,是高校实验室管理人员开展工作的重要内容。

一、高校实验室管理工作的内容与实验室管理育人的必要性

(一)高校实验室管理工作的内容

不同学科的高校实验室,管理工作的内容有所不同。但是,不管是高校的理科实验室,还是文科实验室,创建实验室的目的是相同的,都是培养满足社会经济发展需要的有用人才。以广西师范大学外语教学实训中心为例,实验室管理工作笼统地讲就是语言实验室建设、教学设备的硬件与软件管理。细分可分为五大块,即实验室安全管理、实验室日常教学管理、实验室教学设备维修维护、教学软件(平台)管理、实验室开放管理。广西师范大

学外语教学实训中心有交互式语言实验室、翻译实训室、录音室、同声传译实训室、商务英语实训室、商务谈判室、商务英语虚拟仿真实验室、微课录制室、课件制作室、东方语言文化体验室等各类实验室共 40 间,该中心有近 20 套外语教学软件(平台),如大学英语智慧教学平台、U 校园智慧教学云平台、大学英语无纸化考试系统、语音矫正学习平台、翻译实训平台、外贸模拟软件、市场营销模拟软件、商务谈判模拟软件、国际结算练习软件等。其中,实验室日常教学管理包括语言实验室的排课及调课,处理在教学过程当中出现的软、硬件故障,保障教学顺利进行。教学软件(平台)的管理工作是指作为教学软件(平台)的管理员,把教师、学生等用户信息导入软件(平台)并授权教学内容,解答并处理用户在使用过程中遇到的问题。

(二)实验室管理育人的必要性

《关于加强和改进新形势下高校思想政治工作的意见》提出"三全育人"教育理念,强调全员、全过程、全方位育人,坚持把思想价值引领贯穿教育教学全过程和各环节,形成全体教职员工共同参与的课程育人、科研育人、文化育人、实践育人、管理育人、服务育人等全方位的育人机制。"三全育人"教育理念对高校实验室管理人员提出了新的更高的要求。高校实验室管理人员需要通过实验室管理工作更好地服务于教师和学生,从而为高校教育提供更好的支撑和保障,推动"三全育人"理念的实施。

广西师范大学外语教学实训中心是全校学生训练外语听、说、读、写、译语言技能的场所,也是外语类师范生练习教育技能、商务英语专业学生训练外贸商务技能的场所,承载的课程量庞大,覆盖面广,受众多。该中心除了担负二级学院外国语学院的英语、日语、朝鲜语等专业的语言技能教学实训任务,还担负着该校全日制本科生及硕士研究生的公共外语教学任务。大学外语、硕士研究生外语是必修的公共基础课程,2023 年秋季学期,修大学英语的学生有 13000 多人,另有一小部分本科学生修大学日语,修硕士研究生英语的学生有 1500 多人,即每个学期有近 15000 名学生的思想教育任务需要实验室管理人员参与。

二、实验室管理育人方面存在的问题

(一)管理育人、服务育人意识不足

在"三全育人"视域下实施立德树人教育过程中,实验室管理人员需要不断增强管理育人、服务育人意识,以提升高校立德树人的实施效果。当前,实验室管理人员的管理育人、服务育人意识还存在一定的不足。造成育人意识不足的原因是受实验室管理工作内容的影响。实验室的教学设备维修维护是实验室管理工作的一大部分,工作中很多时候实验室管理人员只是与物打交道,造成了实验室管理人员基于实验室管理工作进行育人的理念和思维不足,甚至认为德育只是思想政治课教师和辅导员的事情,教书育人是站在讲台上授课的专任教师的事情。实验室管理人员虽然在工作中能有效地服务教师与学生的外语教与学,但是未充分发挥管理育人、服务育人的潜力。

(二)实验室环境育人元素欠缺

由于基于实验室管理工作进行育人的理念和思维不足,在实验室建设当中,实验室环境建设只考虑安全、适用的元素,未考虑到育人的文化元素,语言实验室里只有现代化的外语教学设备,人文元素欠缺。

三、实验室管理水平提升措施和育人途径探索

(一)提升实验室管理人员的综合素养,强化管理育人、服务育人意识

相对于对专任教师的培养来说,学校更重视对实验室管理人员的使用,而忽视了对实验室管理人员的培养,一定程度影响了实验室管理人员的个人发展,同时造成了实验室管理人员管理育人、服务育人知识储备不足。学

校可以通过开展定期培训、专题学习及经验交流等活动来对高校实验室管理人员进行培训,提高实验室管理人员的综合素质和业务水平,增强其服务育人意识。

其实,实验室管理工作在育人方面大有可为。实验室管理人员的工作能力、工作态度、工作热情都是育人元素,个人的一言一行都能折射出个人道德修养水平,这种身体力行的教育方式最具感染力和说服力。实验室管理工作虽然不是站在讲台上授课,但在工作中并不是完全不与学生接触。实验室安全管理、实验室软硬件的维修维护、课堂教学当中的技术支撑、教学平台的管理工作等,每项工作都与学生息息相关。在实验实训课堂教学当中遇到技术问题、学生在使用教学平台当中遇到问题时,都需要实验室管理人员到现场解决问题或在线解答问题,特别是期末大学英语无纸化考试当中,如果考场电脑出现问题,就需要实验室管理人员做出快速反应、解决问题。那么,实验室管理人员的专业技术能力及解决问题的能力和效率、工作态度与热情,都会给师生留下深刻的印象。这种育人是通过言传身教、通过人格魅力去感染人、激发人。因此,实验室管理人员虽然不是站在讲台上授课的讲师,也要时刻记住肩上担负的育人重任,关于管理育人、服务育人的理念要入脑入心,要自觉进一步提升自身的理论素养,提升专业知识技能,塑造自身的人格魅力,自身做好榜样起到表率作用,在保障教学顺利进行的同时,通过精湛的专业技术能力与高效的服务培养学生认真工作、学习的态度和精益求精的职业观。

(二)实验室环境建设增加人文元素

实训教学是培养学生团体合作精神、激发创新意识和管理能力的有效途径,也是保障教学质量、提高学生综合素质的重要一环。浓厚的人文氛围,可以激发学生的家国情怀、责任担当意识。管理过程中的育人是主动的教育,它渗透在学生的生活中,用春风化雨、润物细无声的方式对学生产生影响。因此,应该加强实验室人文环境建设,营造良好的人文氛围,使学生在潜移默化中受到心灵的感染,在不知不觉中升华精神,提高人文素养。

1. 构建实验室安全文化。在醒目位置张贴安全基本知识和要求、警示性标语、简洁易懂的实训操作规程,使实验室安全意识植入学生心中。

2. 完善实验室规章制度,制度上墙,以制度育人。制度建设是实现学校德育目标的保障系统和维系学校正常秩序的保障机制。实验室规章制度划定了被管理者们应当遵守的红线,教育学生要遵守学校的各类章程、校规校纪,建立公约意识。

3. 构建以学生为中心,围绕"三全育人"积极营造实验室人文环境。人文精神是大学文化价值的核心,实验室里除教学设备等物质文化之外,还需要精神文化环境。实验室环境建设首先要优化、美化环境,悬挂一些科学家、著名学者和本校杰出人物的画像,张贴一些激励学生奋发向上的格言警句等,使学生在温馨的实验室环境中激发刻苦研习的激情和兴趣,还可以把儒家思想价值观融入环境建设中,如张贴"己所不欲,勿施于人""己欲立而立人,己欲达而达人"等与价值观相关的话语,提升学生个人修养,培养学生健全人格,引导学生实现道德情操的升华和人文指导的内化。

(三)根据学生的需求,调整实验室的管理方式

实验室管理工作的目标就是更好地服务教学、为广大师生服务。开放实验室是为了满足学生学习的需要。广西师范大学的大学英语课程经过了多年的教学改革与实践,形成了混合式智慧教学模式,部分教学内容必须由学生自主学习。一部分学生由于没有个人电脑,需要在语言实验室进行自主学习。根据这种情况,把统一管理的部分实验室开放给学生进行自主学习。开放实验室均由学生管理,不仅解决了学生的学习需要,同时培养了学生的责任感与自主管理能力。另外,广西师范大学的学生每年都踊跃参加全国大学生英语演讲大赛、翻译大赛等,商务英语专业的学生每年也都参加全国商务英语实践技能大赛等比赛,在不影响实验室日常课程安排的情况下,在学生准备比赛期间均为参赛的学生团队提供专门的实验室做赛前训练。这些硬件上的支持,使学生感受到一种无形的力量与鼓舞,激发学生克服困难、勇毅前行、努力拼搏的精神。

（四）关心关爱学生、成为大学生的知心人和引路人

随着国家教育体制的改革和素质教育的全面铺开,勤工俭学成为大学生实践活动的重要环节。大学生勤工俭学既是高等教育中实践活动的一种主要手段和教育方法,也是助学的一种方式。尽管各个高校情况有所不同,学校的各实验室都会安排一些勤工俭学岗位,让有助学需求的学生到各实验室作为实验室管理人员的助手,比如负责实验室的卫生与实验设备器材的整理工作等。实验室管理人员作为这些勤工俭学学生的工作导师,除了安排学生劳动的内容,指导学生劳动的方式方法,对学生进行劳动技术教育外,还要关心关爱学生,培养学生正确的劳动观和态度,使其养成自立、自强、艰苦奋斗等良好思想作风。

四、结语

实验室管理育人是高校"三全育人"体系的重要组成部分,培养实验室管理人员的育人思维,充分发挥管理育人、服务育人的能力和素养,不断地在实验室管理和教学服务的各项工作中体现育人素养,对学生进行全面教育,推动立德树人根本任务的实施,为国家培育更多优秀的综合型人才。

参考文献

[1]中共中央　国务院印发《关于加强和改进新形势下高校思想政治工作的意见》.https://www.gov.cn/zhengce/2017-02/27/content_5182502.htm.

[2]赵建华.关于加强高校管理育人工作的几点思考[J].思想理论教育导刊,2011(2):103-105.

[3]王东红,高雪.新时代高校管理育人:内涵、特征及优化路径[J].现代教育管理,2021(11):19-25.

翻译专业国家意识及其培育研究[①]

周漓云

一、引言

翻译专业人才站在对外交流的第一线,面对国际变幻莫测的新形势,他们的任务不再是单纯的语言符号系统之间的转换,而是服务国家战略,担负中外文化沟通、中外人文交往、国际交流传播、国际话语权构建、国家形象塑造等一系列重任。因此,改革传统翻译教学,培养适应新时代发展要求的翻译人才是摆在每一个翻译教育工作者面前的迫切任务。笔者尝试通过梳理国家意识这个核心概念的历史发展脉络,了解它的内涵与主要内容,阐述翻译专业国家意识培育过程中的特点,促进翻译专业内涵式建设。

二、国家意识的内涵结构

有关国家意识的内涵结构,不同学者从不同角度发表了他们的学术意见。其中比较有代表性的是 2014 年荣司平提出的"国家意识有着完整的结构,包括国家认知、国家认同、国家期待"[②]三个方面,现代公民要了解自己所属国家的历史、地理、政治经济制度、生产力水平、国际关系等,对国家产生归属感和认可感,并基于国家认知和国家认同对国家产生合理的期待。此

① 本文系 2023 年度广西高等教育本科教学改革工程项目:"三进"+"三全育人"理念下的翻译专业人才培养模式研究与实践(项目编号:2023JGA126);广西师范大学 2023 年教育教学改革项目:翻译专业"三位一体"课程思政教学模式探究(项目编号:2023SZJG02)的阶段性成果。

② 荣司平:《论国家意识的结构》,载《青海社会科学》2014 年第 2 期。

外,2021 年陈新仁、杨金龙根据外语教育特点提出:"我国跨文化交际的外语人才应在国家认知、国家认同、国家责任、国家立场和国家期待五个方面强化自身的国家意识。"①很明显,后者是在充分认识到外语教育的特点和属性的基础上,结合时代发展要求,对前者进行了细化、深化和发展。两者的共同之处在于,对于国家意识内涵结构的解读中都包含了国家认知、国家认同两个维度,而后者在第三个维度上划分得更加细致。事实上,两种观点都体现了国家意识的内涵建构是一个从客观知识到情感态度,再到行动实践,层层递进的过程。

国家意识内涵建构的基石是国家认知,它是国家认同和价值践行的基础和前提。国家认知就是人们获得的有关国家的知识和信息的活动。国家认同度的高低和对国家的正确认知密切相关。对国家的认知越全面越清晰就越可能构成高度的国家认同。关于一个国家的认知是多方面的,但最基本、最重要的是了解一个国家的历史文化、地理知识、政治经济制度、生产力水平和国际关系,它们是我们立足于世界民族之林的身份标识,对其了解是我们增加民族自豪感的有效途径。

国家认同是国家意识内涵建构中的第二个层次。"认同"一词在英语中是"identity",指的是一种区别于他人、群体的特征,是关于公民身份的一种主体认同。它是基于对国家相关历史、文化等各方面国家相关知识的认知而产生的一种公民对国家的归属意识和情感信念,是一个国家重要的精神纽带和深层次发展的内在动力。国家认同是将知识层面上对国家的客观认识提升到心理、情感层面最终形成的对国家的主观认识。

国家意识内涵建构的第三个层次是价值践行。在新的时代背景下,翻译教育应结合专业的特点,在国际视野下重新审视国家意识的内涵,提倡在对国家历史认知、文化认知的基础上形成对国家民族的认同和情感,并最终转化为维护国家安全、国家利益的行为。翻译人才构建国家意识应该将丰富的知识储备、强烈的爱国情感升华到翻译实践活动当中,自觉将个体行为

---

① 陈新仁、杨金龙:《新时代外语研究者的国家意识构建刍议》,载《当代外语研究》2021 年第 4 期。

与国家利益、国家战略需求紧密相连,在国际舞台上坚定自己的中国立场,在具体的翻译实践中做出正确的政治判断和价值判断,主动担当起维护国家利益、塑造国家形象的重任。这样的价值践行应是位于国家认知和国家认同之上的个体的自觉行为,是国家安全意识、国家责任意识、国家立场、国家战略和国家期待的综合体现。

近些年,外语教育领域也有较多的对于国家意识的讨论。笔者以"国家意识、外语教育"为主题词在中国知网搜索,共搜到 2017—2022 年间相关学术论文 27 篇,发表在核心期刊的 5 篇,CSSCI 的 15 篇,其中 2017 年、2019 年各 1 篇,2020 年 4 篇,2021 年 7 篇,2022 年高达 14 篇。这样高层次、高密度地对国家意识与外语教育关系的讨论,突显了外语人对国家意识的高度关注,反映了该主题讨论对于外语教育的发展方向起着重要作用。学者杨枫在 2019 年首次提出将国家意识作为外语学科的理论存在和实践问题。他在 2022 年再次呼吁"新时代中国外语教育的国家意识应当置于中华民族伟大复兴的目标中"[1]。宁琦则认为:"在当代中国对外话语体系建构中,国家意识是对长期以来形成的基于中华传统文化的民族共同体意义上的国家的认同。"[2]这些论断是我国外语教育界对国家提出的"培育什么人、怎样培育人、为谁培育人"等教育根本问题的思考与回答。

三、翻译专业国家意识培育的特点

国家意识是国家与个人的精神联系纽带。在翻译专业教育中培养学生的国家意识能够促进新时代翻译人才担当历史使命,适应变化多端的国际环境,担负起中外文化沟通、人文交往、国际交流传播、国际话语权构建、国家形象塑造等使命,服务国家战略需求。翻译专业国家意识培育具有三个基本特点:民族性、时代性、国际性。

---

[1] 杨枫:《外语教育国家意识的时代困境、内涵结构与实践路径》,载《外语与外语教学》2022 年第 2 期。

[2] 宁琦:《我国对外话语体系建设中的国家意识与国际意识》,载《天津外国语大学学报》2021 年第 6 期。

1.民族性的国家意识培育。在东西文化碰撞剧烈,多元社会思潮席卷而来的时代背景下,只有通过文化知识、历史知识的大量输入,才能夯实学生国家意识的根基。加强学生对中华优秀传统文化的学习与传承,让学生有更多机会充分了解自己的国家和民族,了解中华民族文化的独特性,才能帮助他们形成对国家的正确认知,使他们更加热爱自己的国家,建立国家认同。比如在翻译专业课程英汉语言对比研究的课堂上,教师一方面可以通过提供图片、视频等材料引导学生直接认知两种语言文字外形上的差异。另一方面教师还可以组织学生进行课堂对比、讨论英汉发展历程中体现出的不同特点,引导学生进一步发现汉字之美,思考汉字对母语文化绵延发展的积极作用,从而激发他们对民族文化的热爱与自信。

习近平总书记说:"学史明理、学史增信、学史崇德、学史力行。"①我们可以给翻译专业学生增设翻译史类课程,大力加强他们相关历史知识的学习。例如,通过对翻译史的学习,学生可以了解到"五四"时期,陈望道、李大钊等人对马克思主义的译介,可以了解翻译在中国革命进程中的历史作用。鲜活的史实能很好地激发学生们的职业归属感和自豪感,极大增强翻译专业学生对译者身份的认同,唤起他们帮助塑造国家形象的公民责任感和义务感。

2.时代性的国家意识培育。国家意识培育必须彰显时代特征,满足时代需要。面对一系列亟待解决的重大问题,世界需要新的方向、新的方案、新的选择。将习近平新时代中国特色社会主义思想融入翻译教学,能让学生在语言知识技能习得的同时,把握时代发展脉络,了解我国国情,学习党和国家的方针政策,熟悉国家战略发展需求等,从而有意识地将国家利益、国家需求融于翻译实践活动,为中华民族伟大复兴助力加油。

在具体做法上,我们可以将《理解当代中国》系列教材有机融入一些重点专业课程或相关课程中,以一种学生喜闻乐见的方式,组织学生学习一些重要政治术语的表达,一些重要论断的表述,理解其背后的政治考量,提高

---

① 习近平:《学史明理 学史增信 学史崇德 学史力行》,https://www.gov.cn/xinwen/2021-07/02/content_5622026.htm.

学生的政治敏锐性。该教材主要文本大多选自《习近平谈治国理政》《中共中央关于党的百年奋斗重大成就和历史经验的决议》以及《在庆祝中国共产党成立 100 周年大会上的讲话》等权威文献,涉及的内容全面丰富,具有极强的时代感,同时其语言表达精确,能让翻译专业学生用外语学好、讲好与中国相关的内容。

3. 国际性的国家意识培育。国家意识的国际化,是指国家意识的培育需要契合世界发展潮流,在强调人类命运共同体中倡导文明共识和文明互鉴。它与普通的国家意识不同,不是单纯的中国意识,而是在国际视野中的中国意识。它一方面强调学生要了解中国的方方面面,另一方面也注重培育学生理性全面地认识世界中的中国和中国面对的世界。具备全球视野的国家意识是实现国家文化传承、创新与传播,开展以我为主、为我所用的文化比较和文明互鉴的重要基础。翻译人才的国际视野指的是具备跨文化交际能力、了解并尊重不同国家和地区的文化差异,掌握跨文化交际的技巧和方法,使自己在国际交往中更具亲和力和影响力。翻译人才的国际视野还体现在他们熟悉国际事务和规则、具备全球战略思维和广泛的国际知识,能够在全球背景下有效地进行沟通、协作和解决问题,能够为我国的国际交流、合作和竞争力提升做贡献。

四、结语

本文聚焦国家意识的概念、内涵与特点,从不同理论角度阐述了国家意识的概念,总结了新时代背景下国家意识内涵建构的三个层面,包括国家认知、国家认同和价值践行。通过结合翻译专业的特点,笔者提出翻译专业的国家意识培育具有三大特点,分别是国家意识培育的民族性、时代性和国际性。基于这三大特性,笔者建议在翻译专业课程设置上应加入更多中国元素,尤其是历史元素,帮助学生形成对国家的正确认知,建立国家认同,使学生最终能够担当合格译者该有的责任与义务,完成价值践行。同时,笔者倡导将《理解当代中国》系列教材引入翻译课堂,在培养学生语言技能的同时,加强他们的政治敏锐性,提高他们用外语讲好中国故事,沟通中国与世界的能力。

参考文献

[1]查明建.以课程思政引领翻译专业内涵建设与创新发展[J].中国翻译,2021(5):77-80.

[2]陈新仁,杨金龙.新时代外语研究者的国家意识构建刍议[J].当代外语研究,2021(4):22-28.

[3]房洁.大学英语课程思政中的国家意识培养[J].外语电化教学,2021(6):51-56,8.

[4]郭建锋,刘海英.新形势下大学生国家意识培育探微[J].中国高教研究,2008(9):88-89.

[5]贾文键.发挥翻译专业特色,谋划翻译课程思政——翻译本硕专业课程思政的北外实践[J].中国翻译,2021(5):65-69.

[6]宁琦.我国对外话语体系建设中的国家意识与国际意识[J].天津外国语大学学报,2021(6):2-6.

[7]荣司平.论国家意识的结构[J].青海社会科学,2014(2):31-34.

[8]杨枫.高等外语教育的国家意识、跨学科精神及应用理念[J].当代外语研究,2019(2):1-2.

[9]杨枫.外语教育国家意识的时代困境、内涵结构与实践路径[J].外语与外语教学,2022(2):91-96,148.

基于深度认知工具的大学生学习能力实证研究

马玲芳　孟青泉

一、前言

深度认知工具利用图画、视图等可视化工具呈现知识和信息,以形象化和可视化的方式实现知识的构建,促进大脑对知识的理解和再现。同时,还可以激发学生进行深度的思考,对学生深度学习能力的培养有较强的促进作用,是提升教学效果,培养学生综合素养的一条可行路径。

二、深度认知工具的内涵和作用

(一)认知工具

从广义的角度来讲,认知工具是一种支持、指引并扩充使用者思维过程的心智模式和计算机设备,其作用是帮助学习者开发批判性和高阶性思维。认知工具的主要作用是帮助学习者深入思考学习的内容、评价获得的信息、组织个人的知识,以及产生新的观点并表达出来。从定义和内涵可以看出,认知工具是可以促进学习者进行深层次的学习和思考的工具。

(二)深度认知工具

深度认知工具是指凭借信息技术或纸质媒体,降低认知负荷,促进大脑进行深度学习,从而实现深度理解的一种认知工具。其本质属性是能够在信息加工过程中发挥作用,促进深度学习以及深层次认知的发生,从而实现知识的迁移和应用,帮助学习者实现高阶思维的形成。

研究表明,深度认知工具可以通过信息技术或者纸质媒介对知识和信息进行呈现,使知识可视化、形象化,可以促进学习者进行深度的理解和反思,帮助学习者实现从浅层到深度学习的转变。

(三)深度认知工具的作用

首先,深度认知工具是一种重要的认知工具,帮助教师和学生走出教与学的困境。其次,可以提高学生分析问题和解决问题的能力,让学生在解决复杂问题的过程中锻炼自己的能力,帮助他们培养高级思维能力。再次,深度认知工具可以激发学生的学习积极性和自主学习能力,提升他们的自我效能感,帮助学生养成爱学习、爱思考的习惯。最后,深度认知工具为教师和学生架起一座桥梁,将教师选择深度认知工具的主导性和学生学习的主体性连接起来,实现了教与学的融合统一。

三、深度学习的内涵

(一)深度学习的提出

深度学习认为如果学习者在学习过程中采用深层的学习方式,会更能激发其内在兴趣,关注对知识的理解,注重学习内容之间的关联性和系统性。詹森等将深度学习的特征分为五个方面,分别是高阶思维、深度加工、深刻理解、主动构建以及解决问题。近十多年以来,针对深度学习的研究较多,学者们不仅从理论上进一步探讨深度学习的内涵,还从实践和技术运用方面进行探索,将深度学习的研究成果应用于教学实践,并且运用各种技术工具来优化和促进深度学习的实施环境。

（二）深度学习的内涵

国内外学者对深度学习的界定可以概括为四种观点："深度理解说""理解-迁移说""体验学习说"以及"三元学习说"。"深度理解说"认为深度学习是一个学习者运用不同学习策略建立知识与知识之间联系的过程，在这个过程中，学习者将运用知识处理实践中的复杂问题。"理解-迁移说"强调学习者对知识的深度理解，同时也注重学习者对知识的迁移和运用。"体验学习说"认为体验是人类学习和发展的重要源泉，把深度学习看成一种充分整合了经验学习中的体验、反思、归纳和应用等环节的学习模式。"三元学习说"主要将学习分为三个重要环节：整合性学习、高阶性学习和反思性学习。

四、大学生深度学习能力培养的必要性

（一）深度学习是提高大学教学质量的必然选择

只有深度学习才能激发学生的学习兴趣，提升学习的效率。深度学习必然带来深度的思考，也会引导学生不断探索和运用知识。大学教育的最终目的是服务社会，如果大学的教学能将学生的深度学习和思考能力调动起来，势必会提高其教学质量，培养出适应社会和时代的创新型人才。

（二）深度学习是提升学生综合素养的必经之路

大学培养人才的一个重要方向是培养学生全方位的综合素质，提高人才培养的质量。基于深度认知工具的深度学习可以帮助学生消化和吸收知识，促使学生进行深度思考，从而有效提高学习效率。深度学习让学生沉浸在学习中，学生身心愉悦，才能更加主动去探索和学习，获取多方面、多领域的知识，从而不断提升自己的综合素质和能力。

（三）深度学习是大学教学改革的重要途径

深度学习模式依托深度认知工具，能够帮助学生实现深层次的理解，提高学习效率和自我效能感。深度学习改变了传统的以教为中心、以讲授为主的课堂模式，运用深度认知工具引导学生去深度思考课程内容。这样的课堂是有趣的，生动的，有助于提高学生分析问题和解决问题的能力，培养学生的高阶思维能力。

（四）深度学习是促进教与学共同进步的有效路径

教与学是一个相互促进、有机融合的过程，有效的教学模式可以激发学生的学习兴趣，增强学习的趣味，提升学习效率。在深度认知工具的支持下，教师可以把课堂时间进行合理分配，转变自己的身份，成为学习任务的设计者和引导者。而学生则成为学习主体，在教师的引领下充分发挥其能动性，积极参与到课堂活动中，成为课堂的"主人"。深度学习促使教与学成为一个相互促进的动态过程。

五、研究设计

（一）实验对象

本次实验在 2021 年秋季学期开展，实验科目是大学英语，实验对象是广西师范大学 2021 级 A 班的大一学生，共计 6 个班 256 人，学生属于非英语专业，分别来自数学与统计学院、文学院、经济管理学院和教育学部。学生的英语水平属于全校的中上水平，具备一定的听、说、读、写能力。

（二）研究方法

本次研究采取问卷调查法、观察法和访谈法对实验对象进行研究。问卷调查采用李克特五点量表，了解学生在使用思维工具提升深度学习能力的情况。观察法贯穿整个学期,从学生的课堂表现到课后作业都进行了相应的记录和评价,记录学生在课堂上使用深度认知工具的相关情况。访谈在期末进行,对 6 个班进行随机抽查,通过访谈了解学生对深度认知工具的评价和感受。

六、结果与分析

(一)问卷结果分析

通过问卷调查,笔者了解到大学生在大学英语课堂上使用深度认知工具的情况。本次研究使用李克特五点量表设计问卷,共发放问卷 260 份,回收有效问卷 226 份,信度为 0.983。问卷分析结果如表 1 所示。

表 1 深度学习工具对学生深度思考能力的影响调查

	促进深入学习和理解课文	强化对知识点的理解和消化	强化英语写作能力	提升语言组织和表达能力	提高英语阅读速度和效率	强化英语自主学习能力	提高观察力和思维能力	整体评价较高
同意	45.58%	43.81%	42.48%	43.81%	37.17%	40.27%	41.15%	43.81%
非常同意	35.84%	35.40%	30.09%	31.42%	34.53%	30.09%	30.97%	29.65%
合计	81.42%	79.21%	72.57%	75.23%	71.70%	70.36%	72.12%	73.46%

如表 1 所示,在使用了深度学习工具学习英语之后,学生对知识点的理解和消化能力提高,对课文的理解进一步深入,英语学习不再停留于词汇的背诵或句式的识记上,而是从宏观上去学习和理解课文,这 2 项的满意度分别达到了 81.42% 和 79.21%。深度学习工具在英语课堂的运用还强化了学生的写作能力,满意度达到了 72.57%。伴随英语写作能力提高的还有学生的语言组织和表达能力,因为深度学习工具的使用,学生能够更高效地组织和提炼语言,更充分地表达自己的观点和思想,这一项的满意度为 75.23%。此外,借助深度学习工具,学生的英语阅读效率也提高了,满意度达到

71.70%。深度学习工具符合人类的认知规律，因此学生可以借助工具进行自学和思考，有利于养成学生自学习惯，培养他们的深度观察和思维能力，这2项的满意度也分别达到了70.36%和72.12%。最后还调查了学生对深度学习工具的整体评价，满意度达到73.46%。

（二）课堂观察结果

经过一个学期的课堂观察和记录，发现深度学习工具的使用增强了学生学习英语的主动性和积极性，加强了学生的团队合作精神和责任感。为了完成每一次的台上展示任务，学生之间的沟通和协作增加，团队合作意识得到强化，而且课堂氛围也更加活跃。每个学生都有上台的机会。即使口语表达能力相对较弱的学生，在使用了深度学习工具进行深入学习之后也能比较流畅地表达自己的观点和思想，极大地增强了学生的参与感和成就感。

（三）访谈结果

本次研究随机抽取6个班的学生进行访谈，并记录访谈结果。结果显示在使用了深度学习工具之后，学生对课文的理解进一步深入，对知识的难点和重点有了更清晰的理解。同时，学习的积极性和主动性在一定程度上得到了提升。此外，深度学习工具的设计和使用提高了学生的逻辑思维能力、口语表达和写作能力、英语阅读能力和效率。对于学困生来说，借助深度思维工具，他们找到了英语学习的方法和学习的乐趣，愿意在课堂上表达自己的观点和思想。同时，深度学习工具配合小组合作的形式使学生提升了团队意识，锻炼了沟通和协作能力。在访谈中，学生印象最深的是深度工具的使用培养了自己的深度思维能力和自主学习能力。掌握了深度学习工具，学生可以运用该工具在课前和课后进行自主学习，通过系统梳理和整合课文内容，将知识进行融会贯通，做到学以致用。因此，相比于传统的教学方法，深度认知工具更能激发学生的创新思维和想象力，培养学生的高阶思维能力。

七、总结

当前,大学的教育应该以满足学生多元化的学习需求、拓展学生的思维为重点,帮助学生实现从低阶思维向高阶思维的突破,铸造新时代的创新型人才。借助深度认知工具,教师可以提高学生的学习效率,激发学生深层次的学习和思考能力。本研究已经通过实证研究初步验证了深度认知工具在培养学生学习和思考力方面的有效性。在后续的研究中,还会进一步研究深度认知工具在不同专业、不同学科学生中的应用,并采用多种科学的实验方法,扩大研究样本,力求更加科学、客观地探索认知工具在学科教学中的运用。

参考文献

[1]迈克尔·普洛瑟,基思·特里格维尔.理解教与学:高校教学策略[M].潘红,陈锵明,译.北京:北京大学出版社,2007.

[2]詹森,等.深度学习的7种有力策略[M].温暖,译.上海:华东师范大学出版社,2009.

[3]杜建霞,范斯·A.杜林汤,安东尼·A.奥林佐克.动态在线讨论:交互式学习环境中的深层学习[J].开放教育研究,2006(4):75-79.

[4]孟青泉.深度认知工具支持下的单元教学模式研究[J].教学考试,2023(10):27-33.

[5]李松林,杨爽.国外深度学习研究评析[J].比较教育研究,2020(9):83-89.

[6]吴秀娟.基于反思的深度学习研究[D].扬州:扬州大学,2013.

[7]库伯.体验学习:让体验成为学习和发展的源泉[M].王灿明,朱水萍,等,译.上海:华东师范大学出版社,2008.

[8]陈静静,谈杨.课堂的困境与变革:从浅表学习到深度学习——基于对中小学生真实学习历程的长期考察[J].教育发展研究,2018(15-16):90-96.

商务英语专业大学生学科竞赛的组织与管理

——以全国高校商业精英挑战赛国际贸易竞赛为例

毛慧勤

《普通高等学校本科外国语言文学类专业教学指南》中指出,商务英语专业的学生应具有良好的商务英语运用能力,具有基本的商务分析、决策和实践能力,较强的领导、管理、协调和沟通能力。因此,组织商务英语专业学生参加与专业相关的赛事是实践和检验课堂教学效果及学生能力的重要途径。

笔者担任全国高校商业精英挑战赛国际贸易竞赛(以下简称"国贸竞赛")广西师范大学负责人与指导教师,在多年从事一线教学以及指导学生参与学科竞赛的过程中,探索了一套国贸竞赛的组织与管理办法,包括竞赛激励、宣传途径、人才选拔、课程建设、指导教师团队建设等方面。本文就学科竞赛具体组织管理经验进行介绍,以期为再次参赛做好准备。

一、国贸竞赛介绍

(一)赛事基本情况

国贸竞赛是由中国国际贸易促进委员会商业行业委员会牵头主办的国

家级学科竞赛活动。自 2011 年举办起,经过多年的培育,国贸竞赛业已发展成为我国国际经贸教育领域,基于校企合作的规模最大的综合实践平台和学科竞赛活动。根据 2022 年 3 月中国高等教育学会高校竞赛评估与管理体系研究工作组发布的《2021 全国普通高校大学生竞赛分析报告》,全国高校商业精英挑战赛国际贸易竞赛已纳入学科竞赛榜单。

(二)赛事内容

国贸竞赛以中国品牌商品博览会形式举行,集展示、洽谈、会议和体验为一体。竞赛内容包括参展商业计划书(中文)、展位海报设计与商品陈列、新产品发布会(英语和小语种)、商贸配对贸易谈判(英语和小语种)和展后总结报告 5 个部分,其中前 4 个部分,分别占总成绩的 10%、20%、20% 和50%,完整地反映了外贸企业参展工作和业务全流程。

(三)赛事形式

竞赛设置知识赛和实践赛 2 个环节。

1. 知识赛为个人赛形式,机考方式进行,主要考核国际贸易业务运营及国际结算等方面的专业知识。

2. 实践赛为团体赛形式,由知识赛合格的选手自行组成团队(每个团队由 5 至 8 名选手和 1 至 2 名辅导教师组成)。实践赛分选拔赛和全国总决赛两个阶段,分别由赛区组委会和竞赛执委会组织进行。总决赛以"中国跨国采购模拟洽谈会"的形式举行,各参赛队以企业(模拟出口商)名义参赛。

二、赛事存在的问题与组织管理难点

(一)某些竞赛内容存在一定难度

国贸竞赛的参赛对象是学习国际经济与贸易、国际贸易实务、国际商务、商务英语等专业或相关专业的研究生院校、本科院校和高职院校的学生。竞赛语言为英语。对于商务英语专业学生来说,参加竞赛有优势也有劣势,优势是英语表达流利,新产品发布会和商贸配对谈判环节比赛中可以应对自如,劣势是在展位海报设计与商品陈列等环节,因为没有学过相关课程,所以难度较大。

根据笔者连续 3 年指导学生参加比赛过程中的了解与统计,参加国贸竞赛的学生绝大部分是国贸专业,极少数是商务英语专业,相比较国贸专业,商务英语专业的学生所学的国贸相关课程较少,范围不广,内容不够深入,在遇到专业的计算、条款和实操问题的时候会紧张,不知如何应对和解决,明显在外贸专业知识上有所欠缺,不够大胆自信。

(二)参赛经费高

由于专业特色和竞赛的实践性强,模拟外贸展会的形式比赛,因此参赛费较高。以 2023 年为例,国贸竞赛知识赛按照每个参赛队员 50 元标准收取。国贸竞赛实践赛的学生组按照每支参赛队 1500 元的标准收取参赛注册费,主要用于竞赛资料、专家评审等。此外,学生组按照每个展位 3300 元收取展位费,主要用于会展中心场地、标准展位(9 平方米)搭建等展会服务费用。广西师范大学外国语学院商务英语专业派出两支队伍参加 2023 年国贸竞赛,仅仅知识赛与实践赛的参赛费逾一万元,学校与学院均有经费压力。

(三)受益学生有限

除了较高的参赛费外,在比赛中,做出好效果的展位设计、展板等,费用都偏高,再加上差旅费等因素,为了节约经费,广西师范大学参赛队从选拔赛的每队 6 人缩减到全国总决赛每队 5 人,随队比赛的指导老师也由 4 人减到 2 人,这导致能参与全程比赛,从竞赛中获益的学生范围缩小。

三、国贸竞赛组织方式

（一）赛事宣传

积极宣传策划，吸引众多学生报名参与，是学科竞赛成功的第一步。商务英语专业系主任、参与指导国贸竞赛的教师在各年级（包括新生的专业导学）的课程中着重介绍国贸大赛的比赛目的、内容和方式，以及对于商务英语专业的重要性，通过观看大赛的宣传片，展示往届参赛学生的作品、获奖证书、取得的成绩，介绍国贸竞赛的培训、选拔和参赛过程，由经验丰富的参赛学生和指导教师分享相关经验。

在宣传时，除了国贸竞赛相关内容，还介绍参与国贸竞赛在评优评奖、综合测试分、企业就业等支持政策，以提升国贸竞赛的影响力和号召力。

（二）参赛队伍选拔与备赛

国贸竞赛由于参赛队伍众多，需先参加广西赛区比赛，在此之前先在学校内部举办选拔赛。第一步鼓励所有商务英语专业三年级学生积极报名。第二步举行校内赛，比赛内容以产品发布会为主，选拔一些有创意、口语表达流利、产品选择合理的队伍进行进一步培训。第三步对选拔出来的队员们有针对性地指导，选出每个队伍的队长，每个队员合理分工，反复指导参赛队员修改参展商业计划书、新产品发布会的文本、展位海报和展位设计，模拟外贸磋商谈判。备赛重点放在新产品发布会和贸易谈判上，如合同签订、价格谈判、贸易术语运用、风险管理、贸易融资等。

（三）联系赞助企业

参赛队伍选定之后，指导教师会对每个队伍选定的出口产品进行评价和筛选，确定选品后，由学生自己或者指导教师联系产品的生产企业。

在连续3年的参赛过程中，基本是学生自己去企业联系，指导教师只是牵线搭桥,各参赛队与企业相关负责人沟通赞助产品与经费,提供产品的相关技术数据与资料,这也是为企业宣传的非常好的机会,学生们联系到的企业无一例外都非常乐意支持,有的企业甚至赞助了大额的经费。一方面,学生通过与赞助企业的联络锻炼了沟通与谈判能力。另一方面,企业提供的资源不仅一定程度上缓解经费紧张问题,还使得参赛队交出的各种作品质量更高。

四、国贸竞赛管理模式

(一)学校和学院的管理与支持

广西师范大学历来重视学生的学科竞赛,竞赛中获奖也是学校建设高水平、示范性师范大学的有效反映。学校从宏观层面对包括国贸竞赛在内的学科竞赛进行了科学、细致的规划,制定《本科生学科竞赛管理办法》,对参与的各类学科竞赛进行了分级分类管理,优化学科竞赛管理体系。学校根据竞赛主办单位、竞赛水平和影响力,将学生参加的竞赛活动分三类进行管理,国贸竞赛被划归到二类比赛。

外国语学院在各项资源紧张的情况下仍然全力支持商务英语专业学生参加国贸竞赛,无论是资金方面,还是软硬件资源学院都积极提供支持,使学生和指导老师能全力以赴地投入比赛,无后顾之忧。

(二)指导教师团队的建设与管理

高水平的学科竞赛需要一支相对稳定的有经验的指导教师队伍。为此,外国语学院积极动员经验丰富、热心且善于指导学生竞赛的教师,组建国贸竞赛指导教师团队。每个指导教师既全盘负责每个参赛队的各项比赛环节,又有自己擅长的领域和专长。比如,参展商业计划书虽然只占比赛分数的10%,每个参赛队员和指导教师都全程参与其中的撰写和反复修改,海报设计与展位布置也是全体指导教师团队的集思广益和各自的灵感创意。

备赛中三位教师分别指导新产品发布会、国贸知识、谈判技巧,整个指导教师团队分工明确又相互合作。

在指导教师团队管理方面,学校和学院充分考虑指导教师在科研、日常教学压力大的情况下的工作,制定了一系列激励政策,从荣誉奖励、年度绩效考核、职称评定等方面鼓励指导教师积极开展学科竞赛的指导与管理工作。

(三)产教融合共同管理

在确定好参赛人员和选品后,指导教师会要求每队队长制订好工作计划,每个节点应该完成的任务,根据备赛的进度推进后续工作。比如在商务计划书撰写之前拜访企业相关负责人,洽谈并争取企业同意使用公司名字和业务来参赛,同时还需要尽量争取合作企业提供展品、宣传画册、视频、产品目录、价目单和合同等实务和相关实战指导。企业提供的资料很大程度上进一步完善了参展商业计划书,这是从企业获得的第一手资料,既翔实又专业。在与企业接洽过程中,指导教师密切关注沟通的进展和效果,实时给予学生有效的、建设性的意见,提高接洽的效率和成果。

企业相关工作人员会针对学生的作品给出专业的意见,与指导教师共同指导比赛。

商业计划书提交竞赛组委会后,就要马不停蹄地开始准备新产品发布会。布置给每个队的任务是做好PPT,写好发布会介绍文案,反复排练,在赛前有限的时间里每周一次根据彩排情况修改完善发布会。在排练发布会过程中,指导教师会建议队员们按照各自的特长进行分工并检查效果,指出存在的问题,给出修改方案,新产品发布会需要学生们通过PPT展示和各种形象生动的情景演绎来宣传自己的产品,引起客户的兴趣和合作欲望,引导学生思考:通过什么形式的情景设计才能达到最佳效果? 如何制作出突出产品优势又吸引客户眼球的PPT? 海报设计如何展现亮点?

国贸竞赛占比最重的是模拟国际贸易谈判环节,因此,这是备赛的重头戏。首先,指导教师会要求每个参赛队员按照国贸谈判的各项议题做好分工,每个队员负责准备具体的内容,比如价格、产品性能、物流、支付方式、保险等。教师布置任务给每个参赛队员,要求他们必须熟知国际贸易运营的整个流程和相关的专业知识、贸易术语等。赛前一个月,定期安排参赛学生集中练习口语一个小时,每周一次指导教师与参赛学生模拟谈判,发现问题和不足及时改进与调整。

五、竞赛组织管理模式探索效果

(一)学科竞赛效果提升

每年参加国贸竞赛的学生人数从最初的 6 人增加到 18 人,最高人数达 30 人,占当年商务英语专业学生人数的 $\frac{1}{3}$,极大增强了竞赛在本科生中的影响力。广西师范大学商务英语专业在国贸大赛中取得了优异的成绩,总共获得 3 个全国总决赛一等奖、1 个三等奖、1 个优秀组织奖,学生在参赛过程中学到了知识,锻炼了能力,有了更多的机会接触社会,接触职场,学习如何在工作环境与人相处和沟通。与评委的面对面谈判增加了外贸实操的经验,这是与课堂学习完全不一样的学习途径。

(二)专业课程教学质量提升

国贸竞赛的有效推广也促进了商务英语阅读、国际贸易实务、外贸函电、商务谈判等课程的教学。学生对课程的学习积极性明显提升。此外教师还将国贸竞赛的内容扩展应用到课程设计、本科毕业设计等其他教学环节中。参与指导的教师也以国贸竞赛作为研究对象在各种教改项目、思政项目和课题中获得立项。

(三)学生综合能力增强

国贸竞赛赛制设计贴近商务英语专业人才培养目标。五个环节的比赛,要求参赛学生必须熟知相关的外贸专业知识,以及用英语在进出口国际商贸配对贸易中进行各项业务的洽谈和谈判的知识和技能。五个环节的比赛对参赛学生各种综合能力和素质提出了一定的要求,即跨文化交际和商务沟通的能力、自主学习的能力和团队合作的能力、组织协调能力和创新实践能力、演讲演绎能力和职业应变能力。通过比赛的锻炼,学生不仅能亲自体验外贸工作的一部分,综合能力和素养也得到提高,获得诸多用人单位好评。

六、结束语

国贸竞赛环节多,考核内容全面丰富,有利于培养复合型高级商务人才,比赛获得优异成绩,是对之前学业的总结和升华,也是对步入社会的一个铺垫。本文以全国高校商业精英挑战赛国贸竞赛为例,总结了近年来在竞赛组织方法与管理模式方面进行的尝试和探索,实践证明这些探索既可以保证学科赛的持续稳定开展,又能够增强学生的参赛热情和积极性,促进人才培养质量的提升。

参考文献

[1]谭强,肖帆,魏佳丹,等.电气工程专业大学生学科竞赛的组织与管理——以智能汽车竞赛为例[J].创新创业理论研究与实践,2024(2):72-75.

[2]马春华.技能竞赛对促进商务英语专业学生谈判技能培养的作用分析——以"全国高校商业精英挑战赛国际贸易竞赛"为例[J].海外英语,2023(15):110-112.

[3]马春华."全国高校商业精英挑战赛国际贸易竞赛"对商务英语专业创新型应用实践人才培养的必要性探究[J].校园英语,2017(38):13-14.

[4]王丹.基于国贸精英挑战赛的国贸专业教学改革——以西安翻译学院为例[J].知识经济,2018(10):151,156.

第四篇　文献综述

我国研究生学术英语研究现状[①]

曹　凤　宁见红

一、引言

学术英语旨在培养学生在英语环境下进行学习、从事学术研究、发表学术成果的能力。由于学术领域内的国际交往与合作的发展需要,英语已被公认为学术界交流的通用语言。近年来,英语教学改革不断深入,学术英语教学与研究得到广泛的关注与重视。作为国家大力培养的高层创新人才,研究生是国际学术交流的中坚力量,发表高水平的论文数量和引用情况是衡量高校研究生学业水平质量的重要指标与参数。然而,学术英语写作对于学习者来说是一大难点,由于语言能力和文化差异等方面的影响,当学习者在使用英语表达学术见解、建构新知识时会受到巨大的阻碍与挑战。研究生学术英语写作能力的提升应是研究生公共英语教学中关注的重点。

二、研究设计

(一)研究问题

本研究主要探讨以下问题:(1)我国研究生学术英语研究论文发表的整

①　本文系 2020 年广西研究生教育创新计划项目"基于体裁教学模式的研究生学术英语写作课程模式研究与实践"(项目编号:JGY2020033)的阶段性成果;2021 年广西高等教育本科教学改革工程项目"'双创教育'背景下大学英语专创融合课程建设研究与实践"(项目编号:2021JGB141)的阶段性成果。

体状况以及发展趋势如何？其研究的关注热点与现状是什么？（2）我国研究生学术英语研究主要发表的期刊有哪些？高产作者有哪些？（3）研究生学术英语研究中主要存在哪些研究理论和研究角度？

（二）研究方法与数据来源

针对研究问题，本文采用了 CiteSpace6.2 和 Excel 对相关文献数据进行分析。本研究数据来源于中国知网（CNKI），笔者设置检索条件为：主题限定"学术英语"或"EAP"并且增加次主题"研究生"，匹配方式为"精准匹配"，期刊来源限定为北大核心期刊或者 CSSCI 期刊。经过检索，得到 2004—2023 年所发表的论文共计 112 篇。再通过人工剔除与本研究无关的非学术性论文之后，最终得到论文 93 篇。阅读相关文献研究可以发现目前研究主要包括研究生对于学术英语课程设置需求程度、学术英语教学的文本特征分析、学术英语写作教学的现况与发展分析、学术英语教学模式与能力的培养等方面。笔者整理相关信息对 93 篇论文进行描述性统计。最后建立有关学术英语研究的数据库，在此基础上，对学术英语的前沿热点、当前研究现状以及未来发展趋势展开分析与讨论。

三、研究结果分析

（一）研究总体分布情况及发展趋势

论文发表数量的总体变化在一定程度上反映了该领域学术研究发展速度与研究进程。如图 1 所示，在 2004—2012 年期间，研究生学术英语类论文总发文量整体呈上升趋势后呈波动发展趋势。第一篇关于研究生学术英语类论文在核心期刊上的发表时间开始于 2004 年，发文量最多的年份为 2019 年，共计 16 篇。发文量的变化反映了国内研究者对于研究生学术英语课题研究的关注程度。根据中国知网（CNKI）的数据来看，韩萍、侯丽娟（2012）通过开展教学实践，以探讨如何在研究生学术论文写作教学中使用体裁教学法为研究重点，在案例分析的基础上深刻地展示了体裁教学法。这篇论文的被引频次共达到 143 次，可见该研究是研究生学术英语写作教学的先行者。

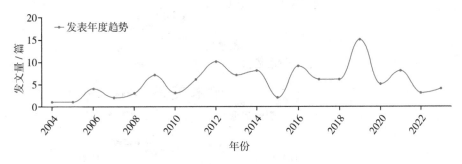

图1　总发文量趋势图

（二）关键词分析

利用 CiteSpace6.2 制作可视化图像，能够对研究生学术英语的研究现状有一个直观的认识。根据图 2 的关键词词云图，我们可以清晰地发现研究生学术英语研究的发展趋势以及现阶段的关注热点。关键词的字号大小代表着词频的高低，从图 2 中可以发现，除了我们检索的关键词"学术英语"18 次，"研究生"9 次之外，"学术能力""课程设置""教学模式""需求分析"字号较大，即出现的频次较高。关键词频次的高低反映学者们正在关注的研究热点。学者们关注最多的是学术英语的教学模式以及需求度。虽然当前已经有很多高校开设了学术英语课程，且学术英语论文写作课程占有一定的比例。但是一直以来，我国对研究生学术英语写作能力的培养重视程度不足，学习者的学习效果不尽如人意。课程设置是实现培养目标的重要手段，只有科学、合理的课程设置才能够高效地实现教学目标。

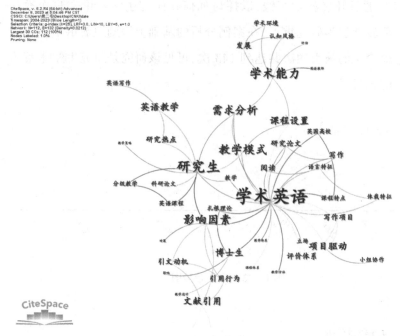

图 2　关键词词云图

（三）主要期刊来源分布

通过某一领域学术期刊的分布图我们能够清晰地观察到这一领域的核心刊物分布。CNKI 中关于"研究生学术英语"研究的载文数量≥2 的核心期刊共计 66 篇,占该领域核心期刊文献总数的 70.96%,根据布拉福德定律,说明"研究生学术英语"领域的科学研究方向较为一致,目前在该领域的研究已经形成了固定的期刊。从图 3 中可以大致看出,该主题的载文期刊类型十分多样,与外语类相关的期刊占主要部分。在所有的期刊来源中,《学位与研究生教育》以 19 篇载文量,占论文总数的 29%,排名第一。其次,《外语界》以 10 篇载文量,占论文总数的 15%,位列第二。其余的期刊发文量均在 2—4 篇之内。这两个期刊所发表的 29 篇论文,主要以实证研究为主。

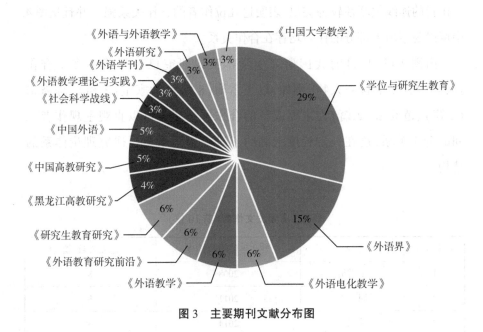

《外语与外语教学》　　《中国大学教学》
《外语研究》
《外语学刊》
《外语教学理论与实践》
《社会科学战线》
《中国外语》
《中国高教研究》
《黑龙江高教研究》
《研究生教育研究》
《外语教育研究前沿》
《外语教学》　　《外语电化教学》
《学位与研究生教育》
《外语界》

图3　主要期刊文献分布图

（四）主要作者分布

对研究生学术英语领域的科研工作者论文发表数量进行分析可以论证该领域各个作者的权威性。有效分析现有作者论文发表的现状，有利于后继研究者准确地把握该研究领域的当前现状、研究核心以及研究走向。

如表1，在表格数据的分析下可以清晰地看到研究生学术英语研究领域前十的高产作者集中发刊时间距今较久，主要集中在2011—2019年，在此期间总发文量最多的作者是王雪梅，总发文数量为8篇。在本研究的93篇文献中，总频次出现8次及以上的有1人，总频次出现2次及以上的有10人，总频次出现1次的有65人。由此，可以表明研究生学术英语这个研究主题正在引起广大学者的关注。由图4所示，研究生学术英语研究这一主题的高产作者比较少，表现得相对分散。其中王雪梅、钟家宝、陈秀娟、范秀云这几位作者的名字字号较大，相较其他作者较为突出，说明他们的发文量较多。

欧阳宏伟、严建华、朱永群、梁君英、张明芳、高超、余倩、胡海岚、邢华斌这几位作者的连线关联性较为突出，表明这几位作者的合作关系强。并且从图4中可以观察出大部分的作者均存在合作关系。

由图4可知，目前我国研究生学术英语研究已经形成了多个合作群，其中有多个核心人物，例如：以王雪梅（8篇）、钟家宝（3篇）、陈秀娟（2篇）、范秀云（2篇）为主要成员的合作群。图4可以直观呈现作者之间的合作关系，这在一定程度上制约了研究生学术英语研究理论体系的建构。

表1　高频发文作者（前10位）

序号	作者	发文年份（起始年）	总发文数/篇
1	王雪梅	2008	8
2	周　梅	2011	3
3	钟家宝	2014	3
4	叶云屏	2014	2
5	刘永兵	2019	2
6	邵　辉	2015	2
7	周　惠	2019	2
8	娄宝翠	2013	2
9	陈秀娟	2012	2
10	范秀云	2011	2

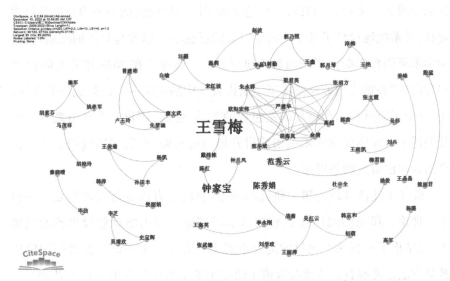

图4 核心作者分布图

(五)研究理论分析

涉及"研究生学术英语"相关的文献中,有相当部分的文献关注到教学层面,大部分的研究者意识到了如何进行学术英语教学的重要性。其中主要涉及以下的教学理论。

"体裁教学法"。胡艳玲、马茂祥(2012)首次提到了体裁教学法。研究者以 John Swales 的语篇体裁结构分析理论为依据,在此基础上提出不同语篇结构的体裁结构是分析的核心,最终导向实践。韩萍、侯丽娟(2012)发表的文章达到 143 次的最高引用频次,作者基于 Feez 的体裁教学循环模式,首次系统地介绍了体裁教学法的不同类型以及概念,并且通过对体裁教学法进行具体教学案例分析,展示了体裁教学的具体步骤。因此,体裁教学法逐渐受到国内外研究者的重视,且成为研究生学术英语写作教学的主要方法之一。

"产出导向法"。由我国文秋芳教授创造的一种基于产出技能的全新的教学方法。产出导向法的原型为"输出驱动假设",其适用对象为中、高水平外语学习者。文秋芳(2015)系统地介绍了产出导向法的相关理论以及研究现状,并系统地设计了基于产出导向法的泛在学习模式与具体的实施过程,为学术英语教学提供了新的教学研究方向。梁砾文在2023年发表的《"产出导向法"在博士研究生学术英语演讲教学中的应用——以促成环节为例》中,介绍了通过利用产出导向法包含的驱动、促成、评价三个环节教学流程帮助博士研究生促成学术英语演讲开场白的实践,拓展了后续研究者进行产出导向法研究的新思路。

除了上述涉及较为集中研究的理论之外,还有部分研究者涉及了项目学习理论。郑飞(2021)在结合项目学习理论与输出驱动假设理论的基础上,总结出了一套基于项目的适合于博士研究生学术英语写作教师的阶段教学方法。能够针对性地提高博士研究生学术英语写作的质量以及为学术英语写作教学提供新的实践研究方向。

(六)研究角度分析

根据在CNKI中所选的93篇文献,大部分研究者都是基于以上所提到的某种理论提出学术英语教学方法或者教学模式。此类文章以教学理念作为指导,提出具体的教学实践步骤,属于教学实践探索类研究。除此之外,对于研究生学术英语研究还有以下几个研究方向:(1)基于需求分析。在研究生学术英语研究中有相当部分的文章关注到了学生的需求度。曾建彬等(2013)采用问卷调查的方式通过对某重点大学的研究生进行调查得出结论。研究生在学术英语技能方面存在相当大的困难,并且渴望根据他们的需求开设相应的学术英语写作教学的课程。这表明学术英语写作教学课程开设的必要性以及必须性。除英语专业学生之外,大部分非英语专业的学生基本上没有更多的时间进行专业学术英语的学习。因此,设置学术英语写作课程代替原有的公共英语课程更加符合研究生的培养模式以及发展需求。(2)基于学习焦虑分析。焦虑是影响学生学术英语能力发展的重要因素。钟家宝、钟兰凤(2016)发现学生的二语自我和英语通用水平是影响学生学术英语焦虑的重要因素。因此,教师在学术英语教学过程中要引导学生建构积极的二语自我,利用激励表扬等方式,营造一种积极的学术英语学习以及运用氛围,并且在教学中教师应该注重在通用英语教学过程中促进学术英语的发展。(3)基于学术英语写作的文本使用。部分文章对部分专有名词的使用、限制语的使用、句型句法使用等方面进行了深入的研究。高军、杨璐(2018)在语料库的基础上进行对比分析了中国理工科学生和英语专业学生在学术英语写作中词块的使用,基于这些差异探讨背后的原因。通过对数据库的分析可知,除上述研究视角外,还有相当部分的文章关注到了学术英语的教材编制、学术英语测评等。

四、研究启示

自2004年以来,我国研究生学术英语能力的研究不断发展。研究者们采用多样的研究方法,从多种视角和研究方向深入探索研究生学术英语能力的发展。但我国在针对研究生学术英语能力发展的研究还处于探索阶段,仍然存在诸多的问题,基于上述的分析,笔者认为可以从以下几个方面进行完善。

(一)扩大研究对象

国内关于学术英语能力发展的研究对象主要集中在硕士研究生以及博士研究生,少量研究关注到了大学本科生。然而,具备基本的学术英语写作能力应该是大学本科生不可忽视的问题。大学生除了要学习巩固专业基础知识之外,较高质量地完成学位论文也是大学生顺利毕业的一项重要要求。开设相应的学术英语写作课程,可以让学生较全面地了解学术论文写作的基本要求和要点,掌握一些基本的学术论文写作的技巧和方法,更好地完成自己的毕业论文。不断提高大学生英语写作的能力,能够为大学生未来的学习和工作奠定良好的基础。

（二）扩大研究者范围

国内对于研究生学术英语研究的研究者的学科背景较为单一，多为外语学科或者是语言学学科背景，缺乏研究者学科背景的多样性。语言学之外还涉及教育学、心理学等方面。研究者学科背景的多样性有利于扩大研究生学术英语研究的研究内容和研究视角，为研究生学术英语的研究奠定丰富的理论基础。

（三）优化研究方法

无论进行学术英语教学模式的研究，还是关注学生需求或课程质量等，要想提高学生的学术英语能力，研究生学术英语的研究就要立足于学生学习效果的提升，以及注重学生有效学习动机的激发。学生学习的有效性受到学习动机、自我效能感等多方面因素的影响，因此，要加大对于研究生学术英语研究的实证研究。现有文献研究呈现出以宏观性、理论性、思辨性为主的现状，在之后的研究生学术英语研究中可以采用观察、问卷、访谈等方法进行数据收集并运用 NVivo、R 等数据分析软件，确保研究结果的科学性和客观性。

参考文献

[1]曾建彬,廖文武,先梦涵,等.研究生学术英语需求分析[J].中国大学教学,2013(10):79-83.

[2]杜中全,陈秀娟.研究生英语写作能力发展跟踪研究[J].外语电化教学,2019(3):76-82.

[3]高军,杨璐.理工科研究生学术英语词块使用研究[J].外国语文,2018(6):77-85.

[4]韩萍,侯丽娟.从体裁分析角度探索研究生学术英语写作能力培养

[J].外语界,2012(6):74-80.

[5]何微微.国内EFL写作焦虑研究现状及思考[J].湖北第二师范学院学报,2018(9):18-21.

[6]李韬,赵雯.国内学术英语研究述评[J].外语电化教学,2019(3):22-27.

[7]刘杰秀,程韬,张焜.国内研究生学术英语教学研究可视化分析[J].海外英语,2020(12):65-66,68.

[8]刘艳华,吴微.大数据背景下的研究生学术英语写作教学策略[J].西部素质教育,2019(7):121-122.

[9]马晓光.CBI理念下的《综合日语》教学策略[J].语文学刊(外语教育教学),2015(1):140-141.

[10]王雪梅,霍炜.高校外语课程思政研究综述(2018—2021)[J].上海理工大学学报(社会科学版),2021(4):309-314.

[11]文秋芳.构建"产出导向法"理论体系[J].外语教学与研究,2015(4):547-558,640.

[12]杨鲁新.教师指导与学生学术英语写作能力发展——"学术英语阅读与写作课程"的反思性教学研究[J].外语与外语教学,2015(5):29-35.

[13]张艳.基于"产出导向法"的《学术英语》泛在学习模式研究[J].外语电化教学,2019(3):110-115.

[14]钟兰凤,钟家宝.研究生学术英语焦虑现状及影响因素研究[J].外语研究,2015(6):56-61,112.

[15]周梅.研究生学术英语写作项目的评价体系建构——基于CIPP评价模型的研究[J].研究生教育研究,2021(2):43-48.

我国产出导向法文献计量可视化分析（2015—2023）

赖丫丫

一、引言

外语教育在当今全球化时代中发挥了十分重要的作用，经过多次教学改革，我国外语教育体系日益完善。然而，高校外语教学中依然存在耗时间、低效率，高投入、低产出，哑巴英语，学用分离的问题。2015 年，北京外国语大学中国外语与教育研究中心团队为了解决中国外语教学存在已久的"学用分离"的问题创建了"产出导向法"（ production-oriented approach，POA）。产出导向法的出现可以为当前外语课堂教学出现的各种弊端提供一个新的思路，对教师的教学设计具有重要的指导作用，同时也有利于提高学生语言运用的综合能力，因此具有非常重要的研究意义。本文以我国近 9 年，即 2015—2023 年在核心期刊上发表的关于产出导向法论文为研究对象，利用 CiteSpace 的知识图谱功能，对产出导向法研究文献进行了计量学可视化分析，为未来相关的研究提供参考。

二、研究设计

（一）研究问题

1. 我国产出导向法研究论文发表的整体状况如何？

2. 我国产出导向法研究论文的关注热点和现状如何？

3. 我国产出导向法研究论文发表的高产机构及作者有哪些？

4. 我国产出导向法的高被引文献有哪些？

（二）数据收集

笔者利用中国知网的高级搜索功能，将主题词选定为"产出导向法""外语教学""英语"和"外语""高校外语""教学"，文献来源选定为北大核心、CSSCI、AMI，然后把各个主题词反复组合进行文献检索。通过筛选和预处理等方式把检索结果呈现的关注度低和相关度低的论文去除，最后选定116篇文献，论文发表的时间跨度为2015年1月至2023年12月。这些论文主要涉及目前我国学术界提出的产出导向法的理论体系论述、课堂实践有效性研究、产出导向法课堂应用实施等方面。在此基础上，为了描述统计这116篇文章，笔者收集了作者数据、出版年份和出版机构信息。最后，保存这116篇论文摘要，建立有关产出导向法的数据库，把关键词提取出来并对关键词进行研究现状和发展趋势的可视化分析。

三、统计结果与讨论

（一）研究总体趋势

该领域学术研究的发展速度和趋势可以从文章发表数量的变化看出。如图1所示，我国关于产出导向法的论文在核心期刊的发表是从2015年开始的，从中国知网的数据来看，文秋芳（2015）发表于《外语教学与研究》的第一篇论文《构建"产出导向法"理论体系》第一次完整地阐述了产出导向法教学理念、教学假设与教学流程。该论文在8年间被引用共计3338次，可见文秋芳教授为产出导向法提出的先行者。2015—2018年，仅有25篇相关核心论文发表。自2019年以来，关于产出导向法的核心论文的数量增长显著，该领域的研究快速发展，共发表了94篇核心论文，说明近年来学者们越来越关注"产出导向法"在外语教学中的应用。主要原因在于文秋芳教授不断带领团队致力于 POA 的理论发展以及应用创新,给学者们提供了坚实的研究基础。

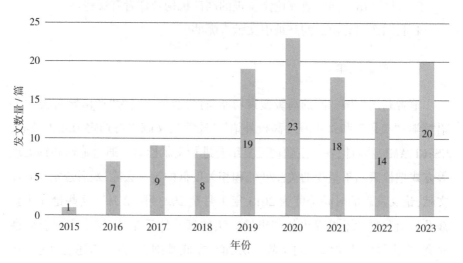

图 1　关于产出导向法的论文的发文量

（二）发文单位及作者分布

2015—2023 年期间,数据显示,发表"产出导向法"核心论文较多的单位如下:北京外国语大学排名第一,共发文 32 篇;北京体育大学共发文 6 篇位居第二;中国政法大学、北京工业大学、北京化工大学分别发表 4 篇论文,并列第三;大连理工大学、西安外国语大学分别发表 3 篇论文,并列第四。这些机构一共发文 56 篇,占全部核心文章的比例超过 50%,可知有大约 50% 的文章出自这几所机构的科研人员,而北京外国语大学发表的核心期刊占全部核心文章的比例达 34%。表明北京外国语大学作为产出导向法研究主体成绩显著,并且国内研究产出导向法的机构较为集中且研究力量分布明显。

发文较多的作者如下:北京外国语大学的文秋芳,发表 11 篇论文,位列第一;北京体育大学的孙曙光发文 6 篇,位居第二;中国政法大学张文娟、北京外国语大学邱琳、北京外国语大学毕争、北京工业大学陈浩各发文 4 篇,并列第三。文秋芳主要注重产出导向法的本质、含义、教学理念、教学假设、教学过程的阐述,为其他学者研究产出导向法的教学实践提供理论支撑。孙曙光主要关注产出导向法下的师生合作评价的实践研究,提出了 TSCA 实施原则并通过案例分析对该评价方式的原则进行解析,以及通过反思性教学实验确定了评价焦点的原则和"以评促学"的具体做法,孙曙光为师生合作评价如何在外语或二语教学中的应用提供参考借鉴。张文娟主要聚焦于产出导向法对大学英语课堂教学的影响,其中两篇论文是关于产出导向法对大学英语写作影响研究,此外,张文娟还关注实践教师与理论互动关系。邱琳主要关注产出导向法教学过程中促成环节的研究,提出促成环节要遵循循序渐进的原则,其研究使产出导向法中教学过程中的促成环节的理论框架不断完善,持续优化相应的实践手段,并且充分解释了促成发生机制。

表 1 主要机构发文量

排序	发文机构	发文量/篇
1	北京外国语大学	32
2	北京体育大学	6
3	中国政法大学	4
4	北京化工大学	4
5	北京工业大学	4
6	大连理工大学	3
7	西安外国语大学	3
8	中国地质大学	2
9	西南交通大学	2
10	浙江金融职业学院	2

表 2 主要作者发文量

排序	发文作者	作者单位	发文量/篇
1	文秋芳	北京外国语大学	11
2	孙曙光	北京体育大学	6
3	张文娟	中国政法大学	4
4	毕争	北京外国语大学	4
5	邱琳	北京外国语大学	4
6	陈浩	北京工业大学	4
7	张伶俐	中国地质大学	3
8	王宇	大连理工大学	3

续表

排序	发文作者	作者单位	发文量/篇
9	杜宛宜	大连理工大学	3
10	桂靖	北京外国语大学	2

（三）关键词分析

"研究热点"是指学者们共同关注的具有重要研究意义或问题的研究领域,它对我们了解该研究领域的整体面貌和研究重点起到非常重要的作用。① 笔者借助 CiteSpace 软件绘制关键词共现图谱以了解产出导向法的研究主题。产出导向法的主要研究内容、研究热点和研究前沿直观地呈现在关键词共现图谱上。从图 2 中我们可以看到,"大学英语""教学设计""教学实践""课程思政""英语教学""写作教学"的字号大,即出现频次较高,说明这些是产出导向法研究中的热点词和研究方向。

图 2　关键词共现图谱

---

① 参见董保华、陈崇国、赵应吉:《功能语篇分析研究的国际热点和演进路径(2010—2019)》,载《外国语文》2021 年第 4 期。

（四）高被引文献

笔者从中国知网选出"产出导向法"研究领域高被引文献前十条（见表3）。这些文献是该领域近八年来学术关注度较高的经典文献，体现了"产出导向法"研究领域的研究热点。

表3　高被引前10位的文献

排名	文献	作者	来源	年/期	下载频次	被引频次
1	《构建"产出导向法"理论体系》	文秋芳	外语教学与研究	2015/04	43558	3340
2	《"产出导向法"的中国特色》	文秋芳	现代外语	2017/03	23317	1317
3	《"师生合作评价"："产出导向法"创设的新评价形式》	文秋芳	外语界	2016/05	22380	1263
4	《"产出导向法"与对外汉语教学》	文秋芳	世界外语教学	2018/03	17202	10000
5	《基于"产出导向法"的大学英语课堂教学实践》	张文娟	外语与外语教学	2016/02	16479	915
6	《"产出导向法"的教学有效性研究》	张伶俐	现代外语	2017/03	11595	696
7	《"师生合作评价"课堂反思性实践研究》	孙曙光	现代外语	2017/03	608	7320
8	《"产出导向法"语言促成环节过程化设计研究》	邱琳	现代外语	2017/03	587	7839
9	《"产出导向法"对大学英语写作影响的实验研究》	张文娟	现代外语	2017/03	557	9665

续表

排名	文献	作者	来源	年/期	下载频次	被引频次
10	《学以致用、用以促学——产出导向法"促成"环节的课堂教学尝试》	张文娟	中国外语教育	2015/04	5250	416

由表 3 可知,被引频次最高的是文秋芳 2015 年发表的《构建"产出导向法"理论体系》。该文第一次完整地阐述产出导向法的"学习中心说、学用一体说、全人教育说"教学理念、"输出驱动、输入促成、选择性学习"教学假设和以教师为中介的驱动-促成-评价教学流程。① 文秋芳(2017)发表的《"产出导向法"的中国特色》为第二名。本文从我国传统教育著作《学记》、西方课程理论和二语习得中的精华理论三个来源出发,阐述"将第二语言习得理论与课程理论相结合""始终遵循'实践是检验真理的唯一标准'的宗旨""针对问题,采取重点行动""强调教师作为主导者的角色"这四个产出导向法具有的中国特色。② 可见产出导向法在我国外语课堂实施的可行性。文秋芳(2016)发表的《"师生合作评价":"产出导向法"创设的新评价形式》被引频次位列第三。为协调和统一教师评估与其他评估形式,文秋芳提出了一个称为"师生合作评估"的新颖的评价方法。师生合作评估分为三个阶段:课前、课内和课后。根据该科目的学习目标,教师在课前选择并评估典型的例子。在课堂上,学生们首先独立思考,然后成对或分组参加讨论,接着在老师的领导下,参加课堂讨论,且教师及时给出课前准备的反馈建议。学生们在课后根据教师的专业指导,将自己或同伴的评价补充到"师生合作评价"中。③ 文秋芳(2018)发表的《"产出导向法"与对外汉语教学》排名第四。首先文章阐明问题的提出、理论产生的背景,接着描述了该理论预热

---

① 参见文秋芳:《构建"产出导向法"理论体系》,载《外语教学与研究》2015 年第 4 期。

② 参见文秋芳:《"产出导向法"的中国特色》,载《现代外语》2017 年第 3 期。

③ 参见文秋芳:《"师生合作评价":"产出导向法"创设的新评价形式》,载《外语界》2016 年第 5 期。

期、雏形期、形成期、修订期、再修订期五个阶段的发展历程,其中特别强调了对第五阶段 POA 理论体系中新增加内容即"文化交流、关键能力、以评为学"的解释。最后,提出了在对外汉语教学中使用 POA 教学法时要注意摒弃"方法已死"的误解,承认第二语言和外语教学环境的差异,并在理论框架实施的初期阶段,对出现的挑战做出适当的回应。①

四、结论

2015—2023 年的中国知网数据显示,我国发表于核心期刊的产出导向法论文总量不多,可以看出国内产出导向法的研究处于探索和发展阶段。虽然在"大学英语""教学设计""教学实践""课程思政""英语教学""写作教学"等方面取得了一定成果,但现有文献仍然存在定量研究不足、研究主题单一、缺少对评价的研究等问题。基于上述统计分析,笔者认为产出导向法研究可以从以下三个方面进行不断完善。

第一,进一步优化研究方法。现阶段的研究虽然有实验或实证研究,但占比不高,大部分依然是以文献研究法为主。从总体上来看,应用研究和理论研究的论文都有,但大部分论文都是定性研究,定量研究的论文中又含有定性研究。为了突破目前定性研究方法过于集中,定量研究方法在该领域运用不广泛等研究现状,学者们可采用定性和定量研究相结合的研究方法,重视定量研究的有效性和实用性,同时注重文理科交融,借助人工智能、大数据等现代科技,提高实证研究能力,实现研究方法和实证结果创新。

第二,开阔研究视角。产出导向法的研究大多从课堂教学出发,很少从教师、学生角度出发,比如关于"产出导向法"中或教师角色发展的研究不足,或学生在产出导向法指导下的课堂的学习效果研究不足。针对大学生英语课堂改革背景下的人才培养目标和课程教学目标,专家学者可以从教师、学生、教材、课程、评价、教学媒体、教学生态等方面入手,多角度开展产

---

① 参见文秋芳:《"产出导向法"与对外汉语教学》,载《世界汉语教学》2018 年第 3 期。

出导向法的研究,实现研究成果的丰富性和多样性。

第三,进一步完善评价体系。目前的研究多集中研究产出导向法中教学过程的驱动和促成环节,对评价环节的研究不足。在现代外语教学中既要评价教师的教学能力、管理水平等方面,又要注重评价学习者的学习策略、学习效率、认知水平等方面,教师要摒弃单一的评价观,树立多元的评价观,从而完善教学评价体系。为了完善教学评价体系,在今后的研究中,可以从评价对象、目标、标准、主体、内容、方式等维度对产出导向法外语教学评价体系进行深度与广度的研究。

参考文献

[1]蔡基刚.中国大学英语教学路在何方[M].上海:上海交通大学出版社,2012.

[2]陈悦,陈超美,刘则渊,等.CiteSpace知识图谱的方法论功能[J].科学学研究,2015(2):242-253.

[3]董保华,陈崇国,赵应吉.功能语篇分析研究的国际热点和演进路径(2010—2019)[J].外国语文,2021(4):74-84.

[4]党亚茹.基于学科分布的JCR(社会科学版)计量指标的变化与分析[J].情报资料工作,2004(1):43-46.

[5]戴炜栋.外语教学的"费时低效"现象——思考与对策[J].外语与外语教学,2001(7):1,32.

[6]邱琳."产出导向法"语言促成环节过程化设计研究[J].现代外语,2017(3):386-396,439.

[7]邱琳."产出导向法"促成环节的辩证研究[J].现代外语,2019(3):407-418.

[8]邱琳."产出导向法"促成环节设计标准例析[J].外语教育研究前沿,2020(2):12-19,90.

[9]孙曙光."师生合作评价"课堂反思性实践研究[J].现代外语,2017

（3）：397-406,439.

　　[10]孙曙光.“产出导向法”中师生合作评价原则例析[J].外语教育研究前沿,2020(2):20-27,90-91.

　　[11]孙曙光.拓展学习视角下师生合作评价实践中的教师自我发展[J].中国外语,2020(1):75-84.

　　[12]文秋芳.构建“产出导向法”理论体系[J].外语教学与研究,2015(4):547-558,640.

　　[13]文秋芳.“产出导向法”的中国特色[J].现代外语,2017(3):348-358,438.

　　[14]文秋芳.“师生合作评价”:“产出导向法”创设的新评价形式[J].外语界,2016(5):37-43.

　　[15]文秋芳.“产出导向法”与对外汉语教学[J].世界汉语教学,2018(3):387-400.

　　[16]张伶俐.“产出导向法”的教学有效性研究[J].现代外语,2017(3):369-376,438.

　　[17]张文娟.基于“产出导向法”的大学英语课堂教学实践[J].外语与外语教学,2016(2):106-114,147.

　　[18]张文娟.“产出导向法”对大学英语写作影响的实验研究[J].现代外语,2017(3):377-385,438-439.

　　[20]张文娟.高校外语教师应用“产出导向法”的自我叙事研究[J].中国外语,2020(1):60-67.

我国英语学习活动观的研究现状

——基于 2017—2022 年核心期刊论文的分析

唐心阳　袁雪莲

一、引言

《普通高中英语课程标准(2017 年版)》提出英语学习活动观,英语学习活动观是指学生在主题意义引领下,通过学习理解、应用实践、迁移创新等一系列体现综合性、关联性和实践性等特点的英语学习活动,基于已有的知识,依托不同类型的语篇,在分析问题和解决问题的过程中,促进自身语言知识学习、语言技能发展、文化内涵理解、多元思维发展、价值取向判断和学习策略运用。这一过程既是语言知识与语言技能整合发展的过程,也是文化意识不断增强、思维品质不断提升、学习能力不断提高的过程。①

自从 2017 年学习活动观被提出以来,各大高校教育工作者开始研究英语学习活动观如何运用到英语课堂中。与此同时,一线教师也在不断摸索和实践英语学习活动观在英语课堂中的运用。在这个过程中,涌现了大量研究成果。鉴于当前关于英语学习活动观的文献综述较少,有必要回顾和反思英语学习活动观研究的情况,以便有效调整英语学习活动观的研究方

---

① 参见中华人民共和国教育部:《普通高中英语课程标准(2017 年版)》,人民教育出版社 2018年版。

向和研究侧重点。本文尝试采用定量和定性研究相结合的方法,梳理 2017—2022 年我国英语学习活动观的研究概况,进而反思这一领域研究尚存的问题,以及展望未来的研究发展前景。

二、研究设计

(一)研究问题

本文聚焦于以下三个问题的分析。

1.英语学习活动观研究的整体概况。

2.英语学习活动观发文量最高的机构和作者。

3.英语学习活动观研究出现的问题以及改进方向。

(二)数据收集方式

为了使此项研究的研究对象更具有代表性,笔者以中国知网作为数据来源,利用高级检索按主题、年份和期刊来源进行搜索(主题=英语学习活动观,时间范围=2017—2022 年,期刊来源类别=SCI 来源期刊、北大核心、CSSCI),对检索出来的文章进行人工剔除与主题不相关的篇目,保留 24 篇代表性较强的文章作为此研究的研究对象。

三、数据分析

(一)研究的整体概况

2017 年发表 1 篇文章,2017—2019 年都呈上升的趋势,2019 年达到顶峰 10 篇,2019 年之后逐年下降,2021 年发文量为 3 篇,2022 年发文量为 1 篇。此发文情况表明英语学习活动观的研究仍处于初期阶段,6 年间发表在核心期刊上的文章不多(如图 1 所示)。

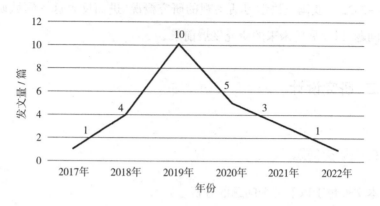

图 1　2017—2022 年英语学习活动观研究的整体发展趋势

（二）发文作者和发文机构

通过分析发表文章的作者及其学科背景、发表文章的机构,可以发现我国哪些研究者和机构在关注英语学习活动观的发展以及他们关注的焦点在哪些方面,从而获取英语学习活动观的主要研究领域。通过统计分析得出以下数据,如表 1。

表 1　2017—2022 年英语学习活动观研究的作者及工作单位分布情况

作者	工作单位	发文量	作者	工作单位	发文量
王蔷	北京师范大学	5	冀小婷	天津师范大学	2
李涛涛	陕西师范大学	1	葛炳芳	浙江师范大学	1
章策文	扬州大学	1	高洪德	山东省教育科学研究院	1
王兰英	陕西省西安市教育科学研究院	1	应科杰	浙江省宁波市第三中学	1

续表

作者	工作单位	发文量	作者	工作单位	发文量
鲁诗嘉	江苏省南京市外国语学校	1	张莉	山东省济宁市教育科学研究所	1
许颖	江苏省苏州工业园区教师发展中心	1	张献晨	人民教育出版社英语编辑室	1
陈世克	浙江省乐清市柳市中学	1	张彬	辽宁省大连市第七十九中学	1
李留建	天津市中小学教育科学研究室	1	陈芳	北京教育学院石景山分院英语教研室	1
陈瑶	浙江省杭州市上城区教育学院	1	赵悦	北京市第四中学	1
范蔚	西南大学教育学部	1			

说明:以上作者特指第一作者,工作单位也是第一作者所在的机构。

　　发文量最高的作者是王蔷,她也是最先提出英语学习活动观的专家,学习她的文章可以获得对英语学习活动观最本质的理解。王蔷(2021)在《指向英语学科核心素养的英语学习活动观——内涵、架构、优势、学理基础及实践初效》一文中详细阐述了英语学习活动观的内涵、架构、优势、学理基础和实践效果。冀小婷(2019)把英语学习活动观和课程内容六要素结合起来,同时关注英语学习活动观在词汇教学中的运用,关注这个角度的作者很少。

　　从作者的工作单位来看,主要集中于中小学、师范院校和教育科学研究所。此数据反映出英语学习活动观的研究人员多数为一线教师和师范院校研究者,已经形成较稳定的研究人员。但是,研究者的背景较单一,不利于从不同的视角审视和检验英语学习活动观。

　　从作者工作单位的地理位置上看,主要集中在北京、天津、江苏、浙江、山东等教育较发达的省份以及地区,在中西部地区的省份较少。一般情况下,教育改革和实验主要先试点于北京、浙江、江苏等教育较先进的省市,若教学效果好再向全国推广。由此可知,英语学习活动观的应用正处于起步探索阶段。

(三)期刊分布

了解发表文章的期刊分布有利于把握不同的期刊的侧重点,对文章投稿提供极大的参考作用。从下图可以看出教育类期刊的占比为100%,主要集中于《中小学外语教学》中,占比为71%。在此期刊上发表的文章偏向于将英语学习活动观应用于实际教学中,以教学案例分析的方式呈现,对一线教师的教学实践具有很强的参考价值。

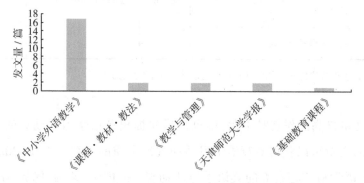

图2　2017—2022年研究英语学习活动观的文章的发表期刊分布情况

四、对英语学习活动观研究的反思与展望

(一)研究达成的共识

1. 明确教学目标和教学活动

基于英语学习活动观的课堂,教学目标要和教学活动相对应,教师要明

确教学目标与之相对应的教学活动。教学目标的设计要具有可测量性、可操作性和层次性。即每个教学目标都有其对应的活动,教师可以通过观察活动的效果和学生的表现判断教学目标是否达成,以评价该教学目标和教学活动的设计是否合理。每一个教学目标都是前一个目标的进阶,体现实施英语学习活动观的递进的过程。

2. 注重学生认知水平

根据维果茨基的最近发展区理论和克拉申的i+1语言习得理论,学生学习的内容不能过度超越原有的认知水平,这要求教师在设计活动时基于学生的认知水平,设置符合学情的教学活动,注重学习活动之间的逻辑性。张莉(2019)认为设计课堂活动要充分考虑学生的年龄和身心发展特点、兴趣爱好、思维方式和成长环境等。

3. 整合课程内容六要素

主题意义是课程内容六要素之一,课堂教学以主题意义为引领,以具体的语篇为依托,学习语言知识,发展语言技能,培养文化意识,锻炼学习能力。基于英语学习活动观设计的活动要在主题意义的语境下,以主题意义为活动的暗线,使主题意义贯穿于整堂课中。王兰英(2018)详细地阐述了对六要素整合的高中英语学习活动观的认识与实践。

4. 关注英语学习活动观的特点

从英语学习活动观的定义中可以获得它的三个特点:综合性、实践性和关联性。24篇文章中,有4篇从这三个特点进行论述。张献臣(2021)在文中写到综合性主要是指课程内容的综合性和语言技能的综合性,关联性需要关联学生的生活、关联学生已有的知识以及活动之间的关联,实践性要求教师注重真实语境的设置、体现学生的语言交流和互动、关注学生语言输入和输出行为。

（二）对英语学习活动观研究的展望

1. 变换研究角度

从文献类型或者研究角度来看，这24篇文章全部是描述性文章，没有调查报告类文章，全部从教师的角度出发探讨如何将英语学习活动观应用于教学实践中。王兰英（2018）通过对人民教育出版社出版的高中《英语 必修 4》Unit2 Working the Land 中的阅读课文的阅读教学设计分析探讨英语学习活动观在阅读教学中的运用。高洪德（2018）基于人民教育出版社出版的高中《英语 必修 5》Unit1 Great scientists 分析英语学习活动观的教学实践。但是教学是教师与学生双边互动的过程，研究者除了关注教师层面也要研究学生对于应用学习活动观的课堂的体验。因为不管将什么方法运用于课堂，最终目的都是提高学生的学习效率、锻炼学生的思维和培养学生的自主学习能力。关于学生的感受可以用调查报告进行研究，包括但不局限于问卷调查、访谈、观摩课程的方式、调查方式。

2. 拓宽研究范围

（1）增加研究的学段

《普通高中英语课程标准（2017 年版）》中提出英语学习活动观，《义务教育英语课程标准（2022 年版）》继续把英语学习活动观作为实现学科核心素养的教学路径，由此表明英语学习活动观应该贯穿于整个基础教育阶段的英语教学。在24篇文章中，有19篇文章用到中小学教材，其中10篇选自高中阶段的教材，4篇选自初中阶段的教材，5篇选自其他资料，如报刊和绘本。由此可见，高中阶段的教材占比最大，进一步表明英语学习活动观在高中教学中应用得较多。在今后的研究和教学应用中，应该加大对初中教学、初中和小学课堂的研究投入，从而促进英语学习活动观在基础教育中的运用，加快英语学科核心素养落地。

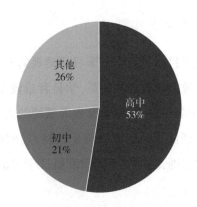

图 3　2017—2022 年英语学习活动观研究的学段聚集分布情况

（2）拓展研究的课型

英语学习活动观适用于听说读写、语法、语音、词汇等课型的教学，是一种通用的教学路径，不局限于阅读课堂。24 篇文章中有 18 篇是课例研究，其中阅读课 14 篇，占比为 78%，听说课 2 篇，占比为 11%，词汇课 1 篇，占比为 5%，戏剧课 1 篇，占比为 5%。由此表明，研究英语学习活动观应用于阅读课的文章远远多于研究其他课型的文章，这会给一线教师造成一种错误认识：英语学习活动观只能用于阅读教学。今后的英语学习活动观研究应转向研究更多课型，不局限于阅读课的研究，更多地鼓励一线教师大胆把英语学习活动观应用于听力课、口语课、写作课和词汇课中。

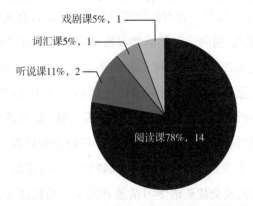

图 4　2017—2022 年英语学习活动观研究的课例分布情况

3.丰富研究者学科背景

以上分析表明截至目前研究英语学习活动观的专家大多局限于与英语教学紧密相关的英语教师和英语教研员,学科背景较单一。语言习得专家、认知语言学专家、心理学专家、教育学专家等领域的人才加入英语学习活动观的研究队伍可以体现此领域研究的跨学科特点,明确英语学习活动观的理论基础和拓展应用范围,能够从不同角度验证学习活动观的可行性,增强研究的严谨性和科学性。

4.挖掘应用中的问题

任何一项理论应用于实践都会有优点与不足,但是当前的研究主要集中于英语学习活动观的特点、价值、优势和操作方法,只有1篇文章研究英语学习活动观应用于实际教学中出现的问题以及解决问题的方法。李涛涛、田建荣(2021)从理念体认中的困境、活动中主体间建构错位的困境、实践践行中的困境研究英语学习活动观在应用中出现的问题,从发展层面、路径层面和设计层面提出超越困境的方式。

5.改变研究范式

关于某个主题的研究范式应该是多样性的,文章的构思不局限于一种或者几种。把24篇文章按是否含有教学实践分类,19篇含有教学实践分析课例,5篇不含教学实践,偏向于对英语学习活动观理论本身的研究。19篇教学课例分析的研究范式全部是先简单介绍英语学习活动观的理论内容,如提出的背景、含义、意义,其次分析一节优质课例,最后以结语结束文章。研究范式较为单一,应该改变研究思路,丰富研究方法,如英语学习活动观对某一项思维品质的培养起到的作用,对学生学习能力的培养起到的作用。目前核心期刊的这些文章是英语学习活动观研究领域的领头羊,其他新的研究者再模仿这样的范式会使英语学习活动观的文章结构僵化,流于形式。如图5,19篇含有课例研究的文章中有10篇(占比为53%)的活动框架是基于语篇的学习理解类活动、深入语篇的应用实践类活动、超越语篇的迁移创新类活动,文章再基于这三类活动框架分别设计对应的子活动。

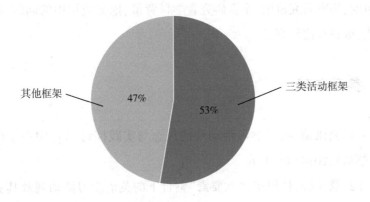

图5　2017—2022 年基于英语学习活动观的课例研究的框架类型分布情况

6. 重视对比研究

当前英语学习活动观的研究中与其他理论相结合的部分少之又少,只有 3 篇文章把英语学习活动观和大单元教学设计、课程内容"六要素"结合,英语学习活动观与其他教学理念结合的研究有待加强,比如英语学习活动观和产出导向法的结合。高洪德(2018)提出依据英语学习活动设计的教学活动要体现于单元教学目标的设计之中。英语学习活动观与其他教学路径的对比研究也较少。如在英语学习活动观之前课程标准倡导任务型教学法,关于这两者间对比的研究较罕见。只有经过对比,一线教师才能对教学方法的运用有更明确和更灵活的运用。

五、结语

数据显示,2017—2022 年发表于核心期刊的英语学习活动观类文章总体数量较少,表明英语学习活动观的研究处于起步阶段。虽然在概念、价值、特点、阅读教学中的应用研究成果显著,在课堂目标设计、整合课程内容

"六要素"和注重活动之间的关联性方面达成共识,但仍须不断完善英语学习活动观的研究。笔者认为可以从以下6个方面进行研究的改进,如变换研究角度、拓宽研究范围、丰富研究者学科背景、挖掘应用中的问题、改变研究范式、重视对比研究。

参考文献

[1]高洪德.英语学习活动观的理念与实践探讨[J].中小学外语教学(中学篇),2018(4):1-6.

[2]冀小婷,代俊华."六要素"整合下的英语学习活动观及其实践[J].教学与管理,2018(19):64-66.

[3]冀小婷.基于英语学习活动观的词汇活动设计[J].天津师范大学学报(基础教育版),2019(2):6-10.

[4]中华人民共和国教育部.普通高中英语课程标准 2017年版[M].北京:人民教育出版社,2018.

[5]中华人民共和国教育部.义务教育英语课程标准 2022年版[M].北京:北京师范大学出版社,2022.

[6]李涛涛,田建荣.英语学习活动观实施的困境与超越[J].课程·教材·教法,2021(5):96-102.

[7]钱小芳,王蔷,崔梦婷.基于英语学习活动观的小学英语绘本阅读教学活动设计[J].中小学外语教学(小学篇),2019(11):1-6.

[8]孙晓慧,钱小芳,王蔷,等.基于英语学习活动观的高中英语阅读教学设计解析[J].中小学外语教学(中学篇),2019(4):44-48.

[9]孙晓慧,王蔷,钱小芳.基于英语学科核心素养的中学英语阅读教学设计理念初探[J].中小学外语教学(中学篇),2017(12):27-30.

[10]王兰英.对六要素整合的高中英语学习活动观的认识与实践[J].中小学外语教学(中学篇),2018(12):7-12.

[11]王蔷,钱小芳,吴昊.指向英语学科核心素养的英语学习活动

观——内涵、架构、优势、学理基础及实践初效[J].中小学外语教学(中学篇),2021(7):1-6.

[12]张莉.基于英语学习活动观的初中英语听说教学活动设计[J].中小学外语教学(中学篇),2019(11):54-60.

[13]张秋会,王蔷,蒋京丽.在初中英语阅读教学中落实英语学习活动观的实践[J].中小学外语教学(中学篇),2019(1):1-7.

[14]张献臣.基于英语学习活动观的高中英语听说教学设计[J].中小学外语教学(中学篇),2021(2):1-7.

[15]章策文.英语学习活动观的内涵、特点与价值[J].教学与管理,2019(19):47-50.